天

Borderless

下

博稽古今 融汇天下

屡败屡战的人民律师，

『中国律师界的良心』！

我們律師

張思之 著

法律出版社
LAW PRESS · CHINA
—北京

图书在版编目（CIP）数据

我们律师 / 张思之著.—修订本.—北京:法律出版社, 2016.10（2022.7重印）
ISBN 978-7-5118-8759-7

Ⅰ. ①我…　Ⅱ. ①张…　Ⅲ. ①案例—中国　Ⅳ. ①D920.5

中国版本图书馆CIP数据核字（2015）第283803号

我们律师
WOMENLÜSHI

作　　者：张思之
责任编辑：易明群　黄倩倩
装帧设计：汪奇峰
出版发行：法律出版社
编辑统筹：学术·对外出版分社
责任校对：王　丰
责任印制：陶　松
经　　销：新华书店
开　　本：A5
印　　张：13.5
字　　数：360千
版　　本：2016年10月第1版
印　　次：2022年7月第3次印刷
印　　刷：天津嘉恒印务有限公司
书　　号：ISBN 978-7-5118-8759-7
定　　价：79.00元

销售电话：010-83938349　客服电话：010-83938350　咨询电话：010-63939796
地　　址：北京市丰台区莲花池西里7号(100073)
网　　址：www.lawpress.com.cn
投稿邮箱：info@lawpress.com.cn
举报盗版邮箱：jbwq@lawpress.com.cn
凡购买本社图书，如有印装错误，我社负责退换。电话：010-83938349

张思之

北京市吴栾赵阎律师事务所执业律师、北京市义派律师事务所名誉理事长、北京律师协会前副会长、《中国律师》杂志创办人、中央财经大学法学院兼职教授。

律师美文家
（代序）

在整理旧日这些文字的空隙，偶尔也翻翻《袁枚诗选》。我挺喜欢他那首《汉江遇风》中的两句诗：

黄昏渐喜惊涛停，

远远渔歌唱夕阳。

面对退去的惊涛，这位才子的心情蛮好。我此时虽不能确知暮年是否会因这些昔日文稿再有雨骤风急、涛前弄潮的际遇，但那夕阳残照、渔歌唱晚的情景毕竟令人神往。我常被歌声迷醉。

且让歌声远荡。

这段文字，并非出自哪位文豪之回忆录，而是一本辩护词选的后记，作者便是有着“中国第一大律师”“律师界的荣耀和良心”之誉的张思之先生。

1999 年，我有幸读到这本台湾版《我的辩词与梦想》。煌煌 927 页，洋洋百余万字，竟一气读完，直至这篇后记。后记两万六千言，不可谓不长，但因其文史兼胜，才情并茂，而令人爱不释手，百读不厌。惊艳之下当即认定，思之先生不但是伟大的律师，还是杰出的散文家。惜乎亲睹者稀，因文中多涉敏感，本文集亦未能收入，诚为憾事。

后来陆续读到了先生更多的文章，可谓字字珠玑，篇篇锦绣，长者万言，不嫌其繁（如《重访李作鹏索诗琐记》）；短者数语，不嫌其简（如

《致夏霖函》)。布局谋篇,遣词造句,无不匠心独运,自成一格。

读张先生口述自传《行者思之》可知,先生五岁始读新式小学,祖父假期聘人私授《古文观止》,不少名篇琅琅成诵。上中学时,虽是抗战流亡学校,但得益于民国教育的高质量,师从王资愚、傅庚生等名师,对唐诗宋词多有偏爱和激赏。更难能可贵的是,先生年逾八旬仍手不释卷,孜孜以求新知。出差时总要带上几本书,途中榻下,勤读不辍。既有深厚的童子功,又有自觉的终身教育,难怪先生会"庾信文章老更成"。

先生的文章首先胜在"气"上。翻开每一篇,都有一股浩然正气扑面而来,那是正义感、使命感和责任感的融合。先生独服范文正公"宁鸣而死,不默而生"及鲁迅先生"中国总得有人站出来讲话"之先训,面对侵犯人权的不公不法之事,拍案而起,大声疾呼。《关于冰点事件的联合声明》《刑讯逼供何时了?》《为冤魂曹海鑫辩》等篇即属此列。"一身胆气,不畏权势,只向真理低头",江平教授对思之先生的评价,可谓知人之论。

先生的文章还胜在"情"上。对不法情势胸怀义愤,激情澎湃;对弱势大众心有戚戚,温情脉脉;对律师事业更是情有独钟,深情款款。一个有血有肉、有情有义的性情中人跃然纸上。《就律师被"整肃"致北京律协会长函》《何故捕我律师?》《"干脆把他关死算了",凭什么?》等篇当属此列。方流芳教授称思之先生"本质上是个诗人",诚哉斯言。

先生的文章还胜在"美"上。先生是一位风格独特的文体家,即使别人看来千篇一律的辩护词开场白都不同凡响(刘彤海律师归纳出六种之多),其散文、随笔、序言更是百花齐放,姹紫嫣红,甚至连标题都诗意盎然:《分明非梦亦非烟》《茅店外,星光灿烂,一片辉煌》《看红日涌起碧波间》《十年春梦初醒时》,等等,不胜枚举。

先生文笔老辣,文采斐然,善于用典且推陈出新。陈惠忠律师在一篇文章中提及,先生为《〈第二次握手〉文字狱始末》作序:"复知诗坛巨子燕祥邵公已有序如貂,谨不避苟续之讥,不顾狗尾之短,以偶感报命。"对"狗尾续貂"成语的翻新活用,可谓神来之笔,而诸如此类出神入化的文字,在先生文章中俯拾即是。先生甚至对标点符号都潜心研究,颇有心得。《行者思之》有记载,某年夏天,先生到工运学院作了一场讲座,专门讲标点符号。举例鲁迅先生《为了忘却的纪念》中的“原来如此!……”:

“原来如此!……”只有四个字,之后用了两个标点符号,一个惊叹号,加一个删节号。这是内容何其丰富、感情多么丰沛的标点符号,简直抵得上千言万语,万语千言。

“原来”我们的战友是“如此”英勇;

“原来”我们的敌人是“如此”凶残;

“原来”我们的政权是“如此”暴虐;

“原来”我们竟生活在“如此”黑暗的时代!

还有,还有,一个“省略号”,尽在不言中……

还有一例,先生多次引用过一句话:“远远的,东方,太阳正在升起。”这是20世纪40年代,重庆南开中学陶光先生为弟子标点的作文首句,原句无第一个逗号——“加一个逗号,意境全出矣!”

先生没有留存文章的习惯,法律出版社将先生散见各处的随笔、演讲、序跋、信札等辑录成册,巧借阿克曼《我们人民》之意,命名为《我们律师》,实乃功德之举,我既表敬意亦怀感激。现今业界有一种不良倾向,很多律师连辩词都不写,遑论其他文体!希望本书的出版能为法律共同体提供一个精彩范本,进而倡导一种严谨而不失活泼的学风和文风。

思之先生以律师之身,赢得文坛尊重,其文字亦受到邵燕祥、章诒和等辞章大家推崇。作序实非笔者才识和笔力所能逮,何况更有班门弄斧、不自量力之嫌。遵嘱草草成篇,倘能收抛砖引玉之效,则可稍解忐忑之情。

孙国栋

2016年3月15日于过客居

目录

第一部分

第二部分

第三部分

第四部分

第五部分

第六部分

第七部分

第八部分

第一部分

看红日涌起碧波间

——十年律师，一束心得

一、十年体验，深感律师实务研究上的缺陷在于，基本上没有理论，主要是靠实践去说明、解释或者确定问题。其次是不大注意探讨的多角度，没来得及不仅从法学的角度，而且从诸如哲学、美学的角度去观察、分析研究那些属于我们的课题。

二、各门学科、每种艺术，无不需要到自身之外汲取营养。不然，初创时很难自立，立起后又难以发展。“汝果欲学诗，功夫在诗外。”放翁老人从经验中提炼的这个见解，经久弥新，启发着后代多少诗人学子。

三、我体会，长期钻研某一狭窄的法学领域，易目光短浅，逐渐迟钝。

当代自然科学的迅猛发展，拓宽着社会科学的研究领域；社会科学除了自身的分化、组合之外，也正在实践方面向自然科学靠近。二者的接近——结合，为律师实务的研究开出了新的渠道，提出了高的要求。“山外青山楼外楼”，难道不是吗？

四、眼下，前行路上，有人疑虑，有人苦闷，于是发出“停滞”的感慨、“倒退”的惊叹。在我看来，运动中的苦闷或疑虑，本质上是一种“醒悟”的表现形式，证明着未忘使命，常在思索，是跃上新阶的准备。关键在于：拓宽道路，找到新径。

五、马克思有个哲学观点：人，在“按照美的规律建造世界”。这可以理解为，应当按照美的规律去创造，去实践，并使之成为自觉的活动。从而启示我们，不妨用美的尺度去衡量人的思想、性格、语言、行为，去衡量风俗习惯、伦理道德，去衡量政治经济制度、知识理论体系。直截了当地说，律师实务及其理论，也完全可以用美的尺度加以衡量。

“美是真理的光辉。”让我们借助希腊民族这句古老格言中的光辉，指导实践，研究理论，提高水平，把律师实务这朵科学的鲜花移植于美苑。

六、与各种艺术相近，律师实务的本性也在于创造。无创造便无美的境界。

律师实务的作用和意义，绝不限于解决具体问题。重要的是，通过解决问题去表现一种世界观，去体现我们民族的特征、时代的特点，去反映芸芸众生的愿望和需求。集中到一点上，即要体现一种力量，借以创造一个合乎理想的环境，推动和谐秩序、美的境界的建立。

七、失去创造力，我们生存的客观世界会黯然失色。美，离不开创造。

创造，是个永动的状态，是种无穷尽的力量。我们这里讲的创造，是指对于理想境界的永不止步的追求。

八、创造之于律师，要靠大脑的思索、心灵的感受，不是依赖拼体力。研究问题，拾人牙慧，抄来袭去，就正是在用古老陈旧的办法消耗体力。

我认为：唯独创，乃有特色；唯创新，方见个性。没有特色，不见个性，不能避免“败笔”，也就离开了美。

我们的产品，我们的著作，除佳作精品，不少属于“造”，而非“创”。提高不快，这是原因之一。

九、创造是个过程，其间要注意发现与培养自己独特的风格与气质，语言与文字，方式与方法，在创造中锻炼出“这一个”。

十、创造，我不得不承认，往往得以无私与无畏为前提。而创造的结果，则将是我们再次得到了发展的机会；这一层，又足可令人欣慰。因此只要有发展，我们为之奋斗的律师事业就不会失去生命力。

十一、律师实务的广泛性和一定程度的复杂性，要求它的产品应具“多样性”。

多样性中能见律师的创造，方显律师的才能。美，正潜于多样之中，我认为是这样。

十二、多样，排斥一个调子、一种模式。

单调或者独模的共同特点在于：远离创造性，不见创造力。而其危害则是：选择的机会越来越少，路子越走越窄，我们赖以发展的条件将因此而大受局限。

十三、一切出自一个腔调，源于一种模式，也就无美可言。

自然界如果只是一种颜色，哪里还有“春”？桃红梨白，柳绿梅黄，杜鹃山茶，修竹雪松，于姹紫嫣红中见千姿百态，好一派明媚春色！多美呵！

十四、多样性的“统一”，构成和谐。但是，这个统一与上面说的“一个”又非同义。那个“一”，与单调和贫乏结亲，同和谐则无缘。

十五、如果律师的精神产品大都出自一个模式，可以断言，律师实务这门艺术的生命不会常青。

客观上要求律师应各具“个性”：思维、感情、胸怀、才能、风度、风格……无一不是“这一个”。多姿多彩的个性构成了“多样性”的统一，将能显示我们“这一个”统一体的非凡创造力量。

十六、“个性”的发扬，创造力的全面发展，是我们律师人格臻于完美的体现。如此，我们的实绩之中才会有美。因其“美”，故能吸引人，方能启迪人，才有“力”。

十七、我们律师的力量在哪里？

心灵中放射着“真善美”的光辉，就有足以震撼人们的心灵乃至客观世界的力。这是一种深刻动人的无形的精神力量。

十八、律师工作说到底，可以通过一项实务，点点滴滴地促人接近善、达到真，推人前行，引人向上：使人越来越成其为人。这也正是美与美学的力量之所在。

十九、律师的力量在精神方面。不能低估精神力量的作用：律师那集中反映在实务中的智慧可使人求真，道德观念能助人循善，而他那应有的坦荡胸怀、炽热纯情、晶莹品格，完全可以指引人们去追求“美”的境界，构筑理想世界的美好蓝图。

二十、智慧，或源于实践，或来自知识，尤为主要的是，出之于富有成效的工作。法庭演说、笔端文采，都会闪耀着律师的智慧。

律师实务中如无智慧的光彩，我想说，那不是我们律师的。

二十一、知识诚然重要；徒有知识，未必能成为智者。知识会老化，智慧能常青——这不是深刻哲理，是无情现实。善于把知识升华为智慧，始能得到美的精神产品。

二十二、知识浅薄，思想贫乏，都距美甚远。

浅薄、浮夸，无知、少识，导致迟钝，近于愚昧，削减着我们的力量，降低了律师的作用，往往阻碍我们前行，使我们摆脱不开立正踏步的状态。

二十三、妄想用华美外衣遮掩浅薄与贫乏的人，会把自己弄成社会生活中的丑角。

智慧，除天赋外，主要靠训练与锻炼得来。人类在刻苦艰辛的创造过程中，涌现出一批又一批真正的智者。

二十四、不朽的音乐天才——路·贝多芬的名片上，只印六字衔：智慧的所有者。他那时已经“誉满全球”，却不挂往日的、消逝的尊贵头衔，也没有那许许多多上穷碧落下及人间的美名桂冠，可是你看，他那么自信，多么自豪，于极其平凡之中展示着扭转乾坤、改天换地的博大胸怀。他要把美送到人间。

我从中得到了受益终生的教育。

二十五、欲使实务富有成效，得研究它的特征。请允许我做这样的概括：律师实务是一门研究细节的学科。

清代孙蘅塘，对唐代诗人有“心细如发”的赞誉。依我看，当代中国律师也应如是。在具体事物中，在事物的细节中，能找到美的踪迹——这个美学观点很值得思考。

二十六、研究细节，就会“发现问题”，就要“提出问题”。对律师来说，前者是实践中的重要手段，后者是一项无可替代的任务。

为了发现—提出—研究“问题”，必须学会从宏观角度去考察微观现象，这一层，应视为搞好实务的方法论。

二十七、讲方法，还必须从整体上把所研究的事务当作一个“过程”做过细的考察；如此才有可能把握住研究对象的方方面面、主干枝叶，乃至核心所在。

二十八、为了“发现问题”，离不开信息的交流、人间的交往、人与事的联系，总之离不开交际。其实，作为律师，我们的研究对象就包括人与自然的关系、人与社会的关系、人与人之间的关系。

二十九、律师进行交际的目的，是为了实践，为了参与一个和谐秩序的建立，即为了创造。

三十、交际，一个首要的前提是排除杂念；通体透明，去掉瑕疵。

交际，要区别对象。每个人都有独特的个性，各有千秋的心灵天地，这与没有完全相同的两片树叶的自然现象，何其一致。不加区别，难免“盲人瞎马”之讥。

但在态度上又应平等地对待与之交际的对象。再进一步，还得清楚地认识他。这种认识，就是改变世界的实践。之所以要改变世界，不正是为了使它更美吗？

三十一、至于交际的手段，除源于信息交换、心灵交流中的智谋之外，主要靠优美动人的语言文字。

三十二、律师的语言：行云流水，明白晓畅；律师的文字：朴实无华，准确精练。无论语言或者文字，都是真情实感的表白，不用妆点，无须雕琢。

三十三、律师的语言文字，都应达到忘我之境。忘我非无我，是心在跳动，思想在长空飞翔。

三十四、律师的语言常表现为演说。古希腊、罗马的演说大师，把演说看作“一种道德完美的艺术”。呵！道德完美的艺术，多么精辟，有着多么丰富的内涵，多么值得玩味体会！

文艺复兴前后的西欧演说家，称得上群星灿烂，东方更不乏光照百代的雄辩之士。难道我们超不过他们？我不大信。

三十五、律师的文字常涉析理，也属艺术创作。但毕竟同艺术作品有别：我们不是用形象创作，而是靠事实（凭证据），只是中含艺术因素，体现着艺术的品格罢了。

三十六、用事实讲话须准确，忌面面俱到：面面俱到不等于准确。还不可止于对事实的分析，应透过你的分析表达正确的思想、科学的信仰以及善良的愿望。

三十七、要运用“情语”。“一切景语皆情语。”《人间词话》中表述的这一重要观点对我们运用语言文字也不无参考价值。作不含情，难成精品。

律师之作，情可不露于外，但应蓄于内。有了情，才有可能创造出美的精神产品。

三十八、情，主要不指情绪，而是讲情操。对世上不平无动于衷，不能激动起来，并用语言文字表达激愤者，第一，他距律师甚远，因为愤怒往往体现着爱爱恨恨的情操，体现着善意爱心；第二，他离美也远。你看，那充溢着正义内容的愤激，多像骇浪惊涛，好美、好美啊！

三十九、语言贫乏，文出俗套，大半源于思想上的惰性。找到病根，也就便于医治了。

依靠我们全队的努力，中国律师语言文字的风格终将形成，并会日臻成熟。

四十、我坚持这个见解：真正的律师必是真正的人：似澄澈见底的清流，如通体透明的水晶。表里澄澈，一片空明，反映出心灵纯净，心地晶莹。行在山阴道上能觉“如在镜中游”者，足证他心情爽朗、心地澄明，整个山林都影印在一个光明净体中了。这不正是我们律师的形象吗？

四十一、作为律师，应不懈地追求那绝无止境的自我完善。“泉涓涓而始流”，一往无前，汇入河湖，注入大海，非圣洁，又圣洁。这该是我们律师的职业特征吧。

四十二、对事业，应特别强调热烈的、执著的追求精神，达到“痴”

境。顾恺之有所谓“痴绝”之誉,何妨引来?

四十三、要搞好律师的事业,不能轻艺品,艺要高超;更应重人品,心要纯正。二者兼顾兼得,我们的队伍定能群星闪耀。

人们要求,律师及其实务应体现着美与善,使人感到崇高;故对律师品格的要求相应也高。

四十四、高尚品格、崇高道德,由何体现?一言以蔽之:人格的完善与优美。

就律师的道德来说,须以“真”为基础:对人要诚,对事应实,两者都体现在“真”上,由真及善终至美。

四十五、真,对我们律师有两方面含义:一是讲真情;二是写真实。律师在人民心目中的价值,恰在敢于反映真实,道出真情,绝不扯谎。上溯时势、国是,下及讼案、事件,莫不如此。

四十六、敢字重要。敢,得以本身硬为其条件,道德要以“艺高”为前提,否则会成蛮干。换句话说,勇,应有“谋”支撑。智慧总应先于、高于勇敢。

四十七、律师之间应有竞争,无妨竞争,但都得体现着“美”,故须同丑恶现象划清界限。

竞赛、竞争的目标,都在于体现我们集体的凝聚力,即集全队之力把我们的工作提高到一统“真善美”的理想境界。

竞争有别于斗争。竞争中务必时时自省:在显示什么,想达到什么目标——并做出入情入理的回答。

四十八、热衷于“拜金”,一味讲求“实惠”,必然远离或竟失去“真善美”。权衡得失,能不警惕?

范文正公“先天下之忧而忧,后天下之乐而乐”。荀老夫子“先义而后利者荣,先利而后义者辱”。实千古绝唱,足以“晓天下之聩聩”!试改苏轼《临江仙》一字,寄语如旭日涌起般的年轻朋友:“何不忘却营营!”我纵有落日迟暮的实感,仍愿与君共勉。

四十九、律师制度连同实务的改革,似宜寻觅这样一条新径:让年轻的律师学好哲学,学好美学,学点诗;更多地学点其他的“法外”诸学科……

五十、逐步锤炼出美的气质,积极培育起诗样的激情,加上深邃哲理的引导,我们中国的律师必将日益接近“真善美”的和谐的统一。改革功成,恰在此时。

然而路尚漫漫,不经艰苦求索,何能成就大事业！走笔至此,眼前浮起两幅动人心魄的图画:“衣带渐宽”,“灯火阑珊”。

朋友们！不能坐等红日涌上碧波。

一九九一年夏　北京

律师路上断想

西哲培根说，“读史可以使人明智”。他的历史观与司马光的略同。他们都要人们对既往作出“鉴·考”，衡量兴衰，补救所失，以利前行。既属暮年，不免回顾来路，似出于情，实合于理。更何况时见飞流险滩，常逢雨横风急——

一

我跻身律师队伍，说得玄点儿，是偶然中的必然。

想当初，二十世纪五十年代，“根红苗壮”或者“立场坚定”的革命派，一般不会被选入律师队伍。这种情况延至八十年代初似乎都无大改变。复转军人因立场坚定往往被“公检法”吸纳而极少有充当律师者，就是明证。我于1954年先是因“胡风一案”被整；终因与胡先生素昧平生，又很少读他的书，实难高攀，沾边不上，只好不了了之。跟着，按年头进入1955年，就又以“反革命”遭肃。残酷斗争，无情打击，补上了未蒙康生之流“抢救”的一课！尽管最终也得到了一个让人啼笑皆非，堪称“求实”的结论——“经查，不是反革命”，但再充法官似已不宜，自己也觉得“不如离去”，偏巧律师新兴，正在招兵，一位分管人事的老同志对我说：“去律协罢，咱们还在一个系统；你去，是顾问的顾问。”于是，我戴着一顶“华冠”干上了律师。那时律师方兴，乔木同志还不可能唱出“你戴着荆棘的王冠而来”那样悲壮的歌。

按年头与年纪，我是个五十年代的老律师，但实在有愧，我的那段律师生涯，基本上在行政事务中度过，对律师开创时期的工作无建树可言。毫不夸张地说，路该怎么走，甚至没有想过。在一片懵懂中就再度让人扫入“另册”，从此在另一个天地里摸爬滚打，一晃就是二十年！

二

律师制度重建，我办的头一件案子是李作鹏反革命案。我那时的心态基本上是小心翼翼地学着“为政治服务”，心想对于这样一件全国关注、全球瞩目的要案，在主要方面，只能按上面的意志办事。其实根本就没深入思考法律与政治的关系，从而不可能有突破性的建树。但我毕竟有着强烈的职业责任心与特定的使命感，加之蒙受过“左”倾思潮的反复冲击，经历了“文革”的“洗礼”，已经懂得了一些世事，所以还能够在职责范围内尽到最大的努力。也曾把注意力集中于维护我的当事人的合法权益，小有所得。诚然，李作鹏有他自己的看法。他对我和苏惠渔教授说：“你们的辩护，好比敲小鼓，可只是敲了个边儿，没敲到中心点上。”他有点儿漫不经心地说：“不怪你们！”他的这番似属轻描淡写的话使我联想到一曲著名的山西民乐——“滚核桃”。乐手们把鼓槌扬起，击打得有声有色，但却始终在鼓的边缘处滚动，并不触及核心，闭目静听，宛如许多核桃在滚动。难道这是他对律师工作的刻画？难道我们在“滚核桃”？心里很不自在，一时却又无言以对。临到谈话结束行将道别时，他冒出了一句：“写了首诗给你。”我有点儿情急，想马上看，不料他却告诉我：“二十年后给你！”我无可奈何地答复他：“那好，我等二十年。”

屈指算来，再有三个多月就到了索句得诗的时间，在这整整二十年的时光里，我却不能不常常扪心自问：作为律师，你及格吗？你做到了无愧于人、无愧于心吗？

我不能忘记二十年前的一次失误。我与朱华荣教授一道去会见一个被告人，由于感情上的偏执，没有帮助她去行使一个公民应有的诉讼权利，削弱了辩护权，证明着我在这个环节上的尚未及格。我会日益深刻地认识到问题的严重性质,因此而自责终生。

之所以发生那样的失误,除感情因素外,还在于:我缺乏一个律师应有的哲人气质,表现在满足于“我做了”,而忽略了“我在想”。可是,经验证明:如无后者,如不能通过思考从而在实务中提高悟性,归根结底,只可成为事务家,是庸才。

三

一道难题的解析——

律师的职责法有明定。为了有效地履行职责,维护当事人的权利和利益,最为重要的是,要与专断和特权势同水火,关注与分辨法律上的是非。律师在法律上丢掉了是非观念,也就丢掉了尊严,丧失了存在的价值。国贸中心惠康超市的两名男工作人员,对两位年轻女士公然非法搜身“检查”,再也料不到最终在我们律师的引导下达成了一个不清不楚的“调解”协议。这在实际上认同了如是侵权可以存在,于是不仅损害了被侮辱者的合法权益,而且损伤了律师的形象,从而使我们付出了高昂的代价。这个发人深省的教训很能说明上面涉及的问题,对不对呢?

作为律师,我以为应当是一个天然的人权主义者。身处封建专制传统绵亘千年不衰的境地,漫谈芸芸众生,“肉食者”的权利意识就历来淡薄,适用法律维护人权恰恰是律师的“正道”。我们的这点信念、这种意志难道不该坚持?

随着工作的发展与律师队伍的不断充实,我们有了越来越多的机缘参与一些政治性很强或者受上层关注的讼案。承办这些案件,尤应着意分清法律上的是非,做到坚定不移地依据法律规范处理问题,切切不可用那些陈旧的片面的观点去处理事涉法律的诉讼。经验表明:让政治或者长官的意志凌驾于法律之上,必然会形成行政权力支配一切的局面,从而使一切都政治化,于是律师也就演变成了行政权力支配的“驯服工具”,还谈什么维护人的权利!在这方面,我也有难忘的教训。

在律师实务中,行政的干预往往是对于我们能否坚持独立人格、严格依法办事的考验。我体会,面对权威或者权势或者权贵,如不能做到"威武不屈",无疑会蜕变为懦夫。因为依据宪法和法律我们有说"不"的权利,问题仅在有没有说"不"的智谋与勇气。我承认现实,人的命运总不免受"长官意志——上级决定"的左右,而且往往无法说"否"。即使面对这种情势,也得顽强地要求有个合理的"说法",诸如请求说明您的意志源于何处,您的决定有何理由与根据?这绝非"抗上",这是实行法治的原则要求。谁都无权否定法律的权威性。既然如此,法律怎么可以任由某位长官的"自由意志"呼来挥去呢?能认可长官意志高于法律的权威吗?

历史经验反复证明:长官个人凭借行政手段专断地审定"个案",极易剥夺人的权利,极易形成"冤假错";运用行政手段非分地干预律师实务,必然产生执业中的虚伪,导致律师人格的堕落。这绝不是反对对于律师实行"国家管理"。恰恰相反,我们希望这种管理与"行业管理"一样都能够加强,关键在于管什么和怎么管。我们仅仅是不赞成把律师沦为长官体现个人意志或者政府机关实行国家意志的工具,如此而已!纵观上下,环顾左右,国家意志统治一切的局面早因计划经济的改制转型成为陈迹,那么,允许国家意志统治律师业务的情况又有什么理由不该改变呢?

解析这道难题,实在有必要修改目前的《律师法》。目前的这部《律师法》,尽管有其里程碑的意义,但它毕竟没能实现全面调整律师制度与律师实务的各个方面和各种关系的任务。诸如充分地估量与确定律师在审判制度中的地位和作用;合理地调整律师执业中与司法权力和行政权力机关的关系;周全细致地规范律师的执业权利,特别是办理讼案时的调查研究的各项权利,或漏或疏,显得单薄,在一些重要环节上也就很难起到减少或清除律师执业的阻力和障碍的作用。要求修改《律师法》,只是希望更好地工作,在"析理"时,没有后顾之忧。法律是工具不是目的;法律规范是办事的准绳而不是自缚手足的绳索。工具如无助于达到既定目标却成为绳索,理应修订。法因时变，律依势改，历来如此，不应以人的意志为转移。

四

实践证明：律师为了有效地去维护人的权利履行职责，须有多方面的职业才能。就其主要的而论，一要善于透过五光十色足以惑人的现象，弄清其间或其中包含的法律关系，揭示出待决问题的实质；二要能纯熟地适用法律解决实际问题。

为了解决问题，从整体出发，应尽可能地扩展律师的服务领域；从个体考虑，则宜着力精通某一或者某两三项业务。但不论从事哪项业务，都不能像有的律师所公开宣告的，说“我的天职是办案”。办案是手段，通过它去追求一个终极目标：对具体对象而言，主要是维护某项（种）权益，特别是宪法明定的各项政治权利；对整个社会来说，则是为了实现民主，健全法制，从而建立起一个和谐的、健康的社会秩序。

为了解决问题，办理实务应有科学态度：尊重事实；不畏权势；敢于负责。还应提高业务素质，即解决问题的能力，主要包括四个方面：逻辑思维的能力；求实的能力；应变的能力；表达的能力。

这些能力要体现在析理上。律师的析理，需要知识与智慧，需要理论勇气。具备明辨事理、追求真理的勇气才能产生律师特有的宽阔胸怀，才会排除那似乎无处不在的功利性干扰，一往无前，义无反顾，穿越天苍野茫，让道理、公理深入人心，长存世间。我在析理中时有浅尝辄止的缺陷。在办理实务中以论证控方的“指控”不能成立，替代被告人何以无罪的事理分析，就是明证。对此不可以从客观上寻找原因自谅，那也是自己不具哲人气质，思想境界不高，缺乏析理勇气而结出的涩果。咎由自取，搪塞何益？

研究这个问题还必须考虑律师工作的特性和各项业务的特点，不能对律师及其工作要求划一。就律师个人而言，客观上要求各具个性：思维、感情、胸怀、才能、风度、风格、方式、方法……无一不是“这一个”。多姿多彩的“这一个”将能显示我们“这一个”统一体的非凡智慧和力量。而从实务（事）上说，似应充分认识到一个易被忽略的问题，律师实务的本性在于创造。唯独创，能见个性，方有特色，才会锻炼出“这一个”。反之，失去了创造力，我们的实务必将黯然失色。由此可知，这里所要求的创造，就不仅止于一般意义上的永动状态，而是指对于理想境界的永不止步的追求！创造历来担风险，因而须以无私、无畏为前提。不过当你看到那每一次创造的结果都会使我们再次得到了新的发展的机会，又是何等快意！只要能有发展，我们倾注心血为之奋斗的律师事业就绝不会失去生命力。

归根结底，我们履行职责办理实务的目的又绝不限于解决问题。重要的是，要能通过解决具体问题去表现一种世界观，去体现我国法律文化的优良传统，我们民族的特征以及时代的特点，去反映人民大众的愿望和需求。集中到一点上，就是要体现我们的作用和力量，借以培育出健康的程序，创造一个合乎理想的环境。

五

一个基本问题——

二十年艰苦创业，为我们培育了一批又一批真正的律师，这是我们“十万大军”的脊梁，律师制度得以不断发展的基石。

真正的律师，似澄澈见底的潺潺清流，如通体透明的光泽水晶：是真正的人，表里如一，道德崇高，事事处处体现着人格的完善与优美。

真正的律师，必有赤子之心：纯正善良，扶弱济危；绝不勾串赃官，奔走豪门，拉拉扯扯，奴颜婢膝；绝不见利忘义，礼拜赵公元帅，结缘市侩，徇私舞弊；他自始至终与人民大众走在一起。

真正的律师，实是一团火，从点燃到熄灭，持续放着光，散着热。艺品高超，仗义执言；爱爱仇仇，义无反顾。

然而人们在新的发展中更在呼唤着优秀律师的涌现，以便构建起中国律师制度的富丽殿堂。

什么人称得上“优秀的”？作为当代中国的优秀律师，除上面所说的特征之外，似乎还应具有——哲人的智慧；诗人的激情；法学家的素养；政治家的立场：四者统一于科学的使命和职业良心与社会正义之中。目前,我们奇缺而又至关重要的是哲人。我们这支队伍历经二十年磨砺至今不能达到一个处处放彩满队生辉的境界,我认为首先是存在这样一个致命的弱点。

这不是苛求。诚然,达到那样一个“四合一”的境地相当不易。然而既然是使命所在,社会需要和职业良心的要求,我们就应当登上这个高度。

在当代中国,登高或有风险。但我的感受是:我们的最大风险是“自毁”与“自误”。我绝不怀疑,只要永葆浩然正气,不同邪恶合污,任何风险都将因“自爱、自重”而最终化为烟尘。“顾此耿耿在,仰视浮云白。”我们也要有自己的正气歌。

但这不是短期之功能达的目标。培育出一个优秀的律师,不经多年历练难成气候,难能达标。因此之故,最好不要轻易地许人以“优秀”或者“几佳”的桂冠。名不副实,影响所及,岂止是个人的形象!

不无遗恨的是,我终此残生,怕也难能达到这个境界。然而我们年轻的队伍里毕竟涌现了一批批夺目的标兵,不日再能培育出高瞻远瞩,方向明确,胸有全局,气度恢弘的战略家统领队伍,中国律师就一定能不断登峰,雄踞东方,“纳千顷之汪洋”,高歌“大江东去……”

二〇〇〇年一月二日稿

二〇〇〇年九月十八日改

行云流水，朴实无华

——辩护词漫话

1. 我们律师的辩词，除佳作精品外，往往单调、刻板，给人以枯燥干瘪的感觉，有的又是故弄玄虚，夸夸其谈，令人有言未及意的遗憾。两者都有损于律师的形象，影响律师制度的发展。

2. 一个不能忽略的无情现实：每份辩词都是律师的素质、水平、风格、风度的集中体现，反映着我们的世界观。因此之故，如果我们的辩词一时难能成为超群的不朽精品，也应是耐人寻味的拔俗佳作。

3. 辩词作为实现辩护职能的一种手段，其功能和作用说到底无非是这两条：明辨事理；提高情操。

欲使事理得以明辨，故须有说服力；欲使情操能以美化，故应有感染力。

辩词也是宣传品。唯其如此，更应写得深刻、生动，使之常留人心，难以泯灭。

4. 请问衡量优秀辩词的尺度是什么？

回答颇有难度。人们可以从不同的角度去立其标尺；在我看来，以下几条可为量度：

第一，辩词中能体现出它应当表现出的最高使命，并不就事论事；

第二，内容具有科学的真；而在形式上又能反映艺术的美；

第三，有好的社会和客观效果，能反映出人民大众的愿望、感情和需求。

5. 产生好的辩词,必须有一个重要的前提条件:用你的大脑进行独立的思维,以利于写出你自己的话,准确地反映客观真实。

6. 辩词是个人创造的精神产品。

既是创造,就应铸出特色,显示个性,培育出个人独特的气质和自己独具的风格,总之应是"这一个"。

如果每个律师都是"这一个",我们这支由众多"这一个"构成的队伍才会多姿多彩,才能产生出非凡的力量。

7. 既是创造,就应表现为对于理想境界的永不停步的追求,从而要求在有限的语言(文字)中,反映出、创造出一个纯真、宽广、和谐的意境,令人觉得美,感到力。

8. 凡是创造,就含有风险,中外古今,概莫能外。可是,唯创造能推动事物的不断发展,使我们为之奋斗的事业永葆其青春。所以,即令风险常随,也足使人欣慰。

9. 辩词,要以"事"为骨,以"理"为肉,以"情"为筋,以语言为"血液"流贯其中。

倘无优美语言作为新鲜血液流贯,纵有伟岸"躯干",也不免显得干巴巴的,活似陈年核桃的外壳。

语言丰富了,辩词就活了,立住了,年轻了,常青了。不提高驾驭语言的能力,难有好的辩词。

10. 语言之所以能成为血液,是造血者对语言加以选择、洗练、并精心组合的结果。

秋空残月,岸边柳色,晓风送寒,征人远去;离情别绪,万般惆怅。此情此景,在大词家柳永笔下,只将"杨柳岸,晓风残月"织成一体,仅只七字,就绘出一个无比动人的绝妙境界,交融情景,拨动着古今多少人的离情愁怀,千古传诵!这不正是对语言的选择、洗练与组合之功吗?

11. 辩词的语言:行云流水,明白晓畅;表现为文字则应朴实无华,准确精练:两者都要条分缕析,亲切含情;不用妆点,无须雕琢,但又必须修改、涂抹,达到无一语不可信,无一句不可靠的境地。"文章是改出来的。”鲁迅先生的这条经验谈，于辩词同样适用。

12. 辩词的语言，应达到忘我之境。忘我非无我，是心在跳动，与大众共振；是思想在长空飞翔，与时代同步。

13. 要善用“情语”。辩词之作，情可不露，但应内蕴。韩愈说，“言有穷而情不可终”。作不含情，难成精品。情语，大多来自推敲、锤炼，不经刻苦实践不可得。所谓含情，也绝非感情的宣泄，应是深沉思考的结晶，不加强各方面的修养不易得。

14. 还得讲究语法、修辞；连标点符号都不可轻易放过，要用得精巧，并符合规范化的法定要求。

“标点之于言文有同等的重要，甚至有的还在其上。”（郭沫若）“标点符号好比音符，它们牢固地缚住文章，不让它散落。”（布拉果夫）中外学者的这一共识，应对我们有所启示。

15. 辩词，主要是面对法官而发，尤其上诉审的辩词是这样。但往往也有必要考虑到公诉人或一般听众。为此应有针对性，同时要消除冗长，力避杂乱。

16. 应精心设计“开场白”。

目前盛行的辩词开头的“格式”，是导致它单调、呆板的一个重要原因，读来乏味，听去疲惫。该改改了！

设计要求：一、联系案件实际；二、表明基本观点；三、符合辩词主旨；四、结合法庭的情势；五、形式新颖独创——给听者（书面审则是读者）以有力的心理影响，使他自然地、热切地想了解“下文”。

案件互不相同，“开头”自应互异：万万不可一律，而且是“十年一贯”！

17. 写好辩词的首要关键是突出重点。如其不然，必定出现败笔，导致无力，达不到辩护的基本目标。

重点的确立，也得因案而异。为了便于把握、利于研究，无妨分作三类：

一、关于事实，凡重要、重大的，均属；

二、关于理由，无论涉及事实、法律或者情理，凡主要的，就是；

三、关于词语，凡属关键的都是，试看下例：

一审认定被告人对签署无效合同造成的重大损失，负有直接的领导责任，构成玩忽职守罪。律师抓住关键辩道："领导责任，词义模糊，在这里既无具体的含义，显然没有法律上的效力；至于作出'直接'或间接的区分，更无实际意义。莫非断为'直接'就有罪责，凡属间接则应无罪？如此界定，于法无据，不能成立。"我认为驳得有力，从根本上动摇了一审上述认定的合理性与合法性。

18. 讲真情，写真实，是写好辩词的另一个关键所在。其实律师的价值主要也在这里。

19. 抓住关键，突出重点，与把握住"细节"并无矛盾，往往一致。应当树立这样的观点：律师实务是研究细节的学科。唐代诗人有"心细如发"的美誉，我们当代中国律师有何不能？

透过案中细节，会发现问题，从而能提出问题——这正是辩词的极其重要的内容。请看：

在某工厂的强奸案现场，经多方寻觅，得毛发 26 根，经化验，其中 25 根为女发，另一根竟是狗毛。但此处无犬。据此细节，终于发现是某女托人找来狗皮贴于下巴，冒充男须，趁夜黑在被害人脸上乱蹭一阵逃出，妄图嫁祸于仇人。案情大白。毛发之细，也能提出大问题，故不能等闲视之。

20. 辩词就其主旨来说，并不一定在于给予答案，但一定要提出问题，多问它几个"为什么"？

辩词提出的问题，应有针对性，要有批判精神，须是案中的关键性环节；总之是活生生的，让人无能回避。某杀人案，一审判决认为两被告人同时实施了杀人行为，跟着断为"先后猛击"（被害人）。律师在二审辩词中问道："既是同时，何来先后？既有先后，谁人在'先'，何人在'后'？作为判决，无法回避！为何回避？"问得有力，提得在理，除了认错实已无处可退了。

21. 但是，下例一类提问应予防止。何某伤害案，律师在辩词中问道："对被告人没采取强措施，程序是否合法？"就程序的合法性提出质疑，本极重要，无可非议；但细察其内容，不能不说是有点不知所云，这究竟是在“辩”什么呢？

22. 讲“实”话，不空言主张，要求善于运用“事实”。

合理地、严谨地组织“事实”，使之无懈可击，这本身就是最为有力的辩护。

冤假错案之所以难绝，最主要的根源正在认定事实上的主观武断。

23. 用“事实”说话也忌面面俱到。因为面面俱到既不等同于准确，也不等同于充分。

24. 肯定于被告方有利的事实，要依据证据加以分析，而后得出结论。这种分析，也不宜就事论事，应能表达出正确的思想、科学的信仰，或是去诉说一个善良的愿望。

对应“立”的事实的肯定性陈述，要有节制，做到适度。“我不是在和你争论，我是在告诉你。”西方律师的这个经验概括很值得玩味借鉴。

25. 在辩词中叙述事实，按照事件发生的时间顺序，顺叙其事。有助于眉目清晰，逻辑严密，能收一目了然的功效。有时也无妨按问题的主次，先叙主要，以利于抓住焦点，突出重点。

26. 涉及专门性问题，务必讲出科学的根据。信口开河，想当然，都将贻笑于人，达不到辩护的目标。

27. 否定指控的事实中的不实诸点，一要对不实各点加以概括，二要能够从中抓住要点。试举例说明——

大兴安岭火案。起诉书在肯定被告人庄学义于育英林场部署工作后，指出他“两次向党委通报火情并提出了图强局应采取的防火措施，然后驱车去综合厂，途中曾停车观察火情，于八点四十分左右匆匆离开育英”。

针对这段指控而发的辩词是：

“这段指控，包括被告人当时的三个行为，即通报了火情；提出了措施；驱车继续察看火情。请问：在当时那种大火天降的危急时刻，他的这三个行为有什么可以指责的呢？这三个行为与所谓犯罪又有什么联系呢？看来问题在于‘匆匆’离开育英。可是，第一，‘离开育英’这个概念是含混而不精确的，因为在庄……一路疏散灾民、疏通要道的许多地方，统属育英辖区，他在辖区之内奋力做了那么多组织工作，使许多人脱险离开火海，业经庭审调查核实，这怎么能说是‘离开育英’？第二，在大火肆虐、烈火扑人的极端危急时刻，所谓‘匆匆’，正是机智聪敏的指挥员形象，难道大火压顶还非得‘慢吞吞’地才算坚守岗位、才称得上指挥若定吗？遇事‘慢慢来’是恶习，会贻误事业，这个指控不能成立。”

28. 如主张无罪，辩词中最好先下结论，再叙理由，眉清目楚，印象鲜明深刻。

29. 论点必须明确。

如有分论点，不可与主论点并列，而应使之从属于、服从于主论点，并应分别论证。

30. 分论点之间不可互相矛盾。先后矛盾，必然不堪一击，注定要失掉“辩”中的主动权。

论点如无可信的论据支持，既立不起来，又经不住驳。两者之间应水乳交融，万不可互相游离。

31. 分析、论证问题，要求周密透辟，无懈可击，有很强的逻辑性。

有份写得很有特色的辩词，因推敲不够，夹了这样一段：“被告人跟被害人确有扭推的举动。……扭推是使被害人坠下车的条件，而非根本原因……（被害人）自己先推别人，结果因惯性作用跌下，这怎能归罪于被告呢？”其中重点，在于“先推别人，结果……跌下”。对此试作辨析——

第一，先推，如是事实，仅只能说明事件发生的缘由和责任的大小，还不能证明“跌下”之果是由此而起。第二，如果这“先推”的第一下就使推人者“因惯性作用跌下”坠地，那么，一开始就明确的“互相扭推”便不会发生。第三，由此可知在“先推”与“结果”之间，漏掉了、略去了“而后”这段关系重大的重要情节，使这“结果”来得突兀，缺乏可信性;以此为理由加罪或否罪,没有说服力。凡此三点,正说明病在不能达到周密透辟的要求,逻辑性差了些。

32. 要讲究层次。基本要求是:有条有理,合乎逻辑。

在辩词中,哪些先论,哪点后说,应围绕主论点做出合于事理、明白清晰的安排,增强其说服力。

33. 论证与引证不能混淆。

凡有引证,意思应完整,出处要具体。不能摘我所要,不可断章取义。援引法条,尤应准确。

34. 论述“理由”时要注意不苛求被害人。坚决清除似是而非的歪理。

辩词以“被告人曾任党委书记,其间为党做了大量工作,此番对女工施暴,属一时失足”为理由,请予轻判。公诉人立即作答:“正因为被告人是党委书记,更应严格要求,必须从重判处。”如此轻轻一点,辩词中的从轻条件竟又转化为从重的根据!歪理难立,于此可见。

35. 最忌强词夺理。广西某强奸案的辩词有这样一段:“被告人……施行的暴力是很严重的,手段是凶残的……但这是犯罪初实施的,后来已收敛。”经查本案被害人在一个多小时之中被强奸四次,奸后衣服扒光,手足紧捆……如此这般,“收敛”之辩就应视为“开脱”,与律师的辩护职责毫不相干!本案被告人依法被处极刑,执行枪决。

36. 辩词中不能掺杂冷嘲热讽。

在法庭上尊重公诉人与审判员,是职业道德的要求。一位律师在辩词中说:“听了公诉词,仿佛看到了一个当代的‘过于执’!”这种嘲讽式的无端指责,只是显示着律师的风格不高,于公诉人无损,于实际无补。

37. 合法的、正当的、适度的“请求”,乃辩词中的应有之义。或者说,重要部分。有位学者说:“对于有罪判决的建议,不应提出对刑期的具体意见。”这个说法有片面性。例如对于符合《刑法》第67条的规定的案件,就理应具体地请求对被告人宣告缓刑。

38. 应当明确:辩护词是律师参与刑事诉讼各阶段工作的基本总结。

这里应注意两个要点:一是“各阶段工作”;二是“基本总结”。

有的辩词中的“时间紧迫,本律师未能充分准备”云云,该清除了。

39. 发表辩护词,就是发表演说。

演说,是人的素质修养、精神风貌的艺术性体现。古希腊、罗马的演说大师,把演说看作“一种道德完美的艺术”,说得多么精辟,有着多么丰富的内涵,多么值得反复玩味体会!多么令人神往!

40. 写好辩词并善于表述,要求有较高的水平,丰富的知识,执著的精神,谨严的作风,哲人的胸怀,诗人的激情,语言大师的文采,演说大家的风度;长期锤炼,“万物皆备”,或能有成。然而既然有志于此,就理当倾尽全力,进发峰顶!加把劲呵,朋友们!

问须工巧,答宜避拙

如何"问",怎样"答",是律师实务的重要内容。因为问与答不仅是律师执行职务中的权利或义务,而且是实现律师职责的一个手段,是一种特殊的调查研究方式。因而律师工作中的巧问妙答就成为一项基本技能,需要不断总结,不断提高。

试分论之——

一

1. 问,在诉讼中是律师的一项权利,现行诉讼法规定为"发问";在非诉讼法律事务中,举如在解答询问、参与谈判中,则表现为提出问题。它们无不源于客观上的需要。

发问、提问,无疑都含"进攻性";但有经验的律师大都善于适时、适度地在其中注入"防御"因素,以利于达到既定目标。

2. 把握住"问"的目的最关紧要。

在诉讼中发问,目的是帮助法庭查核事实,发现真实,为实现辩护或者辩论职能创造有利的条件。

在非诉讼法律事务中提问,目的在于通过寻真、排疑、求同,获取最大的信息量,明确问题的焦点,以利于解决问题。

3. 围绕上面所说的目的,在诉讼进程中"发问",应有以下五点基本要求:

——所发的问题,应在搞清基本事实或搞准主要证据上居于重要地位,或者说是关键性的一环;

——应有助于把握住进行辩论的基本事实和主要材料；

——应有助于否定不实的、虚假的情节和不可靠的、不可信的证据材料；

——应有助于揭示某些证据之间的矛盾因素，包括被害人的先后不同的陈述；

——应有利于突出“己方”所举证据的可靠性，为辩护、辩论打好基础。

这五点要求，在实践中应从“整体上”加以把握，其中心点是事实与证据。怎样才能达到这些要求？关键在于吃透案情，对案中主要证据、主要问题的各个侧面，做到了如指掌。

4. 在非诉讼法律事务中“提问”，另有如下的五点基本要求：

——所提问题，应有助于互相交换信息；

——应有助于搞准情况，增加理解；

——应有助于搞准对方当事者的意图；

——问题本身要简明扼要，措辞不含混，意思不闪烁；

——在表述上要有感染力。

二

5. 发问、提问，都应讲究方法。以下四条带有“共性”，理当遵循，即

——要有的放矢：应从案情的实际出发，明确“的”在全案中的位置与作用，据之以提（发）问；

——区别不同的被问对象：要因人而异（身份之异、各种条件之异，等等）地选取提出问题的方式；

——区别不同的问题：要因事而异地选取提出问题的角度；

——启发而不诱导：启发，可能将对方之答引向真相；诱导，因暗示答案而可能导向虚伪，且为法律所不允许，可引而不能诱。

三

6. 研究“问”的技巧，不是小题目，大有文章可做。

讲技巧，不能离开实际。研究“发问”的技巧，不能离开诉讼的实际。

7. 实践的不断发展，将推动技巧日趋精妙；实践越勤，技巧越工。

以下各条泛论，出自对技巧的概括；具体运用，仍应回归实际。

8. 发问，首先要明确意图，说明或者解决什么问题，忌为发问而发问，走过场。

9. 不可满足于“问什么”和“怎么问”，尤应考虑到对方会“怎样答”，想清楚那样“答”后又怎么办。

10. 何时就某个具体的问题发问，要注意时机。一般地说，在法庭调查某项相关的证据时为最佳。

11. 问题本身如果复杂或者较大，应于事先设计出发问方案，包括：从哪个角度提出问题；提问后可能得到几种什么样的回答。

对于“回答”是否需要以及如何应对；对较大问题加以分解，并按分解的内容设计出发问的系列性要点；等等。

12. 要善于引领对方将“回答”纳入真相的范围和“事实”的轨道。例如为此可根据对象的主观情况，参照其他证据，设置一个“肯定性”的前提，使被问者在答时不至背离实际，不易含糊其辞。试举例说明——

被害人自称，从远郊来市里寻亲，因迷路而为被告人诱骗强奸，报案时将迷路原因归为“初次进城”。对此，卷中材料的疑点很多。为查核是否初次，对被害人有三种“发问”：(1)“你来过市里几次?”(2)“你这回是第几次到市里来?”(3)“你每次来市里是否都是坐长途公共汽车?”三问相比，唯第三种能使回答符合客观实际甚明。

13. 要善于通过“问题”变被动为主动，务必防止因问得笨拙而失去主动。这在民事、经济诉讼中应特别注意。

14. 问什么，怎样问，都应从实际出发，其中不能忽视被问对象的

“实际”,主要指:他的理解能力,记忆能力,表达能力,以及他在庭审中的异常表现。

15.“问”应具体,不宜抽象,也不能概念化。问得具体,方能保证得到具体的回答。

16.应问之点如多,则应考虑问的顺序,还应讲究有条理,使诸问题能够环环相扣,以加强它的逻辑力量,增强客观性和说服力。

17.要适可而止,做到含而不露,意在言外。有的问题,无妨“蜻蜓点水”,大可不必“一泻千里”。

但在特定情况下,又无妨一问到底。法律没有律师只能发问几回的限制。这里需要坚定和毅力。总之一切服从诉讼的需要。发问是否必要,取决于案情,而非个人的意念。

18.不要问与本案无关的问题,不问与案中证据没有联系的问题,不问众所周知或者显而易见的问题。

19.在发问中要注意观察对方的反应,借以测出:(1)问题是否适当、适度;(2)回答中是否含有水分或留了余地。

20.对证人发问,在刑事诉讼中要善于及时地断定证言有利于控诉还是有利于辩护。如属后者,应通过发问使其重点突出,更富证明力;如属前者,应着重结合其他证据去发现和揭露它的漏洞或矛盾点。举实例说明——

黑龙江省一强奸案中某证人作证,说:“五一晚上十点多,我到院子里解手,看见王某(案中被告)穿着烟色的确良上衣,走进村头高粱地;因高粱挡着,他走进去就看不清楚了。不一会儿就听见女人哭喊声。以后听说,老李家的二姑娘被强奸了。”

证人用一串间接证据,摆出客观姿态,意在证实王某的“强奸罪”成立。可是辩护律师从证言细节中发现了漏洞,用一系列的反问,从根本上揭示出证言的虚假,他的发问如下:

(1)北国五月夜十时,天色漆黑,村中未设路灯,证人又是高度近视,你凭借什么看清认准是王某走入高粱地?凭借什么看清王某上衣的颜色,而且竟能辨出是的确良布料?

(2)五月一日,黑龙江高粱刚刚播种,说高粱挡着视线,有什么根据?

(3)经实地勘查,你(证人)的院子设有围墙,高粱地在房后墙外,院门对着的是一片草地,怎么会从院内看见有人夜入高粱地?

(4)夜深人息,四野寂寥,既听弱女哭喊何不救援?

有此四问,彻底揭示了证言的虚伪,最终迫使证人承认作了伪证。

在民事诉讼中的对证人发问,应运用的技巧与此相通。

21. 证言的错误如源于记忆有偏差,表达不准确或者生理上有缺陷之类,发问时则应十分细致,特别委婉,处处注意做到机巧。

22. 对证人发问,不允许施加压力。时闻律师于发问中告诫证人:"不讲实话,要负法律责任!"有时会听到这样的回答:"我讲的就正是实话!"请看,原本是一种积极进攻的手段,一语不慎,陷入被动,而且很难挽回。

23. 要观察并把握住被问的证人的精神状态,举如困惑、疑虑、紧张、恐惧、轻佻、傲慢、疲倦、沉思等,由此出发,确定怎样针对"这一个"来发问。

24. 对鉴定人发问,要针对"鉴定结论"中涉及的专门性问题或关键问题,从学理上提出疑点并要求做出科学的说明。

例:就死者两腿内侧的皮下出血是何时由何物所致鉴定,"鉴定报告"的结论是:"生前手足之类物体暴力形成。"律师曾问鉴定的法医:(1)用手形成,或可断定;由足形成,从何查知?(2)用"力"形成,或可理解,此力属"暴",有何依据?被问者语塞,竟然说出"水平不高,就这样认识!"这样缺乏科学根据的"认识",显然没有证据的证明力。

25. 鉴定人如对他鉴定的事实作出问题性质的法律判断,例如会计师事务所鉴定某人挪用款项应认定为贪污,则应通过发问,揭露它的越权,及其鉴定不具有证据的效力。

26. 对被告人发问,关键在于从辩护与辩论的角度查核事实。

被告人在庭外对律师说明的事实材料,只有通过庭审发问才能起到证据的作用。

27. 刑事被告人承认犯罪,应通过发问弄清他的犯罪动机、犯罪手段,等等。

被告人翻供,应问明原因。

28. 对于书面证言的可靠性,务必通过向被告人发问加以肯定或予以否定。

29. 要善于揭露"用非法的方法收集证据"(《刑事诉讼法》第32条),从而证明这类证据的虚假性。

30. 概括地说,发问是一项复杂的诉讼行为,从原则到技巧,都不可能产生一致的或一律的"模式":诉讼不同,案情不同,发问的技巧必然也各异;故应不断锤炼,不断创新。

四

31. 在非诉讼法律事务中如何"提问"? 在研究其技巧时应先明确提问的目的,主要是:通过寻真、排疑、求同,获取最大的信息量,明确讨论(争议)的焦点,解决问题。

32. 非诉讼法律事务范围广泛,技巧问题不仅不能划一,而且必然更细。其中有一些又与"发问"技巧相似或相通,此类略而不述。

33. 提问时,特别是在参与项目谈判中提问,要审时度势,站在(谈判)全局的高度,使所提问题得以逐步地控制谈判态势,影响大局,驾驭整个协商过程。

34. 要善于引导。方向是"问题"的中心或关键。重点是从模糊不清的问题中抓住主要环节,以利于事件涉及的事实更加清晰明确,进而决出主次。

35. 提问的重点往往不在"问什么",而在"怎么问";一要选角度,二要择时机——忌操之过急。

36. 提出复杂的问题,要摆出"问题"涉及的方方面面,而后抓住实质,明确焦点,促使有关的当事人作深入思考。

37. 如属难题,则应说明症结,讲清道理,共同探讨解决问题的途径与方法。

切不可泛泛地问,那样注定只能得到泛泛的答,不解决问题。

38. 要善于用“设问”代替提问,以便于创造谈论问题的和谐气氛,以利于达到求同。

39. 要尽量弄清并考虑到对象的个人特点:职业、职务、水准、气度等,使所提的问题易被理解,易被接受。

40. 要留有余地,以利回旋。不是万不得已,不能把人逼入死角。

五

41. 答,不论在哪项实务中,通常是一种义务,作用主要是通过对对方问题的肯定或否定进行解惑或者释疑。由此可知,答问并非总是某种被动态势,其中应含主动精神,有时应带“进攻性”——防御中的进攻。

42. 一般地说,我们在实务中往往对于“问什么”或者“说什么”想得多,而对于“怎样答问”则思考较少,如不扭转,难免失误。

律师之“答”主要有两个方面:一是回答询问;二是答复质疑。如何答对,要据此分别做文章,不宜相混。

43. 基本要求有三:准确;适度;诚恳。准确包括事实与法律两个方面,不必细论;所谓适度,是指既要讲究分寸,又善留有余地。诚恳之义主要指:绝不可强不知以为知,绝不能故弄玄虚或故作高深,令人生疑甚至生厌。

44. 怎样才能达到上述要求?除积累知识、经验,不断增加智慧、增强本领之外,一靠思维严密,二要反应敏捷,三应锻炼应变能力。

45. 回答,务必有针对性。绝不可以答非所问,也不能“顾左右而言他”,总之不能给人以言不及义的印象。否则就是失职。

46. 回答,应尽力做到使人明白“己方”的真正意图和具体要求,认真、坦诚、无须藏拙。

47. 对于一时难以或竟不能回答的问题,可要求“暂停”,研究后再答;但切忌以“未做准备”为口实而拒答,因为我们是律师!

48. 应知而答不出时，要敢于承认缺点与不足，无须掩饰。

49. 答问不可以“顺杆爬”，故意把人引入歧途。因为它无助于问题的解决。

50. 答，既要讲科学，更应讲艺术。由此可知，“避拙”只是一种要求，日臻“妙”境，才是我们的目标！

一九九一年春

“三辩无罪”辨析

——证据札记

我们的辩词应成为律师实务这门艺术中的精品。有志于此虽久，但终未能达到这种境界，故深知其中艰辛。因此每读佳作，常兴奋不已；倘见失误，辄推敲再三。《律师与法制》第二期的《三辩无罪案》，作为案例，得失互见。故不揣浅薄，作辨析。

桐庐陈士贤律师是富有经验的高手，他从分析起诉书与判决书的矛盾点入手，反复思考，敏锐地抓住了问题的症结，而后通过对证据的分析比较，具体地提示了一审判决的“事实不清，证据不足”，进而确立辩护的基本观点。这使他的辩护活动得以达到应有的效果，很值得学习和借鉴。只是由于这不是辨析的主旨，故不细论。

细致地研究各方在徐财盛“伤害”案中的论点，觉得我们律师的辩词还不像《三辩无罪案》作者所说的那样“无懈可击”。一个突出的问题：律师提出了被害人的坠车“是他自己推被告人，因惯性作用才跌下车的”这一很有分量的结论，然而却缺少可靠的事实和充足的证据作为论据，所作的分析也欠缺严谨的逻辑，不见可信的理由，因而还不能令人折服。谨从《三辩无罪案》所引的律师辩词中提出几个问题，略作说明，借以与同行共同探讨——

第一，辩词并没有辨明事实，试分三层说明：

（一）“扭推”与“推”，这是两个不同的概念，在本案中又是差别很大的不同情节。辩词在说明事件经过时，用“扭推”；而在下结论时，又变“扭推”为“推”（人），这就产生了一个问题：二人的“互相扭推”，于何时又怎样地变成一方的“推”（人）了呢？诚如辩护人所意识到的，这可真的是问题的关键所在！可惜没有得到正确的解决。

（二）辩护律师断定：被害人“先推别人，结果……跌下”。这个“先”字要紧。有先必有后，于是生结果。在这里，“先推”与“结果”之间，显然漏了“而后”这段至关重要的情节。这样，所得的那“结果”就显得突兀而缺乏说服力。

还应指出：“先推”，只能说明事件发生的缘由和责任的大小，并不能证明“跌下”的结果由此而起。事情很明白，如果“先推”者的第一下就使他因“惯性作用”而坠于车下，那么，我们认可的“互相扭推”就根本不会发生。这又从一个侧面印证，在“先推”之后，确实发生了“而后”的情节，坠车“结果”正恰恰发生在“而后”的情节之中是合于情理的。

（三）从辩词中，我们能够体察到律师对于案情的分析有他冷静审慎的一面。他说：“（被害人）坠车的直接原因有多种可能。”这种分析客观公正、恰如其分，体现着我们律师的立场、方法和风格。可惜未对这“多种”逐一剖析，竟一转笔锋，变“多种可能”为一个现实，即“因惯性作用（自己）跌下车”。假定这一点合乎实际，那么，上面所说的“多种”是怎样排除的呢？尤为重要的是，这唯一的“直接原因”又是根据什么“判明”的呢？还有：当二人“互相扭推”之时，所谓的“惯性”是朝着哪里、哪个方位运动的呢？这里有一个至关重要的细节缺乏证明：扭推既发生在二人“互相”之间，怎见得不是相互揪住、扭在一处？如不能提出根据准确地回答这些问题，难免给人这样的印象：把“扭推”换为“推（人）”，仅仅是为了证明那“惯性作用”确实曾经产生过。无须详述，这一点是辩词的立论基础，是关键的关键；如果这一点从根本上发生了动摇，辩护律师的基本观点也就必然地会随之而动摇。

第二，辩护律师用以证明被害人自己跌下车的论据，不足以使人信服。

按照《三辩无罪案》作者介绍的辩词内容,我们把律师摆出的论据分为两类,逐一剖析。其一是从被害人方面寻出来的,如下:

辩护律师以反问的方式提出了一个论断:被害人果真是被人推下了车,“能不向自己的妻子诉说吗?”是的,可以认为有些人或者很多人不会不向妻子诉说,但是,即使“一般如是”,又怎能排除“有此个别”?况且很难保证在互相扭推、情绪激越之时,当事者对每一事实的判断都准确无误,因此即使“诉说”了,也不能就据以证明律师得出的结论符合实际。

“为什么不向仇人的女儿发怒?”姑且不来衡量“仇”字的分量,即便仇恨满腔,有什么理由必须向“仇人”之女发泄?我们似乎没有理由把教养、修养、涵养、性格、风格、作风、态度、风度……千差万别的每一个具体的人,在此时、于此事都镶嵌在一个模式里!

律师为了加强上述两个论据的证明力,特意补充说:当时被害人的“神志是清醒的”。是的,清醒的!唯其清醒,所以无须诉说,所以无由发怒。难道不是这样吗?由此可知,“神志清醒”云云,在这里不能起到证明的作用。

其二是从被告人身上得出的——

辩护人说,“被告人下车后立即怒气冲冲地要冲上去打……被害人”,从而断定他在此之前吃过亏。这种断定,失之武断。因为怒冲欲打同“吃过亏”之间,没有必然的因果关系。所谓吃过亏,这是结论;试问引出这种结论的根据是什么呢?到底吃了什么性质的亏,其程度又如何呢?如果这吃亏仅仅是源于“互相扭推”,那么,辩护人不是也曾指出,“这种扭推行为,双方都有过错”吗?在“过错”双方均沾的情况下论“吃亏”,所指为何呢?退一步说,被告人果真因被害人的动作而吃了亏,这在全案中又能说明什么呢?这一点有什么意义呢?这一系列的问题,都应有明确的回答。

再有:用下车欲打这个细节来说明被告人“不知(被害人)坠车”,尤其没有说服力,会给人以用想象、凭臆测来代替事实的印象。事实是:被害人当时明明躺在车下,而且是“被人挟着,受了重伤”!辩词还说,倘若真的是被告人推被害人坠车,他就不会怒气冲冲,其心理状态“就会感到得意”。人们有理由这样地提出问题:这不是科学的心理分析;面对“坠车、重伤”的此情此景,有什么理由一定会“得意”?

至于说被告人如知被害人坠车,他的报复冲打行为就无法理解。这实在过于牵强。辩词不是认定他吃了亏吗?吃亏(包括被害人赖摊运费)而后思报复,于是欲冲打,又有什么不可能呢?

总而言之,这些论据有懈可击,还不能用来证实律师的论点可以成立。

最后,还有一点也不是不重要的:被告人“再三”对律师说,“是钟某(被害人)打他,他被钟推倒之后,等他起来钟已不在车上。不知怎么的,钟已掉在车下了”。这段叙述,涉及案中的关键性事实。所谓“被钟推倒”,未见根据;但“互相扭推”却全然不见了,于是被告人变成了被害者。这不是辩解,这是开脱。我们对于这一类“开脱”应当有相当的估量并作出相应的评论。

这些辨析,既然是为研究如何提高我们的辩词水平而作,自当从中引出启示,如下——

一、律师参与诉讼,自始至终都应尽力做到:着眼全局,抓住要害,兼及全面,有所侧重。

全局,指案件的基本情况,全貌;全面,指综合各种情况与各方观点;而所谓侧重,就是在全局、全面的项目角度去考虑于当事人有利的一面。实践证明:单纯从所谓有利的一面去分析问题,往往难以“去伪存真”,有时也不易达到“由表及里”,不易抓住要害。

抓准要害,有个方法问题。本案辩词在否定起诉一方的主要论点时,用了最为直截了当的办法:否定控诉证据。这本来是很有力的;但这种否定几乎全是运用推理达到的,那就必须有与案件事实有内在联系的证明体系作为前提,或者,至少也应有那些真实可信的事实和证据作为前提。不然的话,推出的结论不会有说服力,也就是要害未被击中。

二、分析问题务必客观、准确、细心、求实。我们从徐案辩词中提出三方面的问题，略加说明：

（一）分析起诉书。研究徐案起诉书，应当承认它对主要事实的表述是客观的、审慎的。起诉书只是说“相互扭推致被害人钟某倒栽下车”。这里既没有讲是谁“致”，又没说如何“致”人栽下了车。它说的是“相互扭推”之中或者之时，导致了钟某跌下的结果。至于“倒栽”的说法因未见鉴定书，不敢断定是否合乎实际。但由于“倒栽”这一细节与“被人推下”或者“推人自跌”有关，故不可轻易放过。总之，不能对它持有偏见。

我们并不赞同起诉书的“结论”。它一面认为问题起自“相互扭推”，另一面又认定扭推的一方犯了伤害罪，其中矛盾不能自圆。抓住这一点细细剖析，足可动摇起诉的立论基础。

（二）分析证言。证言的形成具有复杂性，往往真伪混杂，故在分析判断时应特别细心、周全，否则极易失误。比方说，徐案“有三个人作证是被害人推了被告人徐财盛，同时自己跌下车来”。这个证言含糊其辞令人生疑：(1)“推了”，推中没有？如已中，被推者在挨推后的状态怎样？这一推于“惯性作用”有无影响？(2)这个“同时”使推人者跌了下去的一推，证言的表述是：推了被告人同时跌下车。而他们的实际意思是：推人时自行跌下，这有“同时”之说为证。按“推了”是一个动作的完成式，而“同时跌下”却反映了一个“推—跌”之间的过程。这点细微的差别，于判断事实关系重大，必须细致分析。证人的本意想说“推时”，却使用了“推了”，其中的矛盾只有求助于其他证据，方能解决。

（三）分析辩护论点。辩词须以科学的分析为重要基础，它本身又应经得住科学的分析。徐案辩词在分析“扭推是使（人）坠下的一个条件，而非根本原因”之后，紧跟着形成了一个判断——“扭推不一定就使人跌下车”，从而构成辩词的一个分论点。这个论点经不起推敲，稍加分析就显出它的模棱两可：既是不一定，当然也就存在可以使人跌下的另一种可能。我们不是也承认它是可以使人坠下的条件吗？那么，这两种可能的哪一种符合实际呢？看来上述的判断并没有解决问题。究其原因，毛病出在对问题的分析不够准确，因而形成的论点也就不会正确。

三、律师参与诉讼，既应客观、冷静，又要满腔热情。但这是两个不同的层次，首先是客观冷静地分析问题（事实、证据和理由），而后才满腔热情地帮助被告人，为之辩护。本案律师运用的两个主要论据——“对妻子诉说”和“向仇人女儿发怒”，都带着热情有余而客观冷静不足的特点。关于坠车的原因的分析也是。在这里想大胆地提出一个问题：各方对于“相互扭推”都不否认，但各方单独举出的坠车原因又互不一致，而且都没有可靠的证据，那么，坠车在相互扭推的过程中发生，比方说，怎么可以排除是“意外事件”呢？这也仅仅是一种推论，有待于证明。本案的要害正在于事实不清，证据不足，客观冷静地考虑问题，当能得出这个结论。这个结论无疑也是对原判决的根本否定。

四、无懈可击的辩词，至关重要的是，要在立论上既站得住，又驳不倒。能被驳倒的，显然也就不会站得住。

做了这些辨析，绝不表明我们比徐案中的律师高明。明知浅薄而又敢于如此振振有词，除了热爱我们的事业，愿为同行分担点创作这门艺术的精品的艰辛外，别无其他。还有一点必须说明的是：文中涉及的辩词的不足，不知是否与《三辩无罪案》作者的摘引有关。

一九八五年夏　北京

附录:《三辩无罪案》

“被告人:徐财盛,男,现年六十七岁”,法官用严厉的口气,宣读着判决书:“本院认为,被告人徐财盛故意伤害致人死亡,已构成犯罪”,“对被告人徐财盛故意伤害罪,判处有期徒刑三年”,“如不服本判决,可……提出上诉”。

一听“上诉”两字,徐财盛顿时冷静下来,不但要上诉,还要请一名仗义执言的律师!徐财盛怎能服判呢?他料想不能,姓钟的和自己合伙租用货车后会抵赖分摊运费。他还想不到,为了那么一点运费的争吵,才三十八岁的男子汉会跌下卡车,而且竟然会摔死。他更想不到,姓钟的自己摔死,却要拿他问罪,被扣上“铐子”。他百思不解判决书仅用“在扭推中被告人致钟倒栽车下昏迷不醒,抢救无效死亡”的字眼,含含糊糊地判他徒刑。

就这样,两男两女奔向桐庐县找到陈士贤律师。老陈研究了一审起诉书和判决书,果然有值得推敲之处。“两人发生争吵并相互扭推致被害人钟某倒栽于车下,昏迷于地”(起诉书),“双方扭推,在扭推中被告人致钟某倒栽于车下昏迷不醒”(判决书)。被害人是怎样从车上掉下来的?只是含糊其辞,一笔带过。换句话说,没有被害人从车上掉下来的直接原因。

他心里有了底,此案的重点就是查清被害人如何从车上掉下来的,一切工作必须从此着手。他赶到中级法院,待结束阅卷工作,来到下榻处冬夜已是寂静无声。

第二天,他返回看守所会见徐财盛。徐激动而又苦楚地再叙了此案的经过,向律师再三申说,是钟打他,他被钟推倒之后,待他起来,钟已不在车上,不知怎么的,钟已掉在车下了……陈律师耐心地听完徐财盛的话,接着又从其他角度询问了被告人几个与此案利害攸关的情节。

陈律师为了获得充足的证据,还必须前往被告所居住的村庄。

在小山村里,他找到了一位检、法部门都未找到的重要证人,补充了强有力的证明材料,还重新核实了两位证人证言,并找到了钟某的妻子。

他对八位证人的证词加以分析和对比,发现:有三人作证是被害人推了被告人徐财盛,同时自己跌下车来;有四人说没有看清或者说没有注意当时的具体情况;只有汽车驾驶员赵某讲,是被告人将被害人推靠在车厢的拦板上,然后钟跌下车的。

为什么驾驶员赵某跟其他七位证人持不同说法,这之中有何原因呢?

陈律师又走访有关人员,迅速查清了其中奥妙。原来这个驾驶员与钟某的私人关系向来不错,钟某还曾给其介绍女朋友。这次钟某与被告人为运费而争执,就是由赵挑起。案发后,他作了如上的证言。为了掩人耳目,赵还跟知道他和钟某交情的人说,不要对政法机关说起钟为他介绍女朋友的事。有无偏心,显而易见,当然这究竟还不是最为重要的。

陈律师运用了逻辑上的反证法和心理学的观点来具体说明赵某的证词不可采信。像大多数文人那样,陈律师也喜欢在夜晚疾书辩护词:“钟某之妻和被告之女证明,钟某于5月8日至10日,在住院治疗期间,没有谈起他是从车上跌下来的。如果真像赵某所说,钟某是被徐推下车的,他能不向自己的妻子诉说吗?他能不向仇人的女儿发怒吗?他的妻子又怎能不据此向司法机关控告呢?要尊重事实,这几天钟某的神志是清醒的。”

“还有,据有的现场证人证明:被告徐某下车后立即怒气冲冲地要冲上去打已被人挟住、受了重伤的钟某,据此可以反面证实:一、徐在钟坠车前,确实吃了钟的亏;二、徐确实不知道钟坠车,否则,徐对钟的报复冲打行为就无法理解。事实要是果真如赵某所说,是徐将钟推下车,那么徐的心理状态就会感到得意,现时也会担心钟坠车的后果,不至于不计后果地继续冲打钟某……”

他开门见山地指出:“原审判决,对钟某如何从车上跌下来,这关系本案最重要的一个事实未作明确的判断,只是含糊其辞。这一事实不搞清楚,本案就无法定性,当然也谈不上被告人的罪责。

双方当初的卸货之争、运费纠纷与被害人的坠车也无必然的因果关系。钟坠车的直接原因有多种可能,而不判明其坠车的直接原因就定被告故意伤害罪,显然不当。”

中级人民法院认为一审判决事实不清,证据不足,裁定撤销一审判决,发回重审。

桐庐县法院另行组成合议庭,对徐案进行了审理。

陈律师在庭上据理力争,以事实为根据,用科学的分析,得出被害人钟的坠车是他自己推被告人,因惯性作用才跌下车的。他发挥了律师所应有的雄辩之才,恰如其分地进行了辩护:“不错,被告跟被害人确有过扭推,但这扭推与钟跌下车没有直接的因果关系。这种因为有互相扭推,有钟的跌下,徐就应对钟坠车负责的理由,显然是站不住脚的。因为这是使钟坠下的一个条件,而非根本原因,扭推一定就使人跌下车……

还有,这种扭推行为,双方都有过错,但主要过错是钟某,他违反约定,造成了纠纷的起因,先动手推人,推人与否是钟通过自己的大脑决定的,怎能要求别人预见?自己先推别人,结果因惯性作用跌下,这怎么能归罪于他人呢?”

无懈可击的辩驳,得体的言词,印在在场人员的脑海之中,可是,法院合议庭仍然认为是由于被告麻痹疏忽,方造成死亡后果,对被告以犯过失杀人罪,判处有期徒刑二年,缓刑二年。

律师又会见被告。被告已万念俱灰,心想已是残烛之年,身体孱弱,难以适应监禁的生活,再加上听到传言,若提出上诉,就不能释放回家,为此,内心虽极其不服,但也只求先回家,后事再说。

律师讲清了上诉与申诉之间的关系,被告于是又恳求陈律师再担任他的辩护人。

陈律师欣然允诺,再次综合全部材料,几易其稿,针对重审定过失杀人的判决,写成新的辩护词,阐明自己为被告作无罪辩护的观点。

“这次法院的重审判决,根据原认定的含糊事实对被告定罪判刑，不同的只是罪名和刑罚改了一下，这与中院发回重审的裁定精神不符，如果根据原定的事实可以定罪判刑，依法中院可直接改判，何必发回重审呢？”

文中再次排出充分的证据，证实被害人是因自己推被告的惯性作用而跌下车的。

“本案涉及的是罪与非罪的问题，而不是此罪与彼罪的区别。”提请中院撤销原判，宣判被告人无罪。

中院认为被告上诉有理，作出终审判决，宣告上诉人徐财盛无罪。

（原载《律师与法制》）

第二部分

司法裁判首应经得住现实检验

——消防功臣陈峰被陷有罪辩诬(一)

一

二十年前,大兴安岭火案,加格达奇中院宣判被告人庄学义犯“玩忽职守”罪,判刑三年。该院院长召开记者会,郑重宣布:“我们的判决,经得住历史的检验!”他用轻蔑的口吻讥刺“北京的律师什么都不懂,连法律常识都没有”。(详见《大兴安岭日报》)

我对记者说:我们的确懂得不多,常识也少,但可以学,更会努力。至于判决,我以为还是先经得起现实检验为好,话说早了,怕不好收。

十七年后,那份“经得住历史检验”的判决书终被推倒,庄学义被宣告无罪。可是——

试问那位法院院长:庄学义的缕缕白发,严酷地“检验”着什么呢?您主持办理庄案有“功”,进步了,“高升”没有?

二

去年深圳“9.20”大火,烧出了陈峰“玩忽职守”案,相比庄案,何其雷同,但又确有不同处——

庄案审判,最高法院派要员亲临中院“督导”,陈案阙如,“司法独立”了;庄判三年,陈判六年,翻了一番,“与时俱进”了。陈峰是消防功臣,曾因灭火救人重伤致残,而今却被指为“玩忽职守”,这反映着什么“至上”，我因“什么都不懂”，一时颇感困惑。读7月2日某报，赫然印着手写体“人民的生命至上”七个大字，不知是否新加？依次或能排为第四，我不敢轻狂，不然也可以再列一个了。

三

陈案裁判荒谬。这里扼要引出二审裁定的主要“根据”，窥其一斑：

（一）防火，依法采“属地原则”，大火发生在龙岗，属陈峰主管辖区，自应由他承担罪责。可是，大亚湾核电站也是地处龙岗，设如发生火情火灾，也得由陈峰负责吗？属地原则可以否定其他一切法律规定吗？可以不顾必须具备的前提条件吗？

（二）“发生重大火灾事故本身就足以表明其（指陈峰）工作的失职”，因此，“依法应当承担相应的刑事责任”。可是，裁定者只顾罗织罪状罪名，却忘了他们上文的论断：“本院认为毫无疑问，‘舞王俱乐部’重大火灾事故的发生系舞厅非法经营者、表演者、装修公司等单位、个人的多重因素的综合结果”，这与中央调查组定性为“经营过程中的安全生产责任事故”相一致，据此试问：事故“本身”到底“表明”什么？

照此逻辑，事故本身也“足以表明”消防大队长、消防局长也应在“工作的失职”之列，为什么他们都“平安无事”？不是说“法律面前人人平等”吗？凭这些治人以罪，说得通吗？立得住吗？法院为什么也要加罪无辜？

四

二审毕竟自具“特色”，容我先录两段对话：

（一）6月15日，陈案书记员来电：“二审可能不开庭了，请尽快将辩护词寄给我们。”

“可能还不是决定。我们申请开庭审理，有根有据，望能考虑。”

“这事我定不了，请直接与王育平法官联系，他的电话是……”

跟着与王法官对话——

他说:“我们要在看了你的辩护意见后才能决定是否开庭,所以请你尽快寄来。”

明知此中有“计”,明知“词”到即“裁”,绝不会开庭,但也只好佯作不知,遵“命”于拟就之后快件发给李磊律师(二人联署),得他同意后于6月22日送到中院。可是,诸君请看裁定日期,分明于6月25日印出,从审判长到合议庭再到审判委员会即使无不飞速运转,审判长哪里有“充分”时间考虑辩护意见?事实是他根本没打算开庭,也没打算考虑律师的意见。我受法院蒙骗,已非一次两次,除录以备考外,又有啥法?

(二)从李律师处得知“宣判”也没开庭,公然违法。曾问陈峰“怎么收到的裁定?”

“法警送来的。只是让签收,我签了两个字:不服!”

“法官来见过你吗?”

“没有。”

“法院有人来听取你的意见吗?”

“到二审,法院的人至今一个也没见。不说听意见,我认认真真写的最后陈述,都没机会表达。”

“太过分了!我没尽到律师职责,有愧于你。”

“这是他们的事。你放心,我会面对。我在里面也会好好做人,比他们干净。”

“我等你获得自由。到时候一定再来看你!”

他笑了:一派阳光,处处灿烂。他的微笑,何其高雅。

我哭了:满心滴泪,混杂血痕。我的泪珠,多么无奈。

现在连“假戏”都不敢“真做”了。尊敬的法官,你们怕什么呢?心虚到如此地步,穿上那件“法袍”不是有点儿滑稽吗?

至于裁定“本身”的问题,另文叙述吧。

五

据悉，一审对陈案曾有“判三缓三”之议，请示党政上级，得到重要批示：“你们基层法院不懂政治！”予以否决。

呵！政治是管（词拙，只能出此）冤案的！

呵！政治是指共产党收拾共产党人可以手更坚硬，心更显色！

呵！政治与法律是这么一层关系！

六

我能理解法官或有“难”处。怎样克服？近日读书，有段史实给人启示，照抄于下：

唐德宗李适听御史汇报一案，龙颜不悦，几番呵斥，责令“滚出去！”御史挺立，直言：“臣以御史按狱，知冤不得尽辞，是无容复见陛下。”重重地顶了皇权一下。而今一千三百年过去了，料想当今刑事法官共产党人居多，怎么还比不上古代御史？

敢问陈案诸位法官：您服吗？

七

我作为陈案辩护人，未能尽职，心存愧疚，于 7 月 20 日前往听取意见。交谈近八十分钟，有段对话录以备忘——

“听管教说，前几天一次来了百多人看你。记得哪天吗？”

“记得，上周一，应该是 13 号。”

“那天是不是搞得很晚？”

“所里同志照顾，把大伙编成十人一组，按组进来，也只是拥抱一下，说上几句安慰的话，搞到八点多。”

“说什么呢？”

“他们说，大家都了解你，都知道太冤。有这一句，够了。”

“你们中队有多少人？我猜想会有人没来。”

“五十三个人，来了五十个，有三位没来。”

“陈捷副中队长没来?”

“对,他们可能不好意思见我。其实没什么,我很理解。”

“你们中队五十多人,怎么来了一百多?”

“经过我培训的,都来了。我们中队有培训骨干的任务,培训好了,输送给其他中队。”

“你的人格魅力无与伦比,这里的所长也这样认为;我很无能,但我为交上你这个朋友而骄傲!”

“我无法向你表达我的心情,给你念一段前不久写的话——

我立誓要做自己的导师,我会坚持到底,让自己的人生、自己的气节,因为持守信念、持守尊严而闪烁出刺痛人心的光辉;用尊严为自己点燃一盏希望的明灯,在黑暗的世界里负重前行,让自己的人生不仅仅是美丽的,更是壮美的。有友人问我,未来怎么办?未来我不敢想象,未来于我真的很远,不是心灵所能包含的距离。我只知道,人活着是为了寻求真理。天黑了,我会用生命之源点亮灯火;路难行,我仍会用双脚去丈量。我会一直地告诉自己,在孤寂的时候,要朝着太阳的方向用力微笑,定能体验到生命的纯粹,心灵的高尚,灵魂的圣洁,用自己坦荡的人格,勇敢面对一切,让自己的一生止于至善……

君子坦荡荡,小人长戚戚。坚信历史一定会为我正名!”

这是诗,血写的!充溢哲理,体现智慧。

他告诉我,这是他二审“最后陈述”的结尾,“实在遗憾,他们连发表最后陈述的权利都不给我”。

尊敬的法官,听到这样的声音,你们作何感想?

看守所归来,难禁激动,致信王法官,谈了四个问题,以此为结——

“他的人格,他的表现,乃至他在二十余年消防生活中的作为,都使我这个‘法律人’心怀愧疚。面对如此苍白的司法现实,我又为律师的无能感到深深的无奈!”

这些话,现在来看,同样是异乎寻常的“苍白”,尽管我严正表态,要求“此件请存卷备查。我对自己的一切言行负全责”。

八

近来，专业报刊几乎日日宣传：“人民法院的工作要以人民群众是否满意来检验。”（引见某大报7月16日头版）有时甚至说是“衡量工作成果最好的标准”。（某大报7月14日第7版）那么，同行业的百余名战友同来慰问一个“狱囚”，这“检验”着什么呢？是否也能作为一个“标准”来“衡量”审裁陈案两级法院的工作呢？

我说不明白。我指望“人民群众”的评说。

我非常明白：人民“一定会为（他）正名”！

二〇〇九年七月二十五日　北京

忍看无辜遭冤被囚奈何天

——消防功臣陈峰被陷有罪辩诬(二)

一

二审“裁定”,严重败坏程序规则,彻底丧失程序公正,依据《刑事诉讼法》第 191 条第 3 项、第 5 项规定的精神,应视为无效,予以撤销。扼要说明如下——

(一)对本案完全适用的公安部规章和相关规则,因能说明陈无责无罪而一律置之不理;对有利于陈的“事实”也统统视而不见:完全违背了《刑事诉讼法》第 186 条应当“全面审查”的规定,更无公正可言。

(二)既不“讯问上诉人”,又不“听取辩护人的意见”,根本未按《刑事诉讼法》第 187 条的规定“审理”。裁定所谓“本院经审理查明”之说具有虚假性。“翻阅”书面辩词不能等同于“听取意见”,我们于交上辩词之后,犹要求与法官面谈,即可说明。

(三)违反《刑事诉讼法》第 163 条宣判“一律公开进行”的规定,代之以私下送达(被告人),不敢示众,昭然若揭。

(四)被告人上诉后,自始至终没能进入诉讼程序,自我辩护的权利被剥夺精光,宪法明定的辩护权原则(《宪法》第 125 条),刑事诉讼法“人民法院有义务保证被告人获得辩护”的规定(第 11 条),统统成为空文:程序规则,深受败坏;枉法至此,骇人听闻!

二

证据问题，通常是诉讼的核心或焦点，二审费了极大心思搞鬼，让人又领教了一回法官枉法——

（一）证据表明：消防大队（陈峰上级单位）先后对失火的舞王俱乐部三次验收，均未合格。验收资料应标有问题症结和整改要求，足能证明在整整一年的“整改”期间，始终听任未能达到合格要求的歌舞厅照常营业，“验收”者中肯定有人渎职，验收还能证明相关“防火”职责的归属和弊端所在，是故检察院硬是隐匿后两次的“验收报告”拒不交上法庭，法官居然默许不查，两家联手包庇了真正的玩忽职守者，陷害陈峰做了“替罪羊”。

（二）主要证人王静提交的“书证”，绝大部分都经浓黑颜色涂抹掩盖，只保留了给陈峰红包一项。对此，检方提交了一份“说明”，行文用“隐去”替代涂抹掩盖，“说明”这么干是“因调查及办案的需要”。好一个“办案的需要”！我弄不明白，作为国家检察机关，负有监督法律实施的重责，这种歪理怎么上得了法庭？但有一点我非常清楚：“凡是伪造证据、隐匿证据或者毁灭证据的，无论属于何方，必须受法律追究。”（《刑事诉讼法》第45条第3项）这种经人变造的“书证”无论出自何方，毫无证明力无可置辩。二审予以采信，当然无效！

（三）上述“书证”中给陈峰红包处，在名字上捺有指印，作伪明显。一经鉴定，真假立辨。法庭佯装不知，目的正在加害无辜。

（四）卷附王静四次“证言”，法官以其“一直很稳定”为口实，纵属孤证，也予采信，意在证明陈峰“收受王静三千元”，徇私舞弊于是成立。实际情况是，四次证言情节各异，次次不同，有的说法相当离奇，“稳定”之说纯属臆造！退一万步讲，即使“稳定”属实，它与王静在一份书证上加的小注又互不一致，她注的是：“通过廖小姐转送给陈峰五千元红包的记账凭证。”无奈廖小姐不知此事，从未认账。一审对此只好避而不述，二审也未敢开腔。那么，五千元之事应否，三千元之说为什么可信？更何况《刑事诉讼法》第47条有相应的规定:"证人证言必须在法庭上经过公诉人和被告人、辩护人双方讯问、质证……并且经过查实以后,才能作为定案的根据。"法官对此不予置理,不是枉法又是什么?

证据上搞鬼,"公信力"从何谈起!奢谈什么司法的权威?

三

二审裁定抄录一审判决,已属常规,但陈案的抄法异常,请看——

(一)全文照抄300行,6600字,却不动声色地删去其中6行文字,即"陈峰个人立功、嘉奖……一贯表现好,曾因公致七级伤残。"那一大段。而卷中证据表明:陈峰在消防工作中奋斗二十余年,四次立功,几乎年年受奖;兢兢业业,廉洁奉公。这样的人,被诬为"玩忽职守",于理不合,孰能信之?这段该删!只是有个无法克服的矛盾:事实真相无法用笔删掉。

(二)一审判决中"上述证据拟证实"处,"拟"字统统删掉。拟,作"打算"解,含"意图"意,总之并不确定。二审认为有碍,非删不可。但您对全案根本未"审",凭什么"确定"一审未敢肯定的证据?

看来二审深知"拟"字的分量,不删怎么了得?然而不幸,一词之删,露出了不那么美妙的尾巴。

四

裁定万言,却不见犯罪动机,找不到案中行为与大火"危害结果"间的必然联系,犯罪构成的主客观要件全缺,如此这般,罪名怎能成立?今夕何夕,绝不容传承"莫须有"的破烂衣钵!

五

大量案例表明:让法院认错太难。河北聂树斌案,真凶落网证实当初确属错杀。家属申诉已近五年,至今仍处于"胶着"状态,省高院按兵不动。函请最高法院干预,犹如泥牛入海。枉法小吏,一手遮天,谁知道他们实行的是什么"至上"?陈案,我们已接受家属委托,代为依法申诉,只是不知何时才能进入审判监督程序,不知何日终能为蒙冤者平反昭雪?在我胸中,充塞无奈!一部《律师法》,误我不浅;败笔已露;《刑事诉讼法》正在修改,孰知能否改得合乎理性,合于众意?

六

然而——

陈峰的一位亲戚对我粗略说了他传奇性的生命历程,九死不悔,撼人心魄。尤为令人痛惜的是,他在自己祖国法治建设的艰难行程中,在公安消防战线的最前沿,惨遭诬陷,成为"牺牲"。

然而值得庆幸的是,他天生纯真的心灵,充满高贵的情操。这是血与火造就的勇士,一只凌空展翅的雄鹰。面对如是做人楷模,无奈之余,难禁浮想:我们那么多优秀的纪实文学家啊!是否该把这一光辉四射的形象,连同他不朽的业绩,凝结为铭刻于人心的报告文学?我绝不怀疑,这是富有启示意义的盛举。"历史是人民写的!"不是吗?

二〇〇九年七月二十九日　北京

质疑一件省高级法院裁定

购票旅行，中途车撞，乘客伤重，终致不治。受害方由是提起违约之诉，请求客运公司赔偿。事实清晰，情节单一。如此简单明白的讼事，居然在两级法院跋涉经年，历一审、再审、终审三次判决，终不能执行。期待之中，孰料竟于事发五年之后又被省高院一纸裁定发回基层法院重审，回归于原地。未亡人孤寡无依，陈情媒体；敢问公正何处，效率又在哪里？事出蹊跷，应有质疑——

一、据知省高院于下达裁定重审"客运公司纠纷一案"（原审上诉状）的同时，另有行文指令"应按交通事故损害赔偿审理"。可见本案的关键在于：在车撞客亡，可能涉及合同责任与侵权责任两类法律规范，从而产生两种诉因的情况下，权利人依照合同违约的相关规定行使请求权有无不当？或者，原审法院适用合同违约的规范处理本案，是否违法？

案涉两类责任、两种诉因，受损害方可以选择有利于自己的一种，要求对方承担相应的赔偿责任，从而争取较大的司法救济，这是法有明定、不容剥夺的私权利——诉讼权利，不容公权力恣意专断，强令遵从；以维护公民权利实现公正为己任的民事审判尤其不得如此。一句话，本案受损害方的请求和中院的终审判决都有法可依，无可指责。

退一步说，即使允许高院法官自由裁量，认为下级法院适用法律错误，那又为什么不在发回重审的裁定中依法明示，以便有所遵循，以利纠正，而偏要暗中操作，并且甘冒败坏下级法院独立审判的风险？

执法如是，让人们凭借什么来估量去信赖司法的尊严和权威？

二、省高院诚然有权允准当事人不服中院的终审判决申请再审，故于2002年6月30日作出“71号”裁定，“决定提审”。那么应按什么程序提审呢？《民事诉讼法》第184条的规定很明确，“按照第二审程序”。都有哪些程序呢？据该法第152条，主要有询问当事人，进行调查，把“事实核实清楚”各项。现在的问题是：高院合议庭自始没有实施这些法定程序，当事人根本不知“提审”足可说明。裁定书中的“经审理”之说，套话而已，出于编造，不能轻信。更何况，细查两个裁定，出自同一个合议庭，而且在6月30日的同一天，决定“提审”之日就是裁定“发回重审”之时，不见“操作”，连“过场”都懒得走，正当程序尽失，还奢谈什么“公正”，哪里来的“公信力”？

三、“发回荆州市沙市区法院重审”是否合法？否，不合法！

最高人民法院法发〔1992〕22号司法解释第202条规定，“由第二审人民法院判决裁定的案件，上级人民法院需要指令再审的，应当指令第二审人民法院再审”。此外还另有特别的限制，最高法释〔2002〕24号司法解释第3条规定，“同一人民法院根据民诉法第178条的规定，对同一案件只能依照审判监督程序审理一次。”高院裁定对此公然违背，我担心其中有难言之隐，前此曾介入中院二审判决正是适例。

四、高院裁定认为：“原判决认定部分事实不清，程序违法”，因而应予撤销，有没有根据？

首先，应当指出：“原判决”不知何指。假如涵盖了一审、二审的判决，令人不解的是：这次提审的，分明是“中级法院……第17号民事判决”的一案（见裁定书），有什么理由硬要把一审的判决强拉进来，而且一并予以撤销呢？其次，所谓“部分事实不清”，是哪一部分呢？这“部分”是否足以影响案件的定性，或者损害着当事人的重大权益，语焉不详。实际情况是：本案的全部事实异常简明，怕也真说不清所谓“不清”之说出自何事。

值得琢磨的是所谓“程序违法”。这里姑且不论高院裁定援引《民事诉讼法》第153条第1款第4项是否准确，根据最高法发

(1992)22 司法解释的相关规定,违反法定程序,导致原判撤销的情形共有四项,即(1)应回避而未回避;(2)未开庭审理而作出了判决;(3)当事人未经传票传唤而缺席判决;(4)"其他严重违反法定程序的"。本案中的情形只有"(4)"可以援引适用,但这一项中的"严重"作为要件至关重要。省高院裁定不能实指原审程序怎样违反规定,而且存有哪些"可能影响正确判决"的严重情形,徒有空言,哪来的说服力!

质疑至此,不禁想提一个问题,是:作为高院,既已发现案错予以提审,又明知案情简单明了,已在本系统内旅行了五年之久,被损害方又是那样孤弱无助,何不依法径行判决,而偏要"重来一遭"?据此该怎样衡量法官的价值观,应怎样理解日日高歌的效率与公平呢?

法官围绕程序,运用权谋(再如硬把没有赔偿能力的肇事司机拉入诉讼充当被告,也是),终致弱势个体经久不能得到合理的赔偿,任司法权力异化至此,人民法官还会公正地维护人民的权利不受侵犯不被剥夺么?我们的质疑无意于贬低司法审判的权威,关键在于它能否做到程序正当,析理有据,予夺有度,合于情理,总之:正确无误。试想,人们怎么可能从一个不正确的裁判中提升出司法的尊严和权威呢?

愿错裁终能纠正,受损害的孤寡早日获得司法救济。

二〇〇三年五月二十日

“干脆把他关死算了”，凭什么？

——杨志杰爆炸案剖析

关死之说，语出县衙，是位首长对杨志杰爆炸案的决策，断得干脆，挺有气势。一位县政法委副书记就此曾对记者诠释：“在关与放的问题上，往往是宁左勿右态度占上风。”这话听来轻巧。关人，关死，有“过”在“左”；或有不妥，历来如此（“往往”点破），何用惊怪！然而他们看不见时代大潮，忘记了今夕何年。在这些官员眼里，哪有宪法和法律的影子，在这班官员心中，哪有平民百姓的自由和权利！

他们想“关死”的是河北曲阳村民杨志杰。此人无辜被关已整整十二年，死活不放，试析这个案例，看看他们的“左”中决策究竟是什么货色。

读杨案心境平静，宛如冰封小溪，水波不兴，大约是也有点儿麻木了。不过，长达四千四百四十天冤狱的滴滴血泪，还是让我联想到前此熟知的一连串待到真凶案发无辜方能获释的怪案。杨志杰的不幸在于：作案真凶犹在法外逍遥，他的血泪被人用来浇灌一株封建主义老树，任它在曲阳那片适宜的土壤上新芽又发。然而那受害者岂止杨氏一人。

杨的蒙冤始于一起爆炸案。1991 年 2 月 9 日案发当天，侦查人员基于杨的岳父（请注意，还不是本人）因“琐事与（被害人）牛民好有矛盾，（杨）对牛怀恨在心，伺机报复”（见起诉书援引的公安局结论）的主观臆断，对杨实施收审。侦查经年，最后举三证为据，力主提起公诉,是——

1. 在杨家搜出雷管,有“辨认笔录”和治保干部张占朝签署的“见证”可证。

2. 杨用的炸药取自他打工的“4 矿”,油纸包装,含 TNT 成分。

3. 杨本人供认。

检察院审查后,认为“事实不清,没有直接证据”,两度退回补充侦查。公安局始终未获新证,坚持要求起诉。反复“协调”未果。1997 年年初,省政法委也是越过正当程序“委托”省高级法院“关注”。高院阅卷后,于3 月17 日函复省政法委,提出三个问题,质疑上述三证,并说明:“待上述(证据)问题核查后,才能提出具体的意见。”一百六十天后,公安局始作出答复,“将所查情况,分述如下”:关于第一点,由于“4 矿”已破产,库无存货,“无法再作检验”;关于第二点,最初勘验时“就没有发现炸药包纸片,也无法再进行检验”;第三点则是“有关人员进行了座谈……始终没有对杨志杰刑讯逼供”。三点“内容”,空洞无物,统统与实际相悖。请让事实说话:关于第一点涉及的炸药成分,公安部于案发之初就有检验结论:“未检出梯恩梯(TNT)”[见该部(91)公刑鉴字第 343 号检验报告]。可见凶犯所用炸药不是出自杨志杰打工的“4 矿”,说明与杨无关。关于第二点涉及的包装纸,曲阳公安局 1991 年 3 月 30 日作出正式查找“说明”,内容要为:按照杨的交代“对厕所、菜地进行认真查找,没有发现纸片”。既然 4 矿炸药有“油纸包装”,这更进一层证明:炸药不是杨志杰取自“4 矿”,也说明与杨无关。关于第三点刑讯一节,“有关人员座谈”否认的做法与说法,双双妙绝,以为能令人无言以对,可是事实并不给座谈者撑腰。第一,杨身上留有累累伤痕,门牙脱落,耳朵缺损,在镣铐缠体的关押条件下,这不可能是自伤的结果,不是刑讯,从何而出?第二,记者余刘文在一审判决之后采访当初办理杨案的刑侦副大队长王音,王直言不讳,说“这是个冤案,只有口供,主要证据没有”。一番对话,话出了真相——

"记者问:口供是怎么来的?

王答:不让他睡觉。

问:除了不让睡觉,还有没有其他办法?

答:打是难免的。

问:为什么不让他睡觉,要打他?

答:他不招呗!

问:你当时有没有打杨志杰?

答:我不是说了吗,打是难免的。"

（见《南方周末》1999 年 12 月 29 日第 13 版）

王与他的正大队长都因另案被查处,讲了实话。他们所施的一些残忍卑劣的肉刑方法,略而不述了罢。细心的读者会问:证据中不是还有从杨家搜出雷管一节吗?是的,这个证据重要。然而再也料想不到,这是举证机关搞的伪证。"证人"张占朝不是治保干部,也没有见到从杨家搜出雷管;尤为严重的是,当初根本就没弄什么"辨认笔录"。编织罪名于先,编制"证据"于后,这么个干法,谁碰上怕都难有活路!

案中另有证词,不知何以于此不列,这是控方(特别是公安)坚持的有罪证据,说的是:"村民王大花、牛志静二人证明:当晚曾看到有一人沿公路从西往东跑,但看不清是谁。"一再阅读,反复琢磨,纵然目击属实,又有二人互为旁证,还是不明白他们的所见能证明什么。看而"不清",凭什么证明那"一人"正是杨,而不是王或张?还有,又凭什么断定那"一人"向某个方位移动就一定是为了或者在此前后实施了爆炸?这样的证词,即使出诸二人"目击",也没有证明力,怎么能成为"有罪证据"呢?

证据辨析核实既毕,足见公安局的答复依然缺乏根据,毫无道理。记起一次证据问题研讨会上有位刑侦官员的提问,他说:"明明是他,但无证据,该怎么办?"提问者以为是个难题,其实一句反问便迎刃而解:既无证据,何来"明明"?侦破罪案,确定案情,单凭想象中的"明明”，太危险了。更何况杨案侦查人员敢举目击者“看不清”之证加罪于人，怀揣的是一笔又一笔糊涂账，距“明明”有十万八千里之遥，而且方向背道！但他们即使没有证据，照样可以断狱定案，如此执法，恶果昭昭，倒是“明明”了。从酷刑求证，援用虚证，直至编造伪证，件件承继着封建酷吏的衣钵，能不草菅人命？

不幸，检察院在“事实不清，没有直接证据”的补侦条件丝毫未改的情况下还是起诉了，屈从了，动用神圣的国家权力，朝着一个善良的脖颈，霍霍磨刀了。以后的戏，法院成了主角。

1999年4月，一审法院经审理，认为“公诉机关指控的基本事实及罪名成立”（引见判词，下同）。基本事实何指，语焉不详，那结论倒也明确：“（杨志杰）采用爆炸手段报复他人，致一人死亡一人重伤，其行为已构成爆炸罪”，判处死刑，缓期二年执行。

怎样评价这个判词呢？姑且不论“事实”，可用八个字概括：定罪明确，论罚失当。问题在于：炸人毁屋，手段残忍；一死一伤，后果严重，根据哪个法条或者哪项法理可以不“立即执行”死刑，而竟予宣告“缓期”呢？这里不可以用“死刑废除”之说掺和，那是搅浑水，不是研究问题，因为它是两码事。更何况“死缓”仍属死刑范畴！我学识浅薄，寡闻陋见，也还是确知这类案子的这种判法在司法实践中远远非此一例，而其特点无不是：要么该立即执行死刑，要么应判决无罪。在讲不出理由的情况下判处“死缓”，分明出自判官的心虚，生怕杀错了不好收场，留下人头，来日要改也好办些。妙在一审有位法官出了个“理论”，他对采访的记者说：“在罪与非罪、生与死的问题上，合理地违法是值得的。”凡人弄不懂这种“理论”，只是想先弄明白：违法纵然“合理”，必有受害者，而且注定是老百姓，请问他们的所受损害也“合理”么？生杀予夺，重权在握，官衙违法，犹谓“合理”，芸芸众生，何日方能“免于恐惧”？

杨志杰上诉了。二审法院这一遭倒也办得干脆，于1999年12月以“事实不清，证据不足”为由裁定撤销了一审判决，发回重新审判。诉讼又处于不决状态，再度搁了下来。是由于案子复杂或真有疑难吗？不是，绝不是！杨案只需一句话便可作结：没有证据证明杨是爆炸案犯，理应断定他不是；既不是，自应宣告无罪，立即放人。这有最高人民法院《关于执行〈刑事诉讼法〉若干问题的解释》第176条第4款的规定可依，即“证据不足，不能认定被告人有罪的，应当以证据不足，指控的犯罪不能成立，判决宣告被告人无罪”。内容明白如话，不会有任何歧义，有什么理由不照此办理？世上还有这类的“执行难”，源于执法机关的不执行！它无情地向国人宣告：法条再多再细，也并不等同于法治。可是，也许徒法不足以自行自古已然；执法诸公又何忍其“于今尤烈”？倘不改正，何日实现以法治国？

诉讼未宣告“中止”，终能缓缓运行。期待声中，一审法院发出“再审”通知，明定于2000年4月5日开庭。无奈检方“需要重新审查”，要求延期审理。这合于程序，无可非议。孰料一延就是200天，严重超期。球在法官手上，再不出手，又要违规，于是只好依据前述的最高法院司法解释第157条第2款，宣告“按人民检察院撤诉处理”，并于2000年11月7日下达决定书。何谓“撤诉”？这里不来讨论检察院享有“撤诉权”是否合法，撤诉就是不告了。值得注意的是，这种撤诉在法律上要发生两个后果：一个是“撤回起诉后，没有新的事实或新的证据，不得再行起诉”；另一个是“如果犯罪嫌疑人在押，（检方）应制作决定释放通知书，通知公安机关依法释放”。二者分别规定于《人民检察院刑事诉讼规则》第353条和第288条，是现行有效的司法解释。看来已是水到渠成，问题该最终获得解决了。然而不幸的杨志杰实在不幸！能够还他自由的检察院居然也染病“执行难”，竟能不理会法院的正式决定，如此这般地不为其不欲为，与“为所欲为”似是“异曲”，危害则一。他们手中的权力得不到一点制约，杨志杰只能在大牢里受着非人的煎熬。

待到2003年春节将至，突有曙光闪现，杨案有了戏剧性的转机。保定方面传出信息：法院将判决宣告杨志杰无罪，直接放人。真的是峰回路转了。正待判决文书签发，孰料风云再变，拟议中的无罪判决还不能签发生效，人们高兴得太早了。另有一家与司法并不搭界的上级组织在那厢卡着,发出了更有威权的声音:现在放人?被害人一家“以死相拼”怎么办?目前的时机不成熟,服从“稳定”的大局吧。这回没人再说“关死算了”,措辞也较为轻婉:人不能放。新声发自官衙,当然属“治”,不过这算什么“治”又治什么呢?不要设想这个“治”中会有风险。不会有的!在现行制度下,这个发声者的决定往往是至高无上不受约束的。因此之故,连同法官,也将因有恃而无恐,不会担心听任那般乱“治”将承担什么责任。

然而我们不敢不辩。久经战乱、混乱的中国人民,至盼稳定;可是,稳定怎么会又怎么能压倒一切?讲依法治国,稳定当然不得压住、压倒法律,而应在法治的轨道上运行。这是常识,然而有人持有异议。在曲阳一些官员的头脑中,严予执法,会坏了稳定,违法办案,反倒利于稳定。按照这种糊涂逻辑,推断事理,裁决讼事,就只好糊里糊涂,办“糊涂案”。可是,弄到近于草菅人命程度的一塌糊涂的境界,距司法公正——政治文明不是太遥太远了吗?

让我们回到杨案归于杨志杰身上。我猜测,他大约从来也不知道宪法还赋予他许多权利,更不知道如何维护,只是希望能走出牢门,得到一点儿正常生活的自由,如此而已。据记者报道,他除了哭着喊冤别无他求。历经十二年的牢狱之灾,虽属壮年,已是“满头白发”,犹不知何日是尽头。谁能救他?谁人能助?谁来打碎那“关死算了”,“不能放人”的恶言邪说,还他自由!他没有要求人家享有的“四大自由”,还他这一点都不行吗?我自惭人微言轻,力单势孤,手无重权,胸乏良谋,在纸上涂抹几行不疼不痒的文字,又不识有何助益,有鬼用处!然而,伏案沉思,寒夜忖度,遥念狱中无辜,那副长年随身的铁镣此时是否还环连他的双脚?有权一锤定音,要“把他关死算了”的曲阳首长,能否屈尊告我?而我,一介书生,所能知者也无非是:权力在官吏手中异化致此,其后果殷鉴不远,敢不发出警诫?是中信息,谁能关注?

杨案的律师面临严峻考验。

中国律师,与全球的同行一样,与生俱来地带有一项重大的任务,即用持有的权利(不管多么少),去限制那个时时都会产生坏东西的好宝贝——权力(不管多么大)。说得精确点,哪里有权力的滥用,哪里就应援用权利予以制约,借以体现制度平衡的作用。所谓“维护法律的正确实施”,就该含有这项内容。律师制度重建以来的历史说明,杨氏无辜被关十二年的实例证明,在创建民主法治国家的进程中,那烙有人治深印的公权力,对众生权利的限制甚至剥夺何等强劲;而权利对公权力的制约又是多么苍白!尽管如此,只要怀有爱民、维权的胸襟,还是可能通过实践充分运用权利,制约权力的滥用,表现出由个案的权益维护,上升为更加崇高的追求,即沿着人权与法治的轨道,关注人的命运(首要的是生命),关注大众基本权利的实现,从而会在一定范围内加强国家的法制建设,推动司法公正,促进政治清明。何以至此,贵在执著。河北牛炳宜律师紧随杨案十二年的经历,她那不屈不挠、坚持到底的风范使我仰慕。她的经验证明着一旦面对冤假错案,遭逢权力滥用,不屈不挠地严格执法是何等重要。陕西一位律师总结他承办的一个死刑案子说:“枪声不响,工作不会停止。”敬业如是,引人注目。不过,假如枪声响处,目标移位,弹发无辜,我则以为仍不能止步,而应继续工作,寻求真相大白,力争司法公正。我当然明白,律师的声音至今仍然微弱,深知解决权利与权力之间矛盾的方法与渠道极其有限;但它的存在既然反映人民的愿望,能推动社会的前进,就一定会有日益旺盛的生命力。千万不可止步。

法律人都该有所作为。

解剖杨案这样的“麻雀”,能凸显司法领域从程序到实体环环存在的瑕疵或者缺陷。法律作为世上学科,蕴含的“学问”往往正附着于这群落地“麻雀”的躯体。细细解剖,发现问题,钻研求证,谋求解决,不满足于空喊“维权”,泛论“法治”,浮有法律人的虚名,庶几有益于社会的不断进步,有利于法学的健康发展。多少教训启示:回避现实,无视实际,无助于法学理论的不断创新,不免永远“摸着石头过河”,这是很可悲哀的。

杨志杰这个现象的社会意义在于:如不能推倒那些滥施权力迫害

无辜的官员们制造的问题,以及那些问题背后隐含的“规则”,听任权力腐败,继续肆虐,君与我,有朝一日难免成为杨志杰第二……

杨志杰仍在受难。人们怎能容忍把他关死算了?让我们用心灵和良知,去与落在他身上的残酷现实相抗衡,义无反顾。

二〇〇三年初春寒夜　北京

《郭政民受贿案辩护纪实》辨析

《中国律师报》1995年6月7日刊出(前贵州省公安厅厅长)《"郭政民受贿案"辩护纪实》(以下简称《纪实》),发表"编者的话"说,"这是一篇不错的稿件",认为办理此案时假定方案"运用技巧的情况有很好的借鉴意义"。话,挺有分量;实际则并不尽然,有的距实际甚远,编者的说法很不准确。《纪实》中讲的论点与方法和技巧,都有推敲余地,尤其是文中介绍的"辩护方案"在基本点上有违律师辩护的原则,故回应推荐者的号召,作辨析,兼议"编者的话"。

遵循"编者的话"中的明示,拟沿《纪实》作者的思路先分析辩护方案。

任何辩护方案都必须以事实(情况)为基础和前提。

据《纪实》介绍的郭案案情,要点为:被告人"不过是为行贿人做了两件事,收了三笔款"。(以下引文都出于《纪实》)"第一笔3万元郭是以厅长基金名义收受的,本人始终未动用。第二笔款10万元是港商金某以给公安厅'挂靠费'名义转交郭的,郭也未动用。……第三笔款四万元是在郭妻生病期间送的,郭留下作应急用,应视为馈赠……"针对案情,律师设计了"三套方案"为被告人辩护:"一是将收受的三笔款均作无罪辩护";第二套方案则是对4万元的一笔作无罪辩护,对10万元的一笔则从定性上"提出疑问"(不知何以不提那3万元的另一笔);第三套方案是"三笔款均承认构成犯罪,只作情节上的辩护"。方案设计者权衡了上述三套各自的利弊,最后确定采用第二套。

横看三套方案,不见彼此之间应有的互补、互济或者通常会有的互相修正的关系。其醒目特色是:三者互相对立,“均作无罪”与“均承认构成犯罪”之间的冲突尤为尖锐。人们从三者的对立中首先会提出这样的问题:熟悉案情并作了如上高度概括的律师,怎么会在一个讼案中同时提出两种以上截然不同的判断?被告既然有罪(由《纪实》断定的“为行贿人做事收款”可以察知),怎么可以设计方案为之作无罪辩护?如果确乎无罪,那又怎么能“承认构成犯罪”?难道诉讼果真可以凭嘴皮子功夫解决问题吗?而作为同行,我们又有理由提出质疑:郭案的主要事实究竟是什么,定性结论又是用什么作为依据的?

郭案的这三套辩护方案,瑕疵明显。它们只是反映着律师对案件的思考过程,实质上是律师对于案件的假想、设想或者推断,总之还不能构成“方案”,因而并不可取,在实践中更不可如“编者的话”所说的以为借鉴。

我们体验,一个(套)好的辩护方案,须能反映出相关讼案的焦点与本质,应当提供一把解决案件基本问题的钥匙。因此之故,它在客观上会构成对起诉书的修正、补充或提高,至少会在某一方面或某个环节或者某一点上高于起诉书的法律水准或认识水平。

为了达到这一步,制订方案要在大处着眼,小处着手。前者,除事实与法律外,应注重证据翔实、观点明确、重点突出;后者,除案中细节外,宜顾及策略上的适度、分寸、实效。

就郭案而论,律师既已确定以上述第二套方案实施辩护,我们暂且不论该方案包括的观点是否正确,似应以“此”为中心拟订一个可供操作的方案。让我们还是沿着《纪实》作者的思路,提出方案包括的主要内容,大致应有以下几个方面:

一、从整体上分析与论证同起诉书的分歧主要在哪里。

二、被告人收受的 4 万元不构成犯罪的事实与证据是什么?运用哪些诉讼手段使主要辩护证据充分地发挥其作用?援引哪些法律条文论证辩护论点的正确性？

三、关于收受10万元（还应加上另外的3万元一笔）的定性都有哪些疑问？

主要的疑点在哪里？

这些疑问在案中的分量与所处的地位，应当从哪些角度提出？

这些疑问何以能够动摇乃至否定起诉书的结论？

提出疑问的根据和依据分别有哪些？

四、估量控方会在互相辩论中提出哪些问题？如何答对？采用什么样的策略与技巧借以达到“以守为攻”？

以上，是按照《纪实》作者的思路和做法拟定的粗略框架，而作为一个合乎实用的、较好的辩护方案，似乎还应该包括以下必不可少的三个部分——

第一部分，庭审调查阶段的辩护活动：

首先，应确定出示哪些书证、物证等等证据材料进行核实？还有，应申请传唤哪些证人分别就哪个问题作证？或者，宣读哪些证词以及其他证据材料支持辩护论点？

其次，应就哪些问题向被告人“发问”？怎样发问（角度与技巧）？所问各点意在达到哪些目标（例如意图揭示哪些真相）？试举例说明于后——

据《纪实》介绍，“这两笔款在案发前郭就已转交他人作为业务经费用了”。这个情节，于定罪量刑都关系重大，实有必要就以下各点设计“发问”方案：

（一）哪年哪月（具体时日），将款分别交给谁了？

（二）交出时，怎么交代的？要求收款人作为哪项业务经费开支？

（三）交出前，同谁商量过？交出时，还有谁知道？

有此三问，于弄清“交出巨款”，是被告人的个人行为还是职务行为，于查明被告人“交款”的动机与目的，于澄清事实真相，都至关紧要。试想，通过发问倘能证实《纪实》的判断，所收的13万元已转作公安业务经费，那又何疑之有？所谓“事实和法律依据不足”的疑虑又从何说起？还有什么地方“值得商榷”呢？当然，发问后如不能证实上述的判断，那也宜由此出发弄清基本事实的主要环节，从而有利于为之作出有力的辩护。

请允许在这里夹带一笔：公诉人在开庭之后，于起诉书中新加了与此相关的一段指控：“同年12月3日，郭政民为掩盖其受贿真相，将十三万元赃款以公安业务经费为名交与他人使用，并指使领款人将领款时间倒签为同年3月26日。”这项新加指控，结合我们设计的上述几点发问，可知绝非如审判员所说“与定罪无关”，因为这显然是“增加(的)新的犯罪事实”。律师“鉴于被告本人未有异议”，便“服从合议庭的决定”，如此处置，无技巧可言，很不妥当。被告人对于这类情况不表异议，原因不一，律师理当坚定地、恰如其分地维护其诉讼权利，不应满足于申明“保留意见”。总而言之，对于这个新的情况，有必要运用诸种诉讼手段予以澄清，作出合法的解释、合理的解决。

再次，还应设想被问者可能作出的回答，并据以设计对应的方案。否则，容易因情势的突变而陷入被动。

最后，设想并设计就哪些问题提出质证。

我国《刑事诉讼法》于其总则编证据章中有“证人证言必须在法庭上经过……双方讯问、质证”的明确规定(该法第36条)，但在审判编的一审和二审程序章中却没有具体条款予以规范。最高人民法院1994年3月发布的《审理刑事案件程序的具体规定》也没有弥补这个缺陷。由于立法上的疏漏和法官认识上的偏差，质证问题在实践中常被忽略，有时还会受到限制。它反映着现实“坐堂问案”审判方式的特点。但由于它往往是一些案件搞不准事实甚至错判的一个颇为重要的原因，因此，我们律师应当尽一切可能就主要的或重要的证言提出质证。这不仅有利于弄清一事一案，而且有助于改善我们的诉讼制度，使我们的司法程序在总结与借鉴的基础上日臻完善。

在郭案中，公诉人在起诉书中补加上的那个“(被告人)指使领款人将领款时间倒签”的情节，如为被告人所否，就必须进行质证加以核实，不然就不能定案。不否，则指控可以成立，也就没有“值得商榷”的余地了。

总之，质证是审判程序中的一个重要环节，设计辩护方案时不宜忽略。

以上是第一部分。

第二部分，辩论阶段的辩护活动：

首先，要测定双方分歧的焦点。

其次，设计出批驳对方的哪些不正确的论点和不实的论据。

最后，确定如何论证我方的论点、论据。

总之，应从正反两个方面说明事实讲清道理。

第三部分，对案件的总结，可有以下三点：

（一）对法庭诉讼活动的评价。

（二）对案件作出的总的评价。

（三）向法庭提出的请求。

以上各点，作为方案内容，也仅仅有参照的作用，不是也绝不可能是一种模式。

或问：需要划清罪与非罪界限的案件，难道也不能设计两套互不一致的辩护方案？方案固然可有多套，但不好互不一致。案件要求我们划的是“是与非”或“此与彼”的界限，对此，也不可以断为“是”时立一套，定为“非”时又另设一套；这样做，会违背求实原则，也会违反依法原则，因而绝不可取。

设计辩护方案，不可避免地要涉及控辩双方对案件的论点和论据。对于《纪实》中记下的有关内容，不论论点、论据，也都有可议可辩之处，故专题探讨如下。

还是沿着《纪实》作者的思路走。先讲第一轮的辩护论点。律师明确提出：“4 万元（的一笔）不应认定为受贿。”其他的两笔款，3 万元的一笔没有提及，不能妄加议论，对那 10 万元的一笔辩的是定为受贿“值得商榷”。这一笔，在控方认定的 17 万元的受贿总数中自然是非同小可，不知《纪实》何以没有录下辩方的明确论点和具体说法。比如说：“商榷之处”都有哪些？何以见得（说明）这种“商榷”在案中

“值得”提起,不然将出现差错?

“转入第二轮后”,不再“商榷”了,“双方争论的焦点集中在郭政民收下金(某)留下的4万元是否构成受贿罪的问题上”。这么一“集中”,主要阵地就丢掉了,而且看不出让对方花费多大力气!这样一来,注定会给人(主要是合议庭成员)一个明晰的印象:律师在实际上已经不否认被告人有收受贿金13万元的情节。这按《纪实》的行文分析,辩护既缺乏力量,又有重要疏漏,因而显得不够得力。对此姑且不予详论,拟专就第二轮辩论涉及的内容发表些粗略看法。

第二轮辩论的特点通常是:互相交锋,揭示分歧,解决案中的主要或重要问题。

郭案控方在二轮辩论中的主要论点是:“这4万元应为受贿款。”《纪实》归纳其理由有四条:

(一)郭为金谋过两次利,金付过两次款,这一笔“仍可看作是对郭的继续感谢”。

(二)这是金“为以后托郭办事的感情投资”。

(三)因数额大,故不是“一般的礼尚往来”。

(四)“郭事后并无偿还的事实”,故不能说是“暂时留下应急用的”。

无须置辩的是,辩方此时应集中全力选取论据去削弱以致否定上述理由,从而推出其论点不能成立的结论。我们注意到,辩方着重从法律上说明“收受他人财物、未利用职权为他人谋利的,不构成受贿罪”,这一点非常正确。但研究二轮的辩护内容,又有其明显的不足,主要是对控方的上述四条具体说法的反驳缺乏针对性,令人不免生出“攻击”力度不够、不能推倒控方不正确论点的遗憾。举如:(一)控方说付款4万元“可看作是……继续感谢”。可是仔细一看,这“理”讲得晃晃悠悠,根本没有立稳,稍一用力也就倒了。试看:所谓“可看作”那分明是你的主观认识,它不能取代并非“感谢”的客观事实;至于“继续”之说就更有点儿武断了。一次“受贿”之后的金钱交往就统统纳入“继续”之中,此“情”绵绵,绝无尽期,这既无法可依,在事实上也显得荒唐！再如:(二)控方的“感情投资”说。其缺陷不在于辩方指出的“不必要”。是否“必要”,难定标尺;各执一词,有何必要？这里应当指出的是:即使不讨论“感情投资”是不是一个在审判实务中难以衡量与把握的模糊概念,也应抓住此说的要害在于,这分明是控方主观设想的案外人金某的意图,这种设想恰恰说明,客观上根本不发生“利用职务之便为他人谋利”的事实！你“感情投资”再多,倘若我官员并未利用职权为你牟利,这能构成受贿罪吗？又如:(三)说因数额大而不是“一般的礼尚往来”,那么试问:礼赠的定性应以什么为依据,数额还是质量？如以数额为准,定在哪位数上划分“一般”与特殊？还有,控方既肯定这是“往来”之“礼”,那么,即使特殊而不“一般”,又有哪条法律规定着非一般的“礼尚往来”就变了质而成为“贿”？经此三驳,控方立论的虚弱也就清清楚楚了。

在辩护实践中运用技巧,是大题目。

“编者的话”传出了对“运用技巧”的重视,是可贵的;只是《纪实》中并未反映出办理郭案“运用技巧的情况”,又会生出技巧“难知”的误解,并不可取。

我们认为,辩护技巧是指律师在实务中纯熟地运用知识和经验,自如地使用事实和法律,在相互辩论中,以精当的语言、独特的方式,攻能克、守能固的实践活动。以“车”喻之,知识、经验与事实、法律则正是它的四个轮子;四者缺一,技巧这辆轻车就不易飞驰于熟路了。我们分析《纪实》介绍的郭案辩护,攻,未夺城;守,阵地失。在这种情形下谈技巧,只可说是“徒托空言”了。

然而我们深知,辨析易,辩护难,在辩护活动中运用技巧达到既定目标更难,编辑这类业务性极强的文字也自有编者的难点;但是通过我们全队的努力,不断实践,探讨切磋,我们就一定能在各自的领域里更上层楼,渐入佳境。

谨以此一得之见,就教于全队同行。

一九九五年七月一日

附录(一):

《中国律师报》编者的话:

这是一篇不错的稿件。作为前贵州省公安厅厅长郭政民受贿案的辩护人,两位律师作者在文中向我们介绍了这一案件的主要内容,并生动地介绍了由国家高级干部沦为阶下囚的被告郭政民的情况,读来令人感慨、叹息。尤为可贵的是,作者在文中详细介绍了他们办理此案时运用技巧的情况,有很好的借鉴意义。我们希望各地律师同行们能在百忙之中,将你们从事律师业务中的精彩之作、宝贵经验写成稿件寄给我们,和我们一起努力把《中国律师报》办好,使它在促进中国律师事业的发展中发挥出更好的作用。

附录(二):

“郭政民受贿案”辩护纪实

前贵州省公安厅厅长郭政民受贿案,因其位高权重,工作性质特殊,轰动全国,引起人们的格外关注。现将为郭政民辩护的情况披露如下:

郭政民于1966年从北京政法学院毕业后来到西南煤城贵州省六盘水市六枝特区工作,从一个普通民警一级级地升迁,1985年任贵州省公安厅厅长时,年仅四十二岁,是当时全国最年轻的公安厅厅长之一。郭工作上能吃苦耐劳,认真负责,其为人较随和,关心部属;生活也较严谨,不跳舞,不打麻将,吃穿也很随便,在公安系统口碑不错。没想到正在事业鸿发之际,竟被一港商的糖衣炮弹轰倒。

该案案情并不复杂,归纳起来不过是为行贿人做了两件事,收了三笔款。郭政民于1993年11月2日因受贿被逮捕,多次从狱中带信出来,叮嘱其亲友为其在贵州省内寻找最好的知名律师。最先选定的律师有二十人，经过筛选为十二人，最后确定出我们两人。人民法院对谁担任郭的辩护人也很重视，在收到我们的委托函后，要求我们亲自会见郭，经其当面认可后才能定下来。

在我们接受委托担任郭政民的辩护人时，法院的开庭时间已经确定；准备时间不足一周。在法官的配合下，我们夜以继日地查阅案卷材料，抓紧时间走访了一些重要证人，力求弄清每一个细节，并尽量熟悉郭案所涉及的公安业务。基本上掌握了案情的全部情况后，我们为郭的辩护设计了三套方案：

一、将郭收受的三笔款均作无罪辩护。理由是第一笔款3万元郭是以“厅长基金”名义收受的，本人始终未动用。第二笔款10万元是港商金某以给公安厅“挂靠费”名义转交郭的，郭也未动用。这两笔款在案发前郭就已转交他人作为公安业务经费用了。第三笔款4万元是金在郭妻生病期间送的，郭留下作应急用，应视为馈赠行为，不属受贿之列。这样做的好处在于与郭本人的辩解相吻合，不利之处在于对第一、二笔款项作无罪辩护的事实和法律依据不足，辩护理由勉强，很容易被公诉人击破，而且被法官采纳的可能性非常小。

二、对4万元作无罪辩护，对10万元这一笔的定性提出疑问。这样做的好处是4万元作无罪辩护事实及理由比较充分，对10万元定性是否准确只提出疑问，语气可以温和一些，也易引起法庭的重视，不利之处在于10万元可能成为法庭辩论争议的焦点，冲淡了4万元无罪辩护及情节上的从轻辩护。

三、三笔款均承认构成犯罪，只作情节上的辩护。这样做的好处在易于得到公诉人及法庭的认可，对案件的处理结果较为有利。弊端在于被告人不易接受，容易使人产生律师在走过场，不敢大胆辩护据理力争的误解。

我们反复衡量了三套方案各自的利弊，并征求郭本人的意见，最后确定采用第二套方案。另外，针对郭政民在我们会见他时流露出的顾虑，即担心律师对这特殊的案件不敢大胆辩护。我们表示：我们依法履行律师的职责，不存在任何压力和顾虑，也没有任何单位或个人给我们规定什么框框,定什么调子,凡是对被告有利的,只要有事实和法律依据,我们都会尽力争求。

开庭

1994年6月20日上午9时10分。社会各界普遍关注的郭政民受贿一案,在贵阳市中级人民法院开庭审理。法庭调查一开始,就出现了意外的情况。公诉人宣读的起诉书,增加了这样一段话:“同年12月3日,郭政民为掩盖其受贿真相,将13万元赃款以公安业务经费为名交与他人使用,并指使领款人将领款时间倒签为同年3月26日。”我们发现这段话是原起诉书所没有的,当即向审判长提出:“检察机关更改了起诉书,而且增加的内容与定罪量刑有关,就应当在开庭七天前将更改后的起诉书送达被告人。被告人在开庭时才知道起诉书增加的内容,是不符合刑事诉讼法有关精神的。本案应延期审理。”但合议庭经短促商议后,审判长以起诉书更改的内容与定罪无关,未增加新的犯罪事实和罪名为由,驳回了辩护人的申请。我们磋商后,鉴于被告人本人未有异议,表示服从合议庭的决定,但保留自己的意见。我们没有采取拂袖而去、退庭抗议的极端做法。法庭调查继续进行,为了配合我们的辩护方案,我们特别重点地对10万元和4万元的收受情况当庭向被告人进行询问并请审判庭当庭宣读了有关证据,以加强我们的辩护力量。

审理进入辩护阶段,我们在第一轮辩护中针对起诉书和公诉词,阐述了基本辩护观点。

一、郭政民之妻在北京医院治疗期间,港商金某等人给郭的次子留下的4万元不应认为郭受贿。

二、金通过郭的长子以“挂靠费”名义转交郭的10万元定性为受贿有值得商榷之处。

三、郭具有酌定从轻处罚的情节:(1)郭为他人谋利未违背自己的职务。(2)郭受贿属被动收受,而非主动索取。(3)郭为他人谋利的行为未造成严重后果。(4)郭归案后能坦白交代自己的犯罪事实,退缴了全部赃款。

转入第二轮辩护后，双方争议的焦点集中在郭政民收下金留下的4万元是否构成受贿罪的问题上。公诉方认为这4万元应为受贿款的理由是：(1)郭曾经利用职权为金谋过两次利，即处理赴港单程证和吸收金为公安干部，尽管金在此之前已分别送了3万元和10万元给郭，这4万元仍可看作对郭的继续感谢。(2)金送钱给郭的妻子治病，是看中郭的厅长职务，是为以后托他办事而进行的感情投资。(3)一般的礼尚往来，不会达到如此高的数额。(4)郭辩解说是暂时留下应急用的，但事后并无偿还的事实存在。我们认为不构成犯罪的主要理由是：(1)郭以前为金办的两件事，金已分别送过两笔钱，事情早已了结，之后郭未再为金谋利，金没有必要再对郭继续感谢。(2)金当时在贵州的投资已全部抽空，在北京已经与有关部门挂上钩，在贵州已无业务，事实上在此之后也再未回过贵州。客观上无托郭办事的需要，不必要进行感情投资。(3)金本人在供述中反复强调，留给郭次子的4万元是为郭妻治病用，应与前两笔款区别开来，没有行贿的意图。这与第三人的证词相吻合。(4)金额大应考虑的两个因素，一是大老板，出手4万元就像一般人花400元一样；二是郭妻的病不是一般的疾病，而是生命垂危，送钱较多在情理之中。(5)在北京时金曾当面对郭说要留钱给郭妻治病，郭断然拒绝。金又背着郭把钱给了郭的儿子，郭知道时，金等人已离去。郭回到贵阳，曾几次叫儿子把钱还给金，因金再未到过贵阳，未能还成。(6)这钱是公开送的，在场的人都知道，不符合行贿、受贿的一般规律。(7)根据“两高”《关于适用全国人大常委会〈关于惩治贪污罪贿赂罪的补充规定〉若干问题的解答》：“国家工作人员收受他人财物未利用职务之便为他人谋利的，不构成受贿罪。”即必须以为他人谋利作为构成受贿罪的必要条件。郭留下这4万元钱，未承诺且实际在此之后也未为金谋利，因而不应认定为受贿罪。在以后的辩论中，双方仍然围绕这个问题展开论述。郭最后陈述后，审判长宣布延期宣判。

一审宣判

1994年9月12日，贵阳法院开庭公开宣判郭政民受贿案。当审判长宣读到“判处郭政民死刑,剥夺政治权利终身”时,只见郭政民紧闭双唇,目光呆滞,脸色灰白,审判长问他是否上诉,他开始毫无反应,连问他几声,才缓缓答道:“我现在脑子里一片空白,我要求会见我的律师。”的确,这种结果,他毫无思想准备,也出乎我们的意料。再次见到郭,他与以前已有很大不同。一见面他就说:“一审宣判后我心情很沉重,尤其是戴上脚镣,晚上根本睡不着,我做梦也没想到会有今天这样的结果。以前我对律师不抱什么希望,现在全靠你们了。”我们想抓紧时间与他商量一下上诉的问题。但他的情绪波动很大,精神很难集中,总在竭力为自己的行为辩解。我们提醒他:“通过一审,基本的事实已经非常清楚,应当怎样判谁都有数,但目前出现了我们预料以外的结果,因此,二审期间有些事实,我们是应当依法据理力争。但有的问题,不宜再谈。二审的着眼点应在量刑上,我们律师会尽职尽责,全力以赴,你也要有最坏的思想准备。”对此,他苦笑了一下说:“事情到这个地步,也是命该如此,如果真是那样,为了教训后人就算再向党作一次奉献吧!”郭毕竟身居高位多年,与一般罪犯确有不同之处。(1)是自控力较强,虽知来日无多,但仍无明显失态表现,几次谈到后悔自己行为给党和国家、病重的妻子造成损害,眼圈都红了,眼泪在眼眶里转动,但始终没有掉下来。(2)是原则性较强,尽管对一审判决不服,但从未因此而发泄怨恨情绪,连我们为他准备的上诉状,也认为语气偏激,不符合他的一贯性格,坚持要自己动手改得更温和一些。

二审改判

在二审辩护中,我们除了坚持一审的辩护意见外,重点针对一审判决所列举的判决郭政民死刑的前提条件,即数额特别巨大,情节特别严重,对国家危害极大,社会影响极坏来进行辩护:

一、郭的犯罪行为,除数额巨大外,尚不属于情节特别严重,表现在以下几个方面:

(1)郭政民受贿是被动的收受而非主动索取:郭与金的交往,开始时完全是为公安工作着想,事前没有约定个人收钱,事后也未主动索取，而是金以某种堂皇理由劝其收钱，或者通过其子转交而给郭造成既成事实，这与那些钻头觅缝，寻找一切机会进行“钱权”交易的人相比，其主观恶性较小。

(2)郭为他人谋利未违背自己的职务。郭为金办两张赴港单程证，主观上是为了公安厅的工作，也符合《中国公民因私事往来香港地区或澳门地区的暂行管理办法》的规定，办理的程序也是合法的。吸收金为公安干部，是经过市公安局的考察，向省厅提出申请，郭签署意见，最后由省委主要领导批准的，郭并未擅作主张，越权办理。就受贿罪而言，行为人为他人谋利，是否违背职务，为他人谋取的是合法利益还是非法利益，对定罪没有影响，但在量刑上是有别的。

(3)郭收到这些钱后，一直犹豫不决，始终未下决心占有这些款，因此一分未用，更不敢挥霍。案发前已将13万元转交他人作为公安业务经费使用，无论动机如何，至少在客观上使国家少受损失，案发又另外退清全部赃款。

(4)郭为他人谋利的行为未造成严重后果：去香港定居的两人，在国内没有任何政治、经济问题，去港后至今未发现有任何损害国家和人民利益的行为。发展金为公安干部，发放工作证，郭当时就采取了一些防范措施，中途又断然采取措施收回工作证，金也未利用公安干部的身份或工作证从事违法行为，未对公安工作或国家利益造成直接损害。如果仅因为郭的职位高，工作性质特殊，就认定他收受财物的行为对国家危害极大，社会影响极坏，是不合理的，也是不公正的。

二、郭政民认罪态度较好。郭在案发后能坦白交代自己的犯罪事实，供述自始至终是一致的，尽管他对自己某些行为的性质作过一些辩解，但这并不影响事实的认定和案件的处理，因为司法机关对案件的处理结果，依据的是事实而不是被告人的看法。

三、在法律面前人人平等，罪与刑应相适应。综观全国，某些干部贪污、受贿的数额比郭大，情节类似甚至更为严重，在量刑上都没有达到这种极端的地步，作为法治国家，执法应该采用统一的尺度，不应有什么例外。

二审辩护词递交法院之后，我们又着重做了三件事。(1)是搜集各界（包括公安、法院、检察院、某些政府部门）对一审判决的看法，普遍认为量刑过重，我们将这些意见及时向高院反映，以期引起重视。(2)是收集国内与郭政民级别相似的干部的贪污、受贿案件，从主观恶性、客观行为、危害后果、处理结果等几个方面进行横向比较，并写成书面材料向高院和有关部门递呈。(3)是再次会见郭政民，专门去动员他检举他人的犯罪事实，争取主动。但郭政民反复强调："我的确没什么可检举的，因为我掌握的情况大都是下面汇报上来的，我作为厅长，已经布置他们去处理了，上层的事，我没参与，自然就不知道什么情况，我不能去乱咬人。"经反复劝说，郭政民终于说道："在我被审查期间，中纪委的同志找我谈话时，我曾检举过两个人的犯罪线索，当时，中纪委的同志对我说：这件事就到此为止，我们负责查实。你不得再向任何人说起这件事。所以现在对律师我也不能讲。"既然如此，也就不能勉强他。但我们发现一审的卷宗里没有这方面的记载，法庭调查时，也未提及。我们立即将这一情况向二审承办法官作了汇报，请求他们到检察院和中纪委去查实一下，看看郭政民说的是否确有其事。法院经过调查，证实郭政民确曾检举过他人的重大问题，上级机关正在调查处理之中。这一情节的认定对于二审的改判起着至关重要的作用。

1995年2月16日上午，贵州省高级法院召开宣判大会，改判被告人郭政民死刑，缓期两年执行。轰动一时的郭政民受贿案终于画上了句号。

（附录原载《中国律师报》）

枪决“罪犯”为何如此急急?

——对邱兴华死刑案的程序质疑

邱兴华杀人案似已尘埃落定。2006年12月28日上午，陕西省高院终审维持安康市中院对邱的死刑判决，随即从法庭直接把邱押至刑场，执行枪决。从九时十分宣布庭审开始，九时四十分宣读完维持一审死刑之判的裁定，九时五十分押邱到达刑场，于九时五十七分执行完毕，前后不足一小时。一家高级法院居然能“合并”完成了全部终审宣判—死刑复核—予以核准—命令执行—执行终了这整套的司法程序，使这起轰动全国的杀人大案急急告结。此后随着媒体的快速传播，此案再次成为热门话题。作为普通公民，我们也许该为除掉凶残暴徒而欢呼雀跃，但作为法律人，则不能不审视如此异乎寻常的快捷执法过程是否合于法定程序，即杀得是否合法？不知道是不是“巧合”，几乎是执行枪决邱兴华的同时，最高人民法院的发言人郑重宣告：“中国将在现有法律框架内，严格控制死刑的适用”，他同时强调“最高法院在复核死刑案件过程中，将继续贯彻严打方针”。值得注意的是，他没有坚持“应当从快”，看来法定程序不会再因“严打”而丢弃，试着同国际接轨了。请看萨达姆的被绞，快得也出人意料。但人家在程序上步步走来，无不合乎他们自己的国法。我们有几家报纸登着该国公民“抗议”对萨达姆执行死刑的照片，并未被封杀制止，反映着有人心里很不舒坦，但它快得合法，因而你也说不出什么来。邱兴华的被杀，情况却大有不同。我们在失望与无奈之余，不敢轻忘维护国法正确实施的使命,于是向陕西高院发出了质疑。

首先是死刑复核程序的实施。陕西高院说,“此案……是将二审审判与死刑复核合并进行……(这)符合法律程序”。于坦率之中显出专横。真的“符合法律程序”吗?试作辨析,可见真伪:

第一,死刑复核,在刑事诉讼法中是独立的程序,该法“审判篇”中设有专章(见第4章),根本不发生也不会发生与其他程序“合并进行”的问题。

第二,死刑复核应于何时开始?众所周知,复核的对象是生效的死刑判决,因此复核必定是、必须是在死刑判决生效之后才能进入程序,绝不可以在之前,也不可以在“同时”。而两种不同程序的“合并”则是允许复核发生在死刑判决的成立过程之中,那这是在“复核”什么呢?您根据什么断定“二审之判”的结果一定就是处以死刑呢?

第三,依据现行的刑事诉讼法和最高的相关司法解释,复核程序包含两个不容混淆的步骤,一是复核,二是核准。前者由合议庭实施,复核后还应“写出复核审理报告”(见最高法释1998年23号文件第284条);后者,由院长决定,或由院长主持的审委会会议通过核准,并以“裁定(形式)宣告”。陕西高院把二者“合并”了,审判该案的合议庭既实施了审判权,又进行了“复核”,还可予以“核准”,谁赋予了审案合议庭如此重大的司法权力?这合的是哪家“程序”?问题的严重性在于,这种做法势必在实质上取消了死刑复核这项极其重要的独立程序。

邱案中第二个问题是执行程序。对此有三点质疑——

第一,据报道,邱案的死刑执行,院长依法签署了“执行命令”。问题在于:院长没有参加合议庭的审判与复核这一“合并程序”,核准之后就立即押赴刑场执行枪决,那么,这个极具严肃性的执行令是什么时候签署的呢?难道也“合并”到审判程序中了?

第二,《刑事诉讼法》第212条第1款规定,“在交付执行死刑前,应当通知同级检察院派员现场监督”;第5款规定,“执行死刑应当公布”。这两项任务又是在何时用什么方式完成的呢?现场何以不见有检察员实施“监督”？

第三，据媒体报道，邱兴华的妻子“何冉凤告诉记者……昨天（12月28日）早上，她9点多就乘车往安康赶，没想到还是来晚了，没能和邱兴华最后见一面”。另据报道，“在整个宣读判决书的过程中，邱兴华没有说一句话，但是他四下张望的幅度很大”。他在张望什么呢？他的心思与妻子的难道不是相通的？由此我们想到最高法院1998年法释字第23号文件第343条的规定：“执行死刑前，罪犯提出会见其近亲属或者其近亲属提出会见罪犯申请的，人民法院可以准许。”我们的质疑是：为什么不可以给予罪犯一个申请会见的机会呢？为什么不告知他有这个“权利”呢？难道连这一点人道主义精神都没有时间付诸实践吗？

邱案的第三个大问题是精神病鉴定。这是唯一可能影响本案判决结果的关键情节，尤其令人关注。

据知，辩方要求对邱作“司法精神病鉴定”并提出申请一节，是12月8日二审开庭审理中与控方激辩的焦点之一，辩方意见未获法庭支持。邱枪决后，陕西高院对媒体说明否决辩方申请的理由有二：一是律师提交的证据“来源不合法，证明内容缺乏客观真实性”。具体表现为：“村委会主任证明：村委会（前此发出）的证明材料，是在何冉凤的极力要求下所写”；“何冉奎等人证明：他们13人的联名证明材料，是何冉凤拿村委会的证明材料让他们看后所写。”二是“证据证明：（邱）犯罪时具有完全的辨认和控制自己行为的能力”。

先看第一点理由：所谓“极力要求”，仅能说明“要求”的力度高到了极致，归根结底还是“要求”，“极力要求”可以否定证据的正当性，试问多大的“力度”才可以使该证有效呢？法律上有规定么？法理上说得通么？这里的要害在于：村委会在当事者的“要求”下出具的证明是不是真实情况，对此，二审法院是审查之后未便认定呢？还是根本就没有审查？

再说另一份材料，邱妻何冉凤得到村委会的证明材料，让其他人看，并要求他们“联名证明”，来源也属不法，同样被否。可是，如果他们写的证明都是事实,没有作伪,这又有什么不对?它在哪一点上非了哪家的法?关键在内容,陕西高院对此讳莫如深,谁能说这点质疑没有道理?

再看第二点理由。高院说,邱犯罪时具有完全的辨认和控制自己的行为的能力。这种判断是典型的“鉴定结论”,无疑是法庭代行了“鉴定权”。然而把居中主裁的法官易格为提供证明的鉴定人,是公然的违法。邱兴华犯罪时的精神状态是否有精神病,应由独立于法庭之外的、具有专业知识和合法资质的鉴定人予以认定,而后交由法庭审查,有什么理由排除法定的鉴定程序而由裁决取代呢?

陕西高院会说:律师申请时提的证明不合法,所以不予鉴定。退一万步来说,即便是这样,其他还有那么多专家。学者的意见也不值得重视么?或谓:专家意见并不一致。好!正因为不一致,才更应进入科学领域,严格遵循程序,做出鉴定。难道不是么?有人也许会说,专家又不是“诉讼参与人”,庭外之音听得过来吗?我们在这里无意以宪法明定的“监督”规劝,《刑事诉讼法》第6条规定的几条诉讼原则,首要的就是两个“必须”,其一正是“必须”依靠群众。面对疑难,陕西高院有什么理由不“依靠群众”,竟敢把群众中的精英分子——专家学者的合理建议断然排除?其实,媒体对此早有预估,12月14日,南方的一家著名大报,在头版显著位置发有评论说:“二审法院不给邱兴华做鉴定并非毫无可能。法官快速结案的冲动……都有可能促使院方草草判死刑并立即执行。”但是,“我们认为,慎杀,也应当体现在邱兴华身上”。读出“草草”,能不戚戚!

然而还必须把精神振作起来。我们无意为邱兴华“开脱罪责”。我们不否认也确有案外的意念,那就是:假如邱某果真患有精神病症,这个结论,值得书写一笔的并不仅仅在于证明着“慎杀”政策的正确,我们看重的是:它大有可能以十一人的鲜血使“无罪推定”这个科学理念与诉讼原则在中国的司法实践中由此获得加强,十一位被害者的早逝将因此带上一层悲壮的色彩,他们的不幸将因其推动司法的进步而受到永恒的纪念。万分不幸的是,我们又失去了一次机会,草草之判，对肉食者“重”而易举，然而“人命关天”，杀人怎能违背程序如此急急？有什么“价值”更高于一个人的生命呢？

让我们学会把恶事变为善举吧。阿门！

稿成于元旦，时浓雾弥漫京城

一份编织罪状、错漏百出的终审裁定之辨析

——兼为冤魂曹海鑫辩

1996年9月28日晚，曹新春一伙于酗酒之后，齐奔村民组长曹海鑫家闹事。开门的同时，拉出便打。曹海鑫见来势汹汹逃回居室，张月娥跟进；曹妻锁门，报警未果，曹新春等人追至，破门而入。曹海鑫取出猎枪自卫，双方在夺枪中不幸走火，弹中曹新春，不治死亡。郑州市中级法院判定"曹海鑫犯故意杀人罪"，处死刑。上诉后，省高级法院以(98)豫法刑二终字第249号裁定书，维持原判。

省高院的终审裁定，维持并发展了一审判决的错误，我们已代理死者家属提出申诉。二审裁定公然编制虚假情节，明显地歪曲事实加罪无辜，骇人听闻，不得不详予辨析，不敢不据实力辩——

一、终审裁定明白无误地以其肯定的判断，认为"原判认定被告人曹海鑫犯故意杀人罪，事实清楚，证据确凿充分，足以认定"。但却又对"原审认定"的内容悄悄地、擅专地作了重大的修改，将改动文字加在所引的原审判词中，混成一体，把事实弄得距真相更远，更为荒谬。高院的法官深知曹案的焦点在于：曹新春有无对曹海鑫实施暴力进行非法侵害，与此相关，后者的取枪自卫是否合于法律规定的正当防卫。二审裁定于是首先围绕这个焦点做了文章，结果是弄巧成拙，与一审判词两相对照，漏洞显见，分述如下：

（一）一审判决对于案件的起始情节这样"认定"："在曹海鑫家院

内,曹新春及其妻张月娥与被告人曹海鑫及其妻姜玉春发生争执并撕打。”要言之,即双方有“争执”,同时(由“并”可知)发生了“撕打”行为——至于是相互撕打,或是一方对另一方的撕打,词意闪烁,并不明确。但从该判词下文的“被告人(曹海鑫)见状,即从院内跑回”,应能说明被告本人仅止于“见状”,即仅“见”来者气势汹汹之“状”,而并未动手“撕打”。姑且不论一审的这段判词另有瑕疵,省高院的二审法官竟在终审裁定中将一审判决“认定”的“发生争执并撕打”,悄悄地改成“发生争执欲厮打”,意思因而不同了,情节大变了。这里说的是:当事者只不过为了“民间纠纷”争执几句,或许情绪激越,但也仅止于“欲”,想想而已。把一审“认定”的“并”,改成“欲”,一字之易,表明打(人)之事从未“发生”,有人“想着”动手罢了:何其微妙!

谁想动手——“打”呢?终审裁定变了个说法,是双方都想:“厮打”可见。高级法官非常明白:“厮打”与一审断的“撕打”截然不同,说的是双方“对打”,互有动作,都有不是;如有过错,则“秋色平分”,还有什么正当防卫可说?更何况,那“厮打”止于“欲”,你防卫什么?

可是高院法官由何察知案中当事人的“欲”呢?为什么不能举事实以明之呢?你们断定“双方(想)混打,厮打”,又有什么根据呢?

作为终审杀人裁定,如此编造,而且是采用偷改一审判决的方式,这真是古今罕见的特例!

还应陈明:两级法院对曹案都断有“发生争执”的情节,可是,这个“认定”除了加害人一方的陈述之外,有什么可信的证据说明?在场的局外人姜雨清三次作证说明当时情景是:“(骂人的)声音没落,就听到打人的声音。”局外人王仁东的证言说的是:曹海鑫听见门外有人,一开门,问来者“干啥来?”话音未落,就被来人拉着领子往外拖,“三、四个人围着(便)打”。仅有“撕打”,哪有“争执”?这些证言,有卷可稽,怎么可以视而不见、不予理睬呢?

退一步说,假定“争执”发生,也应查明:争执之中诱发了哪些情况足以引出“打”的恶果?即使“争执”发生,难道就可以不问缘由、不分是非一笔勾销正当防卫的随之而发生？对于死刑案中的如此重要的“因”，怎么可以回避？

事实是来者不善，而且是谋划在先。曹海鑫开门送客，适值寻衅者闹上门来，突然被袭，所谓“争执”，并无可靠的证据，下文将另作补充。意图据此抹掉先有非法侵害这个至关重要的情节，只能是歪曲事实。

（二）据一审判决的“认定”，“撕打”之后，事态有新的发展，即“曹新春追到二楼踩门而入”（曹海鑫之室）。高级法官看出了一审“认定”的漏洞及其要害。他们熟知《刑法》第245条，非法侵入他人住宅是一种犯罪行为，可处三年以下有期徒刑或者拘役的。

“踩”非“敲”，属暴力，当然非法，何况还有“砍”！

于是高院的法官将“踩门而入”偷改为“踩门欲入”，止于“欲”，但未“入”；不仅如此，二审裁定还加上了“当……（此）时”，用以说明，踩门的曹新春尚未“入”室，仍在屋外之时，枪击就发生了。

这一字之改，再次用“欲”，明显地露出了偏袒侵害者，硬要加罪被告人的马脚！如果不是偏袒，试问为什么对“踩门”（且不说还有人用铁锹“砍”门）这样的暴力行为在案中的意义与作用不加审理，不去查明，不予认定？哪个公正的、正直的法官会这么干？

应当补充的是：据起诉书，曹新春那时已“冲进二楼客厅”，不仅已入——“进”，而且是“冲”，如实地反映出暴力实施者凶不可当的气势。两级法院都对“冲进”加以回避，意在抹掉入侵者的暴力行为，不言而喻。

可是这怎么办得到呢？即使法官硬要否定“冲”的存在，又怎么解释你们肯定的“当曹新春追到二楼”这个情节里的“追”的含义？“追”可是主动的行为，没有“逃”，谈不上追；人家已经逃了，又是事出于一般“民间纠纷”，那为什么非“追”不可，继之以“踩门”施暴，而且“冲进”了人家二楼客厅？

还无妨退一步说，即使法官“认定”的“争执—撕打—‘欲入’”这些情节统统成立，在对方寡不敌众的情况下，“此时”夜深人寂，加害者又有什么理由非要聚众侵入人家的私宅居室？这种行为难道没有触犯上引的《刑法》第 245 条的规定？对于这种暴力行为施以抵御，难道不是正当防卫？

故意枉法，昭然若揭。

（三）关键性的情节无疑是“开枪杀人”。一审判决对这一情节的认定是：“曹新春追到二楼跺门而入，被告人曹海鑫即开枪照曹新春的腹部猛击一枪。”其中的“开枪照……腹部猛击”，词意含混，不合事理，语法也不大顺。“开枪”与“照”某部位之间似有难解之谜或难言之隐，特别是“猛击”的断定不知从何测得？于是高院法官又下笔改了。二审裁定说的是：“当曹新春……跺门欲入时，被告人曹海鑫即持枪照曹新春腹部开了一枪”。这一改，情节显得“明确”了，集中到一点上，是：被告人瞄准（“照”）人腹部开枪，故意杀人成立；根本不发生防卫问题，遑论正当！

然而不幸的是，这种编造偏偏无能达到“无缝”的境界，于是又不可避免地犯下了更大更重的错误！请看：既然曹新春当时是“欲入”而未入，曹海鑫如果没有透视并能明察的特异功能，怎能做到瞄准目标，“照”人腹部开枪命中；更何况经勘查二楼客厅门上并无弹孔、弹痕，这颗子弹何能飞越大门钻入人体，这支国产猎枪何以有此功能？如此编造，太荒诞了！作为高院法官，在死刑案中硬要一而再、再而三地虚构情节编造判词，这到底是为什么呢？

“持枪”之说，其实也是二审裁定加给一审判词的情节。这项胡编颇有“学问”：着一“持”字，双方“夺”枪这一至关重要的情节自然地就化为乌有了。

可是，枪响于夺枪之中是有证可查的！法官如认为此证有“疑”，不宜轻信，那又为什么不敢质证？对此将在下面专项申辩。这一笔，立此存照罢。

综上所陈，高院二审法官在案中事实涉及的几个重要情节上，行文修饰之不足，索性打着一审判决的幌子加以编造，这如不是蓄意枉法，制造冤案，又该怎么解释？

直陈高院裁定的谬误，意在有助于纠正，实出于不得已而为之，绝无他图。

二、终审裁定就自己对一些重大问题作出的“认定”，同样背离实际，有的十分荒谬。突出表现在对上诉人（被告人）的正当辩解和律师的正确辩护，全盘否定，分项批驳，或以枝节代主要，煞有介事，貌似郑重公允；或者干脆回避真相，强词夺理，透出专权本质；总之统统未予考虑。主观专横，莫此为甚！对此姑且不论。首应指出的是，终审裁定对“辩护意见”的概括，其行文也是着意安排别具匠心的。先看原文——

“曹海鑫上诉及其辩护人辩护称：合议庭组成人员不合法，所谓的人民陪审员连名字都是假的；涉及本案的证人证言没有当庭质证，有失公正；庭审中对猎枪、弹壳没让辨认；曹新春之死系众人夺枪走火所致，属过失杀人。”

全文88字，分为四点，给人以“全面、公正”的假象。认真一查，不对了。另有一些至关重要的辩护意见，他们公然回避，若无其事，只字不提，要如：

（一）据一审判词对辩护意见的归纳，全文53字，核心内容是：“被告人曹海鑫及其辩护人辩称起诉书指控的事实不清，定性不准……且被害人有过错等。”至于事实如何不清，定性怎样不准，被害人曹新春的过错在哪里，辩护意见中都曾举证详予说明，两级法院却都不敢正视。一审晃了一下，溜了；二审则干脆不予置理。在一个判处死刑的杀人案中，对于至关重要的“事实不清，定性不准，被害人有过错”这三条，漫说统统存在，只要有一条成立，死刑之判便是错杀，高院的法官怎么可以“若无其事”呢？有什么理由不加审理呢？

退一步说，这三条辩护无理，那又为什么不敢在终审裁定中像对陪审员问题一样细细批驳，以维护法庭与法律的尊严和权威呢？死刑判决，对至关重要的辩护论点公然回避，这也是骇人听闻的事例！

（二）辩护律师在辩词中着重提出了案发的近因与导火索，是由于曹新春一伙人的寻衅滋事，并举出证人证明：曹新春当天晚上在酒场上声言:“兄弟们今天喝得劲,今天晚上找海鑫弄事,不中就打。”当晚这一伙人一下子就灌了十三瓶“赊店牌”白酒。第十三瓶白酒入肚,曹新春发话:“走!去弄曹海鑫,不打海鑫不算人!……谁有种跟我去!”正当其时,局外人李书庆走到餐馆窗外,吓得转身回走。之后,曹新春聚五人之众,兵发曹海鑫住宅。这些情节,统统有证言可证。如果对于如此重要情节的证言疑为虚假,或有争议,那么,为什么不依照法律的规定当庭质证?如果高院法官确有根据断定证言不实,试问为什么不在裁定中加以批驳?作为判词,尤其是死刑案的判词,对于案发的原因怎能回避?为何回避?

我们注意到,终审裁定又在“原判认定”的幌子下,擅加了事发当晚曹新春“应邀参加……宴请”的情节,可是这能说明什么问题呢?宴席之间谋划寻衅能因“应邀参加”而抹杀么?高院法官显然是企图说明,天下本无事,只是曹海鑫“因民间纠纷竟持枪杀死人命”,别无动机,更无理由,所以该定为“情节恶劣……依法应予严惩”。难道真的是这样吗?证据表明:1995年4月11日,西韩寨村村民民主选出了新的村民组领导班子,曹新春和他的哥哥、前任村民组长曹新豹双双落选。4月15日,曹新春就当街登上三轮板车破口大骂:“曹海鑫,你爬到老子头上来了!你不想活了吗?!你敢出来,老子敢把你的狗头砸烂!别看你当上了村民组长,老子不会让你太平的……”

同时,新的村民组领导班子对过去村民组班子中曹新豹、曹新春家族的经济犯罪嫌疑进行了合法的调查与揭露,矛盾由是转向公开与尖锐,村民共知。审理本案,对此不应不查,连“宴请”细节都不放过的法官会是粗心吗?当然不是!其中掩盖什么,庇护什么,清清楚楚;有人枉法,明明白白!

(三)关于“被害人”曹新春的过错行为,辩护律师一再举证说明:曹海鑫家的二楼门上,经勘查,分明有硬器砍击的痕迹,门上裂纹长达30公分,证明不仅有“跺门”的事实,而且有“砍门”的暴烈行为。当时的事发现场正有铁锨一把,“勘查笔录”对此有明白无误的记载,并有现场照片与证言旁证。诚然,“被害方”的代理律师当庭发出了疑问，他声色俱厉地问道："请问铁锨在哪儿？勘查笔录有记载吗？现在也可能找出一个，这与当时的现场又有什么关系呢？"乍听气壮有余。可是，不仅有勘查笔录记载在卷，当时的现场照片分明有一把铁锨可为铁证。对于几近胡搅的陈词，也就无须辩驳了。值得一提的是，这位律师的说法恰好说明，如有铁锨在场，暴力侵犯即应坐实而无疑义。被告人的律师要求"必须予以查清"，合法合情，但两级法院的法官都深知这类问题在案中的重要意义，故统统置之不顾。我们不得不问：作为判词，而且是杀人一案的死刑判词，对于事关暴力侵害和所谓"被害人"主动实施暴力的方式与强度这样事关重大的原则性问题，有何理由不予查明，竟敢公然回避？为何回避？

以上三点，说明肇事的起因源于"被害人"曹新春的故意寻衅，借酒闹事，实施暴力，殴打无辜，入侵民宅，从而证明被告人曹海鑫的正当防卫出之于被暴力袭击的特定状态，根本不存在"故意杀人"的情况。高院的终审裁定居然回避、抹杀这些重大的原则性问题，无非是为了强行加罪给曹海鑫，必欲诛之而后已，这是只有故意枉法才会发生的荒诞审判、恶劣裁决！

（四）省高院的终审裁定，以"经审理查明"为导语，道出自己的裁决，全文675字。令人惊愕的是，短短600余字的判决，却用了300字说明陪审员的身份问题经"核查""并无不当"。且不论高院裁定不得不承认"（对陪审员）在判决书上署曾用名虽有不妥"，并不实指怎么不妥以及这种"不妥"在执法上的意义，随之便武断地认定"并非虚假"，借以证明"合议庭的组成合法"。我们要问：依据法律的规定，人民陪审员需具备一定资格的公民经由选举产生，那么，曹案中的陪审员是何时经由哪里选举产生的呢？不经选举产生的陪审员没有资格参加合议庭审理案件，这难道还有疑问？高院裁定花了这么大的篇幅说明"陪审员"问题，可为什么不涉及问题的实质呢？

（五）关于"曹新春之死系众人夺枪走火所致"的辩护论点，无疑是律师辩词的最为重要的内容。二审裁定不理律师的意见，仅针对曹的上诉断言："经查，现场目击人均证实枪响在前，众人夺枪在后，故其所诉过失杀人的理由不能成立。”这段话的弦外之音是：故意杀人成立。然而这又是一个十分武断但却经不住推敲的裁决！

第一，“枪响在前”，并不能说明枪是怎么响的，更不能说明被告人有杀人的故意。

第二，“目击者均证实”之说，与实际不符，纯属虚构。举例说，“目击者”之一曹海强的证词说：“我看见胡文霞……俺哥六个人在夺一把长枪。”他说：“我绝对是在枪响之前到的(现场)。”这份1995年11月1日的证词与他此前的9月证言和书面证词互相一致。即使因作证者与曹海鑫有亲情而不予采信，我们再来看看另一个“目击者”胡文霞在事发次日即9月29日上午8时20分至10时30分提供的证言，她说：“我也上楼了。我进屋后，看到曹海鑫站在大厅门口三四米的地方，手里端着枪，新建、新伟、贾勇(胡文霞之子)、月娥几个人在和海鑫夺枪。”公安人员问她：“曹海鑫是怎样拿着枪的？”她作证说：“曹海鑫用两手端着枪。我看见月娥(曹新春之妻)他们几个人抓住枪管和中间部分，具体什么部位，我看的不十分清楚。”这些证言与曹海鑫的多次供述互相一致，极为可信。不料她在同一天的晚上10时至10时50分就又第二次作证，全盘推翻前证，换了个说法，她说：“我回忆我在楼下给一个男的说话，我以为他是小春(即曹新春)，其实他不是。因为他当时都没理我。我上楼时见他们4人夺枪。”她说：“我想起来，枪响时我没有在楼上。”公安人员问她上午的证言算不算数，她回答说：“我早上时脑子可乱，我当时都吓迷了，也不知是咋说的。我今天睡了一天，我好好想了想，我想起来，枪响时我没有在楼上。”

我们没有理由不允许证人修正证言。关键在于，哪一项证言符合事理，合于实际。胡文霞的头一个证言说的都是看，看到或者看见，名副其实的“目击”；而后一个证言说的却是“想”，是“忆”。何者可信，人们自会分析判断；但至关重要的却是其他证据的参照。我们不得不辩的是：被告人的供述作为证据的一种，既然与曹海强、胡文霞的首次证词相互一致，应认为这些证据都不该否定而应采信难道不是合理、合法的吗？

不幸的是：高院法官与一审的相似，没有依法行事。总起来说，高院裁定根本没有驳倒上诉人和律师的辩护理由，用极为武断的态度断定“原审定罪准确，量刑适当，审判程序合法”，维持了一审的死刑判决，制造了冤案。

三、二审及其裁定对于案中证据的审查严重违法，或者失实。分述如下：

（一）关于案中的重要物证的审核。

按诸法律，物证应当庭出示“原物”，经过辨认查证属实，否则不能作为定案的证据。一审法庭未准被告人“辨认猎枪、弹壳原物”，本不合法；二审裁定承认“属实”，但又以“让其辨认了原物的照片”来搪塞，甚至居然说出了“且其当庭也未提出异议”为一审的非法做法打掩护。当事人未提异议，就可以不执法，真不知这是谁家逻辑！！

（二）关于鉴定结论的审核。

首要关键无疑是附于“猎枪”之上的“指纹鉴定”，二审承继一审的错误做法对此也不审查。据侦查机关出具的证明：“猎枪扳机上未发现有鉴定价值的指纹”。有指纹，但没有“鉴定价值”！这是什么意思呢？据常理，看来只能是扳机上的指纹紊乱，不属于一人。果真如此，那又怎么能证明是曹海鑫扣动了扳机“照（人）腹部开枪”致人于死呢？也就是说，子弹究竟由谁又怎样使它出的膛，根本没有审清理明！既如此，怎么可以断言曹海鑫杀人而硬要处之以死刑？如此判案，何其荒谬，何等荒唐！

其次是“尸检报告”。这在“杀人案”中当然也是至关重要的证据，审理中不应不查。尽管尸体上的弹孔很难测得是否“猛击”所致，但应能测知枪击的距离与角度，这在本案中有其重大的意义。一审不理，二审不查，这在程序上无论如何是个重大的漏洞。

（三）关于案中证言的审核。

高院裁定对此用“原审对卷中能证明案件真实情况的证人证言，均在法庭上进行了宣读、质证”，来说明未经宣读的许多证言都不能

“证明案件真实情况”，借以掩盖他们的司法不公和严重违反审判程序的重大错误。但是，不在庭上宣读、质证，又凭什么就断定那些证言不能证明真实情况？如果仅凭法官“自由心证”，审理之先就已确定了证言虚假可不当庭质证，那要《刑事诉讼法》何用？

尤为严重的是，曹海鑫的一楼房客陈玉霞，因距事发现场最近，目睹耳闻，至为清晰。当晚也曾被公安人员询问，但她的证言笔录卷中不见。跟着又突然仓皇迁居，二审竟然也不找寻查证。这是本案证据上的一大疏漏，因其重要，也应辨明。

还不能不指出：一审对于证言采取的是“一锅煮”办法，让人搞不清楚某一证人所证何事，证了哪些内容？举例说，一审判决提到了前面引述的姜雨清与王仁东的证言，可是，他们证言的核心恰恰是曹新春等人的暴力侵犯确实存在，曹海鑫的正当防卫是出之于被迫和无奈！他们的证言又有哪一点、哪一句可以证实曹海鑫有“故意杀人”的“作案情节”呢？在死刑案中借未经合法调查证实的证言歪曲事实、混淆是非加罪于人，这不是枉法又是什么？二审对此当然明察，却不纠正，一错再错，这又是为了什么？

证据不实，漏洞层出，就专横地判人死刑，此风不刹，法将不法，必起民怨。事关维权与稳定大局，怎敢不辩！

四、以上，分三个部分从事实和证据上结合一审判词分析了裁定的谬误，申明了我们的论点，以无可辩驳的论据证实了处死曹海鑫实属冤杀。以下再从法律上提出我们的见解——

（一）《刑法》第20条对正当防卫、防卫过当和无限防卫分三款作了规定。与本案密切相关值得认真考虑的是该条第三款。该款规定：“对正在进行行凶、杀人、抢劫、强奸、绑架以及其他严重危及人身安全的暴力犯罪，采取防卫行为，造成不法侵害人伤亡和其他后果的，不属于防卫过当，不负刑事责任。”这是新刑法对原刑法的重要补正。旨在鼓励人们与不法的暴力侵害进行坚决的斗争。本案不法侵害人纠聚数人之众，深夜侵入私宅，实施暴力，严重危及被侵害者的人身安全，在此情况下，取枪自卫，夺枪走火，弹中不法侵害人，显然不应承担刑事责任。结合本案的实际,还应参照《刑法》第 16 条的规定,即“行为在客观上虽然造成了损害结果,但是不是出于故意或者过失,而是由于不能抗拒或者不能预见的原因所引起的,不是犯罪”。至于什么情形属于故意,什么情况属于过失,刑法分别作了明确规定。曹海鑫取枪自卫,在与不法侵害者夺枪之中发生了枪击事件,既无作案杀人的故意又无过失,事出于“不能预见的原因”,据此当然不是犯罪。总之,不论从哪个方面考察,定曹海鑫犯“故意杀人罪”都没有法律上的依据。

(二)再研究一个与曹案发生于同一时期的杀人案例,更可看出两级法院执法的随意性已到了何等程度:

梁随生与人口角。对方聚集六七人来梁家“算账”,未及进门,梁即用猎枪对着民警李喜文开了一枪,命中死亡。来者逃散,梁追出,又开枪打死一人。跟着再发一枪,击中杨某肾脏,急送医院得救。事后,梁伪造现场,企图嫁祸于死者,未得逞。故意杀人,二死一伤,郑州中院于 1997 年 4 月判处梁随生死刑缓期二年执行。一个月后,该院却宣判曹海鑫死刑立即执行。两相比较,还谈什么司法公正?而对于曹案的判决确属错误不是由此可见了吗?

杀人宜慎,是党的一贯政策,是我国《刑法》贯彻的基本原则,真不知河南高院执行的是谁家政策,哪家法律?

五、当地村民说,枉杀曹海鑫是“报复忠良”,这是有事实为据的。案中“被害方”的律师在庭审中振振有词地说:村民们“都认为海鑫太毒了”。认为“小春为人好”……“心底平和”。意在突出曹海鑫“凶残之极”的本质和具有历史根源。然而这是谎言!且不说村民中的多数在此前不久已用投票的方式表示了对于他的信任和拥戴;曹新春已经死去似也不必再对他的不良表现做出概括;但曹新春的长兄实为村中一霸以及他的问题和这些问题对于这次事件的影响,只要深入民间,便极易查明。谁劣谁良,人民心中自有判断。曹海鑫新任组长,为村民做了好事,谋了利益,最后惨遭报复,人民也是清清楚楚。村民惊闻一审判他死刑,有二百余人长跪省高院门前,递上《状告郑州中级法院冤判曹海鑫死刑》的请愿书,便足以说明问题。这些似乎与案情无关,然而它是本案的重要背景,又必须涉及。否则就不能对全案的各个方面作出准确的判断。二审为何不察?

通观全案,冤情昭昭;影响所及,时闻怨声。冤狱不平,何能取信于民?民心不服,何来社会稳定?愿二审终能纠正错误,公正执法,还无辜以清白,赢来我人民法院的正气、清声!

一九九九年一月二十五日

刘秋海诉交警大队违法行政案《终审判决书》辨析

1995 年 3 月 12 日晚 7 时左右，天雨，陈小俐（女）驾驶摩托，翻车跌倒，车的尾灯闪亮未熄。适刘秋海乘车路经发现，将陈救起，并送往医院救治，代交 600 元押金后，继续赶路。

4 月 19 日，刘秋海再次公出该市，基于关心，电询陈小俐情况，陈兄认为有机可乘，即约亲戚电邀交警林国兴“处理”，诬指刘秋海撞伤其妹后逃逸，强行将刘秋海自用的“农夫车”扣押，后作出《道路交通事故责任认定书》，断定“冯昌炳（刘秋海的单位司机）负此事故的全部责任。陈小俐对此事故无责任”。

刘、冯对上述《事故责任认定书》持有异议，认为纯属黑白颠倒之作，依法提起行政诉讼。中院一审判决：“陈小俐驾驶摩托车……被同方向行驶的‘农夫车’碰撞，造成人伤车损”；“原告请求撤销被告‘市 0108070 号暂扣凭证’决定和请求赔偿，理由不成立”。判决“维持交警大队作出的暂扣凭证决定”。

刘秋海不服上诉。高院在主要之点上维持了一审的错判，严重损害了善良公民的合法权利。故作辨析，冀获纠正。

为了清楚地辨明高院终审判决的错误及其要害，我们将按照判词的逻辑和陈述顺序，针对要点，逐一剖析，兼及我们的论点、论据。

一、本案分明是因有人编制情况提出交通事故责任问题而起，一审对此在审理之后作出了裁决，二审不明定一审判决的正确与否，却在判词中以“本院认为”为断语,判决:“(交警大队)作出的道路交通事故责任认定正确与否不在本案审查范围之内,本院不予审查。”换个通俗点儿的说法就是:法院就管交警“扣车”的行政行为是否合法,至于“扣车”前后发生的“事故责任”的认定及其他相关情节,我们法官不管这一段。这真让人难以理解,人民法院“不受理”的行政诉讼,按《行政诉讼法》第12条的规定,只有四项,却与本案毫无关联。也许有人会说,判决讲的是“不予审查”,并没认为应不受理,可见并不违法。那么请问:“受理”之后“不予审查”这种程序何处可得、哪家会有呢?

或谓终审之判毕竟引了依据。其一是《行政诉讼法》第5条,其二是最高人民法院、公安部《关于处理道理交通事故案件有关问题的通知》第4条。不幸的是,援引这两条都不能说明终审的上述“不予审查”的判决为正确。上引第5条全文是:“人民法院审理行政案件,对具体行政行为是否合法进行审查。”交通事故责任认定的合法与否正是一种具体行政行为,据此不是应予审查无可推诿吗?我们有理由提出问题:《行政诉讼法》第11条第8项规定:“认为行政机关侵犯其他人身权、财产权的”具体行政行为,属于法院的“受案范围”。道路交通事故责任的认定如不正确,其后果既能损害人身权,也会侵犯财产权,正包含于该项的“其他”项中。立法之所以用“其他”概括,恰恰是对于不能穷举尽列的救济,完全符合《行政诉讼法》的立法主旨。法官何故规避而不据之以办案?

诚然,终审判决援引的最高人民法院、公安部《关于处理道路交通事故案件有关问题的通知》第4条有规定:“当事人仅就道路交通事故责任认定……不服……不予受理。”但有两个无法逾越的原则性问题,会使该条规定归于无效,不能适用。一个是:《通知》的发布机关是公安部,因此,它即使具有行政通知的作用,但却绝对构不成对于《行政诉讼法》的司法解释,最高法院就此单独发出的司法解释并不涉及《通知》中的这个内容,也可以印证。另一个尤为重要的是:《通知》第4条的内容与《行政诉讼法》的原则、精神乃至相关的具体条款诸如第 11 条的规定，相互抵触，因此当然不具有法律上的效力，不可以作为人民法院的受案依据。

这里还应着重指出：通观二审判词全篇，所谓“不在本案审查范围之内，本院不予审查”，其实是虚晃了一下，它在许多重要环节上不仅作了审查，而且带着鲜明的倾向性，对此将在后面专门论列。

总之，二审判决枉法，确实有据，应予撤销，有法可依。

二、高院终审判决肯定交警大队“扣车”等具体行政行为合法有效，但所持论据无一可靠，无一正确。

先看法律依据。判词说：“根据国务院《道路交通事故处理办法》第十二条第一款关于肇事嫌疑车……公安交通主管部门有权予以暂扣审查”。对照《办法》的该款规定，高院判决作了两点富有实质意义的修改，如下：

其一，条款中只有“嫌疑车”的规定，没有“肇事”嫌疑车的提法。此种“修补”属于变更，不是别有意图，实在无法解释。

其二，条款中只有“可以暂时扣留嫌疑车辆”的规定，而且明示其目的在于“根据检验或者鉴定的需要”，判词居然篡改为“有权予以暂扣审查”。前者，检验或者鉴定，是查证，取证，是专门人才受权提供证据的一种形式；后者，审查的内容和目的又是什么呢？由谁规范呢？判词说是“有权审查”，立法上既无规定，显然是法外之权，是特权，人民法院怎么可以用判决的形式赋予行政机关以特权呢？

判词援引法律规定可以恣意修改，还能指望他的公正、严明吗？

再查事实根据。判词认为交警大队的“具体行政行为符合法律规定”，根据的事实有三条，略加分析，无一能说明问题，果然做不到公正、严明。分述于下：

（一）交警大队具体行政行为之所以合法，第一条根据是“交通事故受害人陈小俐及其亲属的报案和指证”。这句认定有两个问题：第一，这个“受害人”本人自始至终没有“报案”案卷材料清清楚楚，怎么可以妄断？第二，“报案”本身，不宜不加分析地一律作为具体行政行为是否合法的事实根据。判词没有揭示书面“报案”的重要情节，依据卷存的报案材料，当事人亲属之“报”，分明是个假“案”，所有的“撞车”细节，统统出之于编造，至为明显。各方面对此早有翔实的批驳、评论，试看以下证据，可见真伪：

1. 翻车当夜，陈小俐住院时的“主诉”是：“因车祸致头部外伤……被他人发现，后即送我来院急诊。”（见“住院病历”）

2. 潘战医生证：“听到广西几位民工说，这位伤者是骑摩托车跌的，被广东人抢救而来。”

3. 黄少伟医生证：“（被他人发现才送医院抢救）这句话是她（指陈小俐）自己反映的。”

4. 在“3·12”翻车时途经现场的目击者秦达辉向法官作证：“当我走过去，问那个女子，她讲是自己开车跌下的。”

5. 莫月军（医院保安员）证：“一位青年交了600元给我，说先救人要紧。这位青年说，受伤女青年在公路上没有人救……路过看见，就送她到医院抢救。”

6. 莫月军还对法官作过如下的证言：“那个穿着比较差的男人说，汽车上的人是做好事的，是好心人。我们两个是做木工的，在附近乘凉，汽车上的人就叫我们把受伤女子和摩托车抬上汽车，拉到医院抢救。”

这还不是卷中证据的全部。仅就摘录的而言，明明是驾车自翻跌伤，却编造虚假的撞车事故借以报案，难道还有可疑？至于与报案有关的其他问题，下文说明。

再讲第三，所谓“指证”。实际情况是，在“4·19”的现场“指证”之前，陈家以陈兄为代表，已经通过舅父的熟人关系，对交警大队的工作人员林国兴作了交代，说了原委。林随同陈家亲戚到“场”，话不投机，采取了“扣车”行动。案卷材料无一证明现场曾有过陈氏兄妹的“指证”过程，且不说陈小俐当时并不在场！

设定“指证”这个细节，是为了做“扣车”有据的文章，不幸弄巧成拙，是事先未能设计周全。这里值得研究的还有：退一步说，假定“指证”成立，人们仍然不能不问：当时，另一方的当事者也有证据提出，作为实施具体行政行为的交警又有什么理由根本不予考虑?二审又有什么理由在下判之前不参照研究,从而得到准确的判断?

概括地说,交警大队根据前述事实所采取的具体行政行为,纯属无源之水,出之于主观专断,二审全面采信,铸成大错。

(二)终审判词认为交警大队的具体行政行为合法,其第 2 条依据是,如判词所说:“经查看发现(冯昌炳驾驶的)农夫车有碰撞痕迹”。这里也有三个问题:第一,判词中的“查看”缺主语,即没有主体,从行文的语气判断,似是经“被上诉人(即交警大队)的工作人员林国兴”的查看。我们要问:林“查”了什么呢?依照规定,一系列应“查”的事项,诸如“碰撞”发生于何时何地?两车的何处相撞?所谓“痕迹”,在两车上分别是何形态?怎么就一点儿也不“查”呢?还有,依据规定,林国兴当时需要请当事人“示意碰撞的过程”,又为什么不遵照执行呢?我们再问:他又“看”了些什么呢?对冯昌炳驾驶的农夫车来说,即使视为“嫌疑车”,依法也应“看”碰撞的角度和力度,更应“看”碰撞当时两车的停定位置,并予测定,既是执法,这些又为何统统不“看”?综上可知,林的“查看”缺乏必要的内容,仅凭一句“有碰撞痕迹”,得不出“扣车”合法的结论。第二,“碰撞痕迹”,如不能证明由何事、何物所引起,不能说明它发生在何时、何地,则与本案没有关联是无可争辩的。第三,林对陈驾驶的摩托车始终未“看”。据当时在现场的目击者陈子有的证言,“摩托车前面护杠坏了,塌进去,前面的灯坏了,其他没什么坏的了”。另一目击者秦达辉证:“摩托车倒在路右边邗沟里,车尾灯还亮着。”再据医院值班大夫潘战就所见出具的证言,“(摩托车)后灯后架完好。”互相参照,摩托车确属自翻而绝无被撞情事是清楚的。林国兴如能按照国务院《道路交通事故处理办法》第 8 条、第 11 条的规定进行工作,“看”上一看,或有可能避免错误,但他却不按照法规的明确规定执行,违法了。一纸判决徒托空言,怎么可能抹掉这些基本事实、基本情况呢?

(三)终审判决认为交警大队的具体行政行为合法,其第三点根据是“刘秋海、冯昌炳承认曾驾驶该车到过事故发生地”。这一点,即使与前两条“根据”联系起来考察,也构不成具体行政行为合法的根据。问题是:第一,“到过”,不能说明与车翻的关系,当时“到过”的又何止刘?第二,作为终审判决,为什么不能明示“到过”之后有了哪些行为,这些行为又与“撞车”有什么联系?第三,关键在于:“到过事故发生地”之说,从事件发生、发展的逻辑推断,必然是在“翻车”或“撞车”之后,既然如此,又怎么可以据此定为“具体行政行为合法”的根据!车翻了,冯(刘)到了,这怎么能够推导出二审判决的结论呢?有必要着重指出:前文已举证表明,刘秋海之“到”,是因陈小俐驾车自翻而给予关照,是出于“救助”,是义举,凡此都有证在卷可稽,能推翻吗?

总起来看,二审在涉案的主要事实上采取了极不郑重、很不严肃的态度,反映出庇护违法行政一方的倾向,从而从根本上丢掉了司法公正,这是我们不敢不据实力争的!

三、交警大队和他的工作人员林国兴案中的具体行政行为的违法性,兼议二审判决的荒谬所在。

考虑到交警大队已向法庭表明,林国兴的具体行政行为都经他们首肯,在有的问题上也确乎难解难分,为方便计,合并说明。

(一)林国兴作为案中具体行政行为的主体,没有合法资格,即不合法。对此,《道路交通事故处理程序规定》、公安部 1993 年第三十号文件都有相应的规定,这一点,已是不争的事实。众所周知,行为主体不合法,行政行为也就缺了行为的主体要件,所实施的具体行政行为当然不具有合法性。终审判决在行文中,以“本院认为”的断语,确认林的身份是“被上诉人(即交警大队)的工作人员”,意图抹杀其主体资格非法的事实,这是不严肃的!

(二)林国兴违反公安部《关于警风、警容的若干规定》,实施“暂扣嫌疑车”这样的公务,身着便装,化“公”为私,依法不能认定是合法的具体行政行为。终审判词对此本已“经审理查明”(判词第五页),却依然断为“符合法律规定”,令人难解。

(三)林当时所持、所示的“证件”,不符合法定要求,从而使他的具体行政行为根本不具有法律效力。

关于“证件”，二审判词“经审理查明”的是：“林向刘秋海出示……说明来意”；而在下文“本院认为”的断语中又变为“扣车时出示了公务证”，这就难以判断，林“出示”的是两个证件还是一个。关键在于，不论两个还是一个，因其都不是公安部1993年第二十号文件规定的证件，自然统统无效。

（四）上述三条违法情况昭然若揭，二审判决却以“林国兴扣押车辆及其行驶证前经领导批准同意”为口实为之掩护，似乎有人批准便等同于履行了法定手续，这是严重的错误。明确地说，批准的是违法行政，谁批准，谁也就违了法，即使是“领导批准”，同样没有法律效力！

（五）与“扣车”密切相关的问题，还有两点，不能回避，二审判词遮遮掩掩，企图为交警大队和林国兴推卸责任，如下：

第一，林“扣车”后，交当事人一方的陈兄开走，此一事实，林未敢否认，不知何故二审在其“经审理查明”的情节中对这一点避而不提，却说是林“将暂扣（刘秋海的）车辆存放于被上诉人院内保管”？林本人的陈述缺乏可信的证据，有证言证明。即使暂扣车开到院内保管属实，请问：如此重要证物的“存放……保管”，交警大队为何竟然没有记录没有手续？再问：“保管”应有专人，应有方法，应有时限，应有相应制度，为何统统付诸缺如？其中有假，实属合理推断。

第二，扣车不是本案具体行政行为的完成。依据法律规定，扣车，只能是为了“检验或者鉴定的需要”，因此没有那个法官只审查扣车行为而不审查扣车之后必然发生的程序的规范。诚然，被扣车辆在院内保管“以待调查处理”，后“作为嫌疑车进行鉴定检验”，是判词讲明了的；但那是在林扣车交由陈兄开走的整整二十四天之后。特别关键的是，鉴定的样品乃由送样单位提供，鉴定者并未参与取样，在这种状况下作出的鉴定还有什么价值？作为终审高院的行政庭又有什么理由不对之给予否定性的判决？

（六）前已陈明，二审判决所说“被上诉人作出的道路交通事故责任认定正确与否……本院不予审查”,不符合实际情况,仅列举判词的所示,予以揭明——

判词认为:“根据交通事故受害人陈小俐……的报案”(第九页),4月19日,林国兴“见到了陈兄等人指认的肇事车辆……(和)肇事者刘秋海”(第五页)。一方是“受害人”,方是“肇事者”,事故责任,明白无误,如不审理,由何得知?还不得不指出的是:二审在判词中虽然用着“经审理查明”,据此“本院认为”这类不容置疑的判语,但其实是虽有“查”并不明,那“认为”必属主观武断也就合乎逻辑了,请问:陈受了什么害?她的“受害人”身份是由谁又据何而定的?先不提前文已经说明的驾车自翻的事实,作为“受害人”,怎么在住院诊治的当时竟连续用了两个假名?这是一个“受害者”会有的正常表现吗?再问:“3·12”事件中,刘秋海作为乘车人,如没有证据表明他与其他人共谋“肇事”,凭什么给他戴上“肇事者”的“桂冠”?还有:如不审查交通事故责任的认定是否正确,凭什么把冯昌炳驾驶的农夫车断为“肇事嫌疑车”,不经审查就给戴上“肇事”的帽子,这不更见其不讲道理公然枉法吗?

细查判词,也就清楚了。那里明明说:“以上事实(包括上段所列),由陈锡明的书面报案材料,被上诉人的……立案登记表,证人林国兴、莫某某、陈小俐、廖某某的证言(我们上举的证言统统排除了!)……等证据证实。”不仅如此,连证都查了,怎么能说没“审”呢?

尤为明晰的是,判决还“经审理查明”:“……根据检验结论和鉴定结论作出事故责任认定书,认定……司机冯昌炳负事故的全部责任”(判词第七页)此一事实,为“……车辆痕迹检验意见书(和)……检验报击……等证据证实”(判词第八页)。这是直接涉及事故责任问题的认定,现在分明是为了庇护一些不正确的事物,为一审的不公正裁判打掩护,竟然判决“一审……超出了本案的审查范围实属不妥”,这堪称奇判,不知“不妥”的到底是谁家!

以上三个方面的一系列问题,还没有涉及有人制造假案的其他种种细节,那些情况,各方人士已详予披露,不赘述。

本案已经越出了行政诉讼的“个案”的范围，如何处理，影响深远，不知二审法院能否纠正错误，做到公正司法，还刘秋海以清白，还事物以本来面目？

二〇〇〇年六月十二日　北京

媒界在审判席前的抗辩

——《南方周末》等多家媒体与记者戴煌被诉名誉侵权案追录

一、引子

舆论监督，众人爱之，有人厌之。大体上说，厌之者多为封建孽种，那些染有帝王思想手握权柄的“肉食者”。我们的甚爱不移，无非是因为它千真万确地起着维护正义，揭露腐败，稳定大局，推动社会进步的无可替代的作用。这种感情上的对立或观念上的分歧，在司法领域也有反映：实施监督的媒体一旦被某些被监督者告上法庭，常不免与执法者手中的权力碰撞，不仅得不到正当保护，甚至得不到人们企盼的司法公正。

《南方周末》等家媒体发表了记者戴煌的一篇报道，内容涉及的齐齐哈尔市帐篷厂原厂长李淑琴母子和该市二轻局，分别以“名誉侵权”于1998年夏初告上法庭。哈尔滨市中级法院于2000年1月、3月两度重复审理，举证、质证、认证、辩论进行完毕，当事人发表了“最后意见”，全部审理程序结束，两个合议庭的审判长都明确宣告“定期宣判”。再也不会料到，在等待了三个月之后，6月20日、21日，竟又莫名其妙地搞了场第三次开庭，目的只是要证实原告方提出的一份书证“合法有效”，从而说明被告方的侵权成立。这无疑是替原告一方杀了个“回马枪”。尽管不幸马跌枪缴，却仍不失为审判史上罕见的“创举"！追思此例，为舆论监督平添几多愤激，对司法权力又增加几许忧思。记之备忘，于是写追录。

二、事件的缘起

1997年岁末，北京一家杂志连续收到六封齐齐哈尔帐篷厂法律顾问发出的呼吁书，针对帐篷厂的问题和与之相关的"血案"，吁请披露，冀得解决。杂志主编转请戴煌"仗义执言"。事关工人利益，涉及"腐败"问题，戴煌用有效方式采访经月，以《工人投票罢免渎职厂长 齐齐哈尔连发三起血案》为标题写成报道，寄请齐市有关同志复核修订，确认无误，于1998年3月27日由《南方周末》刊发，后经几十家媒体转载。文章涉及的情况和问题主要有：李淑琴利用厂长职权，乱报个人开支；"向上买好"，以交管理费名义奉送工人血汗钱；私定"动迁"方案，向"开发公司"出卖工厂利益；工人上访，要求免职，在另选厂长的前后又出现了一连串值得重视的问题，特别严重的是：民选厂长刘敏霞任职的第十天，家被砸，不久，复遭5名歹徒夜袭，"血溅白墙"，家具被毁，刘因伤住院。1998年1月14日，积极主张罢免李淑琴的老工人郭荫范老伴张艳云被杀家中，财物不劫。2月26日，厂积极分子李中欣也被5名歹徒路砍十刀，未劫财物，幸免于死。三案连发，至今未破。

两位老党员读了报道，致函齐市市委，要求侦破血案，惩治腐败。市委范广举书记在一封来信上批示："转二轻局作为起诉佐证。"三天后，李淑琴递了起诉状；7月11日，二轻局起诉，状告戴煌与《南方周末》等媒体名誉侵权，各索赔一百万元。看来，两起讼事统由一人挂帅。看来，实施舆论监督的媒体这一回捅了马蜂窝。

三、有"证"但失据

所谓"打官司"，从根本上说主要是打证据。

头两场开庭，两家原告一致提出了三份他们认为颇具分量的"书证"，意图证明主张成立，请求合理。一经质疑与辩驳，其实统统无据。

1. 一份长达31页的齐市纪检委针对戴煌文章涉及的李淑琴问题所作的《调查报告》。

这份“证据”，在程序上就“先天不足”：第一，查证先查来源，我们要求查明：市纪检委的《调查报告》，被审查对象即本案诉讼当事人和他们的律师怎么搞到手的？原告方有责任说明它的来历。第二，提交的复印件，31页后明显地还有文字全缺，为什么不提交？何以见不得人？完整性是对书证的基本要求，此证既不完整，不管来自何方，都不具有证据的效力。第三，《调查报告》附件数百页，内容不仅触及调查对象，而且涉及举报，自不宜公开质证；证据未经质证又依法不准采信，试问这几百页的附件有什么用？

质疑内容有法可依。按照最高法院1998年第14号文件的规定，“对（单一）证据的审核和认定”，合议庭应审查以下五个方面：“（一）证据取得的方式；（二）证据形成的原因；（三）证据的形式；（四）证据提供者的情况及其与本案的关系；（五）书证是否原件……复印件是否与原件的内容相符合。”尽管我们强烈地要求据此“审核与认定”，合议庭未置可否。休庭时，我们按照规定提出复印该《调查报告》第31页后的文字，竟然不准；要求查看，法官说“得经请示，现在不行”。这说明：《调查报告》已经在举证、质证之后，列为证据入卷备查了；按照证据本身表明的状况，他不具有合法的效力，似乎也没有疑义了。

附带说明，这份报告的内容，特别是它的附件的内容，对原告方，尤其是对李淑琴并不有利。只怪她（他）们事先没有细看，没有认真研究，就贸然扯起“大旗”，以为足可震慑对方，说服法庭，从而稳操胜券。孰知情况并非如此。尽管这样，我们也绝不敷衍了事，任人随意地将纪检委的专案报告移为诉讼证据，达到诉求的目的！这个原则，不会动摇，不会放弃。

2. 一份由当地公安机关今年1月10日给原告律师出具的“证明”，说前述的张艳云被杀案，犯罪嫌疑人贺凌瑞供认抢劫杀人，“目前仍在审理中”。这是公然编造的伪证。该案齐市检察院已以证据不足为理由撤诉,并经法院于去年 11 月 23 日以(99)齐刑二初字第 23 号裁定“准许撤诉”在案。张艳云被杀,历经 32 个月,于今未侦破。三起血案,一件没结,凭什么确认与帐篷厂无关?问题是:为什么要制造伪证并交由律师提交法庭?伪证应如何处置,难道法律没有规范?

3. 鉴于第二节中提到的“范批”已由原告方正式提交法庭证明当事人主张,从而成为书证,范广举书记也就取得了证人的合法资格。我们要求他出庭质证,说明这份书证可以证实哪个论点或者哪项论据,以利于查清问题。合议庭未置可否,然而这一传证要求合法有据,我们坚持!

其他的证据,诸如李静涛早先女友的亲属出具的证词,实在不能证明什么具体问题,略而不记。另有一些,将在以下各节的叙述中提出,这里也从略了。

四、“事实”质疑

可是,原告方提出的侵权事实是否存在呢?下文综合原告认为戴文侵权的论据,分类说明如下——

其一,李淑琴向二轻局“上缴管理费”问题。原告提出戴文失实的理由是:5 月上缴的 9 万元,与 6 月任职的李淑琴无关。10 月又缴 3.5 万元,符合规定,实际上是还的借款。“不论是交费或是还欠,都合理合法。说上缴管理费是为了让局领导买新车,无此事。”

先让证据说话:那年 5 月之前,前任厂长因案被检方传讯,李淑琴当机立断,即刻宣布“主持全厂工作”。虽未任职,实已视事,何况她本来就是总支书记!那时生产萎缩,效益甚差,职工下岗,生活艰难,竟在几个月内连续两次上缴管理费高达 12.5 万元,这合的是什么理?对此,二轻局有位副局长对市纪检委说得很坦诚,是:“她(按:指李)刚上任,后又借小涛(按:李的儿子)到局里,应交点。”(见《调查报告》附件,98.4.29 谈话)

原来如此!可又为什么改换票据,把原已开出的“管理费”票据改为“还款”的收据？这是弄虚作假。处理合理合法的事务，怎么要用不合法的手段呢？诚然，二轻局没用这些钱买车，但不等于没问题。请看市纪检委《调查报告》中的一段文字——

“经调查认为，市帐篷厂在职工放假、工资发放困难的情况下，向主管局交还借款（按：管理费），主管局发放了奖金，是错误的，违反了财经纪律。”

的确是错误！还款，错了；发奖，错了。买了轿车，还能留下一笔固定资产，发放奖金，这些职工的血汗分流到哪家了呢？切莫说此类事小，整治党风，不正应从这类小事抓起？戴文抓住小事，又从大处着眼，剖析典型，引人注意，侵犯谁的名誉权了呢？

其二，滥用职权，报销费用问题。

先说“医药费”。戴文说：“在职工的医药费没法报销的情况下，她得照报，而且割成双眼皮的美容手术也报了。”原告说不实。根据有二：一是“照报”有人批准；二是天生双眼皮，无须再割。

请看证据：1993年厂职代会决议：职工医疗费计入工资，超支不补，节约归己，不准另行报销。李报医药费时，是身兼副厂长的总支书记，不是更应严格执行吗？“有人批准”，批者同样有错！再查“单据”，问题更为突出。据我们收集的材料，她的医药费单据绝大部分来自药店，有的开票竟是百货公司售出的“洗发水”！美容手术也非空穴来风，该医院的美容术附于外科，李眼皮有疾，花去手术费200元，按规定也不能报。对此，《调查报告》有个结论：李“违背厂里规定报销医药费，属干部搞特殊化，此问题应予纠正”。既应纠正，难道不可以报道？

再说“招待费”。戴文报道：“李在厂里报销招待费13,000元，虽然近期没招待客人，而且大部分白条都是她一人签名，既无经办人，又无财务审核人。”李说报道失实，但又不能说明确无此事。这里举出数据就够了：她当年6月任厂长，报招待费527元，此后逐月猛增，7月1699元，8月5172元，9月、10月都高达13,000余元，合为33,500余元，还不包括用了账外款6000元！戴文所指，是一月之数。《调查报告》说:李的“行为是错误的,其中有的款项应由李承担,由市纪委收缴返还帐篷厂”。原告律师不同意,说这件事“经过审计没有问题”。奇怪的是,拿得出市纪检委的《调查报告》,却未能向法庭提交“审计报告”以供质证,以利采信。顺便要提个疑问:那些单据,许多是同一店的连号发票,开票日期相差20天,日期却先后颠倒,谁敢断言没有一点别的问题?这是否也通过了审计?

滥报“支出”,套取工厂资财,戴文所“报”,部分而已,有证可查:她儿子入厂前的“驾校培训费”可由厂里补报,她还可以代亡夫从厂里非法领取保险金2020元。1993年5月,她为任职二轻局的丈夫办“简易人身保险”,人不久病故,保险公司因不足6个月而不付保险金,李以财务人员没人及时去办保险手续为由,硬要工厂赔付。《调查报告》的结论是:“违反规定,在工厂支付保险金是错误的,应全额收缴,并应追究责任。”令人惊奇的还有:她还可以把自用酸菜搬到厂里“渍”;厂里的电视机可以抬回自己家里看!也莫看不起这类小事,记得耀邦有个形象说法:这是“田老鼠”,专挖自己田塍!不是吗?

挖出“内耗”,构成侵权,只可叹为怪事了。

其三,从工厂支取18万元的“欠款”问题。戴文说:兵临城下,她想再捞一把,“以她的儿子李静涛的名义接连两次从工厂支取共18万元”。报道的根据是财务票据,收款人李静涛,批准人李淑琴,两处都是李厂长一个人的笔迹。李说:报道不实。那是应急的借款,利息三分也是集体定的,因商定只能由本厂职工“集资”,故用李静涛之名。

问题是:款,借自朋友,息,由友人取得,怎么说得上“职工集资”?更何况,高息是用报虚假工资的手段领取的!问题是:那年9月,工厂发生“动迁”争议,10月初工人贴出公告,不准她行使权力,又怎么还要再借6万元,在账上打个滚,没几天就由李静涛连利一块取走了?还有,李淑琴还向“动迁”单位——开发公司以三分高息借得18万元。企业拆借,没有合同,没有协议,甚至账上没见反映。据此,《调查报告》也认为“以做假工资表的手段支出利息,是违反财经纪律的”。二轻局的闵副局长还认为,“应交个人所得税!”可是,现在以一句戴文"失实",就把违纪、违规、违法的事抹了！然而既已成讼,恐怕得辩出个虚实了。

其四,"动迁"问题。这是戴文的重点内容。李淑琴个人专断,未与开发公司达成协议,擅自同意拆扒厂房,职工不满,上访、请愿由此而起。在法庭上,李氏母子状告的被告方之一——帐篷厂的代理人说得好:她"给工厂造成重大损失,涉及渎职,职工为什么不能揭露？事实俱在,我们侵犯了谁的名誉权？她作为厂长,造成损失可以不计,揭发了她,还得赔偿,天下哪有这样的理"！

但二轻局的看法不同。坚持"动迁是依法进行,不存在违法"。看来李淑琴无权威供她坚持,只可凭扯谎掩盖真相。这在《调查报告》的附件中有多处表演,例如她居然敢对职工说"不认识开发公司的人"！她欺负工人无法洞察她(他)们很够交情,一句话可借 18 万元！其实,二轻局闵副局长早有觉察,在会上说:李淑琴对我们撒谎！

戴煌报道的"动迁"事件发生、发展的过程中,确有反映官员压制民意、不负责任的文字,如:"拆迁是政府行为,我们局阻止不了。"说对职工的意见"不置可否"或"虚晃一枪"。这些意见尖锐吗？并不！二轻局面对上访职工,推诿责任,开出介绍信引他们去找市建委,仅此一点足见真面。是否"不存在违法地方"呢？这得法律说了算。省高院 1999 年 6 月 10 日的司法文书明确指出"开发公司对帐篷厂拆迁,未取得任何合法手续"。这个案翻得了么？原告在这件事上发了不少议论,连上文的"不置可否"都是"侵权",如此蛮横,夫复何言？

其五,民选厂长中的问题。戴文主要讲到"合理合法",披露了民选后出现的异常情况。纵观全案,群众要求民选厂长,"动迁"是近因。远因是对原厂长的作为多所不满,前此已有人举报她的谋私种种,与戴文相关的主要是:职工下岗,公子进厂。材料证明:她的二公子李静涛 1995 年年底"招入"帐篷厂,三天后转正定级,半年之内连升三级,有 12 天内连晋两级的记录。细查履历表,连学历都有伪造,其中的"本人意见"有的竟然是李厂长代笔！原告说,戴文讲"调入",不实;实际上是"招聘"。戴文讲"让他去给局长开车,不对;是给副局开的。”把“招聘”写作“调入”，可以认错，但作为侵权之控，有一丁点价值吗？

严重问题出在有人恐吓威胁当选的郭厂长。戴文披露：李淑琴的儿子李静涛（应为“波”）率领五名大汉，分乘两辆出租车，到厂叫阵：“谁姓郭，给我滚出来！”原告声言绝无威胁语言，报道不实。是否不实，请看两份证据：

第一份，二轻局闵长枝副局长证言：“她（李）的大儿子是坐出租车去的，说了一些威胁的话，这事确实有。我和黄书记去时，他们已经走了。”

第二份，当地派出所严所长证词：“……郭当选厂长，李淑琴儿子带人到厂里闹事，并扬言威胁厂长……职工反映李淑琴儿子来厂和郭争吵后被劝走。我们交代：选举厂长是大事，不允许任何人捣乱破坏。”

其他的证言，略而不举。原告说，去的不是五个大汉，一共四人；他们坐一辆出租车，不是两辆。振振有词，但都未涉及名誉缘何受损。至于“波”、“涛”之误，下文专述。

其六，关于“血案”。戴文对连发三起血案的时间、地点和被害人状况，扼要报道，准确无误。谁是凶手，有无背景，未作判断，对于二轻局领导的观点也有交代，不知何处侵犯了二轻局和李淑琴的“名誉权”？

三案发生在民选厂长后不久，受害者不是新厂长，就是积极分子或老工人家属，至今未破，怎么就能一口硬定与何事有无关系？二轻局作为上级主管，为什么就不该负起责任，予以关注？齐市重工业集中，北方重镇，两月之间连发三起血案，时过两年，无一告破，作为该市要员，能不自责？媒体以此向党政领导发出吁请，“不能束手无策，听任暴徒横行”，错在哪里？二轻局代理人说：戴文一出，影响外资投入，齐市经济受损，市委威信下降。如此怪论也只能说是黑白颠倒的拙劣调调了。即使戴文有此大过，齐市官员自可因其名誉受损而提起侵权之诉，关你二轻局何事？谁授权你们在庭上代市委陈词？为所欲为,莫此为甚!

对方律师说:三案清清楚楚,事实俱在,戴文说是“疑窦丛生”,歪曲事实。什么“事实”?三起血案,一件不破,难道不是事实?仅此一端,就会生“疑”,媒体报“疑”,以利速“明”,有何不可?如果连这都构成“侵权”,我们只好自断“喉舌”,而后自吞恶果了。

五、观点的辨析

前两次庭审论辩中还涉及其他一些观点,主要有:

(一)我们认为:二轻局与李淑琴母子不同,它作为行政权力机关,不存在名誉权问题,有法理为据:第一,民法调整的是平等主体之间的财产关系和人身关系,而行政机关在行使行政职能时与相对应的公民、法人的地位是不平等的,是管理与被管理的关系。行政机关握有权力,没有人能够阻止其行使。因此宪法赋予公民对行政机关有批评、建议的权利,舆论监督就是行使这项宪法权利的重要方式。第二,人民大众对行政机关的活动会有不同的评价,但不论哪种评价,都不可能导致它蒙受财产损失,(一旦它以经费从事交易活动,才有可能,从而形成民事法律关系,具有民事主体地位,但那是另一回事)因此,对行政机关提起名誉权诉讼没有民法基础。总之,对行政机关有所批评,即使过火或者错误,行政机关都不能依民法提起名誉权诉讼。如事涉犯罪,应由刑法调整,更不属民法调整范围。

(二)二轻局的诉讼代理人、该局党委副书记黄有忠,用历数戴文发表“给二轻系统工作带来损害不小”的方式,间接否定了我们的观点,说:戴文发表,好些企业学帐篷厂,上访增加,要求民选厂长者增多,我们的指挥失灵,效益逐年下降。五个被报纸点了名的局领导名誉受到程度不同的损害。二轻局委托的律师进而作理论阐释,说这是“无形损失”,索赔百万元,合法。

但是——

上访属于公民权利,事关群众路线;选举反映民主,人民要挑公仆:春潮涌动,令人鼓舞。至于指挥失灵,那是公务人员素质低下,跟不上形势,何不自辞?至于“无形损失”一说,改了法定概念“精神损害”,显有难言之隐,是明知“二轻局受到精神损害”之说上不了审判台!还有,姑不论索赔是否合法,试问百万之数,据何算出?其中的“法定”经济损失与你们主张的“无形损失”各占多少?再有,且不说二轻局作为案中原告无权代替其他个人(领导人也不行!)主张民事权利,在“无形”的部分中,五位领导是否均分?

原告方对此都无能回答,却“要求法庭调查核实”。然而不幸,这是又一个不合法的要求!

(三)原告设定的损害后果与戴煌文章没有法律上的因果关系,侵权之诉依法不能成立。李淑琴说:戴文在《南方周末》上一发表,大祸天降,公安人员深夜传讯,行为粗野,屡思自杀,以清白告慰亡夫。说到经济损失,主要是:失了工作,工资应补。李静涛(第二原告)则提出:因受刺激,精神恍惚,驾车撞人致伤,赔款三万元;女友分手,赔了四千元,再就是打官司“花了不少”。律师没提“无形损失”,但作了概括:索赔百万元,合理有据。

任谁都明白,原告自设的“果”与他们主张的“因”,绝无内在联系,无须细辨,被告方仅止于提出了两个问题:(1)公安传讯事出于有人举报,非因戴文而起,卷中有证;李自述戴手铐,坐铁椅,有人刑讯逼供,侵犯人权,何不诉诸法院?(2)“拜拜”女友,为何索赔?出款四千,为何要戴等代付?原告人当庭宣读过该女方亲属的一份不着边际的“证言”,不知是否与“四千”有关?

(四)原告方断言“李淑琴称职,是好干部”。说:“就算三七开,对毛主席不也是三七开吗?”这,不是语无伦次,就是忘乎所以,除请求法庭批驳外,无须辩驳。但它反映出一个问题:舆论监督,不能等同于“干部鉴定”,也不是一次总结。它就是品头论足,指斥缺点与错误;它没有“隐恶”的功能。诚然,监督会较严格,报道或有过激,但媒体要求公职人员,特别是党员领导,实应有更高标准。握着一定的权力,要求不高不严,注定导致腐败!事关媒体的功能与职责,不敢忘记。

(五)报道涉及的事实,即使达不到客观上的绝对真实,只要其重要内容并不失真，就构不成侵权。媒体报道，会有缺点，不免失误，把帐篷厂四层楼写成四“幢”，就留下了笑柄。重要的是，因技术性失误而弄错人名，易生影响。例如，把李静波去工厂威胁郭厂长误为李静涛就是。我们一再申明：技术性失误也是“误”，理应向李静涛致歉。但如硬要借此说成有侵权“故意”，又不能认同。戴文把黄有忠之名误写，二轻局的相关文件把李静涛之名误写，难道也都是故意侵权？

但这里又提出两个问题：

第一，新闻报道中的某种情况，即使失真，也不能构成侵权，前举的四“层”误为四“幢”便是适例。再如刘敏霞厂长被打，原告方多次强调只是“有点血迹”，戴文说“血流如注”，构成“侵权”。血流是否“如注”，或有写者说者的感情在，作为报道，见“血”就是“实”。尚未如注就构成侵权，谬！试问：让人家流多少血才能说是“如注”呢？

第二，新闻报道应当如实，与法院裁判的必须如实，有其各自不同的衡量尺度。对前者，关键在于新闻源真实，而对它的法律要求则是主要新闻点基本如实，因而在语言上允许明快、尖锐；而对于后者，当然需要“以事实为根据”，包括细节真实，而其文字则应严谨、周全，在此基础上才能下断语，作裁决，据以实现“生杀予夺”。简言之，不能要求新闻报道如司法文书，毫无差错，绝无瑕疵！限于各种条件，这种要求也是做不到行不通的！这里的关键是体察报道的主旨，提倡什么，反对什么；再研究主要情况、重要问题是否“基本如实”。戴煌被诉侵权案，涉及名誉。所谓名誉，是对人的社会评价的一种综合。他的报道是否在基本点上贬低了对李的社会评价呢？没有。你谋了私，辩为“有人批准”，是自我认识。报道只说谋私，不说“人批”，构不成侵权。这是不以个人的意志为转移的，职工对调查人员说，李的“私心太重”，已“有民愤”，难道能因这不是法律术语就充耳不闻？

尽管如此，我们依然认为：作为报道，作为媒体，应当把工作做得尽善尽美，万无一失，如此才会有更强的力量，发挥更大的作用。

六、好厉害的"职权"

审理终结,久拖不判,我们已经料到,法官会在宣判前不辞辛劳,北上齐市,"依职权"调取前述原告方提出的重量书证——《调查报告》,使之由非法变为合法。我们再也无能想到,法官愤然会强使早已走完的审理程序"回归",以便当庭"认证"它合法有效。可是,不讲程序,哪有秩序,会乱套的！这个活生生的例证,说明:诉讼,不按一定的程式和法定的顺序依次进行,不讲正当程序,专断与滥权注定跟进,取审判而代之。日前报载:最高法院的新闻发言人说:对于解决案件程序问题的裁定文书,"公众并不关心,公布的必要性不大"。此说与实际脱节,带有片面性。让人担心的是,上上下下对程序问题都这么漫不经心,听任实体公正失却可靠屏障,司法公正不免成为一纸空文！

这次开庭,涉及三个问题:(一)全部审理程序结束之后,合议庭可否按照某种需要再次开庭?(二)当事人举出的虚假证据,瑕疵严重的证据,合议庭可否在庭后"弥补",代为遮盖?(三)法官"依职权"取证,受不受限制?取来的证据如有瑕疵是否有效?

开庭之始,两案的主审法官口径一致,说明他们是"依职权"调取了证据,交付"质证",那么请问:何谓"职权"?

众所周知,"职权"是指职务行为中的权力与责任的统一,或者反映着权利与义务的统一。因此,在法治国家,凡属"权",必受"限",就有制约,就受监督。否则,有权者必腐败,老百姓定遭殃。以法官"调取收集证据"的职权为例,其"限"则有如下的规定——

(1)法官无权调取"一切"证据。依据规定,只有四种证据有权调取,其中范围最宽的,是最高法院1998年第14号文件明定的"认为需要自行调查收集的其他证据"。

这就是说,并不是凡"认为需要"的,都可以调取。规定中的"其他"至关重要,就是"限制",他指的是:除当事人有责任提出并且能够提出的证据之外,"其他"的,法官才有权调取。否则,无权。

(2)法官"自行调查收集"证据,同样受程序的制约。《民事诉讼法》第128条规定，“法庭辩论终结，应及时判决”。如于辩论终结之后调查取证，当然违反程序，于法无据。不仅如此，在时间上也有其“限”。最高法院1998年第14号文件第5条第5项就此作出的规定是“由人民法院调查收集的证据”，应当在“开庭前做好”。对于补充证据，最高法院1992年22号文件作出的司法解释，对当事人有明确的要求，即“指出其在合理期限内提交”。据此原则，人民法院应遵循“合理期限”的限制自无疑义。此“合理”的期限，应是“辩论终结”之前，也无可置辩。

(3)当事人提交的证据，因有瑕疵或属作伪而不能认证其为有效，而后再由法官依职权自行收集调取，这当然属于滥用“职权”，以“补救”方式“替代”一方当事人举证。就本案而言，则是“掩护”了一些人在证据上的作伪。“职权”中无此内涵，过了“限”，出了“格”。

由此可见，“依职权”就是依法，二者一致，并无矛盾。

现在再来考察法官调取的《调查报告》，是否补救了或者匡正了原告前此在举证中实施的作伪情事，能否解决该证据的“合法有效”问题？

先请记下这一背景：前次开庭，我们要求复印原告方“瞒”不出示的证据材料，法官以“应请示”为口实婉拒。这说明：原告方在庭下单独提交法庭的复印件含有“不出示”的材料，它与当庭出示的残缺件不同，法官是清楚的。前后几番操作，他们之间似有默契。然而真个是智者千虑！这场第三次开庭，拿出了“全部的”《调查报告》，却更进一步地暴露了原先作伪情节的恶劣。补救不及，反添“新”疾，要为：

(1)看到“全貌”，方知该《调查报告》无人签发，没盖印鉴，未列附件，不见主送机关，完全不具备公文书应有的格式与要件，自始没有生效，草稿而已。难怪《报告》中的对“李淑琴的违纪问题另案处理”，以及“二轻局……违反了财经纪律……应根据有关规定追究有关人员责任”等，至今两年过去，也无人落实。

一份草案，怎么可以用来冒充公文性书证交由法庭“认证”呢？

(2)令人惊诧的是：原本《调查报告》第31页最后还有两行文

字——“市帐篷厂和市二轻局个别领导也存在一定的错误和工作失误之处,主要有以下几点……”,以上36字统统被原告方在复印时覆盖。明目张胆地运用复印手段变造“证据”的内容,这不是搞伪证又是什么?特别是其间竟有律师的参与!

这样的“证据”,法官明知其虚假,还谈得上什么“认证”呢?

(3)这次该《调查报告》第32页因第三场开庭而不得不出台亮相,残缺获补,但一查该页内容,共四项,在在暴露了问题的严重性。四项内容主要是对于李淑琴、二轻局等等的错误、失误所下的断语,与戴煌文章密切相关,与李等的“名誉”紧紧相连,正是本案的讼争标的,原先举证时故意隐瞒不出,回避法庭的审查、质证,法官为何不“依职权”予以批驳,加以纠正?那样的“证据”,还有什么“认证”的价值,居然要由法官亲予弥补!

还应指出:几百页的“附件”,是否重新调取,或者已经“认证”,也不提了。那些附件中的材料,许多是直接证据,有的又与《调查报告》的说法互有出入,在程序中又应怎样“依职权”解决呢?

至于市纪检委的《调查报告》,怎么会到了被审查对象及其代理人手上,是个原则性问题,这次依然无人作出可信的说明。只有原告方的律师淡淡地解释说,是经律师事务所按规定取得的。这可没有回答问题。谁不知道,在这一点上,律师与他的事务所同义。只要明白归根结底他们是以原告方的名义交到法庭履行举证责任,支持起诉状里的主张,一切也就清楚了。于此不得不提个疑问:你们在证据上弄虚作假是否也要事务所承担责任呢?

之所以重视这个问题,不仅是审核证据的需要,还因为事涉有人违法违纪,不弄个水落石出,有违于我们的职责,有悖于我们的良知!怎么可以听之任之?

还不得不指出:法官自行调取的证据,也有瑕疵,依然不是合格的公文性书证,依然没有证明力。

最高法院法发(1992)第22号文件,作为司法解释,在其第77条中有个规定:“有关单位向人民法院提出的证明文书,应由单位负责人签名或盖章,并加盖单位印章。”讲的是两个条件:首先是“负责人签名或盖章”,其次是“加盖单位印章”。二者缺一不可。由于公文性书证具有优异的证明力,严格设定这样的法定条件,使之起到“双保险”的作用,十分必要。

不幸,法官调取的“证明文书”,没有得到“单位负责人签名或盖章”,从而失去了这份文书的法定条件,当然也就不具有合法证据的效力。

诚然,文书复印件上加盖了一个红彤彤的“单位印章”;但这个“盖”与上引的司法解释之“盖”截然不同。前已说明,这个红章,原件上缺,这就发生了问题:文书的原件无印章,复印件上却盖着章,二者互不一致了。那么,新盖的红章想着证明什么呢?是“追认”吗?请问:根据什么情况,什么理由,可以在两年后制作的复印件上用了一个“印章”试图“追认”原件的效力呢?记得原告方提供的复印件上,在首页上端有一行说明:“此件复印于齐齐哈尔市纪检委。”法官调取的复印件上连这句说明也没有,看来此次北上取证就是补盖了个“单位印章”。可是,这种事后补加的行为,如无权威性的可信解释,他对于认定证据的效力又有何用?更何况原件是份未生效的文书,它的效力又在哪里!

七、尾声

一位年轻法学专家、中国政法大学的王涌博士,今年1月发表了一个动人心魄的观点:“在法律的时代,背叛正义所需要的已不再是暴力,而是技巧。一个是曲解法律;一个是玩弄证据。”乍听刺耳,但多么中肯!我们这些与法律血肉相连的工作人员——法官,或者律师,都不能是正义的背叛者,发现失误应能得到纠正。玩弄技巧背叛正义,绝不可为。英国法学家边沁说:“审判的技能,在实际上,只是利用证据的技能罢了。”对此似应从正面理解才好。愿我们的法官在依法理讼原则的指引下,给舆论监督一个能够充分发挥作用的广阔天地!

二〇〇〇年八月二十日　北京

郑恩宠案终审裁定辨析

引子

周正毅假释有期，目前正在狱中策划再起，并有巨额资金可望到位之报道。此囚素有神通，没有理由疑其不实。只是联系与之相关的郑恩宠案中的是是非非，结合郑君牢狱景况，又不禁感慨万千。

郑案审结，某市媒体运用各种手段，从报刊到电视，对郑君丑诋有加；至于事实真相，则付诸阙如。律师掌握讼情，洞察案中不实，更能联系法条，熟知审判不公，是故有不平在喉。

忆郑案终审裁定初发，法官曾电询意见，答以“事已至此，再讲什么似乎都无意义，以后再说吧”。而今反复思考，总觉得我们的辩护在理；认为高院裁定较之一审判决纵有高明之处，但实质上近于雷同，稍不留意，易入“导向”。因此又有责任说出意见，陈明冤郑种种，公诸世人，乃有辨析之作。

一、按官方说法，郑的“罪状”究竟有几项？

公诉机关指控有两项：“非法提供机密级国家秘密”和“非法提供秘密级国家秘密文件”。一审开庭审理的也是这两项。公诉人在法庭上拒不出示的证据正是涉及前罪的材料，我们坚持认为一审违反程序，与控方联手剥夺我们的辩护权，问题之一也在这里。终审裁定说：“原审判决虽认定郑恩宠将本市公安机关处置群体事件的出警情况整理成文，通过传真和电子邮件方式发送给境外机构的事实，但判决未认定该文属于机密级国家秘密,并对郑定罪量刑。辩护人提出原审判决将郑恩宠发送给境外机构的上述文章,认定为机密级国家秘密的意见,没有事实依据。"这又似乎变为一项了。

可是,既然认定有"犯罪事实",为什么不见罪名?"非法提供机密级国家秘密"的罪名到底是否成立呢?说律师之辩无"事实依据",那好,我们来看事实——

先看这份终审裁定的叙述:"上海市检察院认为,原审判决认定郑恩宠向境外组织非法提供……公安机关处置群体事件的出警情况,事实清楚,证据确实。……因此,郑恩宠的上诉理由不能成立,建议维持原判。"跟着,做出结论:"检察院建议驳回上诉,维持原判的意见,本院予以采纳。"(引文均见裁定书)

这就有了两种说法。一种是郑将公安处置群体事件的出警情况向境外提供,证据确实。而另一种是说将郑恩宠发送境外的文章认定为"机密级国家秘密",这没有事实依据。两种说法也许可以互为补充,但却未能解决一个问题:既然不是"机密",也就不能构成罪状,为何还要认定为查有实据,即罪行成立?两审的裁判文书对此似乎都不便和盘托出,不然为何都不来说明这个理当说明的问题?尤为紧要的是,两种说法加在一起也都没有解决一个关键性的问题,即一说中的"出警情况"到底是还不是另说的所谓"机密级国家机密"?有关三家的说法颇不一致。检方认为是。他们在起诉书和公诉词中都举出上海市保密局的"密级鉴定书"为证。然而这是指控,不是终审判决,不能作数。再看一审说法。它的判词采取了"打马虎眼"的办法,先在判词中列出起诉书的指控,而后说"证实上述(指控)事实的证据有(七项)",跟着在第6项中写道:"证人薛利莉证实,其于2003年5月28日在郑恩宠住处帮助郑发送过多份材料(给中国人权)",随即下了个断语:"以上证据……本院予以确认。"表面上的确没说"该文属机密级国家秘密",即郑的行为不构成罪,可是,列举证据证实了公诉方的指控,而指控的要害恰恰是郑提供了"机密级国家秘密",又无疑构成犯罪!由此可见,一审判决实质上与起诉书的观点一致。但不知为什么用着含混其词的手法把案子判了。一审法官在宣判后向律师出示公安部“公发(99)第5号”文件,用以说明上海保密局“鉴定书”援引的条款正确无误,因此鉴定应属合法有效,就充分地传达出一审判决中的立场。至于在行文中不敢说出,那是由于这个“5号”法规是内部“机密”文件,不能对“外”,自然登不上裁判的庙堂,于是让我们看到了难言之隐:非不为也,是不能也。对此,我们在辩词中讲得明明白白,凭什么说我们的意见没有“事实依据”? 断案不能秉公,尴尬境况总会随之,二审裁定把问题移给辩方,所谓“没有事实根据”的指责应属张冠李戴了。

现在再析终审裁定对这个问题的决断。

终审裁定的做法与一审判决确有不同。它从侧面讲,说“经本院查明的事实和证据与原判相同”。“相同”前无定语,当然是完全一致并无例外。所说的“事实”也就是“犯罪事实”,同样不会发生歧义,该裁定在其结语中说“原审判决认定郑恩宠为境外非法提供国家秘密的犯罪事实清楚,证据确实”,就可证明。不过,我们不能不提出问题:案中证据,即郑恩宠向境外发送的文稿,控方既不提交法庭质证,一审案结又不移送二审法庭,您靠什么去“查明”呢? 除非另有“暗箱操作”,但这又是违背程序公正原则的。还有,向境外发送“出警情况”的文章是否构成罪状呢? 如上所述,二审只讲一审的做法,自己如何认定则付诸阙如了。那份“密级鉴定书”怎么办呢? 裁定一方面说“上述鉴定(按:这是一份“鉴定书”,其中包括了案中涉及的两项鉴定对象),是合法有效的”。至于是两项都合法、有效呢,还是什么,由你去猜。而在另一方面,用一审判决没说的办法隐含该《鉴定书》中的一项并不合法有效之意。这分明是没有采纳控方的意见,不得不接受了律师的观点,可又不在裁定文书中具体地予以说明。支持控方意见,振振有词,明确表示“本院予以采纳”;否定控方意见,闪烁其词,本院不必明示。这种做法怎么能让人明白,审判职能与检察职能确已分开了呢?

至此人们终于明白,郑的“罪状”已由两项改为一项,而且是化解了“重罪”。不过仍有一点质疑:一审法庭在程序上的违法,保密局在鉴定上的错误,能不能由泛泛的一句“鉴定合法有效”,或者专断地裁决“审判程序合法”,就可以遮盖过去?其实,谁也不免有错;错了,就纠,何其光明磊落!回避问题遮遮掩掩,用悄悄暗否而不明驳的态度对待错误的原审判决,不仅不能显出一个国际大都市高层法官应有的“大家风范”,而且不符合最高关于裁判文书的创构要求,尤其是不能体现司法公正的崇高原则,实为败笔。利弊权衡,不禁扼腕。

二、剩下的一项“罪状”能成立吗?

这项“罪状”涉及的核心问题是:记者采写的《强行拆迁引发冲突记者采访遭遇围攻》(以下简称“强”文)是不是国家秘密文件?

上海高院确定新华社记者写的“强”文电讯稿,属于“国家秘密”,据之断定郑恩宠有罪。这部分裁定涉及三个问题——

(一)新华社的文稿是否属于国家秘密由谁确定?

终审裁定说:“依法应由国家保密工作部门依照有关保密法规予以确认。”依的什么法呢?没说。

现行法律是怎么定的呢?援引如下,用以衡量上述裁定是否正确。

《保密法》第5条第2款规定:“中央国家机关在其职权范围内,主管或者指导本系统保守国家秘密的工作。”怎样实施呢?

《保密法实施办法》第3条规定:“可以根据实际情况单独或者会同有关部门制定主管业务方面的保密规章。”其中的核心问题是密级的确定。怎样确定呢?

《保密法》第11条规定:“各级国家机关对所产生的国家秘密事项,应当按照国家秘密及其密级具体范围的规定确定密级。”那么,何时确定?有无时限?

《保密法实施办法》第8条规定:“应当……及时确定,最迟不得超过十日。”及时确定之后,是否可以秘而不宣呢?不可以。

《保密法》第10条第3款明定:“应在有关范围内公布。”

清楚了。新华社文稿是否属于“国家秘密事项”,应由新华社依程序按要求确定,不应由保密局“事后确认”。由此可见,终审裁定的“依法”由保密局“确认”之说,于法无据。

那么,新华社对案涉的记者文稿“确认”为“国家秘密事项”了吗?请看新华社上海分社提供的“证明”,全文总共55字,要为:“我社记者采写的‘强’文稿,刊登在新华社出版的《内参选编》第17期上。”所证事项,写得明明白白;未确认为国家秘密,清清楚楚。

(二)记者采写的“强”文,是国家秘密文件吗?

终审裁定说:是。因为“文章内容事关国家安全和利益”。

我们断言不是。文稿内容,仅止于反映一市在某一地片动迁中的问题和记者采访动迁事件被人围攻的异常情况,在结语中还着重说明市级领导部门正在采取积极步骤缓解因动迁引发的社会矛盾。这从哪个角度能证明涉及甚至危及“国家(的)安全和利益”了呢?强行加罪,不是“莫须有”吗?新华社上海分社的“证明”并不指认“内容事关国家安全和利益”,实事求是,极其明智。

二审为了加强自己的论点,提出《内参选编》是“秘密级文件”,“强”文出于该选编第17期,因此也是。不幸的是,终审裁定未能自圆其说。裁定断言:“新华社依照有关法规将《内参选编》确定为秘密级文件是合法有效的。”这个裁决,有两点值得注意:

第一,“秘密级文件”,与“秘密级国家秘密文件”分属两个概念,因其性质不同而有原则性的区别。人们注意到,终审裁定在行文中着意于“秘密”之后加一“级”字,暗示该文属于某种“密级”,但又未敢明指是“秘密级国家秘密”,从而说明:二审合议庭确知该文稿不属国家秘密!

由此可见,二审事实上裁定反驳了检方在二审阶段提出的意见:“新华社《内参选编》作为秘密级国家秘密文件的有效性已近20年。”(引自终审裁定书)。可是,裁定的结论竟然全面肯定检方意见,“建议驳回上诉,本院予以采纳”。终审裁定出现如此尖锐的矛盾,这是为什么呢?

第二,既已断定“新华社(的)确定合法有效”,而且于法有据,“依照有关法规”,那还有什么理由复“由国家保密工作部门……予以确认”呢?

除此之外,还不得不说的是:在郑案“案发”之先,就有人持有相当数量的“强”文复印件街头散发,从而扩展,持有者何止百人,公安部门对此了如指掌,但迄今为止无人追究;律师提请法庭注意及此,法官置若罔闻,足以说明有关单位明知该文稿决非国家秘密文件,否则,有关官员岂不都有失职之嫌?二审对此,为什么与一审“相同”,都噤若寒蝉?

(三)“强”文一经编入《内参选编》是否就变成了国家秘密?

终审裁定说:“‘强’文虽未标明密级,但明确标明系出自《内参选编》,两者之间是部分与整体的关系。”这里的问题首先是:《内参选编》这个所谓的“整体”是国家秘密吗?

我们认为不是——

第一,新华社作为有权单位,并未确定《内参选编》是秘密级国家秘密,前引的分社“证明”足以说明。事实很清楚,正因为新华社未予“确定”,控方才提请保密局事后鉴定确认,然而这种鉴定并不合法,前已证明,后文详述。

第二,《内参选编》第17期标示的“秘密”,并不等于就是“国家秘密”。《内参选编》发放范围极为宽泛,该17期编入的内容诸如法院工作经验、伊拉克战争回眸等,不涉及“国家安全和利益”,是故,按照《保密法实施细则》的规定,《内参选编》标示的秘密应属“其他秘密”,与“国家秘密”也有原则性的区别。总之,不可以因为文件上标有“秘密”就等同于“国家秘密”。近日看到一份中原某省会公安局的一份《刑事技术鉴定书》,认为鉴定的两个印章“是同一印章所盖”,从而排除了作弊犯罪之嫌;但某市公安局在他的文书上却铅印了四个醒目大字:“绝密文件。”当事人无罪的鉴定竟能成为“绝密”,请问:谁能说这一绝密的标识可以等同于“绝密级国家秘密”?

第三，终审裁定断定“郑应当知道《内参选编》……的内容关系到社会稳定、国家的安全和利益”，即涉及国家秘密，还特别引用了最高法院法释(2001)4 号司法解释第 5 条，“行为人知道或者应当知道没有标明密级的事项关系国家安全和利益，而为境外……非法提供的，依照《刑法》第 111 条的规定处罚”。从而充分说明：《内参选编》原来并未被确定为国家秘密，只是郑恩宠“应当知道”它“关系国家安全和利益”而已。还可以援引《保密法实施办法》的规定，衡量该选编的内容是不是关系到国家的安全和利益。其第 4 条规定“某一事项泄露后会造成下列后果之一的，应当列入国家秘密及其密级的具体范围”，共 8 项，从“危害国家政权的巩固和防御能力”到“使国家机关依法行使职权失去保障”，其中无一项与《内参选编》第 17 期有关，而且没有“其他”这项大口袋，任人随意装入秘密事项。问题十分清楚，选编这个“整体”都够不上国家秘密，“强”文编入之后，如无其他更有说服力的证据证实，是不会也不该演化成国家秘密的。更何况，郑恩宠从未见过，也未持有《内参选编》第 17 期！正因如此，必须指出：对于《内参选编》与“强”文的关系，应当结合实际，实事求是地作出判断。在一般意义上，可以认为《内参选编》与“强”文有“整体”与“部分”的关系，但在本案诉讼中，对于被告人来说，二者分属“鹿”“马”，不可以混指，由是理当得出结论：不管二审法官对它怎么评价与认定，《内参选编》第 17 期既与本案无涉，更与郑本人无关！

读者诸君：向境外发了一份记者采写、街头散发的“新闻监督”稿复印件，竟能借口刊于“内参”而对行为人判刑三年，您该怎样来衡量与评判终审倡导力主的司法公正呢？终审裁定的权威性和公信力在本案中又表现在哪里呢？

三、如是“鉴定”，能谓“合法”？

那么，上海高院依据什么硬要判定郑恩宠有罪而应施以刑罚呢？

高院裁定说：上海保密局“鉴定认为‘强’文属于秘密级国家秘密，并根据国家保密局关于《查处泄露国家秘密案件中密级鉴定工作的规定》的有关规定，出具了盖有公章的《密级鉴定书》，并得到国家保密局的复核确认。因此，上海市保密局所作的上述鉴定是合法有效的。”于是罪名成立。实际情况果真如此吗？细加考察，可知这个裁决涉及三个问题应加辨正——

第一，保密局鉴定是终局决定还是案中证据？

依据《刑事诉讼法》第42条第2款第5项，鉴定结论是一种证据，不是终局决定。既是证据，理应按照诉讼法的原则和证据运用的规则进行操作。哪些原则和规则呢？

1. 证据“须经过查证属实，才能作为定案的根据”。（《刑事诉讼法》第42条第3款）

2. “证据必须经过……质证，查证属实，否则不能作为定案的根据。”（最高人民法院《关于执行刑诉法若干问题的解释》第8条）

3. 鉴定人应具备相关的资格。（《人民法院司法鉴定工作暂行规定》第14条）

4. “鉴定人进行鉴定后，应当写出鉴定结论，并且签名。”（《刑事诉讼法》第120条）

5. 最高检察院的司法解释，公安部的相关规章都明确要求鉴定人必须在鉴定结论上签名。后者甚至要求应“由两名以上具有鉴定资格的鉴定人签名”。

6. 密级鉴定按五个步骤进行，其第三步是：“向被鉴定材料产生单位或业务主管部门了解有关情况，并要求其出具密级鉴定的意见。”（《查处泄露国家秘密案件中密级鉴定工作的规定》第7条）

第二，高院裁定的问题主要在哪里？两条。一是未经质证，并且毫无道理地拒绝了律师要求鉴定者出庭质证的申请，不查证属实，就作为“定案的根据”；二是对于保密局严重违法、极不规范的《鉴定意见书》居然断为“合法、有效”，不无枉法之嫌。

第三，保密局的鉴定违了哪些原则性的规定？

1. 首先是没有鉴定人签名，即无“人”鉴定，更不知鉴定人是否合格？

对此，终审裁定强词夺理，硬说根据国家保密局公布的国保发〔1998〕第8号文件的规定，“出具了盖有公章的《密级鉴定书》”，就是合法、有效。不对！该《规定》第10条的全文是：“保密工作部门出具的密级鉴定书应当盖政府保密工作部门印章。”意思很清楚，即按法律要求由鉴定人签名之后，应“盖部门印章”，而绝不是可以不必签名而只盖公章。高院法官对这一点是清楚的。合议庭在依照《刑事诉讼法》第187条的规定，听取了我们对这个问题的意见之后，审判长当即表态说：“毕竟是大律师，一下子就抓住了关键问题，我也看到了这一点，的确是问题。”可见，大家都很明确，任何法人或者非法人组织，都不得担任鉴定人，鉴定人只能是自然人，无“人”鉴定的《鉴定书》当然不符合法定的要求，对此已有共识。不料审判长下“判”时不再坚持原则，也忘记了做过的口头推断，变了。那么，这是为什么呢？还用细究吗？

2. 换置鉴定对象，只鉴定《内参选编》而不鉴定被告人“非法向境外提供的‘强’文”，违反了《人民法院司法鉴定工作暂行规定》中明定的“准确性原则”，众所周知，鉴定对象是鉴定结论的基础和依据，换了对象，结论在案中还有什么意义？

3. 在“结论”中只作判断而不陈述“理由”，违反了《人民法院司法鉴定工作暂行规定》中明定的“科学性原则”。众所周知，鉴定结论的证据作用是通过《鉴定书》的整体内容产生的，因而必须具备“论证”这项极其重要的核心内容。不作论证，“结论”的证据说服力由何而来？

4. 既不依法向新华社“了解有关情况”，更没有按照规定“要求其出具密级鉴定的意见”，超越权限，至为突出。保密局连自己部门制定的规章都不遵照执行，遑论其他？

5. 违反了《保密法实施办法》规定的程序，主要是：第一，该《办法》第10条第1款规定：“国家秘密，由国家保密工作部门分别会同中央机关规定”，即不是保密局大权独揽一家说了算。第二，“强”文是不是国家秘密，应由新华社“在（该）国家秘密事项产生之后十日内确定”,而不是由保密局于产生二十年之后一“鉴”就“定”。

综上,上海市保密局的鉴定行为既然严重违法,由它作出的所谓“鉴定结论”当然不再具有证据的作用和效力。据之判案,也属非法。终审裁定断言辩护人“认为上海市国家保密局的上述鉴定属无效证据,缺乏法律依据”,现在清楚了,这项批驳应属无的放矢;谁的“认为”,的的确确“缺乏法律依据”,难道还有疑义吗?

四、“关于郑恩宠检举揭发的问题”

这个小标题抄自终审裁定。裁定“经查”,郑认为周正毅问题“可以炒作”,“炒大后,可以将自己的名气炒大,律师证解决就有希望了”。另据二审断定:“周正毅是因涉嫌虚报注册资本、操纵证券交易价格罪被捕的”,据此又认定,郑“从未向法庭和其他司法部门提供上述相关的事实证据和线索”。从而裁决:“郑恩宠所谓的检举、揭发无事实依据。”这项裁定,不够实事求是,涉及三个问题——

(一)周、郑两案有没有关系?

有些人铁嘴钢牙,一口咬定“就是没有”。一审对此予以回避,其实也是表明“没有关系”。现在终审裁定亮明了,足证应有或者确有关系,不然为什么会在郑案中提到周正毅和他的问题?我们不但认识到郑案的发生有其复杂的背景,而且自始就注意到郑恩宠的“案发”与周正毅问题确有关系。特别是,一个月前他还被政府部门邀为嘉宾,登上主席台,向庞大的拆迁户及其中的上访者讲解法律和对策,受到广泛的称赞,而在向记者举证揭露周正毅确有问题的次日即被刑事拘留,这些事实难道还不能说明问题?

(二)郑恩宠是否“揭发”了周正毅的问题?

请看事实:2003 年 5 月下旬,郑连续接受采访,通过媒体重点揭发了周正毅在上海房地产开发中的罪嫌。6 月 5 日夜,接受香港记者录像采访,列举证据,详细揭示周正毅的问题,畅谈两个半小时。次日,即被刑事拘留,采访录像及证据奉命销毁。此前的 5 月 21 日,郑为拆迁纠纷中的当事人草拟了法庭质证意见和代理词,也都涉及周正毅的问题。难道这些都不是"揭发"？终审裁定要求郑"提供上述相关的事实证据和线索"，即仅限于"虚报注册资本、操纵证券交易价格"的事实证据和线索，否则就不算数，这是哪项法律的规定，谁家的政策？

（三）郑恩宠到底为什么要揭发周正毅？

据他2003年7月11日的供述，是："周正毅事件对我是个兴奋点，我想用周正毅事件揭发上海房地产开发中的大贪官。"（见侦查卷00050页）这种说法，有他从5月到6月5日之间的一系列言行可以证实，有什么理由予以否定呢？退一万步说，即使其中含有炒作出名的成分，应予鄙薄，但毕竟不能因此而否定基本事实中包含的主旨，终审裁定偏离实际未免太远。

其实我们从没有也无意把检举揭发作为减轻罪责的条件向法庭提出，因为郑恩宠无罪可言。只是由于法庭作为重点问题予以裁决，又有违真实，才不得不据实辨析，以正视听罢了。

尾声

2003年12月2日，合议庭全体成员与律师谈话时，审判长曾明确表示：一审判决，有瑕疵，无大错。但裁定是怎么评价的呢？"原审判决……证据确实，适用法律正确，量刑适当"，甚至，"审判程序（也）合法"，堪称完美无缺，哪里还有什么"瑕疵"？什么是瑕疵？在诉讼中，瑕疵就是疏漏，就是偏差，就是错误。司法文书不必字字珠玑，但却应言必有据，不得有失，推断在理，不能有误。否则，影响权利义务，涉及生杀予夺。郑案的无"人"鉴定，可谓瑕疵，但它使郑恩宠由清白之身变成有罪之人，裁判者有什么理由把瑕疵与大错割裂开来，予以轻视？更何况审判长口头表达的"内心确认"与裁定文书显示的最终结论之间如此互不一致，不能调和，您说我们大家该相信哪一点呢？

我们从未隐瞒观点，反复陈述自始就有的忧虑，担心郑案会有强劲的行政干预，司法独立恐难兑现。审判长也曾对我们明示："截止到此时此刻，我们还没有受到干预，没有人要求我们一定得怎么判。"

可是，过了“此时此刻”又将如何，我的忧虑却未能消除。果不其然，12 月 3 日会见郑恩宠就发现了问题，从我给合议庭的报告中可见端绪，抄录全文如下——

赵、杲法官并合议庭：

3 日去看守所会见郑恩宠，据告：前些日子，上海“建委”的三个人去看守所同他谈过话，来人表示：是代表市府来的。我因他们不是“执法人士”，所谈内容谅与二审案件无关，故未询问交谈的具体内容。但又深感事出蹊跷，二审期间未经法院批准，怎么可以随意会见被告？特此报告，请予关注，查明真相，防止意外。此件请存卷备查。

郑案律师　张思之　二〇〇三年十二月四日于北京

据此后与法官联系中得知，他们也只是“反映了”一下，并未调查核实，弄清究竟。可是，容忍这种异常情况存在，还怎么保证独立审判、司法公正在实践中不打折扣？

郑案二审法官有高学历，是颇有素养的法学专家，但却在一起这么简单的诉讼中作出了这样经不起检验的裁决，不无遗憾。我想，我希望，这是他们的违心之作，出之于无奈。果真如此，我将有理由保持对于公正执法的信心、热望和追求！

二〇〇四年中秋夜　定稿于北京

高院不执法，谁敢来投资？

——兰州天河大厦纠纷追踪报道

题记——

执法者失去监督，权力不受制约，宪法赋予人们的权利就难免被剥光夺净。

前言——

兰州天河大厦纠纷，一些报刊和设在兰州市的两家电视台，作了内容不一的报道。紧跟着，就有人站到域外的一个“岛”上，依托那里的舆论，把水搅浑，企图摸鱼。令人迷惑难解的是：两级人民法院也有着尖锐对立的决断。于是街谈巷议，沸沸扬扬。为使广大读者了解这场纠纷发生、发展的真相，抓住症结，弄清实质，我们在介绍相关的法律事实的同时，将研究一下由此引出的一些法律关系，并依据现行的法律规定，作出我们的判断。

一、两份合同

（一）1987年，甘肃省乡镇第三产业公司（以下称三产公司）为筹建一座高31层名谓“天河”的商业大厦，向兰州建设银行支行（以下称建行）申请贷款，以该大厦的所有权担保抵押，双方签订了抵押贷款合同，并经公证。贷款合法，抵押担保合法，公证依法：由此发生的债权、债务关系清清楚楚、明明白白。

（二）1992年，天河大厦只盖起八层，贷款连同利息已近4000万元。三产公司因资金短缺，在省有关部门的引进与主持下，将已经设定抵押权的天河大厦削价600万元，与德国的阿思德公司和香港的欣季公司搞了个“合作经营”。两家外商合为一方，约定投入387万元马克，占注册资金的51%；中方作为甲方，投入1225万元人民币，占49%，合同注明“已经投入”。至于“合作公司的投资总额1515万元德国马克（折合人民币5000万元）”的另一半“2500万元人民币由合作公司在中国的银行贷款解决”（引文见《中外合作天河有限公司合同》第11条、第13条）。

该合同既违反中国法律，又显失公平，且未经验资，但却于1992年4月14日经省政府签发了“批准证书”，天河公司于是成立。

二、两起诉讼

（一）建行诉请三产公司偿还银行贷款。

1992年11月，三产公司拖欠的贷款已达3700多万元；大厦因后续无力，工程终告停顿。

问题在于：两家外商没有按合同的约定投入一分一厘马克！有人在报上著文说，“合同规定……外商以人民币投资”，这种说法与省政府“外经贸甘作字（92）02号”批准证书上投资总额和注册资本均为马克的规定是不一致的，因而毫无根据。外商确曾于签约后从我国南方某县一家公司汇入天河公司人民币270万元。但汇票上未书明用途，来源可疑，性质不明。尤为重要的是，该汇款单位后来曾专门来函，通知天河公司，因上述原因“请求暂缓使用”这笔款项。由此可见，这270万元人民币除一时改个账号之外，并未实投，应无疑义。有人为外商辩解说：人家投入了四部电动扶梯。不错。但其价值据称也不过百万元人民币左右，而这，却是两家外商唯一的一次全部投入！概括地说：天河公司中外方的应投资金长期不能到位，大厦工程停顿，三产公司所贷款项已无力偿还。

建行担心贷款落空，在多次催付无效之后，乃起诉于兰州市中级人民法院。

本件诉讼没有第三人参与，也不涉及德商安东先生，但却有人在报上编造谎言，说建行起诉时曾表示“请安东不要再插手”。安东此前是否曾插手建行贷款业务，语焉不详；此番之“再”，因与案无关，法院未予理会也是实情。

这起诉讼，在中院主持下，当事人双方成立调解协议，三产公司自愿按照抵押贷款合同中的约定，将抵押物天河大厦交付建行所有，抵偿贷款；建行自愿付给三产公司补偿费150万元。

应加补充说明：在上述的调解协议即将签署的前不久，安东先生向建行的上级行提出了一项要求：“建行收回大厦后卖给（他）。”这证明：安东明知建行接收抵押物合法有据，不能表示异议，仅只是考虑应与建行建立买卖关系而已。

（二）安东代表“天河公司”诉建行和三产公司共同“侵权”。

3月1日，安东不再考虑收买天河大厦的前议，以“天河公司”名义，派出代理人，持省里某单位的介绍信，向省高级法院对建行和三产公司提起“侵权”之诉。

经查该诉状未按规定加盖企业法人公章，安东本人在状子上的签字也没有经过公证或者认证：诉状本身不合规格。然而因有“介绍信”，高院破例立了案，破格受理了。

高院一发出“应诉通知书”，三产公司马上作出了反应。他们说：安东以“天河公司”之名告状，未经中方同意，应属无效。他们说：天河公司告三产公司，是以“全体”告“半身”，自告自，岂不滑稽？世无先例，也无此理！为了说明问题，三产公司对安东诉状依照“天河公司”章程中的有关规定，向高院递交了“撤诉书”。高院未予理会。

不仅如此，三产公司还提出：他们与安东如有合同纠纷，应按约定交付仲裁，任何一方都无权诉至法院。总而言之，安东之诉，高院无权受理。

建行也提出了管辖异议。

建行根据事实，依照法律明确提出：他们同安东或者中外合作经营的天河公司从未发生过任何法律关系，无“权”可侵。该案在起诉前并无“重大影响”，只是在起诉后由于高院做出一系列违法决定才引起了轰动；就标的数额而论，省内的一些案件，有的标的数额远比本案的为大，高院也都交由中院处理。因此，依据民事诉讼法和最高人民法院的有关司法解释，省高院不应受理这宗所谓的侵权诉讼。

有人说：大厦是三产公司折价投入天河公司的，应属天河公司的财产。可惜这种似是而非的说法经不住检验。查我国《中外合资经营企业合营各方出资的若干规定》，第 2 条分明写着：“……向合营企业认缴的出资，必须是自己所有并且未设立任何担保物权的实物。”据此，三产公司以抵押物天河大厦入股与外商“合作经营”，不符合我国的法律规定，相关的合同自始无效，不应受法律保护。

两被告的“管辖异议”自有根据，显然有理。不过细细研究，问题并不止于此。查查上引的“各方出资的规定”中的第 5 条，明确规定：合营企业中的各方，未能在规定的期限内缴付出资的，“视同合营企业自动解散”，并应“办理注销登记手续”。据此，天河公司中的任何一方都不能再以该合作企业的名义行使诉权，这是当事者违约引出的法律后果，咎由自取，责当自负。作为高院，对此为何不审不查呢？且看高院如何作答——

三、两个裁定

（一）（04）号裁定。

天河大厦，如上所说，经中级法院调解达成协议，而后即在法院主持下移交建行，早于 1 月 16 日履行完毕。

现在，安东先生围绕这同一标的物起诉，一收诉状，就犯了“一案两立”或“重复立案”的错误。最高法院硬性规定绝不允许，怎么办？

善于规避法律的“高”人何处不见！那高招是：撤销中级法院就上述抵押贷款一案发出的调解书，省高院对该案予以“提审”，其依据是《民事诉讼法》第 177 条第 2 款。这就是著名的省高院（04）号裁定。

但是,一查条文,不对了!该第177条第2款无一词一义涉及调解书,(04)裁定适用法律明显不当。有人会说:省高院对于下级法院作出的"调解书"应有权"提审"。这话也不对!对于调解书,如其内容确有严重不当或者违法,只有"当事人……可以申请再审"。《民事诉讼法》第180条的这个规定,说明法院无权即没有资格"提审"。现在由法院裁定代替当事人行使诉讼权利,而且要非法"提审",实在太出格了。

也会有人问:中院的调解书错了,难道高院不能纠正?姑且不说对这一点上述的《民事诉讼法》第180条已经做了回答。问题的关键恰恰在于中院的调解书没有错。据(04)裁定说,那份调解书"侵犯了第三者的权益",可实际情况如何呢?它所说的"第三者的权益"指的无非是原天河公司中的外商的利益。人们自然要问:外商的什么利益?哪些利益?人们一定会问:外商只运来四部电动扶梯,却要对价值4000万元的大厦主张权利和利益,这是哪家的法律?人们说:三产公司以大厦设定抵押向建行贷款,合同经过公证,难道不是事实,难道不具有合法的效力?欠款无力还,自愿依合同的约定将抵押物清偿债务,中级法院在查明了事实、分清了责任之后,根据自愿原则主持调解、达成协议,又错在哪里!

是的,外商及其代理人会有自己的看法。但无论从哪个方面说,充其量也只是他与三产公司即原天河公司的中方的纠纷,不关建行的事。他们的纠纷,应按其约定申请仲裁,不能影响三产公司履行他对建行的债务。任何一级法院似乎也都无权要求建行承担不能收回巨额贷款的重大损失!

内行们注意到:(04)裁定在未经审理而只解决程序问题的决断中,明确宣告:"恢复天河公司对天河大厦占有管理处分的权利。"并且跟着采取了强制执行措施,让人从建行手中夺走了一座大厦。最高人民法院关于适用民事诉讼法若干问题的意见中明确指示:决定提审的案件,由提审法院在作出新的判决、裁定中确定是否撤销、改变或者维持原判决、裁定。即应经过审理才能做出新的决定。可是,省高院不经审理,没拿出也拿不出新的判决、裁定,不仅居然撤销了原审内容正确、合法成立的调解书,而且公然搞了先判后审,处分了当事者的实体权利,在违法路上走得太远了。

内行们还注意到:依据民事诉讼法,对于已经生效但又确有错误的判决或裁定,按照审判监督程序进行纠正,可以指令下级法院再审,或“有权提审”。采用何种方式,大有文章可做。但有一点非常清楚:提审的案件经审理后作出的判决、裁定“是发生法律效力的判决、裁定”(《民事诉讼法》第 184 条),从而取消了、剥夺了当事人的上诉权。(04)裁定决定“提审”,而不发回中院“再审”,其中奥妙,昭然若揭。高院在维护什么样的“权益”,不很清楚了。

(二)(11)号裁定。

(11)号裁定的主文只一句:“驳回……建行兰州支行、第三产业公司对本案管辖权提出的异议。”而其理由则有四点:案件标的金额大;在全省有重大影响;兰州“是本院的辖区”,法院可以“作为一审案件受理”;最后一点是:“本案审理……并未涉及原告(按即天河公司)与第二被告(按即三产公司)之间的合资合同。”我们在前面已经提到,当事人对于前两点理由表示了异议。第三点理由则因其不符合最高法院关于适用民事诉讼法若干问题的意见中的第 3 条规定所确立的原则,也很难成立。第四点理由的片面性更为明显,安东即原告人所主张的“权”源于他们同三产公司的那份合同,审理“侵权”而不涉及“权”的来源与依据即合同,怎么可能呢?基于这些考虑,“侵权”之诉中的两被告双双上诉。

四、诉讼保全与强制执行

高院(04)号裁定,剥夺了建行对于经营的国有资产的实体权利,宣布原天河公司对大厦有权一占二管三处分。这“处分”权具有严重的性质,通俗地说,就是想怎么处理就怎么办;建行唯恐国家资产受损,于 4 月 16 日依法提出诉讼保全申请书,要求查封天河大厦,防止灭失。高院口头裁定驳回。

4 月 17 日,高院实施强制执行。

在此以前,高院发出了(001)号“执行通知书”。列明当事人为建行(原告)与三产公司(被告),但申请执行人却是一个案外人天河公司。这不符合《民事诉讼法》第 216 条的规定绝无疑义。建行为此发表了“声明”,指出:“法院赋予原告兰州天河公司中的外方这种法外特权,破坏了法制统一的原则,是极其错误的。”

强制执行结束后,原天河公司的代理律师在电视台发表谈话,说:这是一次平稳的移交,而不是强制执行。人们认为,这是在弥合高院(001)号通知书中的漏洞,但却违背了实事求是的原则。实际上已经由法院人员强制执行完毕,又有什么不能认下的呢?

五、一点余音

通过上面的报道,人们至少可以看出一个最基本的事实:原天河公司的外方之一的安东先生,本来也只是请求在建行收回作为抵押物的天河大厦后,由他收买。现在不用了,一张状子竟换来了一座大厦,未费吹灰之力!国法在某些执法人员手中变成魔法,难怪有几位兰州石油工人上书中央,要求查查是否有人出卖国家的权益。这是振聋发聩之声,试看能否使我们的人清醒起来。

我们的黄土高坡比较贫困,亟须引进外资,为此又应改善投资环境。可如果我们的执法水平不提高,执法环境不改善,改善投资环境易成空话,谁敢来?照顾个别外商的不法的、非分的利益而损害法制,不会使更多的投资者产生信任感和安全感,因而也绝不会产生或者维护一个好的投资环境。

发展经济搞建设,法制是个宝,一刻不能离,万万丢不得!而这,对于执法者来说不是尤为重要吗?

一九九三年四月　于兰州

附:建设银行兰州支行关于“天河大厦纠纷案”的上诉状

(原文按语)

在诉讼中不重视程序,是法制观念薄弱、法律意识不强的典型表现;在经济活动和司法实践中不重视程序法的运用,无助于建立正常的、健康的市场经济秩序。律师在诉讼中,理应重视程序,并善于运用程序法去保障当事人的诉讼权利和实体上的利益。本刊发表两律师关于“天河”案的一份状子,目的正在于使读者对程序和程序法的运用发生兴趣,进而引起重视。《中华人民共和国行政诉讼法》明定违反程序可能导致败诉,可以导致权力机关的决定被撤销,程序法的重要性难道还不清楚?在实践中重实体轻程序的情况影响着法制的健全与统一,不利于改善法制环境——投资环境,现在是从根本上加以改变的时候了!

民事上诉状

上诉人:中国人民建设银行兰州市支行

甘肃省高级人民法院(1993)甘法经初字第11号民事裁定,掩盖事实真相,曲解法律,所作结论不能成立。尤应指出,省高院为了达到袒护“天河公司”中的“外商”的目的,与上述11号裁定相配合,凭借所谓监督程序,另发裁定,撤销了本案涉及的兰州中院发出的合法调解书,公然滥用权力,违反民诉法,违法“提审”该件诉讼,并在未审之先就对我们的实体权利作了处分,以一纸空文,忍让外商鲸吞我行4200万元的国家资产。省高院如此枉法,世所罕见。故在依法提起上诉的同时,敢请我最高人民法院对前述的两个裁定一并审查。具体理由分陈于下:

一、被上诉人的主体及《起诉状》都不合格——

1. 天河公司是中国法人,但并不遵守我《起诉状》应加盖公章的规定,而省高级法院却破格受理。我们深信最高法院不会允许开此先例。

2. 天河公司诉第二被告，本身竟是自己告自己的“滑稽之诉”。查第二被告三产公司，就是原告人天河公司的组成部分，是有50%投资的股东。世无自己告自己之理。

3. 原告内部两股东之间，没有协商一致。外方股东单方使用天河公司名义提起诉讼，擅用的“名义”，怎能合格？

4. 上诉人与“三产公司”即案中第二被告有债权债务关系，但与原告并无法律关系，提起侵权之诉无法律根据。

二、案中第二被告，即天河公司的中方，对外商“借名”提起的诉讼已依照天河公司的章程写了“撤诉书”，并且按照规定，盖了天河公司的大印。高院对此竟不理睬，是何道理？如此偏袒，还有什么公正可言！

三、原告内部两股东之间，无论是谁侵了谁的权，理所当然的是“中外合作合同纠纷”，理应告知当事人按合同约定提交仲裁，决无任何理由越权受理！

四、上诉人收回抵押物——天河大厦，有法可依，有理可据，从未侵犯任何人的权利，细陈如下：

1. 天河大厦是三产公司的贷款抵押物，上诉人是抵押权人，有双方“协议书”为证。该“协议书”第二部分的实体内容是“抵押贷款合同”，并经公证，合法有效，无可争议。

2. 抵押贷款协议的公证时间是1987年7月，而原告注册成立的时间是1992年4月，抵押在先，“合作”在后，先后相差将近五年。孰为有效，无可争辩。

3. 三产公司于1992年4月以抵押物入股与人合营，未经上诉人同意，其行为是无效民事行为，其合作合同为无效合同，自始就不受法律保护，法有明定。

4. 贷款五年，连同利息已近4000万元，三产公司无力偿还，上诉人遂诉至法院。案经兰州市中级法院主持调解，双方自愿达成协议，将抵押物交付上诉人，抵偿所欠贷款及利息，相差部分由上诉人补偿。中院的调解书合法有效，双方当事人已履行完毕。

总之,上诉人的上述行为,都是依法实施并经人民法院主持的有效民事法律行为。我们与原告人即天河公司的外商之间,没有任何法律关系,它对我们无权可言,侵权之诉纯属无理取闹,省高院既然一定要立案管辖,上诉人不得不请求撤销案件,驳回起诉。

五、甘肃省高级人民法院侵犯上诉人合法权益,损害国家利益,发出的(1993)甘法经字监字第04号民事裁定是践踏法制的错误裁定。其错误主要在于:

第一,使用法律不当,公然违法。查该裁定援引的民诉法第177条第2款的规定,分明是指"已经发生法律效力的判决、裁定"、决不包含"调解书"。适用"调解书"再审的条款,应是该法的第180条。而这条规定却又排除了人民法院可以对"调解书"提起再审或提审。该条明文规定:只有"当事人……可以申请再审"。把"调解书"等同判决书、裁定书,是一种曲解,无疑是错误的、非法的!甘肃省高级人民法院之所以这样,明显的是以规避法律为手段,试图从根本上剥夺上诉人的基本诉讼权利,特别是"上诉权"。

我国宪法和人民法院组织法,并没有赋予人民法院离开法律条文去扩大解释法律的权利。省高院对此显见的法律问题加以歪曲,这绝非解释或认识上的失误!

第二,上述第04号民事裁定的错误还在于:案件未经审理就对上诉人的实体权利作了裁决,强行将原审诉讼双方当事人争议标的物的实体权利,裁定由原审案外人去行使,从而开创了人民法院审判史上用裁定形式进行侵权的绝无仅有的奇案。为维护法律和人民法院的尊严,为严明"依法办案""严肃执法"的崇高准则,为积极建设良好的投资环境,特请最高人民法院依法撤销上述裁定,并裁令甘肃省高级人民法院承担赔偿责任,赔偿我上诉人因此而蒙受的实际损失,以儆效尤!以示我最高人民法院执法必严的不移决心!

六、进一步说,原告既无房产权,也无房产处分权。省法院未作"确权"的查核,竟不顾实际,作出"侵权"的裁断,显属重大失误——

1. 如前所述,"三产公司"以抵押物作价入股,是无效民事行为。

我国国家工商总局颁布的《中外合资经营企业合营各方出资的若干规定》第2条明文规定“合营各方按照合营合同的规定向合营企业认缴的出资,必须是合营者自己所有的现金、自己所有并且未设立任何担保物权的实物、工业产权、专有技术等。凡是以实物、工业产权、专有技术作价出资的,出资者应当出具拥有所有权和处置权的有效证明。”由此可见,“三产公司”在设立担保物权四年之后,未经抵押权人同意,仍作价入股,显然违法,应属无效民事行为。

2. 上诉人在原告成立之前,即已明确告知其合营各方,“三产公司”筹建的天河大厦,资金源于我行贷款,业已设立担保物权。一再告诫:合作经营“要按法律规定”。天河大厦早已抵押,怎能作股与人合作!

3. 本案两被告人之间的抵押贷款合同业经公证登记,足以证明本案纠纷标的的“担保物权”具有充分的公示性和公信力。其为合法,前已陈明。

4. 原告人虽然领取了“营业执照”,但时至今日,都未依法验资;而实际上,原告的外方股东,仅仅投入四部扶梯,价值据称百余万元人民币,不足其应投资额的5%,绝大部分的投资并未到位。

综上所述,天河公司的外方(即原告人),一开始签订的合作合同,就因其已经违背我国有关法律的规定而当然无效。同样重要的是原告人根本就没有取得房产权,也没有合法的房产处置权,事实俱在,决无疑义,无可争辩。总之,既然没有房产权,所谓侵权之诉,怎能成立?何由立案?

七、高院裁定认为,“兰州市也是本院的辖区,况且本案的标的金额大,并在全省有重大影响,我院作为一审案件受理是符合民诉法规定的”。我们认为,高院裁定所持的理由是不能成立的。

第一,《民事诉讼法》第20条关于高院管辖一审案件的范围仅限于“在本辖区有重大影响”,而不涉及标的或其他因素。

第二,所谓“标的金额大”,应有限度,不得随意划定。有证据证明:与本案标的金额大体相同的案件,省高院曾指令中级法院管辖,试问为何没有统一的尺度?

第三,案件是否“有重大影响”,应以诉讼前的影响是否重大为准,案发后,因法院的违法裁决引起了轰动,于是产生了重大影响,这显然不能作为由哪级法院管辖的标准。

第四,最高人民法院(92)22号文件明确规定:省高院应依照民诉法第20条、第19条第2项的规定,从当地情况出发,对本辖区内一审案件的级别管辖提出意见,报最高法院批准,方能生效。我们请求查明:甘肃省高院是否制定了方案报请批准。如没有,这种随意处置的办法是否具有法律效力,敬请最高法院明示;如已有方案且经批准,试问为何不在裁定中加以引用。

第五,省高院裁定清晰地表达了一个概念,凡是“本院的辖区”内的诉讼案件,他都可以管。这种想怎么办就怎么办的做法,往往破坏程序法的实施,不利于法制原则的贯彻执行,应请予以批驳,借以把审判程序无例外地纳入法制轨道,忠实地维护当事人的合法权益。

此致

中华人民共和国最高人民法院

具状人:中国人民建设银行兰州市支行

一九九三年四月五日

怎样扯掉保护学阀抄袭的破伞？

——冬至答客问

冬至夜长，酒聚三友；花雕性醇，助人谈兴。海阔天空，未忘讼事。互有问答，交流率真。胡公好事，询及王天成专著被周叶中教席剽窃，为何竟一再败诉。案关公民权益，事涉学界腐败，话语由是集中。酒空人散，意犹未尽。整理成章，录以备忘。或可供来日的参考，兼告关心该案的衮衮诸公。

客：昨天下了终审判决，天成一败再败，这回是老和尚打了一把司法伞，挺有意思。估计你和志强[①]不会服输。

答：志强一出法庭，就给我说了他的庭上发言。他的心态，宛如一湖清镜，冬风掠过不皱。你的“估计”，前提错了。王周一案，输家有二，一小一大。博导周教授属小输；大输，则是判案法院。该问他们两家，服也不服？至于我，无他，心平气和地扯去庇护抄袭的破伞也就是了。

客：有点儿“精神胜利”的味道。

答：诉讼伊始，周教授的辩术是“一推六二五”，把抄袭的指责否得一干二净。现在可好，判决书写得明明白白，光是法院认下账的，就抄袭了 7 处共计 1398 个字。赖账的另外 39 处共 3800 余字姑且不论。试想，布道紫禁城的学界名流，抄了还敢赖账，在学术上如此不

---

① 志强，浦姓，王天成讼事的首席代理律师。

堪,不知何以面对他的莘莘学子?他自以为做得到有所恃而无恐,赌了一把,输了。难道不是吗?现在你听得到他的胜利锣鼓吗?

客:凭什么说法院是大输家?

答:案情清清楚楚,是非明明白白,判决中的漏洞瑕疵,随处可见,那句“经审判委员会讨论通过”尤其耐人寻味,既让人体察出承办法官有难言之隐,又给人以有人“打伞”、有人操刀的印象。判案丢掉了独立审判的宪法原则,不免输掉公正,有可能输光万万不可缺失的权威,为了袒护一个人,不惜抹黑法院形象,把“伞”也弄破了,你看是否输得很惨。

客:何故不责承办法官?

答:他们的审判作风真好:清晰、明确、流畅、高效。既公正,又民主。想告诉你们一片“花絮”。由于侵权作品与权利著作间的比对量大,材料浩繁,志强请示审判长拟带位助手列席法庭,经过身份审查,批准了。不料对方律师当庭发出责难:“上诉方代理律师怎么多了一个人?”审判长微笑着解释道:“是我们批准带的助手,不是代理律师;你们如果申请带助手,我们也会同意。”准带助手,绝不宜着眼于一案一事,宜视之为完善律师制度的举措,这个头开得多好呵!

话说回来。判决书的缺陷不能说与法官绝对无关。问题是:审判委员会把保护伞一撑,他们如之奈何?

客:“审委会”怎么成了一级“审判组织”?

答:民诉法“审判组织”章中,没有审判委员会,它在民事诉讼中根本不是一个或一级“审判组织”,它也就没有资格“讨论通过”民事案件,更不应列于判决书的“审理”范畴之中。《法院组织法》设有审委会,列的任务是“讨论重大的或者疑难的案件”,其中并无“通过”的规定。就本案而言,既不复杂,更无疑难,至于是不是重大,允许见仁见智。不妨设想一下,如果合议庭认为应“维持原判”,即周胜王败,还够得上“重大”么?能让王天成一夜之间升格为“要员”?因此,显而易见,合议庭中另有声音,认为该判周败,于是“重大”乃生,于是由审委会“讨论通过”。反正有“组织法”可以挪来抵挡一阵。但细加权衡,实在是只有大弊却无一利。

客:司法改革搞了这么久,审委会问题却纹丝未动。

答:不如先改改判决书的写法,规定在判决书中必须明列审委会委员们对案件发表的具体意见,(刑诉法把审委会定为一种审判组织了)加强其责任感,又能广布正确的意见使大众受益。

客:本案终审判决认定的事实与理由,与一审的仿佛没什么不同。

答:有个奇特的现象:终审判决一方面肯定"原审判决认定事实清楚";另一方面却又在文字上做了手脚,在若干重要地方悄悄地改变了一审的认定,可又不见改的理由,结果是距真相更远。

客:请举实例。

答:侵权作品"借鉴"权利著作,不按规定列出作家姓名与作品名称,一审要庇护,自创"标注"一词,借以表示抄者已经履行了法定义务,构不成侵权。二审看出了破绽,改"标注"为"引注",似近规范,不幸距事实更远,因为此处无"引"可证。

再举一例。一审认定周著有"九处属于学术观点的描述",说这不算侵权。二审深知"描述"属于表达,不是"借鉴",描述的观点与权利作品"雷同",当然构成侵权。于是把"描述"改作"内容",以为可使这里涉及的 1080 字不算抄袭,过关了。其实一查市高院 1996 年 460 号文件就清楚了,那上面规定:"当作品的内容成为作者表达思想、主题的表现形式时,作品的内容亦受法律保护。"市高法的判决改得似很高明不幸并不正确。

对错误观点则取删除法。一审判决有这么一段:"其中 9 处属于公知历史知识的内容,是对客观事实的介绍,属于相关内容的客观性及其有限的表达形式,被告涉案图书相关内容与原先涉案作品的表述虽存在雷同之处,但并未构成侵犯原告的相应权利。"言未尽义,矛盾突出。高论发出,就受到学界的严正批驳,二审于强留"并不侵权"的错误结论的同时,统统删掉,造成了一个无辞也可夺理的景观。

客:周博导在"客观事实""公知知识"上做足了文章,说他的书里一一列出了"参考文献",证明他的文字虽与王天成的"雷同",但那是

“借鉴”的“通说”。

答:姑且不论他在“借鉴”中的作伪成分,志强在代理词中对此已经说得十分明白。他借鉴的“通说”中有10处参考文献仅出自署名“杨君佐”的一篇,只此一家,再无他人。这无异是说:他“参考借鉴”的就是王天成著作,抄王著,借鉴的仍是王著,这算什么“通说”?

客:删改,有人会说是细枝末节,案子的关键你看在哪里?

答:一是抄袭没有,二是抄了算不算侵权。

客:二审承认抄了7处共1398个字,又凭什么说够不上侵权?

答:“理由”既明确又简单。一是抄的字数较少,“只有”1398个字,二是“散见于(侵权作品)之中,故根据本案具体情况不宜认定为侵权”。这其实是一审的“理由”,二审“引用”了,可惜都不能成立。

抄人多少属于“量”,而量在法律上如无特别规定只能反映情节,诸如是否严重、是否恶劣,而不说明质。量多量少,变不了抄的性质。

客:武汉大学李世洞教授举过一个著名的例子:一首题名为《船》的小诗,只8个字:“离开水,你能航行吗?”某出版社抄在“贺卡”上发行,诉讼中以诗的内容纯属“客观事实”即本案一审判决说的“公知知识”为辩,被否决,判决侵权。

答:诗的体裁特殊,也许不能一概用字数说明问题。可是,一审法院自己判的案子就有一本十八万五千字的著作中抄人二百字被判为侵权的实例。更何况周叶中抄袭的都是王著中的精华,有的还是人家具有独创性的理论概括!更有意思的是:该案的审判长与王——周一案的审判长同出一人,您看世事有多么奇妙!

客:“散见各章”,说明抄的普遍性,也是“量”的反映。

答:在普遍之中又见手段的隐蔽,证明抄袭不仅严重而且恶劣。

客:判决说是“根据本案具体情况”,又没实指,到底是什么“情况”?

答:判决这段话的行文用“故”连接上下,似乎字少与散见正是“本案具体情况”,那就该写成根据“上述”情况才对,判词的本意当然不是。那么,按常理,此处所谓具体情况应与人有关而于事无涉。果如此,无非是案中人有的曾登紫禁城,有的曾经进班房,而这一层缘由是只可意会而不能言传的,于是只好闪烁其词,把具体情况“虚”化了。不过,法院把判决制成“灯谜”要人去猜,岂不大煞风景!

客:杨君佐作证问题,判决也说得不那么明白。

答:这个问题很关键。围绕杨君佐作证,您看二审法院认定的事实:

一、“《论共和国》……和《再论共和国》的作者为王天成,王天成对上述作品依法有权主张著作权。”

二、“杨君佐的论文《共和与民主宪政》的部分内容,与王天成《论共和国》第四、五部分基本相同。”

三、“但杨君佐的论文发表于王天成的论文之前。”

四、“杨君佐虽出具了关于其论文的相关内容系经王天成授权的书面证言,但其并未出庭接受质询,故一审对王天成的相关主张不予支持,并无不当。”

这四点事实包含哪些问题呢?

第一,王、杨二文内容“基本相同”,杨文既“早于”王文发表,二者都是学术论文,整章相同,绝非巧合,为什么不认定王天成抄袭?

第二,“著作权自作品创作完成之日起产生”,法有明定。王著完成于 1999 年 6 月。“2000 年 3 月”《法律科学》发表了署名杨君佐的论文。上引的二审判决笼统地认定“发表于王天成的论文之前”,是“发表”之前呢还是“创作”之前,竟然不敢明示,“早于”之说还有什么意义?这是在判什么呢?

第三,关于未出庭作证的证言的效力问题,最高法院的规定是:“不能单独作为认定案件事实的依据。”重点是“单独”。因此最高的相关规定又要求法官“应当从各证据与案件事实的关联程度、各证据之间的联系等方面进行综合审查判断”。(《关于民事诉讼证据的若干规定》第 66 条)就本案杨君佐的证言而论,除了相关作品可证之外,还有知情证人王焱的法庭证言足以认定,仅以“未出庭接受质询”为口实,对杨的证言“不予采信”,何其武断专横。试想,如无铁定事实证明，杨君佐怎么可能把“自己创作”的专著授予他人享有著作权？

客：一件清楚明白的侵权诉讼，遇上了“葫芦僧”，让人说什么好？

答：杨的这一部分，涉及周氏抄袭王著1200多字，所以得使劲否掉。为了袒护不惜曲解法律，如此判决，还谈什么公正，能有什么权威？所以说这是一把破伞，已经遮不住天了。

客：可是，运用司法手段欺“弱”，这毕竟是个新的典型，得抗争下去，予以救济，任其发展，难免“法将不法”……

答：王天成既是弱者，又是强势。抓住他学子头上的“辫子”，认为可压可欺，是个大错。他已下了决心，要通过审判监督程序进行申诉，不成，再吁请最高权力机关依法干预。他要让周叶中明白，即使是上了紫禁城的学界名流，抄袭了人家的著作，也绝不会“抄了白抄”。他还想让世人知道，他这样执著，不仅仅是为了维护一个公民的权利，而且是为了净化学术风气，纯化学人灵魂。这是利在学界、功越当代之举，我与志强当然会奉陪到底。说得雅点，要与天成共命运，同呼吸！

客：明天开始，夜将渐短；可是，忧心很难舒展：昼长岂奈浓雾何！

答：长宵永昼，阴晴圆缺，凡属规律，谁能抗拒？前程会有坎坷，只要踏实前行，终会迎来朝霞，谁也拦不住万丈光芒普照大地。我绝不怀疑，历史终将证明：王天成作为一个正派的学人，是真正的强者！

如此判杀，如是复核，敢问以何“至上”？

问得似乎有点儿怪，然而出之于实际。您信吗？在司法程序中，规则归规则，实践归实践，它们是两家，往往不搭界。只是不知频频号召“人民利益至上”的人民法院何时才能跳出这个怪圈？我当然实有所指。

2010年7月1日，《关于办理死刑案件审查判断证据若干问题的规定》、《关于办理刑事案件排除非法证据若干问题的规定》（以下简称《规定》）同时明令施行，不料两周之后就在缺乏可信证据支持的情况下，突然对关押近十年的被告人执行了死刑。律师参与“复核”程序竟被无端拒之“门”外，若无其事。震惊与困惑之余，为毖后计，无妨回顾一下这个案例——

检察院据公安厅指控，起诉张启生贩毒运毒两起：一、1998年中秋，张将“300多块（约100多斤）海洛因从云南运至广东贩卖”，但除认定另一被告人“陈俊国分得赃款5万元”外，其他情节，一概阙如。二、1999年11月，张又购得海洛因108斤，准备销售；经由陈炳锡商请同案被告庄顺盛购买，并由另一被告罗建光协助联络。罗、庄交接时，毒品被截获。

张启生否认罪行，惨遭刑讯。

一审辩护律师提出证据严重不足，认为指控不能成立。

一审法院支持公诉意见，判处张启生死刑。

北京五专家就死刑之判进行论证，联合发表意见，全面支持律师的辩护观点，认为判决失据。专家中有两位是最高法院“咨询委员”。

张启生依法上诉。

我受托介入二审讼事，于2005年1月11日会见张启生。事前他写了一份书面材料交警官转律师呈二审合议庭。我当即致函该案审判长，全文如下：

省高院刑二庭

张启生案合议庭、李毅审判长：

今天会见张启生，看守所的警官交我一份张启生手书的《我的陈述》24页，嘱转呈。

材料写于2003年11月26日，12月5日，2004年1月14日，2月28日，6月8日，9月1日。

材料主要涉及：1. 他本人没有犯罪；2. 他在侦查期间受严酷的刑讯逼供；3. 他过去在侦查阶段的供述大多是侦查人员写好，而后逼他签署认可的；4. 他检举了庄永生、陈炳锡以及相关的官员（主要是汕头机场的许华明处长）的严重的犯罪问题，并提供了重要线索。

考虑到上述各项问题于诉讼至关重要，特予转呈，并请附卷备查。

关于本案涉及的各类问题与各种情况，拟于详细阅卷之后，另行报告。

顺致

敬意

张启生律师

张思之

二〇〇五年一月十一日　于广州

查阅卷宗，大开眼界。全卷59本，册页无序，胡乱交叉，前后颠倒，极其混乱。竭力排查，几经周折，理顺情况，依据事实得出三个主要判断——

一、涉及第一项贩毒罪行的材料：经查既无卖主，也无买主，不知货款，说不出收益，甚至无人见到标的物。判决说："有证人证言……与张启生在侦查阶段的供述可相互印证，证据充分，足以认定。"断言货卖"普宁果陇镇"，但最终也无能在那个小镇上找出一个买主。

"分赃"一节，判词说法颇不一致。先是说"卸货后，留了一部分给陈俊国销售"，"还给陈多少钱忘记了"。"谁"留？留了多少？"销售"多少？货款交谁？陈是从中分成还是独得？既给陈以"货"，为什么还要"给钱"，而且竟然不记给了多少！所有这些，统统没有交代，却有另一个说法，是："过后，陈炳锡拿了五万元给陈，称是张启生答谢他的。"这与张启生"给钱"的认定又显然不相一致。陈俊国的一审律师郑重指出，认定陈收取赃款一节证据不足，但判决硬是单凭"证言与供述"就做了认定。

"运毒"之判，同样没有根据。

总之，第一项罪行的认定，没有可信的证据支持。

二、涉及第二项罪行的材料：经查，一审判决依赖的"证言"，在主要之点上也不一致，且大都出自"传闻"，有的竟是基于"编造"。毒源问题，更与外地检察机关相关起诉书的认定不同，似与张启生无涉。如此证词，根本没有证明力，显然不应作为定案根据！

三、判决认定：案中第二被告人庄顺盛有立功情节，减轻刑罚，判处无期徒刑。可是，材料证明：张启生的立功情况不仅与庄的立功情节类同，而且多于、重于、早于庄顺盛，但竟被侦查机关轻率否定，一审支持；坚持立杀，不免不缓。个中蹊跷，耐人寻味，发人深思！

深知情况复杂严峻，重要证据有疑，再三申请开庭审理，展开质证。法官明示："我们这里，二审案子都是书面审理，没有例外。"无奈，于2005年3月1日交出了书面意见。

法官催要辩词，急如星火；递上之后，却迟不下判，审限早已越洋过了"爪哇岛"。其间曾与审判长交换意见，痛感他根本不熟悉案情；也曾取谅解态度：那么多又那么乱的案卷，让"日理万机"的法官怎么承受？建议他"发回重审"，则以"不好办"作答。因为一审之判是请示过高院的。如此这般，除却苦等，如之奈何？

孰料峰回路转，等来了一个最高指令：死刑案件，二审必须开庭。省高院于是撤换审判长，另组合议庭，在整整“停摆”三年之后，于2008年3月6日开庭审理了。法庭之上，不同观点对抗激烈，法院依然难以下判。传闻有“不杀”之议，报省政法委被严词否决。独立审判，谈何容易！“这里……也不例外。”

待判之中，更见“柳暗花明”，最高法院明令收回死刑复核权！省高院于该年10月13日裁定“维持原判”之后，报到最高。那个时辰，最高“复核”，在我心头简直是一派光明！

我接受委托代理复核程序的讼事，十分慎重地报请事务所给最高法院的相关合议庭写了封公函，郑重要求听取律师意见，希望指示“阅卷”的时、地，该件全文如下：

最高刑一庭，
广东张启生死刑复核案合议庭：

我所张思之律师是张启生案的二审辩护人，受托担任该案死刑复核程序的辩护律师，特呈上委托书，请予审核。

该案二审久拖，可能会有新情况、新材料入卷，故请指示律师可于何时到何处查阅案卷。

该案涉及的基本问题律师在辩词中虽有陈述，但因背景复杂，另有重大问题应当呈报，诸如侦查机关扣押被告人的巨额钱物并不随案移送法院，造成审判工作的被动（参阅高院终审裁定书第68页关于当事人的“请求可向扣押财产的执行机关提出”的判词），其做法不无“图财”而影响讼事之嫌，凡此极盼指定时间与地点，俾便听取律师的陈述和意见。事关生死，恳请允准。

据知张启生家属依规定另聘有律师执行职务，我们将加强联系互相合作，遵照贵庭要求，做好死刑复核的辩护工作。

静待指示！

联系办法如下：

1. 事务所电话：(010)68083211/68083212

2. 事务所电邮：wlzy@ wlzy. cn

3. 张思之律师电话：× × × × × × × ×

顺致

敬礼

北京市吴栾赵阎律师事务所

主任：吴以钢（签名）

二〇〇九年二月二十三日

公函发出，又以案卷多、任务重反复告知“委托人”勿按常规催办，而应给予大法官们充分的时间细细考量。一片苦心，满腔热忱，日日静待大法官召唤。没有人能估量出上述两个关于证据规则的《规定》给我带来多大期望。尽管尚待完善，毕竟感到了光明前景。再没料到有朝一日风云突变，有人会把《规定》演变成一纸空文！我不知道，善良的人们该吸取怎样的教训……

7 月 20 日，张启生妻子打来电话，痛哭失声，喊道：“他们把人枪决了，通知我去领骨灰！”“你难道一点儿也没有听说？”

这可能么？大法官对律师原来也能根本不屑一顾！

死刑复核，至今没有规则；但作为办案法官，不管您有多“大”，难道不该问问被告？难道不可以见见律师？难道你们连一句也许并不入耳的意见都不能听取？诚然，你们有权。可是，你们的权力真的能够“大”过你们以“两院三部”名义发布实施的《规定》？看那上面讲得多好：“办理死刑案件，对于以下事实的证明必须达到证据确实、充分：（一）被指控的犯罪事实的发生；（二）被告人实施了犯罪行为与被告人实施犯罪行为的时间、地点、手段、结果以及其他情节”；（三）～（七）略而不引。（见《规定》第 5 条）白纸黑字，盖有红章，你们核了哪一点、哪一项？哪一点你们“复核”清楚，并且达到了“确实、充分”？你们甚至连被告人都没见上一面、问过一句啊！

天哪！这是 21 世纪的司法实践吗？专制恶吏也不至于如此判案啊！

事后传来信息,说最高法院突然“核准”,源于省里行文坚主对张案维持原判,即“判处死刑,没收个人全部财产”(注:据查扣清单,数在七千万元以上)。不能不从,实不得已。我对此没有怀疑,至今手存一个相似的案例堪作印证。那是最高的上届领导,迫于省委压力,主要是担心每年“两会”不投《工作报告》的赞成票,竟然同意省法院冤判一位爱国护乡的守法港商,目的是吞并人家的巨额投资连同“专利权”。原省委副书记、组织部长看不过,致函李锐老先生,请求他就近报告中央进行干预,还人公正。(此函原件仍存)现职第一书记受巨大利益驱使,于是亲来北京活动,以省“人大主任”名义(此名义,正与人代会的投票相关,这就是政治吧?)面见“首席大法官”,终能拿到最高旨意,指令省高院判那港商20年的长期徒刑。投资与专利呢?统统化为“国有”了。须知:正是省领导的夫人操持着那片新的园地!李锐老先生气得火冒三丈,他写给中央领导人的信件前后十几封(有复印件可证),则统统化为“乌有”了。而今张案如是炮制,孰知是为了什么?纵有考量,不拟揣度;石出有日,我能等来。

几乎同时,张启生妻子根据二审“可向查扣财产的机关提出”的裁定,已就扣押、查封的“家庭财产”中的应得份额,自住房屋和妇女佩戴的金、玉饰品等“个人财产”,申请发还,以维持全家十余人口生计,从而有助于社会的稳定。有人说这是“与虎谋皮”。但卷中没有任何材料证明被扣封财物属于“毒款”,值得注意的是,一审判决的一系列相关措辞对此也不否认,关键是张妻炒股获利数千万元,笔笔都有账可稽。据此可知,此请关涉法律,影响人民利益,不知能否以“至上”考量,掷还弱女?人们也只可拭目以待。此刻,我为弱女祈祷!

二〇一〇年八月十五日,抗日胜利纪念日　于北京

玩弄证据，背离正义

——读李庄案一审判词有感

粗读李庄案，得鲜活印象：主持审判的法官，支持公诉的检察官，被告的律师，在李庄参与下，无不做了相当精到的演练。16个小时的唇枪舌剑、嬉笑怒斥，对法律问题的理解互存歧义，对证据的态度颇有区别。一审判词则提供了虽不典型但却生动的判例，证明非法不公的程序无助于实现辩护职能，不可能达到实体公正。其基本内容印证法大教授王涌博士十年前提出的著名论断："在法律时代，背叛正义所需要的已不再是暴力，而是技巧。一是曲解法律，二是玩弄证据。"他讲得动人心魄，多么中肯！

人们记得，那篇以《律师造假门》为题的"核心调查"，透露出一个消息：李庄一到重庆，即受到非法监控，随之而来的是"陪同"会见，监视监听，全程录像（庭上不予出示），收集加罪律师的证据。办案律师，顿成异己；异议歧见化为异端邪说。大"敌"当前，于是"抽调（三个）专案组、（一个）总队、（三个）分局的民警组成专案组"（引见一审判词），意欲痛歼。而受控律师并不"知己知彼"。面对阻力，操作中又少了点理性修养，抗争中更缺乏适度节制，于是陷入重围；顷刻之间，惨遭灭顶。专案组用兵之神速，未闻先例。司法问题，偏离了用法律解决的方向，这是案中矛盾发生发展的总根源。

专案组办理讼事的成败得失，无须做历史的考察，文革盛行，应知其恶。法治时代，这无疑是极其落后的审判制度与组织形式；而今重拾，实属倒退。

专案整治李庄，声势浩大，却少不了龚刚模。龚是否曾受刑讯，实是案中焦点。一审不审不问，有违审案理讼常规。比如有无刑讯的鉴定，法官未经质证，判词硬下结论只好语顾左右，说："司法鉴定检验报告也不能说明'龚刚模左腕部色素沉着、减退区系钝性物体所致擦伤后遗留'是被刑讯逼供所致。"不否认龚体有'伤'，且"系钝性物体所致"，那为什么不查问：他被押于监所，是谁用哪种"钝物"致他受的伤呢？为什么要"致"他成"伤"呢？公诉人一句"造谣"就让事实真相滑了过去。法官予以支持，根据却是："公安民警、医生的证言，在押人员身体检查情况与龚的供述相互吻合，因此应断定不发生刑讯逼供问题。"

果真如此吗？姑且不论民警、医生证言未经质证，身体检查之说不无疑点，总之都不能作为证据使用，更何况它与龚的同案犯樊奇杭当庭历陈惨受刑讯的情节天差地远，而樊供与当初龚本人告诉律师的情况又绝无二致，"相互吻合"，有什么理由不予采信呢？

我们的辨析引发出要害问题：龚刚模的"检举"是否真实？无妨考察一个细节：一审判词认定，"公安机关因办理文强一案提讯龚刚模时，他揭发了李庄教唆其编造被刑讯逼供的犯罪行为"。可是，前此警方通过那篇《律师造假门》认定的却是另一番情景：龚在狱中突然表现沉闷，连续数日，终于在忍无可忍的状态下，按下警铃，报案检举了李庄律师。据知跟着还写了书面举报。先不说这份书证竟也未当庭交付质证，这里接受口头与书面检举的只能是看守所警员，绝非承办文强案的专案人员，无可争辩。至于对检举人的心态描绘和具体实施的细节，差别之大，不言而喻。两种不同说法形成的矛盾折射出"检举"本身确有重大瑕疵，作为推断事理的法官怎么可以轻信某种说法而不过细审查？

众所周知，证言因其符合诉讼中的直接、言词原则而受重视。但这种证据很不稳定，常有争议，证明力不强，错判冤案往往由此而生。是故刑诉法在规定作证是公民义务的同时（第 48 条），明确要求"（法官)听取各方证人的证言并且经过查实以后,才能作为定案的根据”(第47条)。最高法院据此作出司法解释:“证人应当出庭作证”,两种例外:一是“未成年人”;二是“庭审期间身患严重疾病或者行动极为不便的”,经法院许可,可不出庭。综观这些规范,听取证人的陈述实是审判权的组成部分,是无可替代的权力;同时又是行使审判权的必经程序和法定要求,属义务。李案一审判词解释说:“证人均表示不愿出庭作证……且法院不能强制证人出庭作证。”这无疑是曲解。有些证人在押,已失自由,要他出庭还用“强制”吗?判词还说:“公诉机关宣读未到庭的证人证言符合法律规定。”问题在于:“未到庭”,是否合法?还有,公诉人的宣读往往断章取义择其所需,不经质证,难辨虚实。宣读的如是“询问笔录”,又只能认为是控方工作记录而非当事人提供的书证,是否真实,应经被询者认定。然而所有这些,法官一概不理不顾,硬是专断地判定当事者伪证!

人们要问:李庄伪了什么证?表现形式是什么?与此相关,李与控方证人没有接触,他们做的哪些证受到了怎样的“妨害”?对这些既不能如实回答,凭什么加人以罪?

判词说:“从犯罪构成上讲,(李之罪)属于行为犯,不是结果犯。”可是,如无证伪之果,伪证何以成立?从犯罪构成分析,本罪侵犯的客体,一是司法机关的刑事诉讼活动,二是公民人身权利。考察李庄的行为归根结底无非是会见被告、了解情况、调查研究,还未进入诉讼,他的行为侵犯了哪种客体?客体不存,罪名何能成立?

然而事态的发展未出所料,一审还是效其前驱,援引《刑法》第306条把无辜判了罪。我们的料中,源于那篇“核心调查”针对306条所写的那段洋洋洒洒、豪情满怀的文字:技止此矣,不过如是!刑法修订至今13年来,律师因306条被误用而蒙冤者数以百计,立法技巧不慎带来的恶果,该彻底改正了。否则,辩护制度必将弱化、难免蜕变。

李庄获罪了,二审一定会维持。对此似乎不必灰心失望。正可通过此例深入探讨该怎样推进法治的发展达到功成;律师则正可从中汲取教益,以精湛专业和自强风骨不屈不挠、义无反顾地为律师制度的健康发展竭尽全力。错案不免;功成有期:我们应看到希望。

二〇一〇年一月十四日　于北京

李案虽结，疑窦犹在

李庄案因其引发了一系列令人关注的现象和问题已成为具有公共性质的事件，影响广泛，不会成为过眼云烟。

李庄事件是当代中国社会上层建筑领域，诸如法制、政治、道德、伦理、监督、舆论等方面负面现象的集中袒露，是时代的产物。

从辩护制度方面考察，李庄事件是中国现行辩护制度的特殊形态，一个怪胎；它的出世因有其复杂的缘由和条件，但并不具有必然性。用什么样的态度对待这个产儿，反映着中国律师的“成熟度”，实证着中国律师在国家法治建设中是否能够起到支柱作用。

伴随李庄事件出现的李庄现象，游荡于一出“活报剧”的始末，以其具体鲜明的形态，给我们重新提出了那个严肃的课题：当代中国律师应以什么样的方式和内涵树立形象，塑造人生？

事件看似混杂烦琐，一经梳理，眉目、疑点倒都清晰；虽少科学价值，却有“史”的意义。

李庄已定格在历史上。李庄辩护人的有力辩护也将留下历史的印迹。历史人物，古有“岳—秦”，今分“江—甫”①，他们之间更有各式各样的中间人物，何尝不是鱼龙混杂、良莠不齐。现今讨论李案，只应涉事，无须臧否人物；更不必背上李庄扔下的“包袱”责东怪西，怨天尤人。积极的态度和恰当的方法是把一切消极因素转化为精神财富，使之成为建设合理法律制度推动社会前进的重要元素，同时

① “江、甫”指小说《红岩》的主角江姐、甫志高。

为塑造健康活泼、确有尊严的人生积累丰厚资源，或者引为镜鉴。为此提出疑窦，意在求实；分别列出，便于剖析；不揣浅陋，敢烦同道切磋。

一、重庆打黑，以“快”为主要特色。可是最先审理的黎强一案却至今未决。疑其与律师优秀辩词命中指控的要害、驳倒起诉有关。这是中青报那篇《核心调查》长文痛打律师的由头。该文大有来头，不同凡响。据此我推测，律师一到位，就受到监控。不识其中厉害者，难免灭顶之灾。律师执业如此凶险，何能避免打黑越轨？

二、上述中青报长文说：“在龚刚模按响报警铃（检举）之前，李庄等人妨碍正常司法的行为已引起相关部门的警觉……看守所依法做了详细记载。”那么——

所依何法？“记载”的主体既是“看守所”，试问所记的依据是什么？既称“详细”，必有过程，始于何日？止于何时？要害是李庄行为何处违规？何处涉嫌犯罪？

还有，如此重要证据，何不提交法庭出示、质证？

三、李庄会见被告，有会见记录，一审判决为何将它排除于证据之外？与此相关，记录人马律师为什么不能到庭作证？二审传唤六位证人作证，马在当局监控之中已失自由，“不愿”之词，岂能服众？

四、龚刚模检举李庄罪嫌，开古今中外当事人检举辩护律师的先河，极为蹊跷：

（一）书面检举，电脑打字，出自何人之手？龚的签署为 12 月 11 日，即在李庄专案组建成的次日，那么，建“组”的合法性依据是什么？

书面检举，通篇限于民事行为，不涉“伪证”，更无编造刑讯之说，故不敢拿上法庭质证，那么，检举由何而起？是否有诈？

（二）口头检举的时间、内容、背景及接受对象，正式的说法统统先后不一，如何解释这些矛盾？

（三）刑讯问题是李案问题的关键，下列三点不能排除：

1. 法医鉴定结论：龚的左腕部色素沉着、减退区系“钝性物体（如手铐、钝性物体碰撞等)②所致擦伤后遗留”,含义十分明确。对此,公诉人说:这并不能表明龚刚模被刑讯过。对此,龚在二审法庭上以试探性口吻解释说:“(这是)去年四五月份海南玩儿的时候不小心划伤的吧。”前者强词夺理,姑且不论;后者歪曲事实,应问:何物所划?划、“擦”有别,为何不能依法医结论得出判断?要害在于:法官凭什么支持了二者的妄辩?

2. 龚案中有十多人痛陈曾被刑讯,基本情节与龚对李的诉说相似,为何不能作为旁证立案侦查?为什么轻纵刑讯的施行者?

3. 李、龚谈话,不涉及“伪证”,不涉及李诱使龚编造刑讯借以翻供,均有“笔录”可证,有什么理由否认?

五、一审开庭之后,有官员造访李庄劝降;李表示有错但无罪,但可修改上诉理由作为妥协。二审开庭之前,另有高官访李,经“谈判”,李表示“认罪”,对此有以下疑问——

(一)官位再高,如非法官,也无权会见二审阶段的“未决犯”,这是规则,凡夫不能逾越。薄熙来代表在讲李庄案时也说:“哪一个界别都没有超越法律的特权!”讲得好!但转念一想,薄代表讲的是“界别”,没说“人”,看来在重庆还是有人(不论属于哪个“界”)可以越“界”的!是耶,非耶?

(二)李庄与高官妥协的条件应是“认罪,判缓刑”。李当然清楚这是满盘皆输的条件,为什么能够接受?由认错到认罪,这个过程中发生了哪些让李心动的异常情况?高官下了什么筹码,迫使李由认错转变为认罪?

(三)高、刘二律师得知李已认罪,在二审开庭前夕。从庭上情况看,他们并没有及时向陈律师通报使之有备,这是基于哪些考虑?

李庄本人当庭告诉律师:“一月二十四日已交了悔罪书”,此举更不知想解决什么问题?

六、重庆当局电致司法部,指责李庄“妨碍司法”,说有录像可证。

---

② 括号内所引,出自网上发出的一个版本。

律师要求法庭出示，竟然否认录像的存在，其中有何奥妙？

七、薄代表说李案（二审）有六个证人出庭，“我们近年来审理任何一个案件有这么多证人出庭吗？”据此他断定程序合理合法。如此说来，一审不让证人出庭，一个也不出庭，岂不无理、非法？可是，二审裁定却断言一审的“程序合法”，这不是公开扯谎吗？

再说，薄代表讲的“六证出庭”仅是事务的一个侧面，另一方面是，辩方的证人尽管极关重要也硬是一个都不让出庭，试问薄代表：这么干合理吗？合法吗？

展开来说，疑点尚多，为避琐碎，权且打住了。

二〇一〇年三月十二日　于北京

第三部分

何故捕我律师？

——为“台安律师包庇案”辩诬

一、律师辩护遭捕，人民拭目以待

1983年11月20日，辽宁省台安县某厂女工赵某（22岁）服毒自杀身亡；26日，该厂厂长徐军（27岁）以强奸赵某致死被捕。县人民法院作为一审开庭审理时，法律顾问处指派王力成等出庭辩护。后因案件管辖权变更，改由鞍山市中级人民法院作为一审，1984年5月21日开庭，律师王志双和王力成作无罪辩护。法院未予采纳，判决徐军犯强奸罪，处死刑。徐不服，委托王力成等代写了上诉状，王志双并致函省高院，请求慎重复审。省院驳回上诉，维持原判。1984年7月3日判决执行。

一个月后，8月9日，曾与徐军同监的另案被告人王长久揭发王力成“包庇强奸犯徐军”。10月14日，鞍山市人民检察院逮捕王力成、王志双，12月15日又捕了县法律顾问处主任王百义。这就是震动全国的辽宁省台安县“三律师包庇案”。

1985年8月，人民日报记者在一家刊物上发表署名文章说，所谓“律师包庇案”，经调查，确认是一起错案，“其下文如何，人民将拭目以待”。人民正在拭目，他的鞍山同行就把“下文”写了出来，据《鞍山日报》报道：“台安县律师包庇案真相大白”，宣告对王力成作出了“免予起诉”的有罪处理。然而这“下文”并没有结尾。王力成依法提出了申诉。分属北京、辽宁、黑龙江的三位律师，接受王力成等人的委托，在上级机关的指导下，组成律师团，迎着关外的漫天风雪，进行了实地调查，弄清了所谓“律师包庇案”的真相：确信徐案辩护有理，律师无辜被诬……

二、疑案应辩，律师何辜？

“律师包庇案”源于王力成等参与辩护的“徐军强奸案”。该案发生于1983年“严打”之初。辩护律师王力成在法庭上提出了三个问题：(一)徐案有四个尚未排除的疑点；(二)法医鉴定违背法定程序，脱离客观实际；(三)女方的死因存在着外来因素。检察员当庭对此未置一词。现在只好凭借案卷记载的当庭阐明的若干论据，对辩词的正确性作出考察：

第一，关于疑点仅举一例：公诉人指控的作案时间有问题；两审裁决对这点的认定也不一致。卷中至少有七点证据，说明被告人“作案当夜”两次进入女方宿舍，第二次从午夜零时入室至次日五时离去，这否定了起诉书的断定。疑得有理！

第二，关于鉴定结论。这是定徐“强奸罪”的主要证据，但卷中在这点上竟有四个问题：

1. 尸检原始记录中的一些内容，在三日之后作出的鉴定报告中有重大改动，所改之处又与事实不相符合。

2. 尸检记录：死者两腿内侧有“皮下出血”。半年后，尸检的检查人在上报省高院的证明中说：因为面积太小，没有照片。

3. 至于皮下出血是何时由何物所致，三个检验人的看法不一。有两人说，不能认定是何物在生前何时形成的，但不是手掐形成的。而鉴定报告的执笔者写的是：“生前手足之类物体暴力形成。”曾请教这位法医：用手形成或可断定，由足形成从何查知？用“力”形成或能理解，此“力”属“暴”有何依据？他回答得没有讨论余地：“俺水平不高，就这样认识！”此话至少表明他是凭主观认识，并无科学根据。因而不能据此认定徐军实施了暴力。

4. 尸检笔录和尸体腿部照片未入卷，复查时才从法医手里要出；经查，尸检主持者、检察人员、拍照和记录人员等，均未按《刑事诉讼法》第76条的规定在记录上签字，违反了法定要求。总之，这样一份有漏洞、有争议，又未经查证、手续也不合法的鉴定结论，显然不能作为定案的证据。律师的辩护有理，已无必要多作辩白。

然而，检察院却坚持这样的判断："技术鉴定结论和徐军的供述相吻合，证明徐军实施了暴力。"这个判断是否正确，关键还在于徐的供述是否可信。

据1983年11月28日预审记录，预审员问："如果检验（死者）大腿上有伤，是谁弄的？"徐答："那就是我造成的。"另据1984年5月14日笔录，徐军就此作了说明："我在逼迫的语气下，违心地承认赵身上的伤是我搞的……"为了证实他的这个说法，弄清真相，又于六天之后请求法庭开棺验尸。这个请求符合《刑事诉讼法》关于被告人得"要求重新鉴定"的规定，不料竟被执法者用"尸体已火化"这个谎言（实际上尸体是土葬）拒绝了，这应认为是审理上的一大失误，当无疑义。

第三，关于女方死因。审查全卷，死者服毒，至死没有一句话怨恨被告人，反而在徐妻（死者姨母）面前一再为徐说情，替徐解脱；只是在徐妻一再追问和哭闹下，突萌死念，喝了敌敌畏。服毒后还抱住徐妻的脖子说："老姨，我对不起你！"这些细节，都有证可查。

据此辩护，显然有理。其实，问题并不止于辩词所列各点。应该说，徐案的每一个关键性情节中都存在辩护证据。研究一下这些辩护证据，即使不是刑法专家也会得出这样的认识：徐案确有重大疑点，排除不了。这里不妨再说一例：女方住室两侧，当夜住有工人，屋不隔音，白天说话清晰可闻。夜深人静，施行强奸，女方既有"反抗"，更有"斥责"（见省高院裁定书），竟无一人听到这种异常声音，而且作案时间长达五小时之久，谁能说此案无可疑？

莫非疑案就不可定？当然不能！疑案存疑，是公认的原则。疑不排除而判人有罪，古代良吏尚知其不可，在加强社会主义法制的今天，岂能如此轻率！至于不重视程序法的严格要求，在徐案中也表现得相当突出，上文已有所涉及，篇幅所限，不再详述。

律师对案中的疑点和执法者的失误依法指出，证明我国的律师制度绝非摆设，这是令人欣慰的！

三、这里没有疑，全然是错捕

然而，为徐案辩护的律师还是没有逃脱权力拥有者的无理追究，他们被确认犯了“包庇罪”，于徐案结束三个多月后被捕了。一份具有权威性的“复查报告”有一段话概括了检察机关的全部论据：

“（王力成）不顾事实，违背律师的工作原则，按（被告人之父）徐起化的指使，把罪该判处刑罚的犯罪分子按无罪辩护，还利用职务之便，到看押场所向徐军透露案情……并为被告徐军翻供出谋献策，企图同被告内外配合推翻此案，使被告逃脱法律制裁……”

这里含有三点指责，但却统统不能成立。

先说为翻供出谋献策。徐军翻供始于被审的次日，当时还无律师参与诉讼，在 1984 年 1 月和 4 月的两次预审中他还陈述了与女方“通奸”的细节。5 月 12 日，中级法院开庭前，律师会见被告人，徐又主动诉说他未犯强奸罪，并列举了九条可以证明他未犯此罪的根据。尽管律师一再讲明，要如实陈述犯罪事实，否则将拒绝为他辩护，徐仍坚持他未强奸。由此足以说明，律师为徐军翻供出谋的指控，出自虚构。

还应指出，上述指责含有“翻供非法”的意味，这是令人奇怪的。在侦查和审判实践中，审讯人员往往只注意“被告人的供述”，而忽略被告人的辩解。可是，辩解如能“证明案件真实情况也是证据”，为《刑事诉讼法》第 31 条所明定。把先已供认后又辩解视为无理而不予理睬，由此发生错案冤案，实践中常有，历来为审讯之大忌。就徐案说，对被告人的翻供，法院在审理过程中既已忽视未加明察于前；结了案，检察机关复以所谓“为被告翻供出谋献策”而问罪律师于后，这能说体现了对法制的尊重吗？

有人认为，徐军要求开棺验尸是律师的策划。果真如此，这难道不是好主意?如果真的开了棺,一个基本事实不就有可能大白?检察机关说"这是(与被告)配合!"即使如此,这样的一种配合何罪之有?又与"干扰审判"何干!

再说按无罪辩护。上已提及,徐案有重大疑点。且不说疑罪应从无而不能从有,仅从案卷证据材料来看,认定被告人的行为是通奸而作无罪辩护,也没有错。有人说,律师在县法院审理时是按有罪辩护的。这是事实,但绝不能以此说明后来作无罪辩护就是包庇被告人。此案律师先以为被告人有罪,后来根据所得材料知其无罪,于是改变观点,应属天经地义,有何不可?检察院在"律师包庇案"上,不是也有"立案—撤销—再起诉—免诉"这种改变的反复过程吗?

最后说关键性的问题——"透露案情"。此说源于徐军同监犯王长久的揭发。在徐军案件了结后一个多月,王长久被宣告无罪释放时气愤地说:"王力成担任我儿媳的代理人时,诬陷我犯了强奸儿媳的罪,他担任徐军的辩护人,却把强奸说成是通奸,我要检举他。"5 天后他给县检察院递交了检举王力成五条"包庇"罪的书面材料。再过 18 天,又写了一份,除原五条外,又增加了六条新的"包庇"内容。王的揭发先后四次,内容逐次增加,最后臻于系统。王长久的检举材料是否真实可信,可从下述几点作出回答:

一、市检察院就王长久的检举向同监犯翟东峰、孙存久作了调查,认为他们的"证言基本内容一致"。但是翟几次说的前后矛盾。第一次说,徐军被律师提审回监室后公开同大家说,律师告诉他如何如何,仅隔三天,第二次又作证改为,徐军是背着别人单独对他说的。而同过监的陈树华事后对我们说,王长久揭发王力成后找他统一过口径。他以没有听到徐军当众说过律师告诉他什么话,还说,如果说是徐军单独给王长久讲的,他俩不是铺挨铺,中间隔着人,又不睡一头,不能耳语;监规也不准互相说话。这些情形表明对王长久所说"王力成不对被告说,被告徐军不知,徐军不对我说,我不知",并不可信。

二、根据县看守所的会见登记记录和管理人员的证实,王力成五次会见徐军,都是分别同律师孙密文和王志双一道(该所不允许单独会见被告)。而孙、王二律师又都没听到王力成说过那些所谓“泄露案情”的话。看守所的同志还说,会见完后,同去的律师出去叫看守所收押被告人,至多两分钟就转回来了。按王长久揭发的全部内容,如果王力成真要给徐军透露,两三分钟时间是肯定讲不完的。这些反证检察院清清楚楚,然而他们还是极其武断地断言,王力成“确实有单独接触徐军并向他透露案情的时间……王力成一人会见徐军的可能性不能排除!”令人遗憾的是,他们似乎从来未对王长久作过这样的推断,例如此人出狱前后从别人之口得到某些案中讯息的可能性也是不能排除的。他是法盲,近于文盲,一切材料都出自他人代笔,没有别人帮助行吗?特别不能忽视的是,王长久对王力成为其儿媳代理诉讼控告他强奸儿媳所怀有的报复心理。

三、王长久揭发王力成所泄露的案情,实际只有两条,即(1)告诉徐军“死者大腿里部有划伤,但没有伤痕照片”;(2)告诉徐军“勘验现场有六人在场,只有一人签字,勘查笔录三天后拿出来,不合法律规定”。这些情况,在县、市法院先后开庭宣读勘验笔录和鉴定结论时,律师都曾提过意见,被告人早已知道,根本不是秘密。另一部分,如“让被告徐军把强奸罪说成是通奸”、“要被告徐军把一次进入被告人宿舍,改成两次”、“是死者晚上给被告徐军留的门”等,这些都是徐军从被拘押后第二天起开始翻供的内容,直到市检察院的两次预审还反复讲过。市中级法院开庭审理前,王力成、王志双会见徐军时,他还坚持是通奸而不是强奸,已如上述;可见根据王长久揭发就断定被告翻供是出自王力成的“教唆”,那只能蒙住不了解情况者。至于他揭发的其余几点,如“徐军说,死者已经死了,怎说都成”,以及“工厂出了证明,证实被告徐军作案时,没有听到被害人奋力反抗的动静”(笔者按:请看这是谁的语气,究竟是谁的话!)等,这些“透露”,一则王长久出狱前后得知一些情况并不难,再则徐案早结,无法对证,王长久借徐军之口加律师以恶名、罪名,也很容易。总之,凭王长久的这样一份极不可靠也根本不能说明问题的揭发,把包庇罪加诸律师,无论如何是站不住脚的。

四、违法的路，并不总是无阻的

继王力成、王志双被抓走后两个月，那位主持讨论徐案辩词的法律顾问处主任王百义，也入狱了。他被捕时，绳捆索绑，穿行闹市，还有执法者燃放鞭炮。小小台安法律顾问处为一个案件的被告人作了堪称上乘的辩护，却接连被捕走三人，能不轰动县城！消息传出，全国律师界为之震惊，国家最高权力机关也注视着事态的发展。于是，先后几批人，几个调查组驻进台安和鞍山。

由辽宁省委政法委员会牵头组织的调查组，通过艰苦的调查研究得出结论：逮捕台安三律师是错案。政法委发布决定：无罪释放被捕者。跟着，鞍山市检察院对律师宣布撤诉，承认错捕，“三王”终于获释。

然而，权力一旦受到具体的制约，有人就会死力抵制。在律师获释后4个月，检察机关又向中央政法委员会提出了一份“复查报告”。一方面承认“在基本事实的基本证据尚未掌握的情况下就逮捕王志双、王百义是错误的。（历经四个多月的侦查）仍没有得到确凿的证据能证明王百义犯罪的情况下，仍向法院起诉更是错误”。至于错误的性质，则“属于工作中的问题”！而在另一方面，却又断言“此包庇案从总体来看是成立的”。

事实并非这样。因此，这份复查报告受到了应有的批驳，全国人大信访局参与此事调查的李铁流同志当时写了专门报告，不同意它的结论。1984年1月2日，当届全国人大法律委员会张友渔副主任在听取了该案的汇报后明确指出：“三律师案确实是错案。”

1986年9月，负有责任维护律师合法权益的全国律协组织十多位刑法专家进行论证，一致认为徐军强奸是件疑案；指控律师包庇是起错案。论证意见直报全国人大常委会委员长，受到重视，还有三位副委员长也表示严重关注。

五、横插一曲

“刘实雁插手了!”他那篇《我的日记》,写了逮捕“三王事件”中反映出的一些问题!1987年年初刘实雁被批,辽宁有家报社,先于检察机关,派人下去了解,追查刘与三律师案的“关系”,利用批判资产阶级自由化,搞“上挂下联”,断言律师犯下“包庇罪”,否定了省政法委的正确结论。天晓得作家写“案”同案中之“罪”有什么样的因果关系!

尽管一查《我的日记》,无论从内容上还是从发表时间上都只能说明一点:有人执意要加罪于徐军一案的辩护律师。5月12日,鞍山市的前任检察长亲自挂帅,谎称已“报委员长批准”,率队再将王力成逮捕。跟着就向台安县法院提起公诉。法院未予受理。

六、权力不受制约,公民的权利必遭剥夺

虽然县法院没有受理“王力成包庇案”,但是,被告人第二次又被关押了88天,在被释放那天,《鞍山日报》和鞍山电视台分别报道,王力成被宣告“免予起诉”。于是,我们面前摆着同一机关的先后两份法律文书:一份是1985年4月的“起诉书”;另一件就是这份“免予起诉”书。而1985年的“起诉书”已经撤销在案,那么,这后一份文件中是否增了新的内容?细加比较,除去文字上的润色外,的确加了一桩事,即王力成在讨论徐军案件辩护意见的会上说:“说徐军有罪也行,说无罪也行,按通奸辩太明显,我们就给他铆钉子,让法院定不了。”

经查当天讨论记录,没有这段话的记载;所有会议参加者都说,王力成没有发言。可是检察院的同志说:这是出自王志双的揭发,怎么会错!访问王志双,他说:“当时在押,身体很差,抵不住一再逼诱,就把王力成平日爱说的那句”铆钉子“的意思搬出去了,其实他当时根本没说话。”至此应该说这一指控可以否定了。但不行。理由是:王志双改口是由于眼下的形势变了。从而坚持“铆钉子之说

是干扰审判,包庇被告”。这可真有点儿怪!即使硬要以此定罪,请问:讨论案子说句俏皮话甚至是气话,说到底无非是出言不逊,与罪何干?

除此之外,“免予起诉书”再无新意。人们不禁要问,检察院于撤销案件之后,在基本事实没有变化的情况下,事隔两年又作出有罪处理,这到底是为什么?令人生惑的是,既然认定王力成“有罪”而且“情节严重”,最终却又以“鉴于该案的具体情况”这一含混其词的说法,宣告免予起诉,怎么解释得通?司法机关有哪个案子不是“鉴于具体情况”作出决断的呢?《刑事诉讼法》第 101 条明明写着“依照刑法规定不需要判处刑罚或者免除刑罚的”才“可以免予起诉”。遍查刑法关于不需判处刑罚的规定总计有八个条款,其中没有一条适用本案,那么,对王力成“包庇”案免予起诉,试问又是以何为据?毫不客气地讲,这不是轻纵就是对检察权的滥用。这里看来只能是后者。有人解释说,鉴于本案具体情况是指“考虑维护被告人的合法权益”,这太费解了。王力成因执行职务而含冤千日,最后得到的是有罪处理,对他还谈得上什么维护合法权益!一个不可避免的结论是:权力不受制约,人们的权利必然受到损害,法制注定要遭破坏。王力成依法提出申诉被驳回,也是一个具体的说明。

七、人们等待着公正的解决

胡乔木在他致律师的“题词”中写道:“律师,神圣之门,又是地狱之门。”这无疑是对律师职业的高度评价。中国的律师确实也没有忘记,他们在“地狱”门前从事的是一种神圣的事业。不管道路多么艰难,又有多少险阻,他们多数人对于事业的执著感人至深。然而王力成等人受到的苛待不是太不公平了么?而且国中又非此一例!

唯一的有资格对检察机关实施监督权的全国人大的上届常委会因此案受到震动;全国三万多律师的代表在第一届全国律师代表大会上齐声吁请公正解决;第七届全国人大期间有几十位代表联名提案,要求有关部门迅即正确处理……然而“免予起诉”的有罪处理至今还压在王力成头上,王百义等还承受着不公正的待遇,执法犯法,加诸罪名迫害律师的主要责任者则根本无人考虑给予应有的法律追究。这公道在哪里?何时是结局!

一九九八年六月

岂容迫害律师?!

广东乐东县律师王向光因执业被捕。道路传闻,未敢轻信;消息证实,同行震惊。昨报载纯属冤案,无辜获释;冤狱得平,稍感欣慰。但又不禁自问:这到底是为了什么?

一件清清楚楚的案子,一份明明白白的辩词,律师的工作堪称无懈,却竟然被加诸罪名,紧跟着为被告人辩护之后,自己又因此而变成被告需要辩护了。身为律师,人身权利尚难自保,谈什么维护他人的合法权益,论什么履行法定的职责?

中国律师制度走了一条多么曲折的路,人所共知。幸赖中央英明,三中全会后终又恢复。五年以来,发展健康,作用显著。可惜在前进路上,仍有重重障碍,怀疑、责难、抵触、反对,各类"左"倾顽症俱有;影响所及,苛待律师的事件屡有发生:当庭斥责、公然恫吓,极力刁难,撵出法庭,直至非法逮捕。我们走得多艰难呵!邓小平同志英明卓见,要求我们发展几十万律师。阻力不破,障碍不除,怎么能达到目标!

剖析乐东县迫害律师事件,无须论证律师与其他方面的分歧,不必断言律师履行职责与罪属"风马牛"。实质就在于是执法还是违法。非法逮捕王向光律师之所以是严重事件,首先在于某些人滥用权力违反宪法和法律。宪法明文规定:任何组织或者个人都不得有超越宪法和法律的特权。此其违者一。辩护权被作为宪法原则赋予被告人,肆意歪曲,此其违者二。律师辩护是实施上述宪法原则的法定方式,法有明定;恣意践踏,此其违者三。至于有违于基本法的其他种种,不另列举。

违法必究,触犯刑律者理应受到法律制裁。

诚然,乐东事件是个别现象,但又绝非独此一起。究其原因,从主观方面看,出自滥用权力,把个人的非法意志凌驾于宪法和法律之上;从客观上看,则是“左”的流毒尚未肃清。不少人只信“攻之者说有”,听不进“辩之者说无”,对辩护制度格格不入。种种非议,由此而起。仅举几例,略作辩正,以利工作,以正视听。

“有了公检法,何必要律师?”非法逮捕审讯律师的奇冤,恰好说明,有了公、检、法,还得有律师。律师的作用何在呢?姑且不论律师的各项业务,仅以配合严厉打击严重刑事犯罪这场斗争为例,律师在搞“准”这点上,作用突出,多次为中央领导肯定。《中国法制报》报道:近几个月来,上海律师辩了3900余件案子,从认定事实、运用证据、适用法律等方面提出辩护意见的近650件,几达六分之一。律师辩护足可协助司法机关维护法律的正确实施,作用独具,无可怀疑。因此律师不但要“有”,而且应大发展。

“律师尽替被告说话,岂不是为坏人开脱罪责?”这种论调非今人首倡,它正是当年取消律师制度的重要根据。按照这些人的想事方法,法院作出“无罪”判决,当属替被告说话即为坏人开脱而无疑义。立论荒谬,不难明察。

所谓替被告说话,在法律上往往表现为代被告人行使他的辩护权。这项权利,是刑事诉讼中被告人享有的各项诉讼权利的核心,也是我国民主审判制度的集中体现。按照法律的规定,实现这个权利的主要方式和程序是“互相辩论”(《刑事诉讼法》第118条),即相互对话。实践证明,互相辩论得有两个前提条件方能有效进行:一是必须实行公诉人与辩护律师,或原告人与被告人,在对话权利上的平等;二是必须实行审判职能与检察职能的分离。没有这两个前提,辩护权不免落空。乐东事件就是证明。

“辩错了,又算什么呢?”这得分析错辩的性质,研究错在哪里,不可一概而论。律师制度重建,队伍年轻,工作不免有失。但为公道计,还得允许我问一句:公、检、法、司,古今中外,一件错案不办,谁家能够?王向光律师的工作并没有差错,却被人专横地关押了,审讯了,这算怎么回事?当代中国律师的社会地位还低,法律上对他们应有的权利也缺乏有力的保障,这都是客观现实。但宪法和法律哪条给你这么大的权力,可以随心所欲地对律师滥施迫害!

此前不断有人以"不要损害司法人员的形象"为口实,要人们容忍那些原本不应宽容的情况。可是,王律师一被关押,不管是否有冤,就有新闻媒体马上向全世界传播了,有家报纸还用着醒目标题:《律师王向光参与制造伪证被逮捕》,倾向性何等鲜明,谁来管它是否有损我律师的声誉和形象!

世上任何事物的发展成长无不依靠自身的矛盾运动。律师也是这样:在党的领导下,依靠自身的工作,去赢得广大群众的信任。我们在工作中可以安于艰苦的条件,但对不堪忍受的歧视与刁难,更有权根据法律,坚持原则,据理力争,为自身的发展创造良好的环境和条件。

律师制度的恢复是党的三中全会后的英明决策之一。律师制度适应了我国加强社会主义民主、健全社会主义法制的需要,适应了四化建设的需要。人民和企业事业单位要求律师给他们提供法律帮助,维护国家、集体和个人的合法权益,许多地方的事实表明,律师对不少案件的正确审判,提出了很好的意见。现在,请律师担任法律顾问的企业事业单位越来越多,请律师做民事案件代理人或刑事案件辩护人的人越来越多,这难道不是律师制度优越性的明证?一句话,人民需要律师,经济建设需要律师;律师工作大有可为,律师队伍必将获得大的发展。

一九八四年四月六日

刑讯逼供何时了？

——兼议律师李奎生案的风波

网络传闻，国际记协宣布，去年全球有数以百计的记者被监禁，其中不乏无辜。不知国际律协有无同类调查，全球律师的景况是否优于记者？更不知我国大陆的律师景况是否好于其他地区？

联想未已，读北京《法律服务时报》，河南律师李奎生案“庭审又起风波”。文章揭示“风波”源于拘捕李奎生的罪名在起诉书中“不翼而飞”，随风飘去；被告要求公诉人回避，经申请复议，都被驳回；以及李本人惨遭酷刑，有斑斑血痕为证。由是展现出一副无情的现实：有些官员的权力已大至无边无际，无由监督，能够为所欲为，不受限制；而平民百姓的权利则又小到生存权难保，更莫说宪法明定的其他权利！这一大一小之间的关系处理不好，所谓平等与公正云云，难免成为饰词，空话而已，由此结出的苦果是不难察知的，令人心忧。

李案不自今日始，“风波”不由本案起，报道中有“又”字可见。李本人前此曾因“仿造证据罪”被诉，后于2000年年底经法院宣告无罪。一年多后再以涉嫌“仿造文书、印章”罪被关押。孰料侦查结束，这回制作的起诉书中竟不列该罪，于是疑惑顿生。诚然，侦查阶段会发现“另有”罪行而应侦办的情况，但是，如把这“另有”变为“另换”，那就注定是“以侦代×”（不知会代什么，故用×代之），从而不免败坏法定程序之嫌了。报道说，李奎生的问题改“由三罪组成，诈骗罪，敲诈勒索罪，帮助伪造证据罪”。我们姑且不论李的“帮助伪造证据罪”

是否如报道所说“似曾相识”,也不说其他两罪“在2000年12月31日中牟县法院判决李奎生无罪案中(是否)也有涉及”,总之先不去查究起诉书中的三罪属于侦查中发现的“另有”或是“另换”,该问的是:原告以“伪造文书、印章”罪请示上级签发拘捕令,有无制造“罪证”欺瞒上级之嫌?如有,那是为什么呢?

律师是公民,犯了罪当然应绳之以法,律师没有也不可能有人共鄙夷的特权;可也正因为律师是公民,故又不能允许有人利用手握的重权恣意剥夺他应享有的一切权利,对李奎生来说首先是诉讼权利。然而据报道披露,他当庭两次申请公诉人回避都被驳回。是在无理取闹吗?否!综观全案,他的申请,理由明白如话:上回你办我的案子,硬指为“有罪”,终被法院否定,以判决无罪告结;时隔年余,尚未履行赔偿义务,却又来指控本人犯罪,暂且不查是否挟嫌诬告,罪名能否成立,联系前一桩讼事,谁能保证你会“公平”办理?申请回避,正合《刑事诉讼法》第28条第1款第4项的规定,理由充足,有根有据。予以驳回,是何道理!如此蛮横,法在哪里?不过话又说回来,尽管回避的申请法有明文,但几时曾见被告人申请公诉人回避终能获准的情况?慢说这件普通刑事诉讼,死刑案件中的类似情况不是也照例驳回吗?徒法不足以自行,历来如此;法律再多,并不等同于法治。一旦执法者把法条看成白纸,再加上芸芸众生救济无门,那会是一种什么样的局面?为补救计,生出设想:刑诉法规定的回避复议申请的核准权可否易手?由检察长批准属下该不该回避常会有失公平,这是大量实践证明了的。

李案审理中的更大“风波”在于:意图加罪还不能罢休,竟至使用野蛮手段,把一个执业律师的人身权利几乎剥光夺净,这到底是为了什么?这不是故作惊人之笔,遍体的伤痕可证。报道说,李奎生“一进入法庭,就揭露刑讯逼供”。他“拿出一把伤口愈合后脱落的血痂,并卷起衣袖和裤子给(人)看伤疤”,从上到下,斑斑累累,此时庭上但闻“欷歔”声:“太可怕了!”……报道未写公诉人面对此景是否遵循《人民检察院刑事诉讼规则》第381条第1项的硬性规定依法实施监督，纠正“对犯罪嫌疑人刑讯逼供”如此暴烈的行径，只是说“法庭给了李奎生充分公平”，没有制止他的揭露。人们会感激主审法官给了当事人以“公平”，然而审李至此，发现行刑致伤，显已触犯《刑法》第247条的规定，仅有庭上的这点“公平”怕未必足够“充分”，倘不能据此提出司法建议，要求依法处理，这不知为了什么？

无可争辩，刑讯逼供是对政治文明的反动，一向为文明人类所不齿。联合国号召“全世界更有效地开展反对酷刑和其他残忍、不人道或有辱人格的待遇或处罚的斗争”，为此制定了相应的《公约》，明示酷刑定义是：“……（为了）取得情报或供状，或为了基于任何一种歧视的任何理由，蓄意使某人在肉体或精神上遭受剧烈疼痛或痛苦的任何行为，而这种疼痛或痛苦又是在公职人员或以官方身份行使职权的其他人所造成或在其唆使、同意或默许下造成的。”（第1条）跟着分两款规定了对酷刑应加惩处（第4条），并要求“确保酷刑受害者得到补偿”。（第14条第1款）还特别规定“主管当局应立即对此进行公正的调查”。（第12条）该《公约》我国已于1988年签字生效，早已与国际接轨。可是岂奈列车不开不动何？外边列车驶进，这厢予以封冻或者不予卸货，徒有接轨何益？多少年来，听到看到违反《公约》，触犯我《刑法》第247条的规定，滥施酷刑的事例不知凡几，民间时闻怨声，识者常有呼吁，刑讯逼供的恶果众所周知，可就硬是有禁难止。请问原因何在？学者多从诸如文化背景、历史镜鉴、社会根源、官吏素质等方面细加分析，但一般都忽略了、回避了一个不容低估的客观存在，即实施刑讯的肆虐者往往借此宣告“破案有功”，于是晋升官阶，获得厚奖，鲜有受罚。有的因此而造成冤案，受害人几乎被执行死刑，仍不见对实施酷刑的暴行绳之以法。也有“主管立即调查”的实例，但那结果又往往是被一纸“文明办案”的自证书蒙混过去。调查者由是以无证可据而不了了之。于是酷刑肆虐依旧，于是升官受奖依旧，君不见云南民警杜培武不是也未能免遭此劫吗？李案中的问题如何了结，人们只剩“拭目以待”，谁有良谋？难道上文指陈的“客观存在”就不能推倒吗？

目前尚无根据断言李奎生是否有罪。如果指控成立，自当依法惩处。现在的问题是：通观这件“河南律师第一案”，它不仅关联着公民权利的切实体现和律师执业的合理保障，案关人权；而且牵连着如何遏制公权力不在官员手上不断异化，从而促进执法环境的日趋清明，事涉治国。因此很有必要行使那“肉食者”经常表示厌恶的“知情权”，动员若干力量，协会牵头，组织起“律师观察团”，跟踪旁听李案的审理，弄清真相，释疑解惑，让公众都能明白，李案的发生、发展以及其间的种种“风波”，究竟是为了什么。似不必担心这样会犯忌。“天塌不下来。”这可是两位老人家先后得出的共同诊断，是对于让人说话（宪法规定的言论自由）可能产生的作用的基本估量。惜乎未达极致。其实，针对一个典型案例，听人发发意见，更会促进法制建设的不断完善，再推而广之，尤能推动国家民主化的进程：功莫大焉，何乐不为？庙堂诸公，幸慎思之！

二〇〇三年三月　北京

证据有疑，试看如何断案？

——再议河南律师李奎生案

继读李奎生案《庭审风波》，又看了“庭审结束”的报道，深感被告人虽是律师，眼下却急需法律帮助。我因判断上的偏差（绝不怪人家误导！）而放弃了帮助他的一次机会，现在也只能案外谈“兵”，维权纸上了。

据报道，李案的核心问题是证据。控方所举的有罪证据，不是取证非法，就是有严重的瑕疵，或者干脆出之于作伪。敢作辨析，以见虚实。

一、关于人证及其证言

这是控方的主要证据。公诉机关申请传唤的人证，包括他们的检察官在内，多达60人次，但无一人愿（或敢）到庭质证。对照《刑事诉讼法》第47条，证言必须经控辩双方当庭讯问、质证，“并且经过查实以后，才能作为定案的根据”，证人不出庭，质证形同虚设，“查实”必定落空，如此法庭调查将因其不符合法律要求而失去效力与效果。

或谓：控方宣读的讯／询问笔录，不是可以用来质证并据以“查实”吗？我说不可以取代。

第一，讯问笔录的内容是不是被讯问者的真实意思表示，须由本人向法庭确认，还应接受辩方的质证和法庭的审查；它不能等同于书面证词。

第二，同案“共犯”的“证言”，姑且不论制作过程是否合法，因所“证”内容与本人有利害关系，不经质证，不经与补强证据互相印证，显然不能“查实”，当然也就没有可采性。

第三，马黎明、史小改的证言，涉及定性，至关紧要，但“像烙饼一样曾经翻来翻去”，（引见报道，意即翻证）不经质证，怎能确定何“证”可信？法庭又据何落实？

第四，控方宣读笔录，往往以“摘要”为理由，恣意删节，把“摘其要者”换成“择其所要”，加之事先不对法庭移送全卷，证据的展示制度又未经法律确立，辩护律师自始就处于不利的被动局面，在这种情况下“质证”，不可能做到有的放矢，准确的辨别真伪。

总而言之，“笔录”虽经宣读，并不能有效地进行质证，无法释疑，无从查实所“证”的真伪。强行质证会在一定范围内限制了、取消了辩护权；又因法官不能履行“查实”义务而在一定程度上削弱了审判权。这就不仅违反了诉讼法的基本要求，且因审理活动的严重缺陷而生法官未尽其责之嫌。

至于非法取证以及证中作伪问题，下文涉及，于此不赘述。

二、视听资料

公诉人说：“法律规定视听资料可以作为证据。”是这样。但什么样的视听资料能够作为证据，“两高”的司法解释和公安部的规章，又有着共同的、一致的要求。恰如杨波律师所说，控方的视听资料因不符合法定要求而“不能作为证据使用”，完全正确。

此外还有以下三点质疑——

第一，公诉人当庭播放的录像，是何时制作？经谁批准？李案有什么特殊性需要制作？

第二，讯问中提出“供述是不是属实”尽管多余，倒也无可厚非；但又必须查明：此问为什么是由“画外音”提出？

还有，实况录像夹杂配音，怎么能证明图像中“答”与画外的“问”协调一致，而且能表明图像所示正是“讯问”现场？我们有理由质疑：

录像又是在什么条件下制作的？

第三，至于向被讯问人提出“有没有人刑讯逼供”这类非法取证的问题，给人以“此地无银”的印象。试问在李案开庭审理之先，有谁提过“刑讯”的指责而需要当事者用录像办法证实其无呢？

还有补充：录像中，马黎明对“你的供述是不是事实的讯问”，“不停地回答：是，是……”记述传神，能从这肢体语言反映出的心态里体察出极不寻常的情况和问题，睿智的法官定会明察。这使我记起另一件事例。也是中原神州，某法庭播放公安人员讯问被告人的录像。图像反映了被告人“回顾”他一年多以前推着自行车在几十里外的某县城买肉作案的经过。这种事后补拍的录像，类如活报剧，无疑不能证实“案情”，怎么能作为证据使用呢？李案的录像，与之相距不远，能证明什么呢？

三、“自证”材料

控方举张会鹏的“说明”，自证“没有对李奎生刑讯逼供”，当庭被揭穿“倒填”了说明的时间。没有必要探究其中的奥妙，既属伪作，自然不具有证据的效力。

值得一提的是：这种自证，在实务中非此一例。记得有一份也是出自神州大地，公安局正式向法庭提出自证材料，行文虽有缺点，然而语气坚定郑重，请看结语：“在整个刑侦、预审工作过程中，始终坚持对人犯进行政策法规教育，以事实为根据，以法律为准绳，依法办案，文明办案，从未对人犯采取过刑讯逼供现象。”实在无必要辨析“自证”内容的真伪，但有两点质疑——

第一，从何推知或得知有人会提出“刑讯”问题？又是谁，根据什么，要你写这种“说明”？

第二，这种“自证”如果采为有效，一审法院援例自证他的判决做到了“以事实为根据，以法律为准绳”，因而正确有效，岂不是可以废除“错案追究”乃至“四级两审制”？所有权力机关如果都照此办理，我们距文明是近了，还是远了呢？

关键在于:张的自证与李奎生身上的累累伤痕互相比较,何者更有说服力呢?

四、模拟试验

李奎生要求公诉人表演能否“将10张考卷抽出来,又再能……塞回去”,借以支持或否定被告人“偷换考卷”的指控,法官对此诚然可以作出裁决,但是“要求(李)改在法庭辩论阶段再讲”的决断却是推诿之辞,而且不符合程序规范,辩论阶段未见“表演”足可证明。法官运用职权,任意颠倒程序,剥夺当事人的诉讼权利的办法尽管并不鲜见,毕竟低劣。如此审案,还奢谈什么司法公正!

现在还不知道李案这些证据合议庭会如何认定,何时决断;但是我知道,涉案的全部真实总会有最终袒露的一天。回避真实、掩盖真相,终将收获最初未能预期的代价,对此难道还有疑问吗?

二〇〇三年四月二十日　北京

不实的律师“伪证”

——凌霄松伪证《纪实》辨析

律师“伪证”，近年形成热门话题。读《检察日报》1月8日所载“凌霄松律师伪证案”，颇有感触，不禁想起几年前写下的一段文字，题为《南下办案有感实录》发表。所感何事，感从何来呢？请摘其要——

“某贪污案。我于上诉审收案后南下调查，取得的证据表明：控方的查证工作在一些重要环节上未按《人民检察院组织法》的规定进行，对个别证人甚至采用了扣押取证的办法。一审对重要证据未予查核，审理极其草率。我将所得证据全部呈交法庭，由是介入诉讼活动。”

“二审公开审理。合议庭认真查核了案中证据，就证言作了质证。舒、胡、罗、龚四人的证言与被告人的辩解互相一致，有根据地推倒了起诉书的指控。然而司法实践总在提醒人们：事态的发展会越出常规——

法庭辩论刚刚开始，公诉机关就有人驱车从法院传走了庭上作证的证人。罗、龚二人被带到检察院后，即被告知他们的庭上证言构成‘伪证、包庇’，如不按检方要求修改，将依刑诉法拘留。怎么回事？是庭外支持公诉吗？于法无据，更何况庭上正在辩论已有检察官反复陈词支持公诉。是‘实施法律监督’吗？可是，法庭查证质证时，控方不能举出其‘伪’；作证甫毕，却在庭外用强制手段要挟证人作伪，这不是干扰审判吗？如此怪事，令人惊诧！

控方的‘拘留’威胁因证人的抵制而未能实施，询问于深夜休止。检方人员（姑隐真名）提出约法四章，明示不准‘再找法院、律师’。不料罗、龚都不践‘约’，将上述被逼种种报告法院，跟着向我们律师作了通报，尔后又分别写出材料历陈经过。”

我幸未涉嫌“伪证”，得免一灾；可是，尽管我按照规定依据程序向有关机关发了建议，作了反映，案中的妨害司法问题不幸终未解决。不过从此我悟出了一条：证言一有变化，就给辩护律师铆上钢帽，指为“伪证”，往往另有文章，甚至还有背景，未见得都靠得住，切莫轻信。

凌霄松律师“伪证案”，不曾亲历，由《检察日报》发表的《安徽首例律师作伪证被判有罪纪实》（以下简称《纪实》）文中得知，业经终审认定罪名成立，将一审判处的拘役6个月改为免予刑事处罚。文章披露的定罪情节与证据主要是：凌霄松律师为何敏平案辩护，举出24份证言证明何无罪，使审理发生了控方始料不及的曲折。“公诉人建议法庭延期审理”（自此以下，引文均见《纪实》），在“补充侦查”中查知凌律师通过“篡改加引诱”（此五字是《纪实》一文小标题），使这些证人都在凌的示意下说了“假话”，伪证罪于是构成。

但略加辨析，便见“实”中有虚，深感“伪证”的罪名难以成立。

先辨概念。按《纪实》，涉罪的最主要概念是“示意”。何谓“示意”？示，有明、暗之别；意，有此、彼之分。明示依靠言辞可以“达意”，暗示往往凭借情态（有时也用言辞）引人“会意”，在整个“示”的过程中，示者与受者双方的主观因素都可能发生作用，或者会赋予“意”不尽相同的内容，因而用在这里易生歧义。倘据之以定罪又不能说明与坐实，不能断定哪句言辞或哪个情态、哪一动作足以产生使人“说假”的效果，则根本不具有说服力。《纪实》中的问题正在这里。基本概念出了毛病，与之相关的论点还怎么能站得住呢？

再析论据。《纪实》举有两大论据，二者都有漏洞，又各有矛盾。

先讲第一个。证人卢某，再次接受检方询问时揭露：5月2日，凌律师问我，“这几年师专（按：涉嫌贪污的何敏平是师专业务人员）与你发生的业务有多少？我回答说，近几年有10万元左右。我答话时另一个男的在记。我听凌律师告诉记录的人，'是1998年、1999年'，一连说了两次。问话结束，我看笔录，果然记成了1998年、1999年我与师专的往来有10万元左右，当时我也没在意，就签了字"。

作为论据，这段证词中有两个相关的问题犹待证明。

其一是凌让记录人篡改证言、编造笔录这个情节由何证实？何以不见记录人的旁证？我绝不怀疑，如有记录人的旁证与卢证互相一致，《纪实》一定不会省却这至关紧要的一笔！人们会说，卢证作为论据，没有理由否定它的作用与效力。我说有理由，《纪实》交代的卢某作证的曲折过程便足可证明。先是，《纪实》写道："卢某实在为难了。话说错了（请注意：不是记录记错了）不好改口，更何况何敏平过去给过她（指卢某）生意上的支持，现在人家落难了，怎能不帮一把？"后来，待到5月23日检方"补充侦查"时，卢某"面对办案人员出示的证据"，又说："1998年、1999年，绝对不是我嘴里讲的，是律师加上去的，我当时根本不知道1998年、1999年意味着什么。"

卢某的先后两段证言，头一段说明：1998年、1999年与师专何敏平的业务往来有10万元左右这句话确实说了，"说错了"可证。还证明"不好改口"云云分明是本人的心态，可见并不存在客观上的有人"篡改或诱导"。又说明：先头的"说"与后来的"改口"犯难，根子都在要报恩，不忍见何"落难"，要"帮一把"，这与律师"诱"他改变证言毫无关系。特别是，这同他在后一段证言里表述的"根本不知道1998年、1999年意味着什么"极不协调，而且互相矛盾。这样的论据，怎么会起到支持论点的作用呢？

诚然，《纪实》作者另有看法。为了证明卢某后一段证言中上述的断语可信，另举了一条证据线索，即如文中所讲：卢某面对检方的证据，"慌了。要找到凌律师。好不容易得到凌的手机号，就随手撕了张纸条，记下了……'随后'办案人员果然在卢某家里找到了这张纸条"。

这样的证据线索要证明什么呢？一张只有手机号码的纸条，怎么会证明手机持有者与人通话时让人“伪证”呢？见证就心慌，要找律师，是讨主意应对呢，还是另有意图？至于文中所说“办案人员（对卢）出示的证据”究竟是什么，没有明示其内容，未便猜测，暂不评说了。不过，理应一问的是：《纪实》所谓“办案人员在卢家里找到纸条”一节，不知指的是哪方人员？公安还是检察？办的又是什么案子？贪污还是伪证？须知在管辖问题上检察与公安有着法定的规范，不得有违，更何况卢在案中仅是证人，凭什么对证人采用搜查或者抄家之类的强制性非法手段？我们必须坚持：用非法程序不法手段弄来的材料作为有罪证据加之于人，法律不容，即使仅是一张小纸条！

以上是围绕卢某证词中的第一个问题所作的质疑与辨析。

其二关于笔录。首先一个问题是：既然凌律师意图在时间概念上做文章，他为什么没在问话中把近几年直接说成“1998年、1999年”，又何必留下一个难以自解的“结”？笔录中到底是怎么记载的？《纪实》作者看到了“笔录”，何不据实援引？是的，《纪实》提到了笔录，但所引的内容却是——

“凌对何敏平说：‘你对自己要有信心’，‘有人帮你证明’，‘水电工王某0.4万元，孙某0.3万元，杨某0.35万元，张某0.32万元……粗算一下有40万元的样子，数字就对上了。’”《纪实》说：“这些就是凌在法庭上提出的‘费用支出’的证据。”

这段笔录，不见篡改或者诱导，没有回答《纪实》提示的“伪证”问题。律师让被告人对该案“有信心”，告知某些事“有人证明”，这种说法、做法人们可以持有异议，但它与“伪证”并不搭界应无疑义。

总而言之，第一个论据极不充分，不足以支持“伪证”成立的论点，起不到论据应有的作用。

再看《纪实》所举的第二个论据。

证人戎某讲：凌找他“补开”了3万元的收据，要他“把日期提前到1999年，这样对何敏平有利。我就把日期由2000年1月改为1999年12月24日”，我们的问题是：第一，“补开”收据说明何支出3万元是事实。支出的款，因移动了支出的时间，就断为“贪污”，如无其他证据说明,极难认定。证言中的“这样对何敏平有利”的说法有“诱导”之嫌,竟能得到戎某的默许也令人不解。他为什么会接受“诱导”做对何有利的事,缘由何在呢?不能实指,自然缺乏证明力。第二,据知凌在何案中提交法庭的书证有50余份之多,属于2000年的不止一件,并不修改为1999年,为何要在这一份上作伪?何无充分的材料说明?第三,戎某的这份证言可曾质证?法官是否当庭作了认证?结论是什么?凡此《纪要》统统未作反映。仅凭一面之词断人以罪,是非常、非常有害的。

总之,这第二个论据也不能支持“伪证”成立的论点。

辨析至此,还有一问要发。据《纪实》,“凌律师抛出24个证人”。文章也正是围绕“24个证人是如何出笼的”举的论据。但通观全篇,却只有上述两个证人“出笼”,其他的22人,则概括为“另外一些”,他们“都在凌的示意下说了假话”。试问这“另外一些”究竟是几人?控方当庭最终仅提交了5个人的证言,其余的呢?他们是否都承认说了假话?承认的内容是否一致或一样,因而可以用“都说了”予以概括?《纪实》行文用的是模糊概念,不知是否与判词的断语互相一致?须知用模糊词语判人以罪是不能成立的。

辨析既毕,已有结论,是:根据《纪实》的实录,恰恰不能证明凌律师的“伪证”罪名能够成立。由此可以得出一条深刻的教训:证据问题上源于主观臆断的失误,无疑会影响判断的正确性,从而使司法公正失去一个重要基础。而克服之道则只能依靠建立与实施科学的、全面的、有法律效力的证据规则,特别是采证规则,别无他途。与此相适应,《律师法》对于律师在诉讼中的证据运用规则,特别是取证规则,似也应有专章规范,在再次修订《律师法》时予以兼顾。

大兴安岭“火案”后的回答

大兴安岭“火案”公开审理之后，许多报刊作了报道。有关的法院负责同志和法庭组成人员也通过各种方式乃至特殊途径对我们的辩护活动作了指名道姓的无端指责。事情起自检察机关指控犯有“玩忽职守罪”的庄学义、曾凡金二案。这两案，我们作为辩护人，根据大量证据，确认起诉失实，作了无罪辩护，与公诉人有所辩论；这是法律赋予律师的职责，不敢有违。我们的工作和观点不仅欢迎评论，而且需要监督。然而现在的问题是，我们的无端受辱，实已越出民主讨论问题的范围，故不得不公开揭示真相，对有关指责做出回答。

一、有人指责我们“多次抢先发言”

实际情况是，在庭审中，往往是两个或三个公诉人接连轮番发言，我们每次都耐心听完他们的意见而后报经审判长批准“发言”，何来“抢先”？何况从未“抢先”！即使在审判长公开剥夺我们在辩论阶段行使辩护权的极其反常的情况下，我们也仅止于当庭用书面表示异议（我们的书面材料及审判长的当庭书面批复可证），并未“发言”，何来“抢先”？且属“多次”！全部庭审活动不仅有录像，而且有最高人民法院的要员坐镇旁听，虚实真伪，极易查明。

二、有人说我们“攻击讽刺检察机关”

法庭辩论中，公诉人确实表示过，律师“用了讽刺性的、带有人身攻击意味的语言”，指责说：“这有损于我们的检察员的高大形象！”法庭也确曾说过，律师的发言要注意“感情色彩”；告诫我们不得用“无稽之谈”这类的言辞。

我们注意到了他们的提醒。我们从未忘记尊重公诉人和法庭是律师应当恪守的职业道德。但我们没有犯下上引的过错。

不妨先引证一段文字。它的作者在说明曾凡金与律师会见时表示了对检、法机关的不满，情绪激越之后，写道：“张律师（请注意：作者故意隐其名，用心可谓良苦，我们能说什么呢。——笔者）指出其与检法机关持敌意的态度是错误的，要平静地陈述自己的观点。”这难道不能反映出我们在处理与检法机关的关系时所持的立场吗？

诚然，在某一事件中采取过正确立场，并不能排除在其他方面发生错误。然而遍查我们的一切活动，细省我们的全部言行，我们对谁都没作过讽刺或者“人身攻击”。我们的发言当然会有针对性。其中最使公诉人不满的是揭露了他们在办案中的违法做法，而且当庭依然坚持错误；例如公诉人硬说他们用非法手段收审人证意图取得有罪证据是合法的，我们不得不援引法规予以澄清，但这能构成“讽刺”或“攻击”么？的确，这类论辩于公诉人并不有利，甚至可能有损个别检察员的“高大形象”；可为了维护法律的严肃性，为了维护国徽的崇高形象，我们怎敢沉默？作为仅仅有点发言权的律师，除了认真地辨明真相之外，实在也没有更佳的方略可循。至于所谓“人身攻击”，我仍然要说，这确实是“无稽之谈”！至于律师言词中的“感情色彩”如何，人们可以评论，但似乎无权强加。作为律师，如果对于不法现象、违法情事不表义愤，不显出“感情色彩”，那是失职！

三、有人说我们“庭审前后发表一些不实之词”

律师发表不实之词，无疑具有严重的性质。我们感到庆幸的是，没有人指责我们在“庭审中”发表不实之词。这就从侧面肯定了我们在庭审中的发言做到了忠实于事实，这一点，是客观的。

至于对我们的指责，令人不无遗憾的是：没有一言一语具体指出我们在庭审之“前”或者之“后”都发表了哪些“不实之词”。我们是表里如一的。我们在任何时候,任何场合都没有隐瞒观点,坚持庄、曾二被告统统是无罪的。在开庭之“前”,为了力避错案的发生,我们向领导机关递交过“实词”,论点明确,论据翔实,并曾抄致承办法院院长一份。我们的做法不仅合理,而且是磊落的。这种做法绝不意味着承认法庭对于律师的庭外言论有权指责。庭外的事,应当实行责任自负的原则。加格达奇地区中级人民法院院长在我们离开当地的次日,通过电视,用“记者采访”的形式,对我们的辩护活动作了无情的非难,直至说我们“连法律常识都不懂”(赫然刊登于《大兴安岭日报》),我们除了以此为镜鉴,发奋学习,争取多懂一点儿,力避浅薄无能之外,能指责这位院长什么呢?显然不能,也没必要。反之,假如在庭上有此指责,我们很有可能请求明示,我们对于哪些或哪条常识还未弄懂,因而影响了对于案件的正确认识!总之,法官在庭审中享有的指挥权不可以无限地延伸到庭外,这是应能得出的结论。

四、有人用曲笔借他人之口攻击我们“看不起大兴安岭的人”

请拿出事实来吧!如果有,那是对人民的亵渎,我们领罪;倘没有,我不得不说这是中伤,明眼人一看便见其用心狠毒。我们对大兴安岭人民满怀深情,他们在火中与灾后的英雄事迹真正体现了他们的高大形象,给我们很深刻的教育。他们给予我们的激励和鼓舞说来催人泪下。请看看庭审录像吧。他们的掌声可以被压制,但大家的忧国之心与护法之志却处处引起共鸣。“看不起”之类的臆测,哪里有一点根据!

或者说,这里讲的“大兴安岭人”是暗指“大兴安岭”的个别法官。这也不对。我们对当地的法院和法官始终是尊重的。即便他们在我们“报到”的当天才将新换的曾凡金一案的起诉书正式送达,并要求我们于隔日而不是至少7日后出庭,为了尊重法院的通盘部署,顾全大局,我们二话没说,妥协了。这于法庭无疑是件会让人“看不起”的事,但我们都取谅解态度,以后的整个庭审,不合程序之处应在“不少”之列,加格达奇地区司法局在给省律协的“报告”中对此有明确的陈述,而我们除一再声明持克制态度外,依然表示了对法庭的尊重,试问:有什么根据要加给律师这样一顶易遭众怒的帽子?

五、有人攻击我们的言行“造成了很坏的影响,确实有失律师身份”

围绕庄、曾两案,有些人的言论和做法的确“造成了很坏的影响”,我们确有意见;但绝不会指斥这些同志有失什么身份。至于我们的言行,有全套录音、录像可证,我们愿意提供,如能查出“有失律师身份”的内容,我们自当引咎请辞,以谢我全队律师!反之,如此恣意辱骂,那也实在做得太过分、走得太远了。大家都是办案,意见不同应属正常,可谁给你的恶语伤人的权力?不必讳言,庄、曾两案是已产生了不良影响,但这是律师的辩护引起的呢,还是有人制造错案造成的?借用一句话吧:大兴安岭人民对这一点已经是越来越清楚了。

行文至此,我们想指出,某些法院的领导同志不能就“火案”中的实质性问题,特别是律师提出的大量无罪证据,作出合法的、科学的判断,却再三再四地用捕风捉影甚至无中生有的办法,对律师的工作方法和工作作风妄加指责,这到底是为了什么?还应指出,最高人民法院的领导层,以任建新院长为首,最近一再用各种方式要求尊重律师,维护律师的职业权利,试问无端攻击我们的法官同志,有何理由与此背道?律师事业重建不久,亟待扶植,从大局着眼,从事业出发,我不得不郑重地说一声,尊敬的法官同志,为了发扬民主和健全法制,你们不能这样做!你们无权这样对待律师!

一九八八年八月九日

受理阿安扎西活佛“爆炸”案被阻始末

前言

猴年伊始，传来中央核心领导层对于律师工作的“五人批示”，此举前所未见。总书记要求“改善律师执业环境，充分发挥律师作用”，切中肯綮。春风徐来，春潮初涌。回顾去年工作，震惊于现实状况确乎距要求甚远。有议提出抓紧修改《律师法》，不知是否应以上述的中央要求为方向、为指针，把那些无助于改善律师执业环境的种种限制性规定统统改掉，把一切有利于充分发挥律师作用的各种做法，上升为权利，从原则到操作，坚决修起来？于是决计就经历典型案例中的种种，不揣浅陋，作为素材，提供参酌。《被阻始末》的日记即属其一。下抄原文或能收一目了然之效。

2002 年 12 月 17 日

萧瀚陪王力雄、张祖桦诸公来谈“阿安扎西活佛爆炸案”。力雄介绍了案发前后的情况以及活佛本人的一贯作为和他在当地宗教界的巨大影响，认为案有疑点。萧谈了他的印象。我感受最深的是：那里的宗教民族矛盾异乎寻常的尖锐；问题的复杂性倒不在案件本身。果真如此，律师的作用必然大大受限。其次是感受到几位学子的真诚，他们透过这个案子表现出的良知、忠诚与理性，使我只能排除一切困难，出发前线，无权选择。

向他们说明了必须履行的程序与手续。把格式“委托书”传真给阿安扎西家属后,当即签字传回。对于我来说,现在已进入了二审程序,时限紧迫,应及时与二审法庭建立联系,希望近日收到“委托书”原件。

会更毫不犹豫地答应陪我去甘孜,协力办此案。

2002 年 12 月 18 日

读了力雄交我的阿案资料,包括他们几十人致全国人大的《建议书》。因未见判词,不敢断定一审判决是否准确。有些问题事关紧要,记其要点,阅卷时注意——

一、已确认阿安扎西为“地下秘密组织”的“团伙头目”(据《甘孜报》),又是系列爆炸案的“指挥者”,且经其“精心策划”,为何判了“死缓”,而对一次“爆炸”“执行者”的年轻农民——洛让顿珠却判处死刑立即执行?“理由”是什么?

经验一再证明:这类“死缓”案有它难以排除的重大疑点,看来调查研究的任务繁重。

二、“受达赖集团的指使。”到底是何人指使?指使的内容是什么?与“爆炸”是否有关联?

三、既是“团伙”,怎么只有一个“头目”、一个“骨干”?是否还有其他成员?作何处理?

四、爆炸物属“自制”,出自谁手?制于何时、何处?洛让顿珠一介农夫,又是文盲,从哪里学来的“自制技术”?炸药由谁提供?

五、怎么引爆的?是否“定时”?谁的设计?

六、洛让顿珠受阿安扎西“指挥”。一在甘孜,一在成都,策划于何地、何时?具体内容是什么?希望达到什么“目的”?(事发于省会中心广场,但爆炸力很小,为什么是这样?)

七、判词中有无“分裂国家”的具体内容?有何证据?

八、阿与洛让顿珠的关系。

2002 年 12 月 20 日

洛让顿珠不上诉，一审宣判后高呼“阿安扎西活佛万岁！”为稳妥计，宁可把这个现象想得更复杂一些。他也不委托律师，这于他极为不利。经验告诉我们有可能看不到与洛让顿珠相关的诉讼材料，于是商请力雄设法与当地联系，找到洛的家属，出面委托北京律师一道前往办案，起互相配合的作用。我已商得阎（如玉）、傅（可心）二位律师同意，受理洛案。力雄赞同。

2002 年 12 月 24 日

收到阿安扎西叔父自仁鲁鲁寄来的“委托书”原件。当即电告力雄，请他抓紧到事务所办理正式手续，以便马上与二审法官联系，及时介入。

据力雄说，洛让顿珠的亲属都不敢出面替他委托律师，当地警方给人们的压力很大，都怕“连坐”。

2002 年 12 月 25 日

上午，力雄分别到两个事务所办妥了委托手续。

下午二时，与二审承办法官取得联系，告知已将委托书原件和事务所受理阿案的公函传真给高院刑庭。王静宏法官收到后，因传真件字迹模糊，立即电询李会更，核对“吴栾赵阎律师事务所”名称和“张思之”名字。并审查了委托人自仁鲁鲁的身份和他与上诉人阿安扎西的关系。据此，辩护律师的资格应已确认有效而无疑义。

2002 年 12 月 26 日

与会更商定工作计划与时间安排，并电告王静宏法官，得到他十分友善的答复——

一、同意我们 1 月 6 日（周一）到高院看卷的安排。他因有事公出福建，说万一 6 日以前不能赶回成都接待我们，也一定能做好安排，不误看卷。

二、阿安扎西现仍关押在甘孜看守所。

三、甘孜不通火车。建议自备越野车前往，早 8 点出发，下午 6 点可到达首府康定；如碰上修路堵车，次日凌晨才能赶到。

四、二审是否开庭审理，目前还没定。

把王法官热情友好的态度传达给力雄，消解一些对司法现状的不佳印象。他答应设法找成都友人借越野车前往甘孜，眼下无绝对把握。

2002 年 12 月 27 日

藏语翻译人选，是个难题。拟在北京佛教界选聘，为此电话征询王法官的意见。他答复说：阿安扎西是理塘人，满口土语，其他地区的藏人也弄不懂，在案子里做翻译，只懂藏语而不了解当地土话，未必胜任。他说他们办案就是在当地找翻译。他表示可以帮我们与当地联系，安排一个。

尽管我因过去吃过苦头，心中惴惴，但事已至此，也只能同意他的办法，没有理由怀疑他的善意。会更认为，王法官因我们对他的意见表示尊重，似乎也挺满意。

让上帝保佑罢！——在这个环节上，我一筹莫展。

2002 年 12 月 28 日

约力雄、萧瀚诸位在京瑞大厦的茶座最后商定我们的工作计划及去甘孜的具体安排。清茶一杯，漫谈讼案，居然有便衣 5、6 人分布两处监视、窃听，做法又颇不高明，实难理解！

陪力雄来的一位藏族姑娘郑重地献我洁白哈达，她说：“谢谢一位汉族律师，肯为我们的藏族活佛辩护。”我已知肩上重担，一时无言，执手相握良久。

力雄细说了他在成都为我们提供的方便条件。他给人以“万事俱备”的印象，提出今日在网上发布律师正式受理阿案并即将入川进行工作的消息。尽管我以为二审开庭前发布这类消息弊多利少，但又觉得不宜轻易阻挠。缺点无非是让对方多点准备时间，也无所谓。

2002 年 12 月 29 日

跃刚来电，说已请友人在成都照顾我们，住行各项都有安排，让我放心。深情厚谊，促我努力！

至今没有与洛让顿珠的家属取得联系，心中不安。与如玉商定：如近日能以落实，请他即赴成都转甘孜与我们会合，分别会见当事人。小傅身体不好，可留成都阅卷。

2002 年 12 月 30 日

记得 1996 年 8 月 1 日，草办理魏案的《断想》，非常无奈地写了八个大字：“天不难测，讼事难测。”六年过去，我依然停步不前，没有长进。某些讼事，依然“难测”！

上午九时，情势陡变。王法官打来电话，劈头问会更：你们北京律师签署的“委托书”，是不是 12 月 18 号？委托书上的日期明明白白，问得莫名其妙。跟着法官交“底”说——阿安扎西先你们一日，17 号，就自己委托了两个律师。他的律师已经做了大量的工作，并且向法院提交了书面辩护意见。法律规定辩护人不能超过两个，本人的委托又先于亲属委托，你们不能再继续作辩护律师了。

句句流露出“权力”，但又处处没有根据！

蹊跷的是：六天以来，他与我们频频联系，从何时高院看卷、如何乘车去甘孜会见，直至从哪里聘请藏语翻译，在各个主要环节上都有指导性的意见，一时让我十分感动。难道这是在作弄律师？或者，是在练习“演戏”？前两天还说是否开庭尚未决定，怎么一下子会有律师交上书面辩词呢？案卷不是已在二审合议庭手上吗？他几时看的呢？能说这是“活见鬼”吗？

为了解决问题，压下愤懑，草拟了一份致法官函，立即传真发去，全文如下——

四川省高院刑一庭王静宏法官并转阿安扎西案合议庭：

上周五(27日)，与王法官商定案中翻译人员的解决方案后，正整装待发，方才突得“阿安扎西已自己委托了两名律师，并已上交书面辩护词”的来电，意在否定我们的辩护人资格。个中苦衷，我们理解。但家属“委托”，法有明定，似又不便轻率取消。为求妥善解决之道，以利公正审理的正常进行，我们拟按日前与王法官商定的行程安排，及时赶赴康定，专就“委托律师”问题征求阿安扎西本人的最终意见，并将结果报告你们。敬请复示。顺致敬意。

文末，我与会更签署。时为上午十时四十五分。

2002年12月31日

力雄问我，法院变卦，是不是因为网上发布了消息？我说不是，我告诉他我的猜想，可能是法官公出福建前夕，汇报阿案进展情况，谈到北京律师介入，院里作出的“决策”。

其实，在我，尽管有点“突然”，似也不该感到“意外”。这些年，徐文立颠覆案、魏京生颠覆案、江棋生煽动颠覆案，不是都有这种情况么？魏案之所以最后允准家属代聘的律师介入诉讼，是他们一再坚持的结果。

律师按规定完成了一切受理案件介入诉讼的手续，还能让人家轻轻松松地“阻拦”于门外。专横若是，如之奈何？真想请教以写《潜规则》而闻名海内外的吴思先生，中国律师遇到的这些，该归入哪类“规则”？因为我从《律师法》中得不到救助。

此刻只能静待人家的“复示”，焦躁无益。我明知前景凶多吉少。

2003年1月6日

按计划，今天上午该在四川省高院的“阅卷室”里翻阅阿案全卷了。然而法院居然能玩弄手段把律师“阻拦”于讼事之外。无奈之余，硬着头皮电询高院刑庭，问是否收到了我们七天前发去的传真。

答复可谓天衣无缝:“办案的法官出差外地还没有回来。其他人都不了解情况。”可是——“合议庭”的成员不是由三位法官另加一位书记员组成的么?“传真件”是否收到,怎么可能只有一个人知道?

曾有人问我什么是“正常”?戏答是:“不正常就是正常。”噢,人家的答复还是“正常”的!你惊怪什么?

2003 年 1 月 7 日

司法局向事务所询问有关阿案的情况。问发此时,绝非偶然,无疑是事出有因。

前此已有准备向他们作书面汇报。马上把《工作记录》按日程排列如实报去就是。本想再加一点请示:面对四川省高院的如此做法,可否请他们商请四川省司法厅与高院协调一下,不给律师工作平添障碍,以利于维护当事人的法定的权利?会更觉得会被认为“出难题”,作罢了。

2003 年 1 月 8 日

报司法局的《工作记录》上午经由事务所转去。我预期也不会有信息反馈。只是我不能不深切地感到,目前执行的行政管理与行业管理所谓的“两结合”制度,未必能统率好这支队伍。实践证明:在现行的政治体制下,一大一小、一强一弱的“两结合”,注定是“一个压着一个”,必要时是“吃掉”一个,而且必然是“大压小”、“大吃小”。统观全局,谁能例外?哪有例外?人们抱怨律协不争气,腰杆不硬,试想:先天不足,直不起来,能不忍气?

2003 年 1 月 9 日

再电四川省高院。传来的消息是:由副院长带队,全体合议庭成员已兵发甘孜,近日就地审理阿案。看来对 30 日传真件提出的要求自始就铁了心,“相应不理”了。

令人焦虑的是:虽已建议洛让顿珠家属委托我与如玉合办洛案的

上诉审,但至今没有一点消息。力雄得到的情况依旧是:唯恐避之不远,受到“牵连”。强权压人,应予谅解。急不得的,再等等吧。

2003 年 1 月 23 日

外电报道,成都“爆炸案”又捕了 4 名嫌疑犯,不知是否确实?这与一审的认定岂不是大有出入?

2003 年 1 月 24 日

终于盼到了洛让顿珠一位远房亲属寄来《委托书》,委托我与如玉为洛案辩护。来得太迟,未必会有作用,但还是立即发特快专递,呈四川高院的该案主审王静宏法官,要求明示看卷时间。

估计不会有任何答复。但作为律师,力薄势单,又有什么良谋?我已是欲哭无泪了。

2003 年 1 月 26 日

力雄电告,从网上得到消息,二审宣判维持一审判决。只是没有何时执行的报道。

我不能确知洛让顿珠是不是冤魂。我不能确知活佛是否蒙受着冤狱。

然而我确知,现行的律师制度无助于救济这两位弱势个体,基本上也无力于推动司法公正。然而我深切地体验到,律师执业环境的艰难,如从自身找原因,首先是《律师法》起了帮衬作用。人们有“修改”之议,不无道理。然而在我看来,时机尚未成熟,最好不要轻言修改——它哪里是“改”的问题,如不能推倒新立,律师执业状况不可能获得根本上的改善,律师制度不可能在国家的法制建设中发挥它应有的支柱作用!

2003 年 1 月 31 日

洛让顿珠已于 26 日枪决。他走了。临刑前不知又呼了什么口号？阿安扎西关在黑牢里，熬着那不知何日是尽期的狱中岁月。

我呢？会用那洁白、洁白的哈达擦拭泪珠吗？不，不能！面对着在民主、法治旗帜下做出的种种不堪的举动，徒有愤激或者伤感何益？我寄希望于获得为他们申诉的条件，《律师法》在这方面除了一句可以“代理”的空泛规定外，如何操作，一片空白，只能自己设法寻找与创造了。案情重大，人命关天，心有疑点，能不排除？如其不然，还算律师！当代中国律师应是战士，岗位永远在“一线”。

一息尚存，我愿效力。阿门！

二〇〇四年二月二十八日　抄于北京

第四部分

“八十华诞暨执业五十周年聚会”致敬词

主席，诸位盛会的组织者，各位莅会的师友！

祝寿之议，惊动群贤，实在担当不起。请原谅我的愚钝，想不出合意的办法，向你们一一表达我的崇敬和谢意！

置身于如此庄重的平台，感受到浓浓的豪气，仿佛有起锚远航的紧迫气势扑面，难禁激动。只是像我这样一个极其寻常的老兵，着实配不上诸位的期许，不免愧疚。说我有五十年漫长的执业生涯，其间被注入将近二分之一的浑水，更何况没有可以称道的建树，值不得提起，遑论欢庆！不过，我理解，今天，在这里，寄托着人们对中国律师终能发挥应有作用的企盼，体现出这个群体具有不容忽视的潜力，并且对未来怀有信心。这又使我受到教育和启迪。

在这个庄重的场合，我深深地依恋着我们的群体。会场内外，由北至南，从东到西，志趣相投的同道友人，是我毕生的可靠依赖。多年以来，你们，他们，给我的莫大的帮助与支持，终身受益，刻骨铭心。

在这个庄重的时刻，我深深地怀念着以其知识、经验和人格力量精心培育后生的先辈，他们贡献给中国律师事业的块块基石，起到了搭梯、铺路的作用，理当受到永恒的景仰和纪念，我作为受益群体的一员，谨向他们的英灵表达我崇高的敬意！

在这样庄重的氛围中，我要以一个普通律师的名义，向弱势大众表达我们绵绵不绝的谢意。他们对法治的渴望，对民主的追求，以及对维护自身权利的执著精神，自始至终是哺育我成长的母乳。我想，倘不能与他们共命运,同呼吸,是无可宽恕的背叛。我鄙视背叛者。我愿借此盛会,向那些今日无权无势、无产无财的芸芸众生宣示我的忠诚,我将以持续的行动报答他们的恩情。

还应感激时代给予我的机遇,我在期间受到的锤炼,经历的考验,也许是至今尚未掉队的一个重要原因。不幸的是,往日机遇赐予我的幸运,今天却让我蒙羞,因为我不够争气,我的失误太多太多了。

诚然,我有追求,毕竟还有点责任感,或者称作使命感罢。遗憾的是,反省起来,我何曾通过实践达到那立志追求的目标?我没有做到案案事事都能明辨事理,提高情操,我没能富有成效地扶弱济困伸张正义,我也不善于调整好各种复杂的关系,使律师维权的弱势受众能与强者同享人类共创的各种文明。徒有追求,不落实地,何益于大众,于事业何利?

是的,我曾庄重申明,绝不做政治"花瓶",有人认可我有所谓"敢言"的记录。可是,律师制度发展到今天,尽管在某些环节上犹须敢于直言的勇气,但重要的是,就我来说,早该拷问自己的心灵深处,你在执业中有没有足够的、始终如一的道义勇气?你有没有一定的政治勇气?特别是,有没有奋起批判一切旧东西冲破禁区的理论勇气?实践给出的答案证明我在及格线以下。一个缺少大勇气质、大勇胆识的平凡老兵,称为"勇者",能不羞愧!我理解诸位的宽厚与宽容,然而不可以自我陶醉,自我麻痹。

我承认在执业中时生激情,这也许是我唯一的自得。问题是,它缺乏相应的合理内涵,病在极少智慧,奇缺哲思。场场讼事证明,我对事物或者事务的观察、想象、分析、判断、归纳、概括,在在都有缺失。在二十余年的执业生涯中,一度还曾占据人和地利,终未能对律师工作系统地作出方向性、战略性的思考,更未能为创建中国律师制度的理论支柱提供坚实基石或者一个阶梯,我想说,这真是天大的缺陷。我是多么需要智慧的滋养啊!我不知道,终此残生,还有没有可能像贝多芬一样,自豪地宣称我是一个"智慧的所有者"。我向往"大智",那是我可能不断进步的源头活水。

我有过令人憧憬的梦想愿景，期盼着在推动民主法治的进程中登攀座座高峰，最终能达到真善美的统一，然而那境界至今仅止于遥指而已。念前路漫漫，看夕阳欲坠，留给我的难道是终生遗恨？

我尚未气馁，并不沮丧，也不会怨天尤人。空泛的“怨尤”不是咱们律师的品格。我要把今日聚会作为新的起点，接受友爱祝福，听校场“点兵”。战阵列成，中国律师以其13万之众有资格向世人宣告：律师是民主法治的坚实支柱，是促其实现的一股无可替代的力量。不顾前路艰难，不畏航线险阻，我，不，我们，绝不歇步。有道是：“永不告别君莫忘，奋斗到底法治成！”我的心与诗人的相通。“顾此耿耿在，仰视浮云白。”我矢志与诸位一同前行：天涯海角，百折不挠，鞠躬尽瘁，义无反顾。我会在苦斗中找到机缘与你们相拥，共庆登临绝佳境界的步步胜利。自由、民主、法治的胜利万岁！

谢谢大家没有抛弃我；我向你们一一鞠躬。

我向你们致敬！

在伯尔基金会颁奖仪式上的受奖演说词

尊敬的齐普里丝司法部长阁下，

尊敬的德国绿党布提霍夫主席阁下，

尊敬的伯尔基金会福克斯主席，吾姆思希主席阁下，

尊敬的各位女士，诸位先生：

我准备了讲话稿。但此刻请允许我脱稿讲两点感想，稍稍多占一点时间，来抒发我此刻的心情。

通过方才放映的佩特拉·凯莉生平短片，我实实在在地看到了一个鲜活有力的生命，真真切切地体察到一个伟大的灵魂。她对人们说：生命的意义不在于它的长短，而在于它的价值，在于生活得是否富有意义。这是心灵的呼喊与召唤。我会永远牢记，让余生活得富有意义。她的英名，恒留大众心中。

三位尊贵的主人特别是齐普里丝司法部长阁下的致词，使我感动。她（他）们对中国事务的关心和理解，对中国律师状况的剖析与包容，是巨大的支持，是深刻的启示，是无形的精神力量，令人鼓舞，将激励我勇往直前，义无反顾。我深深地感激你们！

下面，我宣读演说词稿——

司法部长阁下，

绿党主席阁下，

伯尔基金会两位主席阁下，

女士们，先生们，朋友们！

今夜，这里胜友高朋齐集，溶溶春光流溢。海因里希·伯尔基

金会凝聚这样的氛围，安排如此隆重的颁奖仪式，躬逢其盛，不胜荣幸！

初踏为人类文明贡献大师群体的德意志沃土，仰望灿烂群星，心潮澎湃。

我为答谢而来，更为学习而来。德国法学家尤其是法哲学家的辉煌学术成就对我是莫大的吸引力。德国人民战后重建的精神风貌和进取品格，以及我的德国同行在国家法制建设中的作用，件件值得了解借鉴。因此我又是为增进了解加深理解而来。

我从东方来，走了长长的路。

我赞同伯尔基金会关于人权、生态、非暴力的理念。

我向往自由。生命如缺失自由，或竟丧失人权，也就降低了或者失去了存在的价值。

马丁·路德·金要把不义的荒漠“改变为自由和正义的青青绿洲”的壮丽梦想发人深思；荒漠变绿洲之喻，尤耐寻味。

我尊重“人类的公正不是建立在暴力基础之上”的甘地式和平主义，我不赞成手握重权者滥施暴力镇压弱民。

这些理念的结合昭示着、营造着一种合理的社会秩序。健全的社会秩序有赖于民主、法治的维护，意味着理性、协调、平衡与安宁，它的实现会改善当今世界亿万社会底层大众的生存状况，进而在自由、自尊、富裕、友爱的基础上构筑起美好精神家园，告别专横、破坏、盘剥与恐怖：多么令人神往！

不必讳言东西方之间的文化背景与传统存有差异。这证明需要促进理解。相互理解不仅要有时代精神，而且应有宽广胸怀，否则达不到互补互济、形成合力、推动社会进步的目的。文化虽分领域会失国界。不同优秀文化的交叉与融合，能把人类社会生活秩序最终统纳于“真善美”的境界，造福寰宇。伯尔基金会作为社会团体，为此架桥四海，起着开通道路的作用，功越当代。我们期待“律师桥”的建成，把匆匆过客演化为莘莘学子，促法治文明秩序的伟光映照，其受益者当不止东方！

这是我的另一种梦想。让我回到现实中来。

在我的祖国,美好崇高理念的实现,因自由、民主、法治以及环保状况的尚待进一步改善而受着阻碍。伯尔说得好:自由要靠争取得来。天赋人权,不争不得,这就给了律师广阔的执业空间,人们期待更多更大的改善。要害在"争",即"维"。问题是中国律师因发展过速先天不足而参差不齐,执业环境又不尽如人意,外在的关注与支持实当倚重不宜排斥;但是归根到底,改变源于内部,始于自我,要靠自身努力争取。艰难的环境恰是对能力、修养、意志和风骨的砺磨和锤炼。一批青年才俊作为中坚正在成长,趋向成熟。这是我们的希望所在。14 万中国律师,会以其主流的凛然形象,用可信业绩反映法律的公正与权威,体现法律的魅力,无愧地昭告世人:律师作为天然的人权主义者是民主与法治的坚实支柱,是促其实现的无可替代的力量。

今年,伯尔基金会将佩特拉·凯莉 2008 年度奖章授予遥远东方的中国律师,这是对律师群体的激励!至于我个人,因缺乏贡献而深感愧疚。可堪告慰的是:跻身于这个寄寓着至善至诚愿望的胜境,另有感悟。今日盛典将是我执业历程中的一次特异的"热身"。我将以丘吉尔战时誓言为典范,"奉献热血、辛劳、眼泪和汗水",支撑薄力,奋勇前行。我不敢低估前路的障碍阻力,但即使艰险环生,也绝不因此而萌发绝望。绝望与希望之间有时也只是一步之遥;智慧,胆识,坚毅,合众,有助于达到目标。展望前程,无由悲观。关键在于恒守信念,学习不辍。我誓以夕阳西垂之躯,迎晶莹晨露辉映人间明媚春绿。

谨以赤诚之心感激给予我的荣誉。请允许我与诸位——尊敬的女士们,先生们,执手紧握。

"远远的,东方,太阳正在升起。"

谢谢大家!

Danke!谢谢!

把握现实，展望未来

——在中欧法学院年会上的发言

主席：

中欧法学院直面全球当前发展远不均衡，矛盾激发，纠纷不断，恐怖猖獗，战事起伏的现实，以“法律的作用”为主题作学术探讨，意义不容低估。我作为一名普通法律人，躬逢其盛，无奈学疏才浅，仅能以“把握现实，展望未来”为题目，以会议提示的“使命—伦理—现实—前景”为重点，从律师工作角度略抒感想，作为交流，至盼教正。

一部人类文明史表明：文化分领域无国界。全球不同优秀文化的交叉融合，孕育出“普世价值”，最终会把社会秩序纳入“真善美”的境界，造福民众。法律文化在其间自有它独特的作用。

柏拉图把法律喻为“金绳索”，认为其作用在于能把人拉向正确的方向。律师作为法律共同体成员，正是拉住金绳索，循着普世价值，把社会引上正确方向的群体。这正是律师使命之所在。

当然要面对现实。大陆律师活动在一个很不理想的大环境之中：屡经坎坷，前有险途；签署在案的某些联合国法律当权者执行不力，特别令人困惑。律师自身有的也很不争气，甘充权势帮凶，金元奴仆，自陷困境，自投绝地，变为恶劣执法环境的另类制造者！其实，现实严酷并不足畏。我们有理由把它作为锻炼意志、修养品格、最终取得成果的条件，所谓“生于忧患”，应属此意。“屈原放逐，乃赋《离骚》；左丘失明，厥有《国语》；孙子髌脚，《兵法》修列……”还该加上司马腐刑，始著《史记》。寅恪先生,失明髌足,垂暮之年,犹制鸿篇,《如是别传》,绝后空前!我们律师百年,前贤优秀成果也大多产于时艰。多少范例,几多启迪!

在磨砺中前行,首要之点当是审慎精确地把握住律师群体在政治体制和法律体系中的战略位置,不盲目自大。我们在法律共同体中通常属于弱者。但也无须自卑。律师们毕竟阅尽市井百态,明察爱恨情仇,于人生有感悟,对社会能洞察,因而能以在实践中着力于提高人的生活目标,发掘出个案隐含的社会意义,从而体现出群体的职业使命。

其次应周详细致地设计、制定不同阶段、不同时限可能采取的谋略、步骤和举措,不计较一时的成果。办理讼事,得失互见,成果往往不表现为胜负,而在于对错或者是非。能求是,做得对,“胜固欣然,败亦可喜”。苏东坡这八字箴言,富有哲理。信哉斯言!

应当明确的是,使命是任务,是责任,会因人而异,于事有别。智利八月矿难,33 人在深达七百米的井下受难。他们举国震惊,上下协力,奋战 69 天大获全胜,受难者全部重见天日,创造出人间奇迹!总统亲临抢救前线,周密组织;矿业部长不分昼夜精心指挥;受难矿工的班长依旧团结难友,排除困难,化解矛盾,并且坚持最后一个出井。三个人物,不同角色,各自承担其重大使命,实施分内职责。前些年我们电台连续播放一则故事,同样感人:山村某夜骤降暴雨。妈妈喊醒女儿:“走!快去盖村里的粮食!”出门几步,女儿回望自家粮食泡水遭冲,喊叫一声:“娘!咱家的粮……”话音未落,妈妈应了一句:“孩子!娘是小组长,不能先顾自家粮食!”没有气吞山河的壮语,却含义薄云天的气势!她那肩负使命履行职责的言语行动,达到了《正气歌》中那“沛乎塞苍冥”的效果,灿烂光辉,堪称伟大。

所有仁人志士无不胸怀崇高理想,忠于事业;心有不灭的火,情系博爱!律师从事实务,正应以他们为榜样,脚踏实地,竭尽全力,基于爱心,在维护人权的同时,为大众的未来描绘一个良善美好的生活图景,实现拉着法律金索把社会引上正确方向的历史使命。为此更须考虑国情。我们的法制建设会是长期过程。历经这么多年的曲折坎坷,民主与自由都还在远远的西方向我们招手，无望一蹴而就。因而不能寄希望于毕其功于一役，一夜功成。只可坚持韧性，逐事积累，逐案推进，才是正道。

律师要维权。有种声音说："稳定压倒一切！"中南地区有家司法局发文说先维稳，才谈得上维权，并指令律师一体遵行。问题是：稳定压倒一切是一种思想、一个观点，在一定形式下成为一项政策，出自人之口，非源于立法，在与法律冲突之时并不具有必然的强制力。更何况从实际出发，不维住人民的权，就没有社会的稳。如为维稳而必须把法律压倒，我恐法律的公正公平连同司法公信力都将荡然无存。这种"稳"，怎么能"维"？

"稳是大局，是政治；法律应为政治服务。"也有这种说法。各有各的大局，姑且不论。法律与政治的关系的确值得探讨。我认为"服务论"的实质是用权压法，以权代法，是把法律工具化，最终导致法律虚无主义泛滥。"文革"教训，距今不远。法律的基本功能在于调整各种矛盾，建立并维护合理的秩序，这是任何政治都无能取代的。"服务论"在这里是无源之水。毛泽东、刘少奇曾经异口同声，说法律有什么用？"开个会就把问题解决了。"我们不要法律。他们说这叫"政治挂帅"。实际情况是这样吗？实践充分证明：开个会，无非是一种办事的方法，工作方法，硬同政治挂上钩会演变为整肃异己的形式和方法。治国理政，解决重大问题，归根结底得靠制度依法律。一句话：还是法律至上好！

坚持"法律至上"，不排斥政治立场。请让事实说话。律师处理讼案时，辨别真相，说理有"度"，处事有"节"，言其所应言，行其所当行，止其所不得不止，绝不逢事都一泻千里，不留余地，不存余韵，正体现着政治家风格风度，饱含政治。今年八月，宜黄拆迁自焚案发，承办律师年未"而立"，不浮不躁，不虚不夸，不事张扬，不搞炒作，而是据理力争，极力为民维权，又懂得考量当地情况，与各方交流歧见，适当调整工作方案，及时地得到了各方大体满意、遭难平民赞赏的效果。其中有妥协，也含政治。然而方略是：维权第一，兼顾官府；法律至上，兼及政治。律师中有人空喊政治,玩政治秀,这些人无一例外是实务上的矮子,无补于实际,无助于法律的实施,不足为训。

妥协当然有底线。一不丧失原则,二不违反法律。至于现实中那些拉拉扯扯,贿赂权贵,直至替官拟判,贿买国家审判权,或失人格,或丧国格,则与工作中应有的妥协无关。也有人问:不拉扯,不勾结,当事人的正当权益受损,何忍?貌似沉重,实则简单。我们说,即使现实如是,也宁让一人一事受损,而不可以败坏制度,损害秩序,背叛法制,使大众受损遭害,以致国运堪忧!

律师制度重建三十年,我们已懂得自重自爱,也略识自强,大体上做得到把握现实,脚踏实地,能做到神驰古今,鞠躬尽瘁,也能展望前路极目千里,更上层楼。三十年的实绩证明我们绝不是只供摆设的花瓶,也不属仅供观赏的秋菊。不少人"出淤泥而不染,濯清涟而不妖",不敢说"香远益清",倒确也玉立亭亭。许多同道类如朵朵含露带刺玫瑰,晶莹露珠,轻轻点点,映照大千世界!因此,我们有资格宣告:在精神世界里,中国律师又未必是弱者!

力量源于法律。法律的力量主要也正在精神层面。西政文正邦先生说:"法是天地间的浩然正气。"壮语豪言,生动精确,足可震古烁今,讲得真好!我领会,浩然正气源于手握真理,发自铮铮铁骨,是美的至高境界。左拉一篇《我控诉》,全球视为典范,足可证明。古往今来,多少精妙的法学思想,饱含美的元素;多少优良的法条规范体现着法律的美。有道是:"美是真理的光辉!"法律固然与真理有别但相通。我们迎着"浩然正气",有理由把这句希腊古谚发展为"美是法律的光辉",让法律根立于艺术之林!

基于这样的理解,似宜换个视角考察法律人在诉讼中的作为,包括诉辩两方的法庭抗衡,彼此在颉颃的同时,通过"析万物之理",抒人间之善,"判天地之美",互补互济,用各自的观点和语言,传达出法律的魅力,结合威权,反映法律实质,或者能产生万众敬仰信服的效果,最大限度地发挥出法律和司法的力量。在诉讼中,作为法律共同体成员,交流会比交锋较易化解分歧。与其效项庄舞剑,何如学孟德煮酒论雄,不然共同体的“共同性”体现哪里？权力者应当认识到,法律的作用离不开律师的发挥。

知易行难。对律师来说,如没有渊博知识、卓越智慧,如没有宽广胸怀、高尚品格,如不善于把实务从技巧层面提升为艺术,不易达到那种境界。尽人皆知现实并不尽如人意,然而希望在年青后生,前景一派光明;他们一定会立足大陆,胸怀全球;朝气蓬勃、不断追求;与时俱进,勇于超越;更有条件丰富智慧,从而使全球法律文化获得突破性的发展。尤其那浩然正气,薪火相传,维天柱地,端赖他们。一股专制逆流抵挡不住前涌巨浪,请听 80 后、90 后与我们同声高歌大江东去!

谢谢两位院长！谢谢大家。

一个中国法律人的网络观

——在《转型中国的媒体与互联网政策》曼谷对话会上的发言

主席，诸位专家：

关于互联网，我知之甚少；用这样一个大而空的题目发言，是为了藏拙。我只能就日常见闻发点感想，权作对会议主题的支持，请予指正。

互联网的发明创造无疑是人类科技发展的一座丰碑，是人类文明的高峰之作。中国大陆开通互联网至今未满17年，已经显示出它超强的传播—动员—号召—联络—组织—监督的功能，使亿万人民的生活方式、生产条件、学习环境无不发生着巨大的变化；广大弱势群体终于寻得了和平表达意愿、平等提出诉求、自由互相交流的平台，在一定程度上把散沙般的“弱势群”凝结为固定的力量，不断地产生着新的追求，思想方式随之发生多元化的改变，崭新的网络文化开始形成，一个长期处于保守、半封闭状态的社会面貌从根本上发生着令人欣慰的改观。它的威力和意义，非核弹可比。

互联网在技术上的日新月异，似乎提出了“平民化”问题。使文化发展水平很不平衡的社会中的文盲、网盲能像掌握电灯开关一样，运用它来有效地提高生活质量，比如说发展“傻瓜网络”，已是当务之急。另外，互联网威力的不断增强，迫切要求它通过自我约束的方法，尽量减少传播“假恶丑”资料与信息，防止犯罪，消除负面影响，于是又企望达到“道德化”目标。

这些问题，源于生活，对互联网事业的发展或者不具有决定性意义。目前的关键问题在于：互联网的发展与其他社会现象一样，也总是处在矛盾运动之中，自由、开放、包容的互联网，与传统势力主张的事物的“稳定性”注定会发生摩擦，从而引发“稳定压倒一切”论者异乎寻常的警惕！外交部发言人在2009年3月23日的记者例会上说：“中国政府不怕互联网！”就是高度警觉的具体反映。

政府不怕，靠的是“依法管理”。这是今年发布的互联网状况《白皮书》中公开宣布的。姑且不论这里所依之法大多是零散的地方规章，不具法律层级；众所周知，这些规章无不出自地方政权和政府部门，因而只适应或者迎合地方的、部门的利益，在执行中也就不可避免地带着党治、人治的浓重色彩，构不成法治。尤为重要的是，《白皮书》所说的“管理”，实质上是管制即控制。屏蔽是管理吗？封闭是管理吗？有的县市，例如赤壁、方山，一夜之间封闭所辖地区的全部网吧，能算管理吗？

互联网诚然需要管理。问题在于管什么和怎么管。这是一个相当复杂的课题，不可能单凭政府权力就会合理解决。我以为以下几点应予特别的关注——

一、以科学化、民主化、道德化、法制化为方向，取代网络管理中普遍存在的泛政治化偏向。

二、适时制定《网络保护法》，涵盖公法私法，包括程序与实体，定格为基本法，为“依法管理”奠定基础。

三、“依法管理”除靠规范外应有举措。不能使之成为政治口号或砍杀大棒。首先要制约政府滥用权力危害互联网。

四、各种各项规范中的概念既要明确含义，又应划清界限。诸如“雅、俗”并无贵贱之别，“雅俗共享”或者“共赏”，本属优良传统，不料而今“俗”头冠“低”，于是成罪，有的规章竟能列举其罪状13条，近乎荒唐！至于把言论自由转换为“煽动颠覆”，则危害尤大，更为明显。

五、网络之间，贬损封杀，是自毁长城，应严格自律。

考虑到政府利用互联网取缔歧见、加罪无辜、侵犯人权的状况日形严重，请允许我介绍一件最新案例，予以讨论，寻求对策——

福建25岁女子严晓玲,与母亲分手不足24小时突然死亡。法医鉴定为宫外孕,导致“输卵管破裂充血”不治。严母林秀英根据所得情况,认为女儿是被人轮奸惨死,上访要求破案。其间向维权人士范燕琼女士哭诉情况,希望得到舆论支持。范据林口述代书帖子于2009年6月24日上网。25日,警方召开新闻发布会,对帖文严予驳斥。27日,以涉嫌“诽谤”,对范实施拘留。一个月后,改为涉嫌“诬告、陷害”宣布逮捕,10月15日提起公诉。一审期间,警方两度要求“补充侦查”。辩方申请传唤证人出庭,屡遭拒绝;林秀英本人亲临法院要求作证,被拒。数百网民聚集法庭之外声援范燕琼,与警方发生冲突。审理基本未按规则进行。2010年4月,法庭变更公诉罪名,复以“诽谤罪”判处范燕琼有期徒刑二年。证据主要是公安局出具的书面证明,断言范帖内容引发当地警方公信力严重下降。范因健康屡受摧残严重恶化坐轮椅听取判词,愤极而泣;上诉被驳回后表示坚持斗争,绝不妥协。诸位专家:一个以维权为事业的普通公民,代书当事者的口述,通过互联网发帖申说冤情,怎么能构成犯罪呢?是与非,功或过,怎么可以这样恣意颠倒,而且是通过司法权力!对于如此被侮辱被损害的弱者,我们有责任采取步骤予以声援。对话,讨论,坐而论道,诚然必要;但如能研究并进而着力解决一些实际问题,对推动互联网事业的发展,推进中国的健康转型将更为有益。范燕琼案例充分说明:维护互联网自由实质上是维护人民的权利,因此就一定会有人付出高昂代价。托·亚格兰先生说得十分准确:“当今世界大部分地区民众享有的权利是有人不畏个人得失而奋斗和努力的成果。”范燕琼表现出的浩然正气,堪为楷模,理应赢得广泛的支持。

我深知前行路上仍有险阻,难避风雨;但互联网事业终将获得法治的保障和众多媒体的配合、更好地在发展中为人类谋利增祉,这是任何专制力量都阻挡不住的。

张思之

二〇一一年一月六日

中国律师制度一页沧桑

——为台北《律师杂志》作

一、史的变迁

中国大陆律师制度的产生与发展，始于中国人民政治协商会议1949年9月29日通过实施的《共同纲领》，其中明文规定废除旧的法统及由它产生的司法制度。1949年11月1日，中央人民政府司法部宣告成立。或许是出之于历史的巧合，第一任司法部长是上世纪三四十年代先后享誉上海、重庆的史良女律师。她就职之初，1950年7月，就在全国第一届司法会议上明确提出应当建立律师制度，并要求各地酌情试办。然而由于当时"左"的观念在法学与司法领域占据着主导地位，工作的重点必然在于"废旧"，1952年在全国范围内开展的"司法改革运动"就是一个产生了严重后果的标志，因此新的律师制度的建设，迟至1954年才正式提上日程。那年9月，《中华人民共和国宪法》诞生。为了贯彻执行"被告人有权获得辩护"的宪法原则，司法部在北京、上海几个大城市试点成功的基础上，要求30万人口以上的市县，统统配备律师，成立"法律顾问处"；并对律师工作的性质、组织、任务以及律师的资格、条件作出了系列性规定。上述的部署安排于1956年7月经国务院正式批准，形势发展很快，律师们富有成效的工作立即得到了人民大众的赞同。截至1957年6月，即毛泽东发动的"反右"前夕，全国已有19个省、市成立了律师协会筹备委员会，设法律顾问处817个,配有专职律师2878人,基本上实现了30万人口的市县应设律师机构的要求。北京已设3个法律顾问处,上海则有了6个,发展最快。

孰料“反右”狂飙突起,大陆知识界,包括律师,蒙受了灾难性的打击。律师中的骨干,大都被视为“敌对分子”,划为“右派”,失去了工作。其“罪过”无非是“替罪犯(即坏人)辩护”,是资产阶级的“工具”。现在看似可笑,但在当时,确确实实是这样子。随着大批的律师被划为右派,律师制度名存实亡。所谓名存是指这块牌子还在,法律顾问处的牌子还在,为什么法律顾问处这牌子还要呢,因为在几个大城市,这牌子要应对国际即让外国人看到我们的律师制度还在。但实际上已经没有了,像北京三个法律顾问处通通没有了,只剩下律师协会筹备委员会这块空牌子,是纸上筹备,不但没有任何行为,甚至没有人操作,一个人也没有。到了文化大革命,律师和律师制度作为一种异己的力量,属于“封资修”,是应该被取消被打倒的最坏的东西,按照毛的理论,当然的在摧毁之列;连公安、检察、法院都被砸烂、打倒了,遑论律师!待到“四人帮”覆灭,“文化大革命”结束,1978年中共十一届三中全会确定了新的方针、路线,辩护制度随着法制建设的兴起重又获得确认,律师制度由此得以恢复。

概括以上情况,可以认为:1950年至1954年,是律师制度的酝酿胎育时期,1954年至1957年是制度的初创阶段。1958年夭折,延至1979年又开始重建,此后几经周折,才有了今天的局面。

回顾既往,人们会问:在律师制度被强行取消的大环境里,律师们是怎样生存的?对此,似无须作具体的、逐个的体察与分析,也许可以用一语归总:划为“右派”的律师,劳动改造去了;幸免或“漏网”者,也都转业了。我在农村劳动整整15年,各种艰辛备尝。驰名中外的政法大学前校长江平教授也未能免灾,他的腿伤就是当年劳动改造的纪念。他1956年从苏联留学归来,是国家自己培育的英才,不料回来就被视为敌对分子,划为“右派”,荒唐如此,夫复何言!而转业者,其实也如鸟兽散,基本上流落到了基层或底层,凭着一定的体力,苟活于社会。这个状况给日后重建带来了很大困难。以1979年的北京为例，先是重新恢复律师协会筹备委员会，尔后从社会上广招人才，过去的律师当然都受到欢迎，在这个基础上成立了一个“法律顾问处”，为日后发展奠定了组织基础。

应加说明的是：20世纪50年代构建制度之初，我们照搬了苏联模式，其特征是：律师是国家公务员，律师机构一律官办，统称“法律顾问处”，受政府司法行政部门领导管理。1979年重建之时，依然沿袭那种模式，本质上没有什么改变。

1980年，北京市经过选举程序成立了正式的北京市律师协会，宣告筹备期结束，这是一个“分水岭”。与此同时，随着人员的增加，把北京市法律顾问处分成两个，一个是第一法律顾问处，另一个是第二法律顾问处。审判“四人帮”时，我们以律师的身份接受委托，不管是从上海来的，或是从武汉来的，交给最高人民法院特别法庭的委托书，用的都是第二法律顾问处的名义。模式的改变，制度的发展，是80年代中期逐步形成的，这些我们将通过对于立法情况的介绍加以叙述。

关于“两案”（即江青“四人帮”反革命集团案与林彪反革命集团案两个案件的总称），因它是中国审判史上的重大事件，人称“世纪审判”；律师的案中辩护必然受到人们关注，客观上也有其重要的意义和作用，故又应单独论列。我无意在这里对这次辩护作出总结性评价，但有责任说明：这次辩护，作为中国律师向全世界的第一次公开亮相而有其一定的历史意义。其作用则主要在于，在一定程度上、一定范围内维护了各该被告人的合法权益，维护了法律的尊严。考察这个问题必须具有历史观点，不能不考虑当时的客观条件，特别是那时的法制环境。可以这样说，尽管律师们尽了最大的努力，但因存在着根本无法逾越的障碍而必然遭遇局限，最突出的一点就是必须按照“上面”的意图行事；律师在为被告人辩护，却必须首先实现“国家意志”与国家领导人的意志。在这个基本点上，司法部也不能例外。正是由于这个缘故，司法部对于律师辩护的指导思想初期有着很大的偏差：要求律师第一要尊重控方起诉的“事实”，第二不得对案件的定性提出异议。试想,如果完全照此办理,还要律师干什么?难能可贵的是,律师们通过自己的实践,突破了司法部的“要求”,依据证据否定了起诉书中的多条不实指控。我之所以敢说我们尽了最大努力,恰恰是来源于此。然而实事求是地对待那场辩护,应当说,我们的实践并不精彩,现在看来缺点很多,特别重要的是,不能够对中国律师制度的健康发展起到典范或者示范的作用,这是令人遗憾的!

还应补充的是:江青作为“反革命集团主犯”,本身又有她独具的特殊身份,在法庭上没有律师为她辩护,实是一个大缺陷。当初指定我可以受托为她辩护,不料我与朱华荣教授一起同她作了一次不成功的谈话,丢掉了这个机会。诚然,她对律师提出了不能接受的无理要求,但我没给她可以回旋的余地毕竟是实践中的败笔。至于“参谋总长”黄永胜、党的“副主席”王洪文和其他几个被告的情况与江青尽管不同,但从律师工作的角度考量,没人为之辩护显然也是工作上的不足。

二、中国律师的立法

(一)《律师暂行条例》

1980 年 8 月 26 日第五届全国人民代表大会常务委员会第十五次会议通过颁布的《中华人民共和国律师暂行条例》,是 1949 年政权易手之后的第一部律师立法,包括“附则”共有四章二十一条,简明扼要地规定了律师的任务和业务,权利和责任,资格的取得和取消,律师工作机构和律师协会等内容,为律师制度的重建奠定了思想基础、组织基础和法律基础,在律师制度的发展史上具有里程碑的意义。

1.《暂行条例》内含的基本原则,共三条:

第一,以事实为根据,以法律为准绳(第 3 条)。这是律师从事业务活动必须遵循的首要原则。

第二,维护当事人的合法权益(第 4 条、第 5 条、第 6 条)。这是律师业务活动的核心问题和直接目的,与维护国法的正确实施互相一致,并不冲突。

第三,律师执行职务,不受干涉的原则(第3条)。这是律师执行职务的法律保障,对保持律师工作的独立性,抵制特权思想,反对不正之风,发挥律师的主动性、积极性极其重要。实践证明,缺失这一条,律师将很难充分地发挥作用,不易履行职责。

2.《暂行条例》明确规定律师的任务是:通过对当事人(包括法人)提供法律帮助,维护法律的正确实施,维护公民的、集体的合法权益,宣传法制。

3.《暂行条例》总结国内外的经验,依据当时的经济条件、政治状况和法制建设的实际,明确规定了律师的"五大业务",目前仍然有效而未失去它的价值,这是条例的一大杰出贡献。

4.《暂行条例》规定了律师的必备条件和资格取得的程序。

5.《暂行条例》规定律师的工作机构是"法律顾问处",同时明确了它与政府的司法行政部门的关系。

6.《暂行条例》规定了律师协会的性质、任务和具体工作内容。

7.《暂行条例》明确了律师的权利、义务和法律保障。

8."附则"说明了律师职称标准、律师奖惩和收费办法由司法部另行规定。

(二)各项规章

《律师暂行条例》实施,司法部相继出台了一系列的规章,主要有:《律师职务试行条例》及其《实施细则》,《律师业务收费管理办法》,《律师惩戒规则》,《兼职律师管理办法(试行)》,《关于法律服务机构若干问题的暂行规定》,《律师工作执照和律师(特邀)工作证管理办法》,《法律顾问资格考试暂行规定》(与人事部合署),《关于加强对律师咨询服务机构管理的若干规定》(与工商行政管理局合署),《关于律师参加诉讼的几项补充规定》(与最高法院、最高检察院、公安部合署)等。这些规章的实施,对律师制度的完善起到了推动的作用。

(三)《中华人民共和国律师法》

1996年5月15日,第八届全国人民代表大会常务委员会第十九次会议通过《中华人民共和国律师法》,设八章五十三条。除第一章“总则”和第八章“附则”外,第二章规定“律师执业条件”,第三章规定“律师事务所”,第四章规定“律师的业务和权利、义务”,第五章规范“律师协会”,第六章设置“法律援助”,第七章明定“法律责任”。从立法形式上看,是对于《律师暂行条例》的补充与修正,有些规定大体上符合1980年《暂行条例》实施以来的新的形势和新的情况。首先是关于律师的定位在法律上发生了根本性的变化,由原先的“国家法律工作者”即公职人员改变为“为社会提供法律服务的执业人员”(第2条)。其次是明定取得律师资格应经“全国统一考试合格”(第6条),同时规定了律师资格与律师职务相分离的制度,即取得律师资格,“在律师事务所实习满一年”,“品行良好”,“拥护宪法”的,才“可以申请领取律师执业证书”(第5条、第8条),从事律师业务。再次是对于律师工作机构的规定有了巨大的变化与发展。从理论上分析,律师工作机构的演变和发展,取决于人们的社会关系的演变和发展,取决于社会对于律师工作的需求,取决于国家统治和行政管理的需要。因此,律师工作机构的设置会有客观标准、应有正确原则。还应指出:律师工作机构的职能及其活动诚然带有相对的独立性,但归根结底,它受社会物质生产发展水平和政治民主化程度的制约,为一定的社会经济关系所决定,因此之故,律师工作机构的活动、职能以及与之相适应的称谓,又必然地体现着稳定性与可变性的统一,其中又有其规律性可循,任何主观随意性都会带来不良结果。回顾历史,如前所述,原先“律师执行职务的工作机构是法律顾问处”,(《律师暂行条例》第13条)1984年8月,司法部通过那年召开的全国司法行政工作会议提出将法律顾问处易名为“律师事务所”,这个指令性的意见无疑是正确的,但由于《律师暂行条例》尚未废止,从而陷入了与现行法律相冲突的境地。恰恰是因为正确的更改尚未得到立法的确认,各地就出现了许许多多自行更名的情况,诸如“律师楼”、“律师行”乃至什么“律师事务中心”应运而生,司法部本身就设置了一家“中国法律事务中心”,企图统揽重大诉讼的代理、辩护业务,受到了普遍性的指责，不得不宣告撤销。《律师法》实施以后，目前除军事系统还保留有个别的法律顾问处外，大体上说，已经达到了律师事务所的一统局面。最后是关于“法律援助”的规定。这章规定虽只有三条，实质性的内容概括地说仅止一点，即律师对于公民在工伤、赡养、抚恤金、国家赔偿以及刑事诉讼诸方面无力支付费用需要救济的，必须尽职尽责地“为受援人提供法律服务”。（第 41 条、第 42 条）然而它的意义重大。公益律师的兴起，正是来源于此。

《律师法》第四章对于律师的权利的规定，给律师工作的开展带来很大的负面影响，与《律师暂行条例》的相关条款对照，竟是一大退步，因此最为令人不满。

按照规定，律师的“权利”共有四条，如下：

1. 在委托人、委托事项有违法律规定的情况下，或者委托人“隐瞒事实的”，律师“有权拒绝辩护或者代理”。（第 29 条第 2 款）

2. 参加诉讼，“可以收集、查阅与本案有关的材料，同被限制人身自由的人会见和通信”等。（第 30 条第 1 款）

3. 律师“辩论或者辩护的权利应当依法保障”。（第 30 条第 2 款）

4. “律师承办法律事务，经有关单位或者个人同意，可以向他们调查情况。”（第 31 条）由于第 32 条规定的“律师在执业活动中的人身权利不受侵犯”，是公民共有的一种，故不列入。

这里的核心问题是律师的“调查、取证”权。对此 1980 年的《律师暂行条例》的规定是：律师“有权……查阅本案材料，向有关单位、个人调查”。现在《律师法》把“有权”改为“可以”，分明是通过立法上的模糊概念，从根本上对这项权利作了限制。特别紧要的是：《条例》在规定了该项权利之后，紧跟着又设置专门条款，要求“律师进行前款所列活动（即查阅材料，调查取证），有关单位、个人有责任给予支持”。（《条例》第 7 条第 2 款）而《律师法》在律师权利问题上的实质性倒退，清清楚楚。这给律师的诉讼活动带来一系列的负面影响，已为这些年的实践所证实。人们期待修改《律师法》时会有新的调整,极其合理,十分必要。

尽管如此,尽管目前我们律师的执业环境在某些方面相当恶劣,尽管《律师法》颁布实施以来据统计已有大约500位律师被扣押、被判刑,这个数目着实令人惊骇,其中也许会有确实触犯了刑律的“犯罪分子”,但可以肯定,那些因所谓“伪证”或“非法取证”被关、被判的,绝大多数应属于冤案。尽管如此,我依据当前的国情实况,还是要疾呼:修改《律师法》的条件尚未成熟,还是再等一等为好,不然我们说不定会吃到恶法产生的苦果!

请问:什么“条件”尚未成熟?

第一,政治民主化,首先是司法民主化的进程实实在在是任重而道远,司法独立之议更属纸上谈兵,眼下仅止于一点一点地推进而已。

第二,现行的三部“诉讼法”(民事、刑事、行政)都有对于律师工作的限制性、规范性的条款,三部诉讼法不改,律师法的相关修正不可能付诸实施。

第三,部门的权力、权利和利益,在实际上对立法存在深远的影响。诸如法院有法院的要求,而检察院又会从检察工作的角度做出部门的考虑,公安、安全更会有他们独行的一套,这些都会给立法带来难点。问题在于:各家在研究“权力”的分工时,很少顾及律师的情况或者权利。而可以代表律师提出问题的政府司法行政机关,几十年的实践表明:它的声音相当微弱,往往不能为律师争得有力有效的工作权利。这种局面,当然有待扭转。

第四,整体的经济改革正在运行,市场经济固然已有相当的规模,但在许多方面毕竟还未成熟。

此外还有一个技术层面的问题值得一提。众所周知,律师及其工作的实务性太强,实践性太突出,没有实务经验的人士很难理解,很难有效地把握住律师工作的各种缺点和各项应有的权利。因此之故,修改《律师法》必须主要由具有实践经验、知识比较全面、富有胆识的优秀“律师群”的直接参与。学者、专家当然是重要的,但隔行如隔山,他们长于法理,可又不免弱于规范,一部可操作性较差的《律师法》岂不误我律师？不妨讲一个故事。前不久公安部门出台了一个“办法”，基本点是，他们在侦查阶段提审犯罪嫌疑人时，就“允许”律师介入旁听，借以维护当事者的权利，避免刑讯逼供。我们不少人为此而兴高采烈，甚至欢欣鼓舞，认为是一大进步。但怎样操作呢？实际上能兑现么？第一，公安（安全）提审犯罪嫌疑人经常是在夜间。第二，他们有时搞“连续”性提审，所谓“连续性”，当然不是三五个小时的顺延，无妨说个特例，我的一个当事人被连续审讯68小时，卷中标明的提审时间证实确乎如此，妙在审讯的人可以“轮换”，面对这般情况，律师“介入”，谁来替代？再看一个带有普遍性的情况：律师承办刑事诉讼中的“申诉”案件，会见被告人就会遇上重重阻碍，有时往返监所多次仍不能解决问题，关键正在于《律师法》根本未涉及这类问题，而对那些疏于实务的学者，怕也是思考不及的。

不过，话说回来。集中国律师14万人之众，我们有足够的智慧，总结国内外有益的实践经验，终能改出一部理论与实际密切结合、灵活性与稳定性互相统一的、无可挑剔的《中国律师法》。

三、中国律师的管理体制

所谓管理体制，主要包括律师工作机构的总体结构形式和总体功能；各种机构各自功能的运行情况；各种机构的纵向联系和领导的方式；还有律师管理机构的工作内容、管理的方式方法和相应的制度，等等。回顾历史，20世纪50年代初建与80年代重建的那两个阶段，律师的管理体制在《律师暂行条例》中有其简明扼要的概括：律师工作机构“受国家司法行政机关的组织领导和业务监督”。（第13条）事实上从人员编制、建立机构、经费收支、奖惩程序乃至业务活动即“人、财、物”统统主管、领导，无一例外。这在当时是必要的。试想如果没有政府的投入与支撑，即使建立起了律师制度，想要发展也属不易。然而随着形势的发展变化，这种管理体制在开展业务、建设队伍诸方面的作用日渐减弱；依旧沿用，会加深律师工作的行政化倾向，使律师工作机构的业务功能受到削弱，阻碍着事业的健康发展。

在建立一种符合实际的管理体制的过程中，必须强调一个问题：中国律师不仅需要管理而且应当严予管理。律师制度重建，至今年平均增员5000人左右，从整个国民素质考量发展不能算慢，然而江河滚滚，会有鱼龙混杂，不免泥沙俱下，自有异物败类滋生，如无严格的管理，必然危及律师制度的健康发展。

关键在于管什么、谁来管、怎么管。

管什么？我以为主要应从宏观着眼，体现在明确正确的发展方向，制定正确的发展方针和具体政策，并监督其准确无误的实施上，不可以大包大揽，一统到底，把应由业务部门自管的事项也收归"麾下"，以显权威。律师承包某类案件必须报经同意，为某些案件作"无罪"之辩应经批准，就是典型的表现，必须纠正。

谁来管？细查《律师法》并无明文规定。该法第4条说的"司法行政部门依照本法对律师、律师事务所和律师协会进行监督、指导"，不仅有别于《律师暂行条例》的"组织领导和业务监督"，而且完全不同于一般意义上的"管理"。认真地说，硬说司法部（厅、局）对律师及其机构有权实施"行政管理"，似缺法律上的依据。关键在于，经验表明，这种行政管理极易把律师机构变成司法行政部门的附属机构，从而修改了律师及其工作的职能，变成非驴非马的另类。律师制度是一项民主化的制度，律师组织属于民间性的团体，它既是人民与政府之间的纽带与桥梁，又应对政府的机关包括司法行政机关产生"监督"的作用，这符合宪法的精神，怎能使之蜕变，或者竟予修改？

民间团体的事应以"自律"为原则，是故律师应由它选举产生的"协会"实施行业管理。律师协会，则以实行"国家管理"即由全国人民代表大会常务委员会的相关机构实施"管理"为宜。

实行"行政管理"与"行业管理"两结合的管理制度岂不更好？我以为不可。在目前的政治体制的支配下，这样的"两结合"注定是"大吃小"，最低是"大压小"。大家知道，目前全国律师协会与各地方的协会都已由民选的"专职"律师担任了会长、副会长，似乎已经独立于"行政管理"之外了。然而请注意：每个协会都有"党委会"，党委会的第一把手即“书记”又都是司法行政部门的副职(如副部长、副厅、局长)担任,我们还有一条更带根本性的制度:“党是领导一切的。”您看这里还有、能有“两结合”么?律师协会眼下难以充分发挥作用,原因复杂,但这一条最关紧要。不妨举出实例加以探讨。

去年年末,北京市司法局借口“智晟律师事务所”住所地址改变,“未在规定时间内办理变更登记”以及“为非本所执业律师出具事务所介绍信……(为其)违法执业提供便利”,给该所以严厉的处罚:停止全所执业一年。

经查上述两个行为或是捕风捉影,或竟无中生有,总之都不成立,然而罚则还是执行了,因为应予“管理”!

人们都知道事情由高智晟的政见政论及其相关的政治活动而起。处罚“智晟所”是一种株连。对于高智晟的重大活动,说法不一,我无意对高的作为作出评价。我为辨析北京司法局的“处罚”上书北京律协的会长,其中专门写有这样一段——

“我无意对事涉律师个人的执业活动、执业风格,乃至对于处理本案的方式、方法发表见解。律师实务不易纯熟掌握、自如运作,是艺术;其中能见操持者的素质、品格、态度、风度乃至他的职业观和世界观,加之‘人’的状况又不断处于运动之中,不免千变万化,妄作评判,难中肯綮,更何况褒贬之间见仁见智,我浅薄孤陋,岂敢冒失!《通告》屡屡指向个人,我的主旨却不在此。”

未作评判,实际上带出了自己的观点。高智晟现象的出现有它深刻的背景与社会根源,日后会作专门的剖析。这里应当指出的是:司法局对于一个律师所的处罚(一种特殊的管理方式吧)全然失据缺理,律师协会为什么不站出来维护律师所的合法权益而任人宰割?我致函律师协会的会长,正是对所谓“两结合”管理体制的严重质疑,难道不是么?我在信中慨叹:“如此这般地‘管理’律师,令人有下一次轮谁的‘狐悲’之叹,是非既明,怎能沉默?”我发出的是律师的心声,一定会得到赞同的回应。

那么,究竟又应当“怎么管”律师呢?概括言之无非是三条:依法律，靠制度，讲民主。照此办理，一定能“管”住，一定会“理”好。我期望，修改《律师法》时会充分地关注这个相当重要的问题。

四、中国律师的议政

为什么不提“参政”？我无意对这个问题从各个方面逐一分析，这里只明确一条：律师“参政”之后，一般情况下就不应继续执业，或者说就不是“执业律师”，因此完全可以略而不提。

议政则属另一种情况。

有政大家议，让人议，是国家政治民主化的一种体现。我在这里不讨论“让不让议”，而只是从律师角度来考虑愿不愿、敢不敢议，兼及怎样议的问题。

议政不是一个神秘话题。作为中国律师，树立起独立的精神，运用自由的思想，为民争权，代民维权，包括在具有政治背景的诉讼中依法办案，在所谓“群体性事件”中积极维护弱势大众的各种利益，及至就重大的政务、政事直陈法律见解，就都是议政。这就为律师的议政提出了应有的前提条件：按“良心”办事，凭“良知”做人，在维护法制的行进中绝不“唯上”，更不当“驯服工具”。如此才做得到讲实情，才做得到说真话，才会达到“宁鸣而死，不默而生”的崇高境界，从而立于不败之地。律师败于讼事，并不足畏，但如败于失“格”，那就太可怕了，因为它带有极大的毁灭性。

如是“议政”会有风险，要吃“苦果”。但既已担当起律师的神圣职责，就应当有勇气在大事上对人民负责，对法律负责，对历史负责，就应当有骨气在原则问题上绝不退缩。对原则问题保持沉默，那不是“金”，是渣。假如一定要让我们为“鸣”而上“菜市口”，那就追随文天祥、谭嗣同求仁得仁坦然西行吧。

要善于自我保护，忌乱冒风险，沽名钓誉。离题万里的“议政”往往会使“议政”变质，达不到良好目标。“保护”是为了“议政”不断，当然应以“鸣、默”之择为前提。

考虑到“议政”实质上是一种对于政事的监督，因此往往需要协力。这对于那些带有普遍性的政务、政事更显得必要。“冰点事件”就是显例。如此重大的政治性事件,事涉中央一级的大机关行为违宪,须有法学界、律师界的人参与或者说应有法界的参与自在不言之中。

上面说了,律师的“议政”主要是通过讼事,展开来说,就是要一步一步地、逐事逐案地在维护国法尊严的同时,体现出律师正确的政治立场、法律观点,推动社会的不断进步,最终达到民富国强。绝不可以遇事先大轰大嗡,着意炒作,以“纸虎”为头毒蛇成尾,终致误事害人,结不出“正果”。年末时见这种情况,令人有揪心之疼。我反对律师队伍中“三躁”情绪的滋长,浮躁、焦躁或狂躁,都让人耐不住寂寞,忍不了孤独,沉不下心气,大都无助于整体素质的提高,往往什么问题也解决不了。这种状况,是在律师“议政”之中必须防止、应予根除的。

其实通过“讼事”议政也难。姑且不论“公、检、法”的部门制约,恰在五天前,5 月 15 日,中华全国律师协会就律师承办“群体性事件”的讼案作出了限制,明确了“意见”,其要点是:一、办这类案(事)件,应以安定的大局为重,实即“稳定”压倒一切;二、必须报告律师协会;三、接受司法行政机关的监督与指导;四、具体业务活动须经事务所集体讨论,“主任把关”,即不得由承办律师自己做主,自行其是;五、以前如有与此不同的规定统统无效,以此件为准,不得有违。

文件挺长,还没时间细细研究。从以上几点来看,我立马有三点重大质疑:一、“群体性事件”中的那些弱势“群体”的利益怎么一句不见?哪里去了?该由谁“维护”?我们律师到底是干什么的?二、律师协会不是政府的行政机关,有什么资格、什么理由代司法行政机关发出指令,对律师的纯业务活动作出限制性的规范?我们自己的协会到底是干什么的?三、不稳定源自何处,是谁制造的?

然而话说回来。不管前路多么艰难,既已选定了目标,也只好硬着头皮走下去,一步一步地,一代一代地!司法民主化是世界潮流,政治民主化是大势所趋,谁能阻挡得住呢?我绝不怀疑,历经沧桑、饱受忧患的中国律师,终会迎来满天朝霞。“远远的,东方,太阳正在升起。”

注:这是20世纪40年代重庆南开中学陶光先生为他的弟子标点的作文首句。作文原句无第一个逗号。

诗评律师，可堪入史

——重访李作鹏前副总长索诗琐记

1993年的夏天，为自编的集子写了个长篇《后记》，交代了一些诉讼的庭外资料，其中涉及李作鹏案，我讲的是——

对于李作鹏一案，倒有两点可说：第一，人们都说，那时的辩词都是上面定的，律师念念而已。这话，出之于估计，有对的一面，但也绝非全对。关于李案，辩词中有两点是我顽强地坚持下来的。一是律师认为"庭审活动符合刑事诉讼法的规定"。这不是多余的废话。在我看来，庭审活动是否合法，律师有责任发表见解并请求法庭予以确认，从而加强律师制度对于审判活动应有的广泛性的监督作用。二是对于李案的判处应考虑他"早年革命的历史"。辩词中的这点意思表达得极其委婉，反映着当时意见的不一。我至今认为，对林、江"两案"中五位武将的罪过，如能考虑到各人的历史因素，会判得更为公允。作为律师，似乎应把这层意思说到。

第二，案结后，我与苏惠渔教授再次会见李作鹏，征询他的意见。他微笑着，把手从棉衣袖筒里利索地抽了出来，说了这么一句："你们的辩护，好比敲小鼓，可只是敲了个边儿，没敲到中心点上。""呵，敲边鼓！能不能说具体点？"——我问道。这位年轻时专事破译密码的行家，脑子的确转得快，他并不正面回答，有点漫不经心地说："不怪你们！"他不直说，倒使我联想到一曲著名的山西民乐——"滚核桃"。

乐手们把鼓槌扬起，击打得有声有色，但却始终在鼓的边缘处滚动，并不触及核心，闭目静听，宛如许多核桃在滚动。难道这是他对律师工作的刻画？难道我们在滚核桃？心里很不自在，一时却又无言以对。临到谈话结束行将道别时，他冒出了一句："写了首诗给你。"我有点情急，想马上看，不料他却告诉我："二十年后给你！"我无可奈何地答复他："那好，我等二十年。"

几年前就听人说，李已经被释放，在安度晚年。他那首写给律师的诗作却还没见到，我一定等到2001年！

待到2001年春节刚过，是整整二十年之后，探听到李作鹏安居太原。于是情托在山西有知交的一位作家代为打探。她很热心，很快传来消息："据作协同志说，前两年还见过他，近年不见，听说回北京了。"几经辗转，解放军总后的一位同志通过我们事务所主任吴以钢律师告诉我："李作鹏在北京，很少见人，愿不愿意同你联系，得问问他的意见。"两天后，传来李的电话号码，总后的那位同志说：李愿意见。我当天就与他通了话，表示想去看他。从声音里能听出他挺高兴。只是说："五一前后，孩子们都回来，人多，家里乱。"于是相约五一节后见面。通话中没说起写给我的诗。

5月16日，恰是"文化大革命""五一六通知"的25周年，当时却没想到。那天，风沙狂袭京城，行路极难；早几天约定的时间，又不想再改，于是商请傅可心律师驾车做伴，准于上午10时到达他在京郊的新居。门启处，他和夫人已在门口。他左手握着一卷纸，挥动右臂，连声说："欢迎！欢迎！"一边把我们让进客厅，一边说："这些年，我不见人，你是例外！"我觉出了这话的分量，同时忙把傅律师介绍给他。他依然很爽快，应道："好呵，你们一块的，欢迎！"沉钟似的声音，加深着入门时的第一眼印象：二十年前的囚徒晦气尽扫，依旧一派军人风采。不知他是怎样熬过或者闯过了那漫长的铁窗生涯？

坐定，他说："二十年了，你还记得我，想到我，真的很感激！"不等我开口，董夫人跟着发挥了一句："可得谢谢你为他作了辩护。那年头,谁还会替他说话?”我理解夫人的心意,但仍然有一点莫名的不自在,因为自觉有愧,可一时又不知该如何答对。李接过话头,使劲拍击着我的左腿,大声地说:“是得谢谢你哟! 两条大罪,给我抹掉了。”我说:“讲谢,可不敢当! 实在没做好。”他站了起来,竟又重复着二十年前对我说的一句话:“不能怪你!”同时就把手握着的那个纸卷递给了我:“当年写给你的诗。”真的是心有灵犀! 他还记得这首诗,并且不忘二十年前的诗约,料到我为索诗而来。我顿时兴奋起来,几乎是语无伦次地说:“等了二十年,太好了,真的想看看。”随即舒展开那薄薄的纸卷,是张打字纸,大号仿宋体,逐字看去,写的是——

评　律　师

1980 年于复兴医院

李作鹏(签名是手写体)

尊敬公正人,
天知无偏心。
官方辩护词,
和尚照念经。
遵命防风险,
明哲可保身。
边鼓敲两下,
有声胜无声。

作者原注:律师的辩护词,要经官方修改批准,然后照本宣读。

一首典型的即兴打油,明白如话。所谓“公正,无偏”,在那个年代,承办那样的政治性大案,对处于萌芽状态的弱小律师,非不为也,实不能也。个中况味,天人共知! 但这是二十年前的被告人写给他的律师的诗作,更因其正从一个侧面反映了当代中国法制建设的历程,又自有其不同寻常的价值，遂转手递给小傅，不知这位年轻律师是否能从中体察出一点东西。傅轻声念着，尚未终篇，作者可能是担心我不能承受，或者怕我面对诗作中关于律师并不公正的讥讽会不免尴尬，急切地打断她，冲我作着解释："这是当时写的。要是现在写，不会是这样。"我应道："等了二十年，想看的就是当年原作。要是现在写的，又是另一回事了。"

"你的意见呢？我想知道你的意见。"——他问我。

"遵命有之，风险却并没有，用不着'保身'。讲'明哲保身'，不大符合实际情况。"

小傅接着争了一句："张老师他们不会明哲保身的。"

李毫不迟疑，立马表了态："要允许明哲保身，那个整人的年代，能自保也不易！"

话一出口，从内容到情态，无不让我感到：还是那种"狗屎"脾气，依然那副刚硬性格，真是禀性难移，一样地"要改也难"呵。不过话说回来，考察一部党史，又不能不认为他讲得对。那些年月，阳谋阴谋，时时处处，交互为用，得心应手，人人自危，自保不易。因而不必也无意争辩。更何况，各抒己见有什么不好？一个"一致"，一个"一律"，把十几亿国人弄得好苦。意见相异，即使不能互补，难道就不能互相宽容？记得 20 世纪 80 年代中期，朱厚泽同志主政中宣部，他按照耀邦的思路，提出"宽容、宽厚、宽松"的"三宽"方针，深得民心；实践证明，行之有效。此中经验，实宜铭记。

至于诗中"官方辩词，和尚念经"之论，前引"后记"已有说明，不必重复。只是他的"边鼓论"却如二十年前一样，重重地敲打着我。一方面，觉得有点尖刻；另一方面，又不得不承认它击中了我的要害，他倒是敲到中心点上了。把律师辩护喻之为敲边鼓，统观全篇诗意，无疑就是对律师作用的评价，正点诗题。不过，细一琢磨，此喻又反映着权利与权力的深刻矛盾及其解决渠道的未畅，是故边鼓之声是否真的会胜"无声"，怕得具体情况具体分析，不可一概而论了。于是信口说了一句："这最后两句，挺有意味！"话说得如此含混，实由于有难言之隐。我心中想的是：否掉两条大罪的辩词犹被视为“边鼓敲两下”，如触及鼓心，不涉禁区才怪！当年我是“驯顺工具论”的忠实执行者，明知“两案”审判是政治任务，怎么可能将鼓槌移向禁区敲击？他说：“要是现在写，不会是这样。”容我套用一下：“要是现在辩，也不会是那样！”律师工作经过了二十多年的砺磨，敲打边鼓的形象已经渐少渐淡，这是很值得欣慰的。但走过的弯路既有鉴戒作用，敢不铭记？

一次短暂交谈不易说清，决计拨开话茬，转而问他：“那场审判，你那时有没有意见？”他没加思索，冲口而出：“还是那句话，是我的，我绝不推！不过，今天可以对你讲，当时我替两个人打了埋伏。”

“谁？”

“毛和周！”

如此这般点出最最敏感的两个人，我为之一震。他这话来得疾，止得也脆。我与人交谈，一向信守一条原则：对方不讲的要闻，绝不探底。不过说实在，我很难猜中他是怎样地为他们打了哪些“埋伏”，事后揣测，可能事涉“9·13”林彪从山海关强行乘坐三叉戟出逃的那紧张一幕及其背景。因为这件事据起诉书的指控李作鹏负有他特定的责任，对此他当时就曾表示过让历史作结论的意见。然而，他们那代人，也包括我这一代，要做到对历史负责可真不容易。周临终无一言留下，尽管他亲历身受的种种终有解密大白之日，但他的所思所想，他的感悟和心态，也许有很多东西会成为“千古之谜”。我不知道对历史负责与对人民负责能不能分割分裂，但我敢说，一个人如果只会唯上是从，到头来恐怕既做不到对历史负责，也不见得就能完全做到对人民负责。

接不上他这话茬，只能沿着自己的思路说话：“不管别人怎么看，我至今坚持在‘两案’审判中，几位有战功的老将，同那五个文官的情况大有不同，对于这一层，下结论时应当有足够的考虑。”

他并不直接回应我的想法，提高了嗓音，像吼似地说：“什么战功！当个普通公民挺好！”顿了顿，又冒出一句：“老实说，当年过草地，不是我，也难！”

我一向自以为看过一点战史，却听不懂他这话的含义，于是急急问了一声："怎么回事？"

他可能有点动情，击打着我的腿，说道："那时，敌人兵分几路，围截，围攻，围剿，他们想怎么打，怎么搞死红军，不是我破译了他们的密码，对他们的行动了如指掌，怎么走得出草地。"说完，把头扬起，似在回味当年情景。呵！果然是破译密码的行家。端详他此时神态，依稀能见他草地突围十四年之后，在辽西战场围堵廖耀湘兵团，终致其全军覆灭的英姿。这位当年四野六纵的司令，年仅 34 岁。赫赫战功，何止密码破译！

"这些，为什么不写回忆录，留下来？"

"写了。100 万字。"

"有些问题，比如四野和林，怎么下笔？"

"实事求是。我从来不信那一套：说一个人好，比香花更香；说一个人坏，比狗屎还臭！"

简简单单，三言两语，已把问题概括起来，点透了。我当然知道，在当代中国，实事求是，不是最难也属很难；但我相信，他的回忆录在主要之点上会做到。

"什么时候发表？"

"等我死后。"他答得没有商量余地。

"可得保存好。"

"输入电脑了。"他透出一副开心又有点诡秘的模样说："还有备份。谁也拿不走。"

言者无心。这句"谁也拿不走"勾起二十年前审李期间的一段使我终生难忘的旧事——

李案开庭前不久，"两案指导委员会"办公室得到狱中发来的报告，说李作鹏天天都在写东西，自称是"最后陈述"。写时很诡秘，似在防着看管人员，因此无法知道内容。

审判庭庭长伍修权将军在军中曾是李的直接上级，对他深有了解，也猜不出他会写些什么东西，又担心他在法庭上不顾三七二十一地扯出不好收场的问题，于是要求律师“再去见见，摸清底数”。我和惠渔都没有抗不执行的能力，在我甚至连“抗”的愿望都没有。我们次日就到了复兴医院，他因病在那里治疗，其实无非是换了个关押环境，依然是囚徒待遇。我们去会见，“两案办”的一个电话通知，就完成了通常需要的手续。

会见的气氛是轻松的。先是言不及义地问了他的近况，而后再次交代了特别法庭的审理程序，扼要说明了被告人享有的诉讼权利，包括“最后陈述”权。他听完就来了一句：“我写了份最后陈述。”我们正专注地听着，他却拐了个弯，似乎是漫不经心地说道：“缝到棉袄里了。”随着用手捂了捂厚厚的棉衣，又跟了一句：“谁也拿不走！”这句“谁也拿不走”仿佛是有感而发，我与惠渔交换了一下眼神，心想：要是他竟能料到我们此次来见的目的，他可太“鬼”了。此情此景，我们的嘴让他堵得严严实实，还能再说什么？看来只好草草收兵，无可奈何地告别了。

回来复命。法官们也只好静待他发出他的书面陈词再作理论。

这是我律师生涯中的最大败笔！

奉法庭之命，意图从被告人手上取得他视为隐秘的自辩材料，上交法官，便利他们预筹对付之策，这么干，还有什么公正与道义，律师的良知又在哪里？还奢谈什么维护当事人的权利和利益？更何况这是中国律师在制度复兴之初，在全世界面前的第一次公开亮相！日后每一忆及这段史实，就会感到有愧于后来者。人们也许会以“中国特色”解嘲，然而我却不能。记得事过十二年之后，我又接手一件政治性甚浓的诉讼，得知有位同行在我介入之前将被告人写给律师参阅的自辩材料，转手交给了控方，我对这种做法极为反感，认为是对律师职业道德的背叛。假如他是仿效我在李案中的做法，试问其过在谁呢？谁是始作俑者！

能够用“组织服从”或者“顾全大局”自赎么？都不能！半个多世纪以来，在人们的政治活动乃至日常生活中，这两条既是行为规范，又是高尚情操，然而究其效果，又有多少人在这“高尚”的境况中逐渐地演化成了思想上的奴隶,有时还掩盖着莫大的谬误、无比的荒唐!什么是案中的“大局”?对于律师来说,依据法律去维护当事人的权益,维护人权,才是。即使当局把你的当事人视为仇寇,也应如是。什么叫“组织服从”?说到底无非是用奉命办事为自己的某些行为开脱。在诉讼中,作为律师,只应遵从法律之命,按照法律规定办事,即使有权威的、高层的组织发令于前,也该如是。遗憾的是,二十年前我在不少环节上都没能做到,但愿我和我的同行而今都能做得稍好一些。

诚然,中国律师的先天不足,突出地表现为自始就没有法律上的独立地位。特别是在现行体制下还受着行政权力的种种束缚,更有各类“组织”发出的各式限制。其中最令人不能接受的是指令律师不得受理某件讼事,或者不管案情如何,都不允许作“无罪”之辩。但我在一个长时期里都无能摆脱这些束缚与限制,咎由自取,无可推诿。我们多年的经验证明:不能脱开集权统治的律师,根本不可能发挥出他应有的作用,不可能对公权力有所制约。初春 3 月,从报上读到一位同行发表的壮语,颇有感触。她说:“作为律师,只要严格按照法律办事,谁也不敢把我怎么样。”这句豪言中的内容绝非当前实际状况的客观反映。言论有自由,不妨任她发挥,而我所不能忘怀的是:《律师法》完全没有解决这些非常、非常重要的问题!据知已有修改《律师法》之议,只是不知能否改得稍如人意,让律师们工作得更好些,发展得更健康些。

李作鹏本人在他作最后陈述中的表现,弥补了我这个辩护律师当年的不足。他自始至终念着他写的《最后陈述》。主持审判的伍修权庭长不止一次地提出建议:“你身体不好,是不是不念了,把写好的材料交上来,我们同样会加以考虑。”而李每次的回答都是:“我能念完,我要念!”其间他也确曾犯病,当庭输氧、服药,而在稍缓之后,就又逐字逐句地念了下去,直至终结。伍修权庭长不是科班审判长,但他耐心地让被告人把话说完说满的审判作风,让人钦佩。至于李,人们会视他为“法盲”,可是,他知道该如何维护自己的诉讼权利,寸步不让;这一层能够做到,也属不易。

这段史实发生、发展的全过程,那天没有说起。他一直没有明说他对那场审判的意见,却又换了个话题:“给你个材料看看,是一个专门机构交给我‘参考’的。他们正在研究林的问题。”说着转身回到内室取来,厚厚一卷,用袋子装着。我没打开,在想:他哪里像是88岁老翁,看他迈出的健步,挺得笔直的腰杆!我情不自禁说了一句:“真没想到,蹲了那么多年大狱,你身体还这么好!”他听得得意,边笑边说:给你讲个故事——

关了一阵子以后,有一天,饭送来了,我一下子把饭桌掀翻,冲他们吼了起来:“没肉不吃!老子要吃肉!”后来听说,毛作了三点批示:“我们现在有条件给他们吃好些。他们有资格吃好些。我们应该让他们吃得好些。”最高指示一出,伙食立刻改善。有了肉,我又提出要喝牛奶,接下来,又要水果。这么一弄,比我在家里吃得还好。身体自然结实了。

讲时,一直流露着孩童能有的调皮情态。我和小傅听得津津有味,笑着送了他一句:“欺软怕硬,狱中居然也这样。”董夫人这时发话了:“他没受罪,我可吃苦了。现在身体比他差多了!让人气不过的是:就算他上了贼船,当上反革命,凭什么株连我?凭什么把我这个当年的红小鬼关起来?这笔账,到今天也没清。不清不行!只要不死,我就得讲!”

我对董夫人当年的入狱种种,一无所知,只好宽慰她说:“株连的人很多,问题又复杂,一时怕不易清。”她说:“只要有口气,我就要申诉!到时候,请你来为我辩护。”我虽知渺茫,却未犹豫,应道:“好!责无旁贷。”李作鹏对夫人似有歉意,轻声说道:“把她也弄起来,毫无道理,把身体也搞垮了。”跟着又指指一直立在旁边的女儿,“孩子也受牵连。早早就退休了,陪着我们,照顾我们的生活。”

我也不知道他女儿往昔的工作和目前的生活,但有一点我是清楚的,假如他那一度显赫的军阶官职不变,以其中共政治局委员、海军第一政委的权势,他的子女,或任高官,或充富豪,自在当今权贵们的情理之中。不过,我想,做一个普通公民,与人无争,与事不争,退离岗位,行行孝道,也没什么不好。我至今犹记两年前她为我们开门时的那种浅浅的、真诚的微笑。她在大家整整一个小时漫谈中始终一语不发地在案头立着,看去心态平和,显出很有教养……

该怎样来评价这个富有传奇色彩,而又温馨情浓的一家呢?——我离题太远了。

拉拉杂杂地记下二十年前这段经历中的琐琐碎碎,回顾走过的路,途中的坎坎坷坷,出自十分复杂的客观情势,任何个人恐怕对它都无能为力;但走得歪歪扭扭,那就只能怨一己的无能,这怪不上谁!诚然,时间证明:我们迈出了步子,在我,也做了;然而无情的历史终将记下,我因丢掉了独立的精神,放弃了自由的思想,也就必然缺乏求是的智能与勇气,是故不可能做得合于自己的使命,那歪歪扭扭的步子不会合乎时代的鼓点。我没有抱恨终生的怨尤。我也许还留有一点激情:愿余生能做得稍好一些,即使再当"吹鼓手",也要尽力事事都把鼓槌击向鼓心!仅仅为了这个缘故,也该感激诗评律师的作者,感谢他那发人深省的诗!

二〇〇三年五一节写完,时 SARS 肆虐京城

贺《律师与法制》创刊二十周年

刊物庆典，俊彦群集；有幸躬逢，分外高兴。听了贺、陈两位专家的报告，心潮逐浪。我没有学问，缺乏知识，只可说些白话；谈心聊天，兼充祝词。

据并不精确的统计，我国大陆在21世纪以前出版各类杂志期刊共约三万八千多种（其中1949年以前约占三万种）。寿命长短不一。文网严密，有的只出一期便遭扼杀。我们的这本《律师与法制》，惨淡经营，闯过二十年艰苦岁月，至今出版186期，发行海内外，为目前中国律师刊物的“唯一”。来之不易，值得庆贺。

刊物历经二十年磨砺，在组织与培育律师队伍，促进律师制度发展，改善执业环境，以及为读者解决疑难问题乃至推动司法公正等方面，产生了令人鼓舞的作用。作为老友，情难自抑，谨向历届编委，特别是向以董主编为核心的本届编委和杂志社的全体朋友，表达我诚挚的敬意！

二十年来，我不断地从刊物中汲取营养，得到教益，增加了执业信心，增强了应为这个神圣事业而鞠躬尽瘁的勇气。暮年有所提高，常常得益于她。作为读者，借这个机会，道出我对杂志、对杂志社的深深的谢意！同时有两句话回报——

面对现实，图生存，再谨慎点；放眼未来，谋发展，更勇敢些。

在座诸君都知道这是旧调的重弹，并无新意。不过在我想来，倘能紧密结合实际，感悟也许不大一样。图生存，不是主张平庸，容忍苟活，不能舍掉原则，远离大众；谋发展，须在远大目标指引下，按着时代脉搏，坚定执著，绝不退缩。所谓勇敢，就是坚持社会正义与职业良心的勇气，“宁鸣而死，不默而生”。这是范仲淹传给后人的千古绝唱。千年以来的历史经验告诉人们：鸣、默之择，是需要勇气的。律师、律师的刊物，在关键时刻，或者重要问题上，少了风骨，失却风格，发不出声，即便存在，又有何益？实践中当然有风险，但也不必叹息。我们刊物历经风雨，在很大程度上已经成为律师制度健康发展的呐喊者，成为律师权益的维护者，已成为权力滥用者的制约力量，因而有了深厚的群众基础。倘因坚持正确而被封杀，因鸣而死，我以为这并非寿终，而是殉道。殉道，或谓悲壮，或称壮烈。这将是永驻人心的荣誉，常存律师制度发展史上的丰碑！为了事业，何惧悲壮？何妨壮烈！记起 1943 年《大公报》发表的《豫灾实录》。一位年仅 25 岁的记者在河南实地采访了两个多月，目睹赤地千里、饿殍遍野的灾情，写了那篇不朽的通讯，群情激愤，洛阳纸贵。当权者大怒，认为有害于抗日，不利于稳定，勒令报纸“停刊三日”，记者被关押入狱。《大公报》却因此声名大噪，订户激增。媒体凭什么生存，靠什么发展，人们能从中悟出道理。不过，当今盛世，又不可做无谓的牺牲。积众人之力，历时二十年，营造出今天这块坚固的阵地，实在不易，守住才好，不可轻言放弃。

这些，或谓书生浅见，然而竭诚倾心，实是我在这个喜庆的盛典上对自己刊物的赠言。

编辑部的朋友要我与到会的来宾谈谈心。座中新人多，相知者少。会议曹主持说我是“资深大律师”，实不敢当！律师分四级，我连四级都不是，怎敢冒充“大”？“资深”么？不可以计执业年限。20 世纪 50 年代，我干了不足两年，总共办了一个半案子。真正深入实务，是 90 年代以后的事，短短几年，能干什么，算什么资深。著名么？难说。在华北或为人知，过了黄河也许就吹了。在我，即使是在京城之内，有名而未著，应属实情，哪里称得上“著名”？我当然不是一无是处，给自己画幅像吧：水平不高，态度还好。这就告诉诸位，身居讲坛，其实说不出东西，听二位教授的演说很过瘾，对我则不可做过高的期望。昨夜读贺卫方老师那篇《中国律师的时代使命》,有所感悟,说点儿心得。

首先是怎样认识我们的执业环境?我用一词以蔽之:差。怎么个“差”法,我想换个角度,先不由司法方面考虑,说三种情况:

一、贺老师在演讲中语含深情地说:“我们有权利来过免于恐惧的生活!”说得真好。中国人民,普通公民,历朝历代,什么时候得到过自由免于恐惧呢?律师执业,常不忘承担风险,其中就包含着不能免于恐惧。怕人家搞你“伪证”,因为带上这顶帽子会蹲班房;担心被整肃,因为一经收拾要丢饭碗,株连家人。凡此都属恐惧而未能免。我何尝没有承担风险入网下狱的思想准备。这正是恐惧。处在这样一个不能免于恐惧的执业环境里“鞠躬尽瘁”,要求我们善于保护自己。保护之道,首要的一条是自重。严格执法,严于律己,一言一行都不授人以把柄,如此这般,就不仅能保住实力,而且会赢来自由天地。

二、有人拿律师当摆设,贬我们为“花瓶”。自己的婆婆们有时也作如是观。这个案子不能接,那个案子不得作“无罪”辩,都是此类。有人说,这是为了律师的“生存”。我们当然要生存。可是,这也不行,那也不准,这种存在对于需要帮助的弱势群体或者个人,还有什么价值?诚然,人们有自由,人家有权力,可以随心所欲地做自己的估量。这会给我们造成不好的执业环境,在我以为并无大碍。把我们当“花瓶”么,随便!但得让我在这个“花瓶”里插束郁金香,插朵红玫瑰,用以奉献给至爱,无权无势无钱无财的芸芸众生,而绝不任人随意地插根狗尾草!为此必须自爱。人格完善,艺品高超;扶弱济危,爱爱仇仇;仗义执言,严肃监督;绝不见利忘义,绝不屈服于压力。达到这般境界,律师的价值和作用如何,会有定论,自有评说!我们终将换来一个如鱼得水似的自如的执业环境,夫复何疑?

三、我们队伍本身参差不齐,极大地影响着律师的整体形象,造成了执业环境的某种不堪。没必要提及队伍中的讼棍、黑律师、各类犯罪分子;也不想说那些法官掮客、走卒,或者甘充实质上的“第二公诉人”等异类。令人忧虑的是:我们有不少人胸无大志,很少学习,马马虎虎,得过且过;有的甚至安于在一个不纯的执业环境中以捞钱发小财为重任,为此不惜进一步地败坏执业环境,从而把律师推向司法腐败发源地的位置,成为社会整顿的主要目标之一。对此,应该感到心疼。克服之道,除了自重与自爱之外,还必须自强。打铁需要本身硬,这是颠扑不灭破的真理。如何自强,我以为最最要紧的是加强学习,先要“专”,再求“博”,做不到全才,应努力成为通才。这是职业的要求,是事业的需要。达不到这个目标,评出再多的“几佳”都没有意义。我认为这是当前应当牢牢抓住的头等要务。有一种说法:90%以上的律师都不学习。如果合乎实际,我看要不了多少年,我们这支队伍会退化成为“堕落的群体”,不免受到唾弃。我们应当采取一切措施,拒绝这个前景。贺老师说:“我们目前的情况不可能催生伟大的律师。”他在司法改革的前提下得出了这个判断,说得既中肯又有分寸。他预期2040年前后我们有机会实现法制社会。我持悲观态度,再加40年能实现么?但这又绝不等于说,我们不该努力推动它的实现。恰恰相反,正应该通过每一件个案,每一桩实务,去做“推动”的工作。也就是说:无论办什么业务,心中都该有这个目标。我想,只要我们勤学习,不懈怠,不图虚名,不浮躁,我们就会在这个相当复杂、十分困难的执业环境中得到磨砺,逐步达到这个目标;而其中的一批尖兵,也就能创造出不凡的业绩,最终成为中国的“丹诺”群体。在这一点上,我是乐观论者。

拉杂讲来,其实是两句话:面对着一个不佳的执业环境,对中国律师是一种难得的锤炼;我们一定会在这样的磨砺中成长为参天大树,成为国家的法治支柱。

当前,我们需要什么?概括起来,三样东西最重要:

一是胡适之、陈寅恪这些大师们传给我们的“独立之精神,自由之思想”。这是治学的圭臬,更是办案的灵魂。目前也许很难做到,但是虽不能至,心向往之,按这个方向前行总能办到。须知离开这十个字,归根结底,很可能一切都属空谈泛议。

二是湖南树起的“岳阳式”律师协会。岳阳律协敢于直面歧视,公开率领全体律师进行集团式抗争,变个体弱势为集体强势,去获取正常的执业环境。我以为有了这一条,其他的任务与职责,乃至于管理制度的革新,就都好办了。

三是立起一部支持与规范律师“独立执业”、排除非法干扰的全新《律师法》,与宪法规定的“法院独立办案”相配套。现行《律师法》的局限,尽人皆知,不可能从根本上改善律师职业环境,不可能催促律师制度健康发展,不可能促使律师充分发挥其作用。

有了这三样,我们就不会带枷呼唤法治的春天了。

朋友们!又到话别时刻。浙江人杰地灵,为人类贡献了一批又一批才俊之士。试看今日浙江律师界,繁星闪耀,互相辉映,后浪前浪,怒潮澎湃,相信终能产生巨子,光照百代。我们的刊物会为此而催生,在座诸君会为此而奋起,我愿为此而击鼓。让我们一道并肩前行。

(据录音整理,经本人删节)

二〇〇四年五月三十一日

非为祝贺的庄重纪念

——为《律师文摘》创刊五周年而作

躲进安贫居，耐住大寂寞，两袖清风，力克艰难，一腔热血，倾心伟业，历经 1825 个日日夜夜，按时编出一期期广受赞扬的专业性期刊，处此当今中国盛世，委实难能可贵。欣逢五周年纪念，谨以崇敬之心，献上我们对主编和他主持的编辑部的爱意。

《律师文摘》值得赞扬。因为她秉持“独立之精神，自由之思想”的理念，承继并传播着中外古今一切于“我”有益有用的知识与技艺，产生了深远的效果。而这，又正是她具有创造性的具体体现，任何创造都不可能同继承与传播截然分离。

继承什么，如何传播，质言之即怎样定位，自始广受关注。我们自重整至今，已经打拼了四分之一世纪，拥有了一支 13 万人的队伍，广布于东西南北中，而且在各个方面都积累了经验，眼下亟待提高。编辑部从这一实际出发，坚持在提高的前提下，摘旧与编新并重，保证了刊物质量，欣喜难禁。

摘旧可以博采。摘旧更兼编新，应属更进一步。但我想，律师实务是一门综合性的艺术，需要各方面的知识、智慧和技能。因此无妨多多采“博”。我主张设专栏精选古今优美散文随笔，借以弥补我们在书面表达上的整体不足，其故在此。“汝果欲学诗，功夫在诗外。”大诗人陆放翁的这一卓识，经久弥新，能无启示？

历经五年的博采，该能“摘出”自己的风格了。不同的读者会从刊发的文字中或者读到哲思，或能读出诗情，有的会获得史实，有的能升华法理，然而统观这24册刊物，从整体上考察，我以为应能使读者生发出激情，或者为激情所感染。富有激情，是否不失为刊物的风格？

坚持下来，生存下去，也该提升“品牌”效用。刊物自始力避“商业化”倾向不仅不是创造品牌效用的障碍，而且正是提升品牌效用的前提条件。为了这个目标，我希望：

——创造条件，向“月刊”过渡。

——建立自己的作者队伍，培养出新时代的“陈独秀”。

——为有条件的年轻作家设立专栏，我相信，他们中间总会有人比当年为陈独秀一辩的章行严先生高明。

——设“大事记”（全国性的、全局性的）专栏，为学科的理论研究创造条件。

——“辩词”精选，每期至少一篇，不宜缺失，有的可附评析。这是律师的看家本领，得使之有相当的位置，发挥其突出的作用。

……

五周年纪念是个机遇，应成为刊物大步前行的转折。我热切地盼望着草创时期的尽早结束，逐步地走向成熟。到那时，我们的《律师文摘》在刊物之林中就真正地站住了，立起了；到那时，让我们一齐来为亲爱的国栋主编庆功，同声为《律师文摘》的青春永驻祝贺！

二〇〇七年一月十八日　北京

十年春梦初醒时

——《律师文摘》创刊十周年纪念

人各有梦,春梦醉人。常做噩梦的人,对春梦情有独钟。

在自由向你遥致殷殷情意的地方创业和生活,一个不甘为奴的人,更会有他的梦。

我有这样那样的梦想。魂牵梦萦的就是办一份立得住、受人爱的职业杂志。没有名利观念,只是想铺设一个传递思想、交流情趣、表达识见的平台,想构建一座律师的精神家园,一块中国律师同道的净土!

志大才疏,终不能够,不觉老之已至!

然而我们毕竟已是人才辈出,且不乏仁人志士。

犹记十一年前的一次幸遇。一位朴实庄重、沉静真诚、拘谨木讷、平和谦恭的陌生年轻人对我说:《律师报》垮掉啦,心有不甘,还有点儿精力,会同两个朋友想办份杂志,拟定名《律师文摘》,希望支持。此人正是孙国栋主编,一个一见就会产生信任感的同道。

我自始感到我们在做着一个共同的梦,并且祈盼着那是一场情意绵绵的春梦!文摘创刊五周年的纪念文集题名为《为了一个共同的梦》,说得直白点是"深得吾心"的。

岁月不饶人,一晃就是十年!

十年来,"文摘"的命运,与大多国人的生活历程何其相似。国栋在"五周年回顾与检讨"中对初创阶段的经历已有精到的概括。但为了不忘这段可歌可泣的小史,我还是要铭记纸上:"文摘"在行进中历经崎岖坎坷，时逢雨骤风狂，在艰难困厄中甘苦备尝，终能起死回生，从未中断。其中故事，在中国杂志史上或属鲜见。无妨对比20世纪40年代储安平先生创办《观察》的苦况，也许会有所感悟。他在一封致胡适先生信中絮絮叨叨地讲了这样一番话：

“《观察》创刊迄今，忽已半载……过去各期内容，尚有许多缺点弱点，总因能力有限，人力不够，力与愿违。我花了一年心血，全力灌注在这个刊物上。我没有一天不是工作至12小时之多。一个人独立孤苦撑持，以迄于今。……我以最严肃认真的态度从事，长线放远筝，三五年后或者可有一点成就。滔滔天下，今日到底有几个人能不顾一己的利益，忘私从公，献身于一种理想，尽心尽智，为国家造福。到底有几人，能这样认认真真、实实在在、做人做事。……今日中国需要者，就是有浩然之气的人，因为我们共同努力者，乃是一种有关国家福利的事业。”信尾特别注明“写于1947.1.21.农历除夕”。

“除夕”，那是万家灯火喜迎团圆之时啊！

于今“忽忽”七十年，在这块既富饶又贫瘠的土地上，虽可见巨大的变化与发展，但究竟又有多少进步？作为一个普通读者，除了慨叹，夫复何言！

然而我又相信其间遗有一束“从公、为民”的薪火，同时传递着国栋们的心声。

然而国栋毕竟没有先贤那样的幸运。他与储先生办刊的“生存条件”各不相同。《律师文摘》主要服务对象的精神状态从整体上看又颇不理想，因而不大可能办得那么得心应手，也就难能在颠簸中尽早达到预期的高度。

人们寄希望于明日。

敲击晨钟，搬来全套《律师文摘》。粗疏检阅，已有摘文近千篇，近300万字，身高盈尺。她集四海智慧，文摘古今，例涉中外，既着眼于提升素质修养，又不轻视提高业务技艺；精神独立，思想自由；朴实无华，庄重犀利。尤以第一年的前四册优点突出，初显特色，最招人喜爱，作用显著。概括为“刊如其编”，想来并不为过。

不过，全盘回顾，似乎还应该“知己不足，知己有失”。大而言之，主编虽富卓见，纵有胆识，但欠点远谋，少些气魄。制定方针想得不细，组织力量下手粗疏。从具体编务方面衡量，尽管选文颇重时政，但缺专栏，常摘时弊，少了总评。类如李庄一案，应属近年实践中的特殊事件，编辑部编发一系列材料，相当适时，但缺了一份对“李庄现象”的归结或总评，去克服与纠正律师中就此呈现的混沌状态，以利于事业的健康发展。这是个明显例证。还应探究的是，荐稿、投稿的“作者”群始终没有形成，记者采编付诸阙如：律师的群体优势不仅未被发挥实则几近全然丢失。细细想来，真是可惜！

垂暮之年，不免隐忧，不吐不快，不免絮叨：一是务必靠内容质量闯牌子，不必拿名人当“幌子”。卷首作者无妨侧重名流巨子，但似乎不能忽略凡夫的佳作宏制。二是既要兼容并蓄，又必须力避江湖习气。否则净土受污，贻害无穷。容有度，蓄有范，都不能无边无涯。难道不是吗？

此上思虑种种，大多始于五年前，那时未成定见。而今复用一句话归总：极盼《律师文摘》形成自己的风格。风格即形象。没有独具的风格，难能影响社会，傲然伟立于杂志期刊之林。而杂志风格的培育，相异于战争领域，需要依靠浩浩荡荡的同道团队。愚见如是，不知妥否？

春梦既醒，自由飞渡；扬帆远航，目标在望——以此贺《律师文摘》十周年。

二〇一二年一月十二日凌晨

浩然正气,播扬大爱

江公作为富有才情的法学家,成就是多方面的。于此想说的一点是:他又十分重视实践,并以正气与博爱贯彻其中,一以贯之,从不减褪。

“琐事”如涉侵权,他的态度同样郑重,立场同样鲜明。2003 年春,两个弱女子被一家有钱有势的大企业恃强搜身,吴祖光先生仗义执言,发表《高档次事业需要高素质职工》,力陈公民的权利不容侵犯,不意竟被倒打一耙,诬为“侵权”诉上法庭。江公心有不平,以征询的口吻对我说:吴案如经二审,咱俩合作,代理他打这场官司如何?又说,不然找个其他更合适的案子,一块办办也行。能在他的指导下承办讼事,我求之不得,自然高兴,而且自信是个合格助手,不致给他丢脸。我甚至以为,二人果然合作,庭上配合,或能运用法律智慧,展示法律的魅力,从而推动人们对法律至上权威的信服。不无遗憾的是,我没能得到这个难逢的机会。

不过话说回来,我毕竟还能从江平老师的言行与业绩之中,悟出一些无须自我鄙薄的东西,光照着前行之路——

他的学问,部分源于真相的探寻、真理的追求。仿李易安名句我想说:好一个“真”字了得!

如上所述,他深知“实践”的重要。告诫后学:行动,首先需要理智,并非感情,如是方有实效。辩证地说,他赞同维护私权既应坚定也需激情,不是全身心地投入,难有成就。

再就“改革”而论,他主张战略上应有明确的目标,而在战术上则务要逐步、个案地推进；否则，大轰大嗡，贪图浮名，绝难达到目标。

总而言之，他言中溢大爱，行中见正气，他把“美”散布人间，江公何尝不是性情中人！大哉，一代师表，我心中的楷模！

律师漫谈

——在南充市律师协会的演讲

讲的题目定为“律师漫谈”，其实也就是漫谈律师。

我想先跟我们同行讲清楚，我不想也不会说假话。如果你们今天听到我在说假话，把我轰走就是了。但我不敢保证不说错话，我几乎天天都说错话。我喜欢胡说八道，如果今天说了错话，你们宽待，你们批判，不要送看守所就可以了。我觉得既然是在同行之间交流，就该把心掏出来，怎么想的就怎么说。说错了，你们原谅就是了，这是我要说的第一点。

第二点，我之所以还有点胆子坐在这里，因为我有个愿望，就是想广交朋友。我觉得我这个人也贪财，我的财富是朋友。我们今天交个朋友好不好？至于董局方才说，会场上不许交头接耳，我看要允许，不爱听的甚至可以走嘛，何必在这里受罪？总之，随便，自由，好不好。

一、律师面临的十六个难题

今天是漫谈，我列了几个题目，想了几个问题，其中有我自己的，也有些估计是朋友们关心的，至于是不是，对不对，我不敢说，下面依次提。

第一个问题，我们作为中国大陆的律师，应不应当算作社会精英的一个部分，我们是不是精英？如果是，如果我们有勇气说我们是，那么，作为社会精英，你应当承担什么样的社会责任？实现什么样的历史使命？总不能说混口饭吃就可以了，那恐怕不好。说我不是，律师整体是社会精英，我这个个体不是。那么，即便不是，现在你在律师的岗位上，应当实现什么样的社会责任？应当怎么样去完成你应当完成的作为一个中国人应当有的历史使命？这个问题是不是应当考虑一下？这是第一个问题。

第二个问题，作为中国大陆的律师，我们是不是应当同商人划清界限；律师这个行业，是不是应当跟商业泾渭分明。有人说，我们先过渡一下。怎么过渡呢？先去挣些钱，然后再返回来服务。允许不允许？当然允许，但是这里有一个问题，即在你的原始积累上是不是有了原罪。这个问题怎么交代，怎么处理，我觉得也应当引起思考。我总觉得，既然做了律师，就不应当是富豪，在中国做律师，如果是富豪，我觉得不适宜。我讲一个实例。美国总统林肯之所以能够做总统，那是因为美国大众把他视为贫民律师。如果当年的林肯是个富豪律师，我相信，他不会被选为总统。这个问题有一定的复杂性，我建议大家都思考一下：如果我们律师都太重或者先重私利的话，有没有危害？如果有，危害在哪里？“先利而后义者，辱。”这话对么？

第三个问题，如何适当地建立律师的价值观。律师的价值观里，要允许含有私字，要允许。但是是不是可能，或者说是不是应该把这个“私”字变成“自”，自我的“自”。在我们的价值观里边，体现自爱与自重，自立与自强。

第四个问题，作为中国的律师，现在执业，是不是必须具有独立精神和自由思想？如果不具有独立精神，不具有自由思想，是不是恐怕很难实现我们的任务，如果是，那么一切阻碍独立精神，妨碍自由思想的制度、规则等如何排除？敢不敢排除？

第五个问题，我们的任务，归根结底是要把国家规定的法律付诸实施。从这个意义上看，这是在帮助党和政府去实现他们所规定的一定的秩序。从这个意义上讲，我要冒昧地讲一句，律师本质上是“保皇党”，这个讲法对不对？我为什么要讲这个问题，因为执掌权力的很多人，当权派们，往往把我们看成“异己”，把我们的言论，我们的辩护视为“异端”，总之，有可能是“敌对分子”，或者干脆就叫“阶级异己分子”。我在这里“保皇”，你在那里把我看成是“异己”，这个矛盾怎么处理、怎么解决？当然，在律师界，在诸位朋友之间，会有革命家。但是，我们在这里所讲的革命，不是传统意义上的暴力行为，不是要推翻什么东西。我们这里所讲的革命，是要把一切腐朽的东西，旧的东西，改得好一点，变得对人民有利一些。从这个意义上讲，我们的前辈们，就有很多优秀人物，我们为什么不可以继承？因此，律师有“保皇”的实质，但绝不排除我们要做一个革命者，要当一个革命家。我是在给我们自己定位，这里边包含了很多的问题，值得我们思考。

第六个问题，在法律共同体里，往往讲律师最小最弱，但冷静地思考一下，我们在法律共同体里是不是弱者？聚二十万之众，积三十年之经验，我们现在还是弱者吗？我不大承认，也不服，因为实际情况不是这样。我们现在有一大批青年才俊，这些朋友，这些同道，他们都能够很准确地把握着现实，做到脚踏实地；又大多能神驰古今，极目千里。他们站得高，他们看得远，他们肯定能够实现我们律师行业应当完成的任务。所以，从这方面来看，我认为律师在整个共同体里，并不是弱者。有一个比较形象的说法，我们这些律师，应当是，一定是，现在就是，含露带刺的玫瑰。我体会，含露，意味着它映照大千世界，一滴露珠是可以映照大千世界的；带刺，并不是浑身剑戟，而是具有风骨，能直指种种邪恶，种种不合理的现象。有了这两点，完全够得上人们喜爱的玫瑰，不仅实有外在之美，还有它的大爱内涵：我们够格。这班才俊，这些朋友，在一个受污严重的大环境里，做到了或者说能够逐渐做到周老夫子所讲的“出淤泥而不染，濯清涟而不妖”，达到了“香远益清”，已经是“亭亭玉立”，站得直，站得正。这样的形象，这样的精神，能够征服这个世界。因此在精神领域里面，我们是强者，不是弱者，难道不是吗？我们比哪个更低一些吗？我绝不这样看！提这个问题，是自勉，也是鼓劲，不要气馁嘛。

第七个问题，古人讲，人有五气，血、脉、骨、神、勇。把它综合起来，是否集中体现为一个人应当具有的正气。古人讲五气把“勇”放在最后是有道理的,因为这里所讲的勇气之"勇",是前四个气的总结和归纳。而正气,恰恰是这五气的集中与升华,做人应当有一股子正气。

但我们往往为邪恶所缠绕,在这种情况下,作为律师怎么办?怎么反映出我们还有点勇气与正气?我们作为一个人,怎样去体现人的精神?再把问题引申开来,西政的文正邦教授,有一个很好的提法,非常精彩,他说"法是天地间的浩然正气"。法本身就是浩然正气。这个判断对我们有启示,很有启发。为什么是这样?我们这些学法用法的人,因为我们手上掌握着真理,因为我们具有铮铮铁骨,我们就有可能通过我们的实务,通过法律,把人逐渐引向"善"的方面;而后在不同的领域里有可能达到"真",进而跃入"美"的境界。现在有的法不够那么美,那是另外一回事。书读得多的朋友知道,世上有些法学思想美得很,很多法律规范,法律条文美得很,非常美。你看美国那个宪法序言写得多精彩!简简单单的那么百十多个字,用了两百多年,现在都可以不改,太美了。我们从他们那里找到的是这些东西,可以说只要我们运用得好,只要我们有那么一股子正气,我们能够无往而不胜。是不是这样,咱们共同思索一下。

第八个问题,我觉得,不管从哪个方面来界定我们律师的好与坏,优与差,小与大,都不太容易。说哪个律师是优秀的,哪个律师是大律师,标准怕难定。例如,国内第一届十佳律师,其中有一位全国人大代表,赫赫有名,鄙人很荣幸跟他对了一次庭,我不讲他水平怎么样,只考虑他当时是司法厅的办公室副主任,而我们有规定,行政官员不可以做执业律师,不可以出庭,是不是这样?因此我讲,你作为我们律师的领导人,你在法庭之上,在诉讼领域里,连最直接有关的法都不遵循,《律师法》,《公务员法》,你都敢背弃,还有什么资格站在这里?所以我要求法庭驱逐他。他说:北京律师怎么可以这样啊,你知道吗,我是十佳律师啊。他还讲了一个自以为很好的理由,他说我正在申请辞去行政职务。你看,正在申请辞去,这就正证明他现在确实是,因此必须逐出。诸位,这就是我们的"佳"。如果这个例子还不能说明问题,我再报一例我们的家丑。北京的十佳，其中一位我也是第一次跟他一块出庭，那个法庭开得很大，因为是少年犯，所以律师也多，我们这位十佳，那真的够得上艺高人胆大，他居然、他竟敢完全不看卷，到法庭上，拿起本卷宗就胡说起来了，驴唇不对马嘴，法官也慌了，怎么回事啊？最后他才漫不经心地讲："哦，卷拿错了。"你说我们这个脸往哪里放啊，这不是你们的律师吗？

第九个问题，众所周知，律师行业有风险，我们一定要保护自己，我上面讲五气的时候说到勇，那可不是让人蛮干，不是的。关于这个问题，我有四点体会。第一点，要学会，要善于在必要的时候，与某种东西或者某种力量妥协。要善于妥协，学会妥协，妥协是一门艺术，甚至可以讲，妥协就是政治。但又要把话说回来，在妥协之时，在原则问题上又绝不后退半步，要有底线，妥协而没底线就不行了，这是第一点。

第二点，诉讼当中的法律问题尽可能不向政治靠拢，不把它政治化，更不要去炒作，这是对我们很好的保护。是的，在诉讼中，有可能遇到敏感问题，遇到政治问题，怎么办？我的体会是，要千方百计地把它纳入法制轨道，把政治问题法制化，一切都按法律的规定和要求去办。

第三点，要善于用专业对抗专横。我们的风险往往来自专制，我们要保护自己，怎么保护？充分运用你的专业，使专横无法施展。我愿意给年轻的朋友讲一句，如果我们的专业还不是那么有雄厚的基础的话，在这方面下下工夫是必要的，是值得的。

第四点，我从北海、贵阳等事件当中领悟到一条，在必要的时候，要善于集中或者说凝聚我们集体的力量。我们现在真的如一盘散沙，当然这里面有珍珠那是另外一回事。我们的力量凝聚不起来，容易被人家欺负，受欺之后，还没辙，这不是办法。我无意组织造反，不敢，绝无此意。我只是说我们要凝聚，力量要凝聚，发出声音来，发出我们集体的声音来，我认为有效也有用，这是一种很好的自我保护。

诸位很幸运，咱们协会有一个何秘书长，昨天经过交谈，我知道何秘书长对于湖南岳阳当年的律师协会发出集体的声音，起了多么大的作用。我简单讲两句这件事。湖南岳阳，两个律师办了一个刑事案子，跟检察官发生了冲突，检察机关动用权力，把律师给收了，关起来了，还不许会见。在这样的情况下，当时的岳阳律师协会会长忍无可忍，紧急召开岳阳律师协会常务理事会，决定就此事件实行全市律师罢辩。岳阳的那个决议还指出，什么时候变，什么时候我这个决议改变，才可以去辩，要等我通知，在此以前，任何会员不得违反此决议。太精彩了！我当时还没有离开北京市律协，我没有这种胆识，也没有那种胆略，他们做的我做不到，想做也做不到，比起他们来，我是个懦夫。但是他们的经验，真的在我心上烙下了深印。我不知道大家怎么想，岳阳的律协真的是律师的娘家呀，那是真的呀！

第十个问题，在座的可能各党各派都有，包括无党派人士，这就有了一个问题，服从组织与遵循法律，何者为先，何者为主，怎么办？如果你是个共产党人，党组或者党委定了，说这个案子你必须这么干，但是根据案情，根据事实，又不能这么办，那你怎么干？这个问题曾经困惑了很多人，20 世纪 50 年代，北大才女，林昭，她当年思想最大的矛盾点就在这里，说个人跟组织的关系，怎么解决？怎么化解？她那样的才女都没有解决好这个问题，说明的的确确是个难题。如果我处于这样的情况，党性原则跟宪法原则发生了冲突，我只能讲，我作为一个律师，一个法律人，要首先遵守宪法原则，因为它是最高，是至高的。从另一方面讲，你是一个人，那么党员跟人这个矛盾怎么解决？有人讲，先做党员，后做律师。这就有了一个问题，你是不是可以先做律师后做人？我要先做一个人，然后再做别的。如不是个人，讲别的，岂不是空话。因此我的结论是，还是相信法，法律至上。

第十一个问题，律师会面对各式各样的冤假错案，对于你手上的冤假错案，应当把何时视为最后的终结？为什么提这个问题？起因是陕西的一位律师，办了一个非常漂亮的案子，诸位可能还记得，被告人已经推到刑场上，律师给最高人民法院发了个电传，陈述冤情，最高人民法院指令马上停止执行。但两个月之后这个人还是被枪决了。之后律师著文说:“枪声一响,我的任务也就结束了。”我觉得,他案子办得很好,但这个思想又体现出他在实现任务的过程当中有不够完美之处。我认为在这种情况下,如果我的当事人的的确确有冤情,那么,枪声一响,意味着我的下一个任务开始了。这是新的开始。律师应把事情搞个水落石出,才算完成使命。当然,也会有这样的问题,搞来搞去,搞了几十年,都很难把它弄到水落石出。但是应该顽强坚持,不应轻易放弃,因为你是律师嘛,是不是?遇到冤假错案,遇到非常艰难的情况,我们就放下了,休息了,我总觉得好像是不太够,是不是这样?

第十二个问题,遇到特殊事件、特殊案件,怎么办?什么叫特殊?例如,一些敏感案件,当事人要求我们在座的朋友去为其辩护,做不做?愿不愿意做?这对于我们律师来讲,不能说不是一个问题。在这些问题上我执业中曾经有过重大的缺陷。办“两案”的时候,我有这样的思想,历史上背个“四人帮”辩护人的坏名声,怎么弄?这种想法当然不对。现在不讲我,只讲我们律师遇到这样的特殊情况,我们会怎么想,我们该怎么做。我想先提个问题:律师执业,有没有自身的“大局”?是什么?还有我们在从事一些特殊案件的时候,有没有不好的想法?有没有邪念?具体说,有没有为了出名。上面我们讲到利,这里我们提出名,对于名,我们怎么解读才合适?怎么思考才合宜?我建议大家考虑一下。

第十三个问题,我们常讲四大自由,我对这四大自由的说法佩服得一塌糊涂,特别是免于恐惧的自由,说得太精彩了。例如因恐惧黑暗,才会奋而争取光亮与光明。今天想说的一点是:四大自由无不渗透着一点,那就是人在任何情况下,在不同的方面,都应当享有自我选择的自由,我选择说什么话,我选择做什么事,等等。我们作为律师,说什么,做什么,在什么时候说,在什么时候做,就应当有所选择。而这个选择,要有一定的标准,要有一定的尺度,才好把握。我们应当通过具体的实务,细细地加以斟酌,是不是这样?

第十四个问题,我们都讲现在的执法环境不好,这是个现实。面对这个现实,我们该不该想一想,我对于这个严酷的现实,负有什么样的责任,我是不是这个恶劣现实的制造者之一?我不知道南充的情况。大概五年以前吧,我第一次听说,律师手上很多案子的判决是他代法官写的。法官让他写判决,他好得意哦。我当时却为之震动。一度认为他吹牛,不可能啊,法官怎么可能出卖审判权呢?简直是不可思议。后来,我从北到南进行了一番调查,让我大吃一惊,太普遍了,好多人跟我讲,哎呀,你怎么大惊小怪,都是这么干的呀,法官非常乐意呀,你代写,他好轻松啊。

五年前的广东之行,在一家律师事务所,我提出这个问题,当时有位非常老的律师,他反问我一个问题,说,我的当事人的诉讼都有理有据,如果我写的判决书都完全依法,在这种情况下,我充分维护了我的当事人的权益,有什么不可以呢。如果我不这样做,完全有可能使我当事人的权益受到损害,那怎么行啊。当时我回答他,我假定你讲的都是实际情况,假定你的当事人都有理,假定你的解说非常精彩,那也绝对不可以!因为一个案件,因为一件事情而破坏了一个制度,不可以。因为一件诉讼,把中国的审判制度颠覆了,怎么能够这样做嘛,那还叫法院吗?

因此,我冒昧地问一句,执法环境的恶劣,在座的朋友,咱们有没有责任,尽管没有写判决,有没有别的?如果我们都十分的正,这个执法环境是不是有可能好一些呢?我觉得有可能的。因为我持有一个观点,某些法官,某些检察官,某些公安人员的坏毛病,是我们惯出来的,我们不那么宠,不那么惯,退一步讲,我们不那么奴颜媚骨,我们该怎么办就怎么办,我就是依法办事,能奈我何呢?我们为什么一定要用种种不同的方式,来促使这个大的环境这样恶化,恶化到现在几乎是不可收拾的程度呢?还叫法官吗?还叫检察员吗?还叫公安干警吗?我们律师有没有责任?

第十五个问题,律师行业本身要求我们具有深厚的专业基础,要求我们有渊博的知识,因为我们遇到的问题太广泛,很复杂,没有比较过硬的知识,很难比较好地完成任务。如果大家认为应该是这样,那就得时时问问自己,我的知识够不够?我是到晚年多少知道自己十分浅薄。我是从小玩到大的人,贪玩,没有读书,过去讲少壮不努力,老大徒伤悲,伤悲也晚了,太晚了,我很晚很晚才觉悟到。姓苏的,不是我们四川的苏东坡之苏,是苏格拉底之苏,他讲他知道自己是最无知的。“知己无知”非常非常重要。一般人往往容易自负,容易觉得自己很了不起,我年轻时也自负过,也曾经认为自己还可以,其实两个字,太差。吸取我的教训吧,现在努力来得及,我建议年轻朋友们想一想,千万不要认为自己已经够了,已经满了。“知己无知”,极富哲思,千万牢记,将会终生受益。

第十六个问题,在北京,在我们这个领域里,经常听到一些无望的声音,目前的形势如此,我们律师还有什么希望,还能看到前景吗?我的想法是,光明与黑暗,旦夕之隔,很快就会转过来。绝望与希望,也只是一步之遥,坚持就跨过去了。与其在绝望中呻吟哀叹,为什么不在希望之中挣扎奋进呢?我们为什么不对我们的前景,通过我们的努力,寄予优厚的希望?为什么?这个问题建议朋友们能够考虑一下。

以上,斗胆提出十六个问题,咱们共同考虑。这是我讲的第一部分。

二、律师的业务素质和政治素质

第二部分我想讲讲,通过李庄案,我们律师实务应当从中学习到的经验。我不涉及李庄个人,只讲李庄案中情况,请注意到这一点区别。

对李庄案,扼要地讲,第一,重庆某法院以伪证罪判处李庄有期徒刑,错了,判错了,绝对错了。第二,李庄案中被告人的法庭表现有违我们的职业伦理,在大的方面,不符合我们的职业道德。对此我扼要地举出三点:

第一,你不是一般的被告人,你是个律师,你懂法律,在无罪的情况下,请问为什么要认罪?

第二,为什么在非法的时间,非法的地点(这对诉讼人讲是这样),用非法的方式,与政府官员私下互相勾结,扰乱整个诉讼程序,为什么？可以这样吗？这一类勾结，我在上海办郑恩宠案时就领教过。郑恩宠律师在监狱里面关着的时候，在一审二审之间，上海的行政官员居然能够在没有任何手续的情况下，进入看守所，说服郑恩宠，要点是你认罪，判缓刑，这跟重庆做法一模一样。我对郑恩宠说，如果我是你，他来我就把他轰出去，这才像个律师，他有什么资格进入看守所。二审，我受高院管，只有高院的法官有资格进入，对不对，他凭什么？因为是个行政官，可以吗？不行。当然，这样要求郑恩宠严了一些，不过道理是这样。所以这第二个问题，我认为我讲的正确。

第三，作为一个律师，在另外两个律师为你做了相当精彩的无罪辩护的情况下，你为什么在法庭上演出了那样一场非常丑恶的闹剧，丢全国律师的脸？那是闹剧啊，想一想看，闹到了什么程度。先是在那里认罪，一再讲我有罪，我早就认了，这两个律师说的不对，我认了。后来又翻案，干什么？我曾经当面同李庄讲过这三个问题，他没有答复我，一直没有正面答复我，我认为他回答不出来。但是我不因为你的不回答，就改变了、降低了我对这个问题的认识。我这两个基本观点是围绕着我们律师讲的，实际上应该从整个执法情况来考虑，那样我们可讲的还应当更多一些。

通过这个案件，反映我们在律师实务方面还存在一些问题：第一个，反映出我们律师的处境很复杂。第二个，反映出我们律师的素质有待提高，一个是业务素质，另一个是政治素质。

我先说业务素质，我讲两层意思。第一层是律师实务的概念；第二层是刑事辩护存在的问题。什么是律师实务，怎么理解？我的理解是：

第一，律师实务是我们解决问题的手段。解决问题，这是律师实务的出发点和归宿，也是我们的目的所在。千万注意，我们是要解决问题的，而解决问题，对于律师来讲，一靠勇气，二靠智慧，智慧往往更重要。我们在上面说到知识。知识面应当宽，但知识会老化，只有智慧常青。所以一定要把我们的知识通过实践转化为智慧，它才长期有效、有用，才会出真知。所以，我们的律师实务如失智慧，就不可能完整地实现任务，就不易解决好问题。康德有句话非常精彩，他说，让我们勇敢地做一个智者吧。贝多芬的名片上只印着六字衔："智慧的所有者。"他不印音乐家，印的是"智慧的所有者"。这些大师们的思想观念，对于我们应该有启示。

第二，律师实务是研究细节的学科。没有细节，"事实"会虚；没有细节，证据极易失据。朋友们在这方面肯定有丰富的经验，不多啰嗦。

第三，律师实务是传达心灵的一种艺术。律师应该是对公平，对正义，对良知充满激情并善于传达激情的人。什么是激情？大喊大嚷，汹涌澎湃，可能是激情。但是请注意，沉静、平和又何尝不是激情的反映呢。关键在内涵，不在形式。秋瑾一句"秋风秋雨愁煞人"，何尝不是激情。大家都知道，伽利略是跪着听宣判的，听完宣判，他站起来，情难自禁，喃喃地细语一句："地球还是在转动啊！"你判了我死刑，我还是要坚持哥白尼学说，地球依然在转啊！这叫激情，充满了激情。不知道这样说有没有道理，总之我认为我们干事业，首先，应该有激情；其次，对于激情应当有比较适当的把握。应当怎么把握呢？我有一些体会，首先，我们的激情应当源于对客观事物的周密观察，应当源于对弱者的同情和救济，把这两者集中起来，就是人们常说的"明其道"。明道，心中会焕发愿望，才能有激情。其次，我们的激情一定是基于对真善美的追求，一定是基于我们怀有一种正义和良知的情操，而且要敢于为此而献身，这就是人们常说的"不计其功"。明其道而不计其功，才可能产生激情。这点理解，不知道对不对，供大家考虑。这是我对律师实务这个概念的第三点思考，它是传达心灵的一种艺术。

第四，律师实务是维护人权的重要武器，这点此时此刻特别重要。

第五，律师实务是法治规范和法治秩序的支柱，是推进法治的动力，对此要当仁不让。以上五点就是律师实务应当包含的本质和内容。

对于律师实务的概念，我做了上述分析，说了我的理解，大家研究，并请批评，这是第一个问题。

通过李庄案，看出当前律师的刑事辩护还有很多问题，包括方法、策略和功能。对于律师辩护的方法，辩护的策略，辩护的功能的理解与把握，会因人而异。李某有李某的方法，张某有张某的方法。我，按照我现在的水准，归纳辩护的方法，可以借用庄子两句话加以概括，那就是“判天地之美，析万物之理”。这是我辩护的基本方法，有点抽象，具体说，我讲三条：第一条，言其所应言，该说的一定要说；第二条，辩其所当辩；第三条，止其不得不止，不能不止。这三句实际上是指，一要有据，二要有理，三要有度。其中辩其所当辩，做到最难，它可是我们的看家本领。

止其不能不止，不得不止，尤为重要。在什么时候，在什么问题上，在哪个环节上该打住，必须打住。这里首先要选择时机。作为律师，在诉讼中，什么时机讲什么话，往往是相当重要的。重庆李庄案的当事人，他根本不懂得这一条，这就不行了。其次，要掌握度。你比如说，刚才我给大家念的法庭上的那一段辩词，如果再往前走一步，固然也该，但不行，过了。因此，该打住时一定要打住，千万注意这一点。关于辩护的基本方法，我相信朋友们理解得比我多，我在这里只是跟年轻的同道们互相沟通一下，也许会有点启发。

对辩护的功能应当怎么理解？我们不就是办点案子吗？不就是出庭做辩论吗？讲什么“功能”？我体会这个问题有点要紧，想说点看法。第一，它的功能在于辩明与揭示真相，在于分析与论证事理；第二，应当给人以感染力，同时通过辩护去提高人们对法律权威、法律魅力的认识，从而给人以启示，去提高人们的思想认识水平；第三，我们的辩护要维护自由、民主、法治、博爱、平等这样的普世价值，通过维护普世价值，把辩护的作用发挥到极致，而不是就事论事。只有这样，才能够充分体现我们辩护的功能。李案在这个问题上，突出地表现出当事者把辩护的功能理解为，给法庭出难题，给法官出难题，他出了，觉得任务完成了，高明了。不对，我们的功能与任务不在这里，绝对不在这里，这是关于辩护的功能。

那么怎么样才能体现这个功能呢？要靠表达，表达无非是两个方面，一个是书面，另一个是口头，这方面大家的经验比我多，我只是扼要地讲一点体会。书面表达，根据我现在看到的东西，我觉得我们应当特别注意两点，一个是逻辑性。比如说我们的辩词当中，有没有自相矛盾的地方，我看到过这样的说法：我的被告人是无罪的，我建议法庭从轻处理。大家笑了，笑得有理，但是这是实际情况。所以逻辑问题是重要的。

另一个是要有文采，王国维有一句话，在《人间词话》中说，“一切景语皆情语”。这对我有启示。他讲的“景”，可以理解为我们依靠的“客观世界”。因此，我们律师的语言要含情。我年轻时在法院工作，院长在我拟的判词上给我改过一个字，让我受益终身，因为这一个字道出了“情”。事情很简单。夫妻俩不和，为了追溯他们两个人曾经相亲相爱的历史，我用实例加以概括，在判词里写道，当青杏上市，某某千里携来，让爱妻享用。老院长把这青字给我改了，改成什么呢？他笑着说，你看，改成鲜，鲜杏，是不是改得有点出色。是的，这个新鲜的鲜，就是比青杏含情。人说“尝鲜嘛”！在这个方面，多下点功夫，我认为是必要的。我们很多的辩护词，朋友们啊，干巴巴的，太枯燥了，看起来乏味，是不是能够改一改？这是书面表达。

口头表达很重要，像贺卫方老师那样口头表达能力强的人不多，这个本领要学到也难，但得学。古希腊有一句名言：演说“是一种道德完美的艺术”，这里讲的道德，我建议多多思量一下，内容是很丰富的。业务素质，就扯这么几句。

第二个方面关于政治素质。讲政治素质，首先要表明我的立场，我认为做律师既要避免把法律问题政治化，又要在处理实务的时候具有政治头脑。不仅这样，而且应当有一个正直政治家的胸怀、胸襟、风度、风格，像个真正政治家的样子，这是必要的，是应当的，这是我的一个基本观点。由此出发，我提出几个问题：第一，我们办案子，是不是应当具有战略思想和战略目标？每一个案子，在哪个阶段，在什么样的环节上，应当达到什么样的目标，要有准确的把握才好，只有这样，我们才能够无往而不胜。重庆李案，他的目标是推迟审判，是打乱法官的思绪，我认为不好，表明缺乏战略思想，或者说没有正确的战略思想，但我们应该有。

第二，应当既讲原则，又不越底线。

第三，要有策略，律师一定要有策略思想，一定要懂得策略的运用。

第四，要遵守法庭礼仪。律师一定要讲点法庭礼仪，并且把它上升到素质的高度予以考虑。我们可以跟法官、公诉人在观点上截然对立，但是不可以、不允许、也没有必要去藐视公诉人，藐视法官，去同他们在形式上进行某种不必要的对抗。我在法庭上做得也不好，因为我常常是得理不让人的。有时是得理不饶人的，尽管我表现不怎么好，可闭庭之后，我第一件事情就是奔赴公诉人席，鞠躬致意，热烈握手。应该这样。当然我们讲礼仪的地方很多，我在河北省某县出庭，我们的律师，穿一个背心，穿双拖鞋，抽烟还不说，他的烟夹在耳朵上，看着丑陋极了，我忍无可忍，说了他几句，太不像样了，是不是！

第五，我们律师的一言一行都应该合乎时代的潮流。

最后，我们应当通过实务体现我们律师对社会有所担当，对历史有所交代，或者换一句话，应当有使命感。也许有朋友可能认为这个使命感很抽象。我说一个人尽管不是律师，也应有自己的使命感。人各有其使命。前年(2010 年)智利矿难，33 个矿工在井下深埋了 69 天。智利总统挂帅，动员全国上下一致努力，终于把三十几个人通通救活上来，真的是人间奇迹呀。在这件事情上，我深深地体会到，总统以他这一系列的部署，从全局出发，统筹安排，体现了他的使命；矿业部长在一线具体操作，具体组织，精心实现总统部署，起到了他的作用，体现了他的使命。矿井下面 33 个人，原来的老班长，依然团结着另外的 32 个人，齐心一致地采取一切办法度过 69 天的难关，完成了他作为班长的使命，于是人间有了奇迹。我们也应当是这样的，哪怕是有的时候我们遇难，或者殉难去了，在这个关口，也应当有使命感才对。远的不讲，近的也不说，我们讲“9·11”。“9·11”，我很受感动。大厦将倾之时，他们让女人、让孩子先走，壮年男子汉们缓步地往下撤退。两千多人牺牲了，没有拥挤，没有加塞的呀，在那个时候，后边那些面对“死神”的人缓步前移的时候，我不怀疑他们心中具有伟大的使命感。这才是真正的人啊！他们以“死”完成了精彩的一生！！

我常常想到，我们的电视台前几年总播放一件小事，那件小事对我的教育很深。一个农村生产组的组长，一个妇女，晚上突降暴雨时，她把女儿喊醒，说“娃，快起来，咱们去抢村里的粮食”，母女两个人就走出门外。出门没有几步，女儿回头望见自家的粮食居然被暴雨冲出来了，女儿急说，“娘，咱们家的粮，……”讲到这里，妈妈没让孩子讲完，把她打断了，说：“孩子，娘是村民组长，不能先顾自家的粮！”这不是豪言壮语，但是我体会，真的是义薄云天哪。伟大呀，这才是伟大呀！她有使命感，她肩负着不平凡的使命！所以，我们每个人如都有使命感，我们这个地球是不是会运行得更好一些呢？至于如何来实现我们的社会责任，履行和完成我们的历史使命，我现在想告诉朋友们的只有三个字：多读书！

三、怎样读书与学习

这次漫谈的第三部分，想耽误你们一点时间，读一篇文章的摘要，看那些大师怎样指导学子们读书、学习，提高知识水准和思想方法。这篇文章的题目是《辅成先生》，编在那本《燃灯者》里，作者是赵越胜先生。这本书有三篇文章，第一篇名叫“辅成先生”，赵越胜作为学生，他学老师的思想、学老师的品格、学老师的人格、学老师的风格，写得很精彩。我按照我的需要，以及我想转达给我们的同行，特别是年轻同行的考虑，摘录了一些，供诸君参考。

（一）[①]

1. 你提的这个问题，[②]几句话说不清楚，下一次我带些材料给你。

---

① 摘录未按原作顺序、体例。凡辅成先生的言、文都不用括号。抄录所置段落、编号，与原作无涉。

② 问题是：“结合列宁在《唯批》中的观点，康德的物自体（应当）就有存在的理由。对否？”

有些问题，书读到了，自然就解决了。……要选几部耐读的名著来读。现在你还不到广泛浏览的时候，所以要读得少，读得精。

你(目前)第一位要做的事是学英语，不懂外文，(希腊哲学)学不深的。……读西哲史，巴门尼德在哲学史上是承前启后的人物，他对存在的解释开启了本体论的先河。③

多看看，多想想；能读书，千万别放弃。

读书要多记笔记。

2. 我谈到“自由游戏”概念时，引席勒《美育书简》中的话，……先生便问我，“席勒的自由游戏概念出自何处？”我答出自康德。

先生很严肃地说：“既有前因，你不该忽略，引征材料，要尽量溯其源头，这是个方法，也是个原则。”

先生原则四字说得很重，让我脸红。先生随后说：“我看你对康德《判断力批判》读得不细，其中第九节专论游戏概念，你要回去再看看。”

3. 先生又问我，“你认为马尔库塞这一派对现实的意义在哪里？”我答至多表示一种信念坚守罢了。

先生说：“读书人不为世用并不可耻，倒是读书人当了权势的帮凶才不光彩。”

(二)

1. 要读希腊哲学，先要读希腊历史。希罗多德的《历史》和修昔底德的《伯罗奔尼撒战争史》是要紧的……伯奈特的《希腊哲学史》是要读透的。

2. 希腊哲学家中，最要紧的是苏格拉底。柏拉图和亚里士多德都是自他而来。

3. 读哲学第一步就是读懂苏格拉底，他是哲学家们的哲学家。

4. 苏格拉底的方法不是先思考哲学，而是先哲学地思考。前者以

---

③ 参见注13。

哲学为对象，后者以哲学为生活。以哲学为生活就要对社会中的问题取一种哲学的态度。

这种态度就是知道自己是无知的。苏格拉底最宝贵的知识是“知己无知”。若有人告诉你有一种放之四海而皆准的真理，那你先要怀疑这宣扬者的道德，因为他在说着一些他并未深思过的东西。

5. 古代希腊人虽然一个也没有了，但只要人类还存在，他们那些寄托其理想的活动之文物，流传下来，就会给后人以莫大的启示、鼓舞和慰藉。我们很可能感觉到几千年前的人类精神文化，那些天才的灵魂与人格，与我们息息相关，并对我们殷切关照。

6. 张扬人的精神生活的神圣性始自苏格拉底。人的精神生活要以寻求“善的知识”为目的。教育的目的也在于使青年人学会探求善的方法。一个好的政治家就是懂得以善为治国理想的人。

7. 苏格拉底要做普通人的朋友，而不做权势者的辩士。

（三）

1. 先生认为，随着莎士比亚当学生走了一生。及到书本一丢，我们该说，我们了解了人。

2. 先生在他的《自述》中说：“我在学哭，也在学笑。但哭笑都学得不好。我羡慕莎士比亚对福斯塔夫的笑，……同时也向往托尔斯泰听完柴可夫斯基的《如歌的行板》和读完法国拉波埃西的《自愿奴役论》后的哭。我要学的，但怎么也学不到。不过我仍要哭笑。”

3. 莎士比亚具有一种高越的人格，他用他的人格，能感触到真的最深度。读先生《莎士比亚的人格》，才明白先生治学是以真善美的统一为人生与思想的最高境界。

4.（莎翁）人格平易、深厚、丰饶，如同四季时序的幻化多姿。春时，在他的人格召应下，又如人在树荫下，一望四野碧绿的田畴，你会自然而然地产生梦幻，产生自然爱，充满人间生活的喜悦，配以热情，加以幽默，如此整个宇宙都像在欢迎你。夏日，天空晴朗，偶见薄薄浮云，远远传来断续蛙鸣，不禁使我们心弦颤动。夜间明月下，再来一线萤火奔流，我们便不免梦幻人生。秋天来了，就像我们出了峡口，任我们的生命如何奔放的人，到此也要稳打桨，慢慢摇了。冬天的雪，风一来，人类的什么情感、欲望都显得收缩了。生活没有昔日的活跃，差不多凝固起来，真像一个冰房。与四时交替相伴，各色人物粉墨登场，在世界大舞台上各逞其能。初春的范伦丁、盛夏的福斯塔夫、霜秋的哈姆雷特，最后，在冬日的宁静中，斐迪南向米兰达唱出了热烈而凄婉的尾歌，“只要在这牢房中能见到这女郎，地球的每个角落让自由的人去受用吧。这囚室已让我觉得很宽广”。

5. 先生教我读莎士比亚。先生要循着莎翁笔下人物的踪迹，直探人性幽深的秘府。

“莎士比亚的戏全谈人生哲学，比哲学家高明得多。一等的天才搞文学，把哲学也讲透了，像莎翁、歌德、席勒。二等的天才直接搞哲学，像康德、黑格尔，年轻时也作诗，作不成只得回到概念里。三等的天才只写小说了，像福楼拜。”说罢大笑，又补充说，“我这是谈天才，而我们这些读书人至多是人才而已。若不用功，就是蠢材”。

6. 马尔库塞谈美是自由的表现形式，这与席勒是一致的，④席勒的理想除了写在美学论文里，⑤更多的是写在诗里，你要去读他的诗，毕竟席勒做诗人比做哲学家更有地位。

（四）

1. 哲学和音乐，在其根本处是相通的，一个读哲学的人是不能不听音乐的。

2. 苏格拉底都梦想当音乐家呢。他在《裴多篇》里说他多次梦见自己应当去从事音乐活动，制作和演奏音乐。甚至当他以为他所从事的哲学就是最伟大的音乐时，又被那些梦所困扰，最后竟认定自己应该去从事通常意义上的音乐。他甚至用竖琴与和声的关系来讨论灵

---

④ 均参见（一）内之2、3两段抄录。

⑤ 均参见（一）内之2、3两段抄录。

魂不朽的问题。

3. 先生说对莎翁《暴风雨》一剧读得太熟，心里装了太多定见，不自觉地在贝多芬的音乐中找，反而迷茫了。

听音乐要心无定见，才好体会。

（五）

1. 读文艺复兴人文主义的东西，不能忽视那一时期的艺术。丹纳的《艺术哲学》可以一读，那里资料不少，傅雷译笔也佳。可惜他"文革"一起就自杀了。

先生很快找到了丹纳的《艺术哲学》。我随手一翻，见书里天头地脚又有许多先生的批注，（读之）仿佛听先生讲课。

2. 先生……拿出一叠纸，说这篇东西你可以读读。我接过手，见是手稿，极工整地誊写在方格纸上，是拉波埃西的《自愿奴役论》。先生嘱我一定保存好稿子，说仅此一份，没有副本。先生说，托尔斯泰是流着泪读这文章的。

展读手稿，拉波埃西劈面就提出问题——

"我只想弄清楚，怎么可能有这么多的人，这么多的乡村，这么多的城市，这么多的民族常常容忍暴君骑在自己头上。如果他们不给这个暴君权力，他原不会有任何权力。"

"要想改变这种受奴役状态甚至不需战而胜之，只要国人都不愿受奴役，自然不战而胜。不必剥夺他什么，只要不给他什么就行了。是你们自己使他变成现在这样强大，为了造成他的伟大，你们不惜牺牲生命。……只要决心不再供他驱使，你们就自由了。（然而）人们完全忘记了自己的自由，所以要唤醒他们把自由收回来是困难的。他们甘愿供人驱使，好像他们不是丧失了自由，而是赢得了奴役。"

拉波埃西断言——

"暴君没有爱过，而且也不会爱任何人。友谊是一种神圣的感情。只有正派人才能建立友谊，也只有在互相尊重的基础上友谊才会发展。"

“让我们行事善良吧,不论是为了我们的良心,不论是为了对美德的热爱。我深信,在上帝看来,没有比暴政更可恶的东西了。上帝会在来世单独给暴君和他们的走狗准备下特殊的惩罚。”

读拉波埃西此文,想它对托尔斯泰的震动,便觉我们与先哲之间心曲相通。师从辅成先生不及一年,渐渐明白,我们其实从来没受过教育,只听过宣传,便把那些欺人的大字眼当作了人生指南。我们……很容易被人鼓动起来去作伤天害理的事情。……由仇恨浇灌的心田最适合生长致命的毒芹,只有自由与博爱的乳汁才能养育高贵的人格与优雅的心灵。我写信给先生谈我的心得,先生回信说:“做奴隶不可怕,人因不可抗拒的原因而沦为奴隶的情况时常会有,但记住不要自愿做奴隶。读书思考就是为了提醒自己不要沦为奴隶而不知。”九一年先生在印度寄文章给我说:“过去我们对这个世界没有好好地爱它,让它少受阴影的干扰,有负于它。更令人痛心的是,我们竟然也随着阴影活动,做了它的顺民、奴隶、帮凶,有时还和他们一起,觉得自己了不起,自鸣得意,真是可怜可悯,又可耻!”

(六)

1.(六十年代)先生编《文艺复兴至十九世纪哲学家、政治思想家关于人性论人道主义言论集》,……读几段,爱不释手,先生见我喜爱,说这里还存一部,送给你吧。这是先生送我的第一本书,却是影响了我一生的书。后来我知道,它影响了一批有志于学的青年学子。天予就曾对我说过,先生编的这本书让他都翻烂了。授书时,先生告诉我,皮科《论人的尊严》是文艺复兴初扬时的重要文献,是人道反抗神道的宣言。

2.爱拉斯谟的思想在人文主义兴起中意义非凡。(他的)《愚人颂》是一部需要反复读的书。他借愚妇之口对社会的讽刺批判拿到现在来看都不过时。

文艺复兴时代诸贤人中,爱拉斯谟最近苏格拉底。

3.《愚人颂》三大主旨:立身人道,宣扬宽容,批判专制。

立身人道就是相信人性都是共同的，在共同人性之下，冲突都可以通过对话、妥协来解决，不像路德那种宗教极端分子，凡事非拼个死活。这就必须学会宽容。要争取宽容的环境，就非反抗专利暴政不可，因为专制暴政是人性和宽容的死敌。

爱拉斯谟借愚妇之口说，那些道貌岸然、反对别人感官享乐的人，只是为了自己“独占快乐”，又痛斥那些不贤明的王者是“可怕的扫帚星”。还借愚妇之口大赞“无知”，说那些自以为是的极端分子，“本来自己是头驴，却以为自己是雄狮”。

（七）

1. 读哲学一定要考虑伦理学问题，道德哲学是极要紧的。

《尼克马可伦理学》是非常有意思的一本书。后世治伦理学的人所讨论的各种问题，在这书中都有论述。

2. 翻出一页与先生的对话记录。……残简中记着如下对话——

问：求善难道没有现世意义吗？

答：亚氏⑥认为幸福即是善的尘世报答。

问：但又何谓幸福呢？它难道不是一种心理感觉吗？

答：幸福当然是一种心理感觉，但是一种有伦理意义的心理感觉。

问：既是心理感觉，那就无统一标准，而善在伦理学中是有特指的，此两者如何交汇？

答：那就需要确定幸福的含义，幸福的层次：一、心理上的愉悦、快乐；二、崇高感；三、美感。亚氏的层次：一、动物性，植物，是基础；二、理性独为人类的特性，无理性即无道德。

……

先生还说道，最高幸福不是道德状态，而是智慧的工作。直觉是最高机能，所觉皆崇高事物，故此得之乐为真乐。

3. 我读了一辈子康德的伦理学，精义是什么？是“批判精神”，其

⑥ 即亚里士多德。

实批判精神只是康德哲学的工具,康德哲学的中心是“人是目的”。评判一个国家、政府好不好,就要看它是否把人当做目的。凡讲基本人权,讲人性的政府,即使有点错误,也可以挽救;而凡是无视人权,挑动人的仇恨,残害人的精神活动的政府,即使它做了一两件留名历史的大事,也仍然是坏政府。

4. 六二年,我说,人道主义是反神道的,有进步意义。政府讲人道主义,可以提高它的国际地位。人道主义同中国传统也不矛盾。孔夫子一部《论语》,其中仅“仁”一字而已。

5. 一九三八年,先生写《中国文化对目前困难之适应》,其中说道——

“仅仅是生命(或生存)与财产,并不能构成神圣的人权。其必须以人格为根基,始能使人权成为不可侵犯的东西。须知动物也有生命,有生存,但不能因此作为权利。仅有经济关系,仅有私产亦不能成为权利。经济,必须是有人格的人为其理想而努力所取得的成果,始有价值的意义,亦因而是不可侵犯的权利。”

6. 展望中国伦理学建设前景,先生语重心长,指出——

“我以为二十一世纪的新伦理学,首先不是把仁或爱(或利他、自我牺牲等)讲清楚,而是要先把公正或义(或正义、公道等)讲清楚。……爱而不公正比没有爱更可怕、可恨。”

先生又提出“人民伦理学”,为那些被权势集团欺压凌辱的细民呼喊:

“伦理学就是研究人民平时过的道德生活,他们当然既能爱‘好’,也能恨‘恶’,而道德生活就是靠爱与恨两个经验的积累,构成他们的性格与人格。而我们的民族精神,也要靠这些诚诚恳恳过生活,尽神圣义务的人去维持。人民伦理学是非常朴素但又非常扎实的东西,也是十分广大十分深远的东西。既不以甘言媚世,也不对权势者奉承。它只是如劳动者的手足,一步一脚印地耕耘。”

7. 先生的房间仍是(七十年代的)老样子,那张老书桌忠实地陪伴先生阅尽岁月沧桑。屋内多摆了一张躺椅,愈显局促。……书房门上挂着先生手泽，为文天祥在元兵狱中所作：

孔曰成仁，孟曰取义

唯其义尽，所以仁至

读圣贤书，所学何事

而今而后，庶几无愧

先生在旁注道：

为国尽忠，乃义之尽也

为民族尽孝，乃仁之至也

（八）

1. 我希望人类终有一股正气来让人类能安静生活下去，可能这也只是希望，但比较合理一点，也许是可能的。狂风暴雨之后，将有晴朗的一天，这大约是气象学上的规律。我们过去已经等候久了，可能还要等候。今年我给朋友的贺年片上都写着“风雨如晦，鸡鸣不已”⑦的话，看来天总是要明的。

2. 先生曾在（他）《论人和人的解放》一书后记中写道——

“我佩服古往今来站在人民一边，捍卫人民的权利与人格的有良心的志士们的气节与灵魂。我手中只有半支白粉笔和一支破笔，但还想用它来响应这些古今中外贤哲们的智慧与勇敢。”

3. 先生总结好友许思园先生⑧的一生，说——

“他在特有的孤侍外，更有他特有的天真，使人觉得这个世界究竟还有一些在天空下独往独来的人，令孤独的人不觉得孤独。他好似月夜里一颗孤星，并不被睡着的人看见，但却为那些整夜不能入睡的人，忽然从床上透过明窗发现——它的光是何等清明。它的面目是何

---

⑦ 原句引自刘孝标《辩命篇》。

⑧ 许先生是大哲学家。著有《相对论驳议》《与爱因斯坦讨论的两个问题》等名篇，深得爱因斯坦赞许，二人相见甚欢。留学归国，任教几所名校。1957 年被打成“右派”，从此再无成就。1974 年英年早逝，令人不胜惋惜！许先生与周先生相知极深。

等安详而令人遐想！人为什么非在烈日阳光下、鸟语花香中生存，否则便不算生活呢？为什么在半夜里、天黑中寂静地蹒跚而行，就不算是一种良好生活呢？”

这段话再恰当不过地描述了先生的一生所求。

4.“四十年了，中国读书人吃尽苦头，前三十年是唾面自干，自我羞辱。后十年开始想作出点人样子来，给斯文挣回面子。现在是官逼民反。我活不了几年了，再不能任人家拎着脖子要来耍去了。”

5.那一段时间，⑨先生郁闷，书桌上放着《剑南诗稿》，还常常集放翁句，约有十几首，多是愤懑伤时、悲凉沉郁之作。怕先生郁闷伤身，便劝他多读陶、苏，可以任性散心，怡情养年。但先生笑笑说，其实陶苏也是一肚子的不合时宜。放翁是一奇人，既有“楼船夜雪瓜洲渡，铁马秋风大散关”⑩的雄阔，又有“卧读陶诗未终卷，又乘微雨去锄瓜”⑪的恬淡。古人的心性真是伟大卓绝。

先生曾手书陆游诗一页授我，中有一联“独吟古调遣谁听？聊与梅花分夜永”。反复吟咏，能听到先生孤寂凄迷心声。

6.不久⑫先生从印度（讲学地）寄来文稿《人间野语》，劈头就问，这个世界可爱吗？你真的爱过它吗？

先生分析道——

“在这个世界上，偏有一些人，不肯进步向上，他们不做人事，偏做鬼事，……老百姓称之为魔鬼。既是魔鬼当然不认为这个世界是可爱的了。我们受这些魔鬼的欺骗太多了，够久了。……他们的权力让我们的天真丧失，本性丧失，这还不算，甚至还要我们不能不同他们一

---

⑨ 应为80年代末。

⑩ 陆诗《书愤》。全文如下：“早岁那知世事艰，中原北望气如山。楼船夜雪瓜洲渡，铁马秋风大散关。塞上长城空自许，镜中衰鬓已先斑！《出师》一表真名世，千载谁堪伯仲间。”（按：钱钟书先生注：“伯仲间”用杜甫《咏怀古迹》句，称赞诸葛：“伯仲之间见伊吕。”）

⑪ 陆诗《小园》之一：“小园烟草接邻家，桑柘阴阴一径斜。卧读陶诗未终卷，又乘微雨去锄瓜。”

⑫ 应为1992年元月。

起,在这个世界共同做阴暗的工作。我们耗尽了心血,做了违心的事,有时对魔鬼还感谢不已。这真是人生最大的悲剧。

但这世界终究是可爱的,因为有这样一些人,仍然若隐若现地留存人间——不,也许更像夜间皓月,照耀着人间,不与热烈的阳光争胜,却静静地冷眼看世界。人在烈日刺激下,总是不敢抬头看一看太阳,只能低头看着地上的影子。但一到夜间,推开窗户,或独立窗前,便可放开眼目看月亮,看星星了,这是面对面的欣赏,面对面的倾吐,何等畅快啊!”

(九)

二零零九年一月一日,给先生打电话恭贺新禧。先生说:“现在中国的问题是大人物只关心自己的小事情,而小人物的大事情却没人管。”先生特地解释说,“大人物的小事情就是升官、出国、挣钱、安置子女。大人物做起这些小事情来卑鄙得很。小人物的大事情是生老病死,看不起病,上不起学,住不起房,社会没有公义啊!”先生又说,“大人物可要注意了,小人物的大事情办不好,大人物的小事情也会出麻烦。一个社会没有正义,必定要出问题,人类几千年历史就是这样走下来的。”

先生又讲起国内学术腐败问题,说:“已成痼疾,从前为士林不耻之事,而今竟成通则。士无廉耻,国无希望啊!”先生最后感叹说:“过年我九十八岁了,还想去看你们啊,就是不知航空公司肯不肯卖票给我这个‘九八病叟’啊。”说道“病叟”两字,先生大笑起来。在先生的朗声大笑中,我却不由泪水涌出。怕先生察觉,匆匆挂断电话。

呆呆坐着,许久,许久……天渐渐暗了,几点细雪飘落。先生言犹在耳,透骨的悲凉弥漫开来。寂静中,仿佛在教室里,先生刚擦完黑板,回身转向我们,飞舞的粉尘在阳光的裹挟下变得金灿灿的,罩在先生身上,先生的身影模糊了,像峨眉金顶上隐现的佛光。而耳边的声音却有着川腔:“巴门尼德说,‘存在是一’。”⑬

(十)

五月二十二日,……先生血压陡降,在医生(忙乱抢救)最后挪动头部时,突然闭目辞世。先生平静而绝然地走了,始终保持着哲人的尊严。

八月返京,往朗润园先生故居,已是人去屋空,只剩先生翻过的那些书卷默默地看着我。

事毕览观五台,寻古刹清凉。……清凉寺中庭有巨石如船,名“清凉石”,纵横十余尺,高丈余,重数十吨。石身苔藻斑驳,遍体纹理飞动,隐然有灵气,似远古高士化身。其沉稳坚厚,古意萧远,寂然独在,不正如辅成先生吗? 先生远行已近百日,谁知其所终极? 依先生心性,必会寻此清幽之地以避嚣尘,托体崇山而岿然静卧。有天风流荡,万籁谐响,巨木俯仰,群鹤环翔,又有幽泉濯之,云霞蔚之,丰草绣其锦缛,冷梅献其芳馥,伴朝暾夕曛,夜月晓星,闻晨钟暮鼓、梵呗法音。于千山万壑中得大自在,历万世而不坠,同日月而永光。

呜呼先生! 呜呼先生!

二〇一二年

(以上内容据录音整理,有删节)

---

⑬ 巴门尼德(Parmenides),出身贵族,生卒年月不详,但长于苏格拉底。他的学说主要表现在他留下的残篇《论自然》一书中。据希腊哲学史的记载,“他接受了克塞诺芬尼的一神论中的唯一的、永恒的、不动不变的、绝对的观念,进一步提出了关于‘存在’的学说,真正确立起爱丽亚学派的理论。”

巴氏认为,“真理和通向真理的路只有一条,那就是承认唯一真实的乃是永恒不动变的‘存在’。”巴氏认为,“存在是存在的,是不可能不存在的(这是真理之路);或者,存在是不存在的,非存在必然存在(这是意见之路)。”巴氏认为“区分存在与非存在是最重要、最具决定性的”。巴氏认为,“存在是连续的‘一’,唯一无二,没有任何虚空,不可分割”。

以上所注均请参阅《古希腊哲学》:“巴门尼德的存在论”。

我的感觉、感想与感激

——法文版《张思之的自白》前言

这本书大致讲了一些中国人的故事。中国人故事多。

故事因种族、民族的各异，阶层、等级的划分，职业、宗教的不同，环境时势的变化，而有了是否宜讲是否能宣的区别。五花八门、千姿百态的故事是社会现象多样化的反映，是不同利益形象化的表现。

我也说个故事——

20 世纪 30 年代至 50 年代，受西方艺术的熏陶，中国出现了一批漫画家，他们用画笔讲可喜可泣的故事。1957 年初春，年轻画家李滨声为他服务的《北京日报》画了幅漫画。一位胖乎乎的官员，头顶时尚“列宁帽”，手捧大奖状；神色呆滞，五官缺嘴：显然是“一个没有嘴的人”获奖的故事。寓意深深，一时轰动。附图于下，聊供欣赏。

不几日，毛泽东发动“反右派斗争”，那幅漫画立马被攻为讽刺社会主义制度，反对共产党的领导，画家由是被划为右派，收获了长达20年的劳动改造。鄙人有幸，一度与他同在一个农场劳动，类如农奴。

距今2900年前，中国西周王朝有个厉王，专爱派人四处监听，闻歧见则视同谤“君”，立即处死。于是大众失语。巷陌相逢，也只能用眼神传递心声，“道路以目”，典出于此。

然而律师是依赖发声(文属心声)为社会服务的职业。律师作为手无寸铁的群体，与那“沉默的大多数”中的绝望者不同的是，精神尚未被全然击垮，中国律师基于体制的原因的确不可能在个案中完全做到言其所应言，辩其所当辩，毕竟还承继着先贤“宁鸣而生，不默而死”的传统，维护表达的自由，维护人权；维护做人的尊严，积极抗争。书中，或能见其成员苦苦奋斗的侧影，体现出作者对中国律师制度乃至整个法治建设的不尽关注！

我对这个哺育我成长的职业群体满怀“自恋”，充溢热爱，尽管她在某些环节上缺陷严重为人不齿！我从不怀疑，不断前行中的年轻同道一定能做出超越时代的贡献，也会有人依据情事的需要义无反顾地发出中国式的《我控诉》，为中国的律师事业增光。我缺少左拉那样的气概和智慧，这是个人的憾事；而面对本书作者，我在想，如果我能在严酷的抗争中发出左拉那样勇敢坚毅的声音，写出他那样正气浩然的文字，易柔弱文士为坚强志士，她这本书将可能“炊”中有“米”，笔底见清风明月。可此刻我只能宣告我作为律师的“尚未成功”，我哪里有资格立传于世？作者挑起一副多么艰巨的重担！

本书作者是位年轻的母亲。抛子别夫，东飞万里，屡来交流，累计长达百余小时，犹不断电邮问题索答，总计何止百题。往往是下机就搁置“时差”引发的困倦，多方采访，搜集资料，还不说阅读了一系列相关的史籍。她竟能从北京图书馆查寻出我55年前写的一个题为《什么是法律》的小册子，尽管它的内容大都是抄自莫斯科大学讲义上的列宁—斯大林学说，并无多少学术价值，毕竟是人生历程的陈迹，能让我记住当年的无知。

她在写作中表现出的学养与敬业，做人的坦诚与率真，取代了娴雅俊丽的初见掠影。恰恰在本书结构大体初成之际，巴黎律师协会迎来了恢复200周年的纪念。我应加斯特兰会长之邀参与盛会。玉笛女士亲任翻译兼充向导，一路风采灵动，风度得体，乃能促成一个中国律师与法国同行的愉快交流；与此同时，她的周到细致又使我在那么短暂的参观中初识了巴黎这座为人类的博爱平等自由做出了不朽贡献的历史名城。

尤为重要的是，她在出版社的信赖与帮助下，以刻苦、严谨、认真、执著的精神为东西方的文化交流架起了又一座浮桥，我作为最早的受益者不仅理解而且将记住法国朋友对我怀有的殷殷期待。

故事成书，实出偶然，其间曲折，宜由作者亲述。书中如有文字溢美，那一定是作者的愿望而非传主实际。

作者嘱序，颇为荣幸，但虑及书中故事与本人多有相关，又限于语言障碍未读原著，实不宜应命。然而似又不该轻拂雅意，是故借题发点感想，说些感觉，略申感激之情，兼为以博爱平等自由为旗帜的法兰西精神欢呼，并为不断前进的法兰西大众祝福。

二〇一三年五月一日　于北京

律师絮语：我的办案际遇

——在香港 2014 年书展会上的讲话

主席，各位书友！

女士们，先生们！

此刻，我站在自由的土地上讲话，心有惴惴诸君难以体察。这证明我虽立足于自由但尚未心享，心存疑虑甚至恐惧在所难免。此时，面对各界朋友，面对复杂局势以及我并不熟悉的生存环境，该同诸位进行怎样的交流，讲些什么呢？

开口说局势，这是个不仅复杂而且多面的大题目，我无能驾驭，只是从阅历中感悟，作为社会的个体，解决问题，有所作为，不考虑形势，不搞清形势，会吃大亏，难操胜算。因此忍不住说几句。

《行者思之》中，有个小故事。

我在高中读书时，在一所教会学校罢过一次课，对手是英国牧师。全校罢课闹了近一个月，英国人妥协了，收回了她们原先要开除一位毕业生的成命。学生表面上似乎获得了全胜，一时相当得意。然而太过稚嫩，思想单纯，对于对手的实力、意图、部署缺乏了解，可以说是根本没搞清楚形势，最后人家利用寒假迫使我转学，变相地除了名，结局是吃了败仗。那次教训让我开始明白，与事对抗，与人争雄，不研究力量的对比，不摸准对手的"刀枪剑戟"，弄不清人家使什么家伙，哪能不上当、不吃亏呢？

我现在已到暮年，成了法律人，在内地从事律师业。面对着易于追求浮名、图谋私利的花花世界,面对物欲横流的世风,心绪浮躁的社情,人心不古道德沦丧的伦理,如不能忍下清苦,耐住寂寞,发奋读书,尽力工作,维持住对事业的激情与忠诚,经常自省自己的无知,事事反求诸已而不诿过于客观,恐怕很难使生命保有尊严;可是,如无尊严,试问苟活有何意义?

我们生活在地球的一端,主要的生活内容、生活方式无不受国际影响,因此又不能不思考国际局势。我缺少政治智慧,对这个大题目说不明白,从20世纪到今天发生了那么多尖锐问题,热战冷战,和平恐怖,许多事我想不清楚,在这里只是讲个想法。

眼下,从全球来看,不管各地不同表现的军国主义思想如何猖獗,世界大战的危险我以为已基本消除,而今无人敢于挑动全球性的战争。冷战在抬头,政客们在跃跃欲试,但今日人民的力量已非百年前可比。值得研究的是,由于利益的冲突,文化的相异,观念的分歧,历史的不同,几大洲各地区的发展很不平衡,社会转型问题普遍而且迫切,因此认真遵循人类文明共创的普世价值,推动社会在变革中进步,已是时代的要求。可堪庆幸的是,随着信息科技的迅猛发展,“全球化”思潮方兴,形势要求法律人,要求律师,致力于融合东西方优秀文化,消弭南北的各类恩仇,为维护经历两次大战的血雨腥风之后艰难铸成的世界和平而努力,为建立一个全球的合理秩序而献身。这是形势的要求,也是历史的使命。令人痛心的是,当今世界,不同信仰的政治家都在高歌和平,主张和谐共处,然而实际情况却是在许多地方,依然杀人如麻,被害者大多是善良的百姓!一些大国,在嚷嚷禁核的同时仍在大规模地研制杀人武器,到处销售,赚取小国、弱国、穷国的外汇获取暴利。我们出口武器的势头并不落后世人尽知。联合国可以立规禁核,同理,不是也应当立规禁止生产、销售一切杀人武器吗?全球的智者、有识之士都在高歌“全球化”,北京奥运的口号就是“one world”,非常漂亮,那么我们为什么不可以放弃积习旧识,大家都成为“地球人”,不再争这争那,为拯救我们美丽的地球而付出心力?这固然是一个长期的历史性任务,但都不迈步不是永远达不到目标么?香港地区同胞富有政治智能,民间组织具有凝聚力、号召力,切盼及时行动起来,发出呼吁,强烈要求联合国为“禁止产销杀人武器”做出决断立下规范,而后解决一般武器的使用问题,这些问题解决了,一切恐怖主义的种种恶行都将迎刃而解。

这些话题与律师工作有密切关系,因为律师不仅是现实秩序的维护者,而且是合理秩序的推行者。律师与秩序,宛如鱼水。我现在回到主题上来。

我降生八十多年,由于长期认不清形势,在别人的愚弄、驾驭下,曾经是多么多么的愚昧、愚蠢,在经年不断的无数政治运动的自辱中,在恐怖的阴影中,走了多少多少的冤枉路!《行者思之》中,传达了一个重要的、我从生命历程中得到的主要教训:服愚必被驭,让人牵着走,弃尽自尊,你挣不脱!这是生存环境造成的“果”,是时代的产物。我们这代人,有我身上这种现象、这些状况的,何止万千!吴祖光先生说“生正逢时”,我从这句话中读出了沉重与悲痛,既正逢时,怪得了谁?然而这毕竟是个人素质不高、品格平庸形成的“果”,归根结底得从自身找原因,怎么可以怨天尤人?也无须责怪“愚民政策”的巨大作用。

不过从心理上说,我酷爱自由,渴望自由,信奉“不自由毋宁死”的哲理;我算是一个正常的人,会因失去自由而生发愤激,于是终会觉醒,终能在不得不充当奴隶之时不做奴才,这使我有可能在专制制度下成长为一个律师。

律师与专制,很难两立。

我在20世纪50年代中后期进入律师行列,那时及以后制度重建,我空有自由身,并不能独立地履行职责,在实践中会受到各种制约,甚至受阻于法庭门外。《行者思之》中的李显斌案,例证而已,其他的,限于篇幅,未编入。

我有自己的性格,在执业中不愿被驾驭,自不免抗争。令人困惑的是,一切重要的“对抗”在目前情势下都难能产生应有的良好效果,不可能充分地达到保障权利、维护公平正义的目标。我为此流过泪。

我有自知之明。我没有做到案案事事都能富有成效地扶弱济困伸张正义,也不善于在讼事中调整好各种复杂的关系,使弱势受众能与强者同享人类共创的文明,责任在我自己。徒有追求,不能落在实处,于实际无益,于公众不利。书中郭凯玩忽职守一案执法者公然践踏法律制造冤狱,我的不眠之夜怎能替代被冤者的狱中煎熬!流泪有什么用?

《行者思之》中为何不见“死磕”?面对枉法,身遭无理,不同公权力“死磕”,行么?

“死磕”之说,起于近年。它作为态度、方法或者上升为策略,是被逼无奈的选择,也是时代的产物,具有合理性,因而在具体问题上会产生一定的效果;但又不必把它看作一项必须遵循的办案原则,普遍适用于一切讼事。那样可就太“死板”了。一切依时间、地点、条件为转移,这不仅是一般的工作方法,更是理应坚守的思维原则,因此要善于审时度势,在维护当事人的权利的同时,做到“止其所不得不止”,不可以凡事都一泻千里,不留余韵。目前我的顾虑是“死磕”之中,“勇有余,谋不足”,我们在一些“死磕”之中常常生发生无益的纷争便是例证。但我又相信,从整体上说,内地律师一定会在现有基础上不断提升。

我的律师生涯,也许可以概括为“干正逢事”,运气很好;可惜由于缺乏独立精神,思想不够缜密,失误甚多。有些案子,当局不准作“无罪”之辩,在我确认被告人确属无罪时也只能打个“擦边球”,以“指控不能成立”相对抗,没有做到宁肯被整肃,也要完整地维护法律的尊严和被告人权利。我的当事人李作鹏把我办他那案件的特点喻为“敲边鼓”,初听很不服气,细想觉得有理。李作鹏是1980年林彪、江青反革命集团案(以下简称“两案”)中的被告人之一。那次审判是从“文革”乃至之前的“无法无天”转向“依法理政”的一个拐点,不可以从根本上予以否定。至于有人把它誉为“世纪审判”,则似有夸张;就其过程从实质上看,这是一场运用法律进行的政治审判,是党内路线斗争的特殊形式,目的在于确认与巩固政权。关于“两案”,人们讲

得够多了。我参与案中辩护纯属一种际遇,没有必然性。在这里只说两个具体情况:

一个是会见江青。指定我去,没有思想准备。狱方设置了会见室,布置得体。江青由两个女警押入。她缓步走到坐椅跟前,恭顺地微微倾了一下上身,似在示礼。尔后下意识地捋了一下头发,就站定不动了。我举手示意,说“坐下吧”,她点了点头,坐定,并不吭声,专注地听我们介绍情况,显得很斯文。交谈不久,她对我说:“你声音太低,我听不清。我的耳朵有毛病,是在苏联用镭治病搞坏的。”她还特地强调了一句:“我是咱们国家第一个用镭治病的人。”待到后来她一再表示:我的问题是党内问题。他们起诉说我是反革命,谁是反革命?我要控诉公安部,对我搞突然袭击,搞绑架,把我扔在地下室的水泥地上,六个小时没人管,六个小时!讲到这里可能是她的伤心处,越说越激愤,我只好打断她。她说,我请律师,请你们,是要你们跟他们辩,可不是跟我辩。他们,叶、邓,立场跟我不一样。一样,我就不到这里来了。说完这些,面有得意之色。我感到她有点忘乎所以,批了她一句:“你这通儿话,离题太远了。”她立即做出反应,提高嗓门说:“你说话不要那么大声嘛!我是病人,我怕你的声浪的震动。”声浪的震动,亏她想得出来。先是要求你说话声大点,待到大了一点,她又说这是“声浪的震动”,受不了。

我们话不投机,她拒绝我出任她的律师。从根子上说,问题出在政治上的考虑,她断定我们是叶(剑英)、邓(小平)派的,不会维护她的权利,用她的意思是不会帮她,所以才有了那样的决断。但我对她耐心不够,尊重不够,可能是另一个原因,因此从法治出发,历史地研究问题,她没有人为之辩护毕竟是一次严重的不足。在我,则属失误。

再讲一件讲李作鹏的事。他是海军政委,副总参,林彪的干将。开庭前夕,狱方报告:李天天写东西,说是“最后陈述”,但搞得很诡秘,没有人知其内容。特别法庭副庭长伍修权总长生怕他写的内容涉及最高层的内情,要求我们去套取。去了,李说“缝到棉袄里了,谁也拿不走”。我们无功而返。问题不在成效,而在性质恶劣。这是我律师生涯中的最大败笔。试想,按照法庭意图,奉命从被告人手中套取自辩材料,上交法官,便利他们预先谋划对付的策略,这哪里还有公正与道义,律师的良知又在哪里?更何况事发于律师制度恢复之初,在一起重大的审判面前,在全世界面前的第一次公开亮相!不可以用“中国特色”解释,也不能用“服从组织”或者“顾全大局”自赎。

讲这些,不是表态忏悔,而是希望后人以此为戒。任何人都会犯错误,古往今来,多少圣哲先贤,英雄豪杰,谁无过错?即使是团体、政党、国家也莫不如此。大到“联合国”,几十年来,多少失误?问题在于:有错应改,改了就好!马英九先生为台湾地区“二二八”事件代党下跪自赎,赢得了民心,多收了选票,难道不是事实?我个人身上的错误当然不可以同那些大事件相提并论,只是想说,内地的情况似乎不能例外,谁有错都应改!

在内地工作,通常都会碰上“服从组织”的问题,说到底就是服从领导一切的党。这是律师在办理讼事中难以逾越的难题,我们律师,包括我在内,往往缺乏解决“组织性与良知”这对矛盾的能力。这个矛盾和其中包含的命题是北大才女林昭1957年“反右”斗争中提出来的。林昭坚守信念,拼死抗争,于1968年被虐杀,年仅36岁。她在被关押的大牢里,尝遍酷刑,受尽折磨,生存环境极为恶劣,却能刺破手指,以血代墨,写出二十多万字的血书、血诗,毫不妥协地守住了“良心”,给我们留下了辉煌的精神财富。我们在办案中如果一味强调“服从组织”,说到底无非是用奉命办案、遵令行事为自己与法律相悖的行为开脱。然而作为律师,只应遵从法律之命,按照法律的规定办事,即使有权威的、高层的组织发令于前,也应实施“法律至上”,不计其他。不当“驯顺工具”,在实践中也许仍难立于不败之地,但败于讼事,我看可以补救;败于失“格”,怕就难救了。

今年6月,内地出版了95岁高龄的曾彦修老先生写的《平生六记》,书中“前记”开宗明义,下笔写了一段话,他说:“在我一生经过的一些大事中,我的原则是:一切按具体情况处理。明知其错的我绝不干。为此要付出多大代价,我无条件地承担就是。世界上很多事情,常常会有例外的。唯独有一件事情,我以为绝不能有例外,那就是:良心。”老先生以严秀为笔名,奉鲁迅为典范,前此写出了一篇又一篇杂文,传播思想。最为难得的是他言行一致。他在 1957 年的整风运动中没讲一句话,没参与过任何一次有关整风的活动,右派与他无关。那时他在人民出版社担任社长兼总编,上面向他要该社的“右派分子”名单,他为保护社里同仁,把自己列为“头号”报上去了。于是这位 1937 年为抗日而投奔延安的爱国青年,恰好在 20 年之后,就这样沦落为右派——共产党的敌人!我有幸在 90 年代与他一起讨论过几件事,无一例外,他在原则问题上,宁肯与友人“拜拜”,也不做一分一厘的让步,这一点给我的印象很深,我没有理由不缩小同他的差距,下定决心先按良知办事,做一个良心不泯的人,一个真正的人。真正的人是真正的律师的首要条件,诸位认为对吗?

内地律师制度的健康发展亟须良好的社会政治条件和司法环境。如果政治不民主,审判不独立,律师不易正确履行职责。而这些伤筋动骨的改革,虽已历经许多阶段,事实证明不可能一蹴而就,不会一夜功成,恐怕还有长长的路要走。我们需要的是韧性。操之过急会产生“欲速不达”的恶果,在个案上的成功推进,则能产生量变的效用。

我们的队伍目前也许够不上纯正,其中也的确混入了别有用心者,鱼龙混杂,真伪难辨。我们一些专业水平很好的律师,有时会把法庭当成名利场、厮杀场或者风光场,而没有当作法律的竞技场,因此会出现失误,或者风格不高,或者风度不佳。但从整体上说,从实质上看,我们毕竟有了一批又一批青年才俊,奋斗在维权的法治最前沿,因拥有良知,纵有失败,从不失神,精神未被击垮。基于体制的约束,内地律师在诉讼中往往做不到言其所应言,辩其所当辩,但毕竟承继了先贤“宁鸣而死,不默而生”的传统,维持人权,维护表达的自由,维护做人的尊严;凡有侵权处,总能听到律师的回声与呐喊,直面那几乎是不受任何制约的公权,勇敢说“冤”!为了明道,不计其功;严守底线,义无反顾,凛然风骨,傲然屹立。全国律师以其出色的辩护,30 年来避免了多少错杀误判,不知全国律师协会有无精确的统计?这不是数字问题,这是权利、生命、尊严,因此不可以弃之不顾。《行者思之》中细述了我与刑讯逼供这类非法恶行的反复斗争,那些罪行屡禁不止是令人发指的;但书中没有描尽我们这支队伍实质性抗争的集体身影,终觉遗憾,我心怀悔过,期盼有缘补足。

律师维权,律师说“不”,主要靠辩词。律师辩词是实现辩护职能的重要手段,是律师素质、水平、风格、风度的集中体现。要点是抓住关键,突出重点,把握细节。细节之所以重要,是因为透过“细节”能发现问题,从而提出问题。在某些案件中,律师不一定着力于解决问题,只要提出问题就够了。比如某一杀人案,公布的材料说被告人持一小壶装上毒药,灌进了被害人之口终致死亡。对此只要提出小壶是谁的,现在在哪里?谁,在何时装入了毒液?毒液来自谁手?我看也就可以了,案情也就接近大白了。不知我的想法是否有理?

总之,辩词是律师的精神产品,须有判断力、说服力、感染力,因而在形式上又应有优美的语言流贯于事、理、情三者之间。语言丰富,辩词就活了,立住了;语言优美,辩词就具有吸引力,长青了。总的要求是:如行云流水,无一语不可信;朴实无华,无一句不可靠。其次要善用情语,韩愈所谓“言有穷而情不可终”是艺术之作的至理。作不含情,难成精品,辩词亦然。

我写不出传世辩词,不等于内地律师长缺。有个故事,使我常常为之心动。今年3月,参加一个“新历史合作社”承办的“历史嘉年华2013活动”苏州年会。我因那本《我的辩词与梦想》得到主持方的奖励而得以混入这个历史界的盛会。会议休息期间,南开大学的两位历史学教授刘刚、李冬君夫妇与我漫谈,郑重提出,应该致力于把律师辩词发展成一种文体,类如“杂文”。杂文自鲁迅开创,虽然一时比不上汉赋唐诗宋词,至今毕竟已成规模,不可小视。律师辩词也有条件继“杂文”之后成为一种文体,二位学者的想法令人震撼,当时没来得及深入探讨,我自此生出了一个想法:我们律师,集全球近百万之众,是不是可以进行一番研讨,通过共同的实践,把辩词在“刀笔精华”的基础上,设计为一种新的文体呢?我被召西去有日,前路不远,权作“其言也善”之鸣吧，诚恳地期待青年才俊们能尽其所能多作几篇佐拉式的《我控诉！》，使之终成一种新的文体。

朋友们！辩词要靠口头表达才见其功效。善于口头表达，须有执着的精神，谨严的作风，哲人的胸怀，诗人的激情，语言大师的文采，演说大家的风范，总之是素质修养以及精神风貌的艺术性体现。正是基于这个缘故，古希腊、古罗马的演说大师把演说视为一种“道德完美的艺术”，这种说法值得玩味，令人神往。

从目前实际出发考察问题，关键在于要让人讲话，大家都敢讲真话。鲁迅在写完纪念“左联”五烈士柔石等人的那篇《为了忘却的纪念》之后，史沫特莱作为了解世情的优秀记者不无忧心地力劝先生善于自我保护，他响应了一句：“中国总得有人站出来讲话！”多么沉重，何其深刻，显示出一个真正伟大的人格！中国的事让中国人讲话吧！内地的事让内地大众发声吧！香港的事，让港人自己发表意见不是更能合乎民心合于实际吗？中国现代史上有两个不同凡响的历史人物先后讲过一句共同的话：“让人讲话，天塌不下来！”我们的执政也一定会有这股豪气！

自由万岁！

第五部分

银川夜访金锡铭

金锡铭作为全国第一位市长法律顾问，律师界并不陌生。借宁夏回族自治区律师协会召开第二次代表大会的机会，记者（注：即张思之）就法律顾问工作与之促膝夜谈，摘记要点如下：

记者：听说，石嘴山市市长有“铁市长”之誉，与你们做他的法律顾问有直接关系，这能否说明顾问工作的特殊重要作用？

金：“要当铁市长”，是我们的建议。事情起自市汽车运输公司拒不执行市政府就建设用地问题所作的裁定书，并且告到自治区政府，有两位副主席亲自下来查询。我们对市长说，必须坚定不移地执行裁定书，严格执法，当“铁市长”。

记者：“铁市长”，这是个很有意思的提法，请问有哪些特征？

金：基本特征是运用法律手段实施管理，包括行政管理和经济管理等在内。

记者：作为市长法律顾问的首创者，是需要勇气的。

金：关键在于，市长的施政观念中有很强的法律意识。当年的李俊杰市长明确说过，要请律师“帮助市长依法治市，促进全市的法制建设”。这样，双方“一拍即合”。

记者：依法治市，是个总的概念或总方针，法律顾问工作该怎样体现这个方针？

金：作为“塞上煤城”，石嘴山市是新兴工业基地。结合这个实际，我以为首要之点是抓住依法管好经济这个中心环节。在这方面，我们将工作重点放在解决建设中出现的新问题，而不是着力处理遗留问题。比方说,地面的土地权属是否能延伸到地下资源;矿区地面建设,是否需经政府土地管理部门和城建部门批准,等等。我们对照矿产资源法、土地法、城市规划条例进行了论证,为市长写出《备忘录》,基本上解决了这些领域中如何“治”的问题。

记者:经济领域里法律问题多,也复杂,如何帮助市长把好关,看来也挺重要。

金:可以举出实例论证这一点。甲厂经决定停建后,厂党支部副书记未经批准与某个体户订立合同,将生产用地千余平方米转让给个体户建石灰窑。不久市政府决定将甲厂并入水泥厂,扩大水泥生产,但因石灰窑的存在而无法扩建。我们指出,企业停建,已无法人资格;副支书与人签约,应属无效。市长批示同意。后因个体户坚持执行合同而涉讼。一审认定该土地转让合同有效,判令水泥厂赔偿个体户损失11万元。我们在上诉的同时,受市长委托向具有司法监督权的人大常委会递交《备忘录》,要求对一审判决的合法性进行审议。最后由二审纠正了一审的错判。在这类问题上,我们起到了顾问的作用,把住了法律关。

记者:依法治市,说明法律是一种手段,那么,运用这种手段的目的何在呢?

金:在我们这里,我看主要目的在于促进生产力的发展。为此,举例说,我们特别注意派出有专长的律师,帮助亏损单位、濒临破产的企业搞“转产”,在引进技术和设备,培训管理人才和技术工人方面,提供具体、有效的方法,即用发展生产力的办法,使它起死回生,偿清债务。效果相当理想。

记者:这样一来,法律本身也就有了生命力。

金:法律有生命力,顾问工作才有活力。在工业城市搞法律顾问,只有使法律与经济、与技术结合起来,才能实现顾问的任务。其实,如你所知,经济和技术工作中都涉及法律,不用说各类合同、财会制度,在设计规范、施工规范、验收规范以及质量管理中,不是都有法律问题吗。

记者:这又提出了一个问题:你们所里的群体素质如何与既懂法律、又懂经济、技术这一客观要求相适应?

金:这一点,可能恰是我们的特色。我们现有的十四名律师中,都分别兼有经济师、工程师、会计师的资格,而且都学有专长。在工程师中,有懂冶金的、懂建筑的、懂机电的;在会计师中,既有财政、金融、审计人才,又有懂商业、工业、建筑业的会计专家。问题还不在这些个体的优势,我们处理事务,尤其是全市性、全局性的事务,主要依靠群体智慧。我们参加过一些全局性的战略论证,没有相应的群体智慧,就不可能实现顾问的职能,完成市长委托的任务。

记者:你原来是搞经济工作的?

金:干了二十多年,是经济师;后来自修法律专业,靠实践,属"半路出家"。

记者:群体智慧,似乎也有点儿抽象。你们在工作中怎样发挥群体智慧解决全市性的生产问题、经济问题,有什么具体要求?

金:我们要求在经济或生产中达到"技术上可靠,经济上有利,生产上可行,法律上允许"。这四点似是顾问工作的应有之义,但真正做到,我体会并不那么容易。

记者:是否还有方法与组织问题?

金:想到一处了。说两条:方法上,要突出抓关键工程、重点项目。组织上,尽管我们有点人才优势,但从实际出发,还得注意另请高明,把专门人才聘进来,当顾问的顾问,智囊的智囊。这无疑增强了我们的"力"。我们本身不"硬",何敢建议市长当铁成钢!

记者:你们的实力强,工作好,但并不注重经济效益,这一点有口皆碑。

金:我们从一开始就坚持社会效益第一,所里同志对此都十分赞成。

记者:你们的队伍够得上"五湖四海",但工作协调有力,与你们提倡的"团结奋进,一丝不苟"的精神和作风大有关系。

金:从内部来看,制度保证也很重要。我们有一整套的制度,保证各项工作井然有序。从外部来看,市长给我们创造了许多开展工作的条件,一有机会就讲法律顾问的重要性,这无疑具有决定性作用。

记者:看来你们所称得上“得天独厚”。

金:是的。天时、地利、人和皆备,剩下来就该“英雄用武”,艰苦创业,不断创新了。还得强调一下:自身不“硬”,外部条件再好也难以成大事业。光有“铁司令”,没有“铁军”怎么行!

一九八九年五月四日夜

就李庄律师被控“伪证”答记者问

记者：李庄案以“伪证罪”“妨碍作证罪”起诉，可否认为此事已尘埃落定？

张：只能说是在意料之中。中国官场的运作规律在起着支配作用，只能如是，不然怎么了结？

记者：前景如何？

张：不想推测。李庄被捕一周迅即起诉，倘以博弈喻之，是步快棋，只是布局有欠周密，“将军”急切，弄得不好又说不定是步矢棋。一是难说证据已经足够，再者似乎没有全面结合相关法律的精神过细考虑。是否也能“快判”，取决于法庭之上的另一轮博弈。

记者：哪些法律精神没考虑到？

张：重庆的“专案组”方面有那么多专家护航，何用我班门弄斧？不过智者千虑，请容我从另一个角度提个醒。

人们记得，12 日，李庄电告法院：“经组织决定，我们康达律师事务所两名律师全部从龚案撤出，不再担任辩护人，请转告有关方面。”（见《重庆打黑惊曝“律师造假门”》）一句话：不干了，我们撤！这是李庄的意思表示，又是他所属事务所的组织决定，是一种郑重的法律行为。我们可以不必考虑事务所的决定是否妥帖合理，这里至关重要的是：即使警方前此对李庄的指控统统合法有据，罪名成立，人家决定“撤出”，“不再”干了，这正符合“中止”的刑法规定，而“对于中止犯，没有造成损害的，应当免除处罚”。（《刑法》第 24 条第 2 款）如何免除，各案互异，不能一概而论，更不一定都能不经程序不受审理，但依据立法主旨，不必施以强制措施应无疑义。还有什么必要得信当晚就来捕人，急如星火，跟着又从快起诉？更何况李庄是否有罪尚在未定之天，谈不上“免除”！看来是非“办”不可，成竹在胸了。

记者：您认为警方考虑的重点在哪里？

张：这不是我可以回答的问题。但愿意斗胆度一次“君子之腹”。我猜测，决心整治李庄，意在“一石三鸟”。首先是灭李庄气焰。我不认识李庄，以前也没听说过。从现有材料中，他容易给人以轻狂、高傲，有时目中无人、往往不识大体的印象，总之诸多讨嫌。警方如断为“嚣张”，或非空穴来风。

其次是杀杀李庄“背景”的威风。警方认为，李庄之所以敢于“伪证”，“一个更重要的原因，就是李庄之流有恃无恐的关系背景”，指的正是“在京城也颇有‘背景’”的康达事务所。（所引均见 14 日文章《律师造假门》）您不是有“背景”么？我这里大权在握，请君试之。

再就是打打“像赶场一样云集重庆”（见上引 14 日文）的北京律师的气势。重庆打黑涉及犯罪嫌疑人数百之众，家属来京聘请律师，抵渝介入诉讼者至今总共 8 人，惊呼“云集”，近似艺术夸张；指为“赶场”，情同人格贬损。要害是把北京律师“云集”的目的限定于“获得高额回报”和“寻找施行‘潜规则’的机会”，从中觅得“驱散”口实。

可是，“高额回报”是否取之有道，要看是否违规。至于“潜规则”之说，不知何所指。“潜规则”也是“规则”，各方都应“施行”。这是潜规则定义的规定性内涵。律师行业何时有了“潜规则”，而且还成了“司法腐败的支撑点”，见不得人；我无知，只能沉默。唯警方不满之情在此溢于言表，自然不妨挂角一“将”，顺势而已；杀一儆百，何乐不为？

记者：那篇文章，对律师作用的估量与评价都低。

张：律师而今 14 万之众，不免鱼龙混杂，良莠不齐。应当如何评价，允许乐山乐水，更会仁智互见。但似乎不应当因某一或某些律师违了规、犯了法，就由是降低律师的整体作用进而削弱乃至否定律师制度。您看 14 日某报那篇长文，以《打黑惊曝“律师造假门”》为题，在结尾处先公示资料，说律师在刑事诉讼中的胜诉比例仅占5%，然后突发奇问：“面对（95%败诉的）当事人巨大诉讼投入，有多少律师会对当事人说‘对不起’？”跟着得出结论：“律师的尴尬行为和滥用潜规则，（给当事人造成‘第二次伤害’的）灾难全由国家和民众承受，公信力弱化由政法机关来承受……‘潜规则’冲击着党和政府形象，让党和政府埋单！”

好锋利！果如此，律师真的是罪孽深重依法当诛了。不过真把那组胜败比例的数据考察明白，问题也就清澈见底了。姑且不论律师执业中的胜负难定准则，没有标尺，文章所说的95%与5%，似乎惊人，其实它回避了一个重要前提，即在诉讼中法院判决无一例外的100%正确，还得确保一二两审的结论绝对一致，常年一贯！此理易明，无须分析。三十年来，年年有冤假错案平反，包括错杀，律师略有劳绩，不敢称功；只是应计入5%呢，还是95%？其间给当事人造成的“伤害”该由谁来道声“对不起”？谁来“埋单”，从而力挽日趋弱化的“公信力”？公布这组数据，本意在证明中国律师制度的无效无用，酷打在律师身上；可转念一想，它又反映出中国刑事诉讼制度的严重缺失，岂不又痛在法官心上！这应是作者始料未及的。

我说了观点，可依然觉得这种讨论过于沉重，特别是由一个具体的事件无端地牵扯出与“个案”无关的事体，远离了主题。因此我想，对诉讼来说，就事论事，一石一鸟岂不甚好？

记者：您认为现有证据能不能坐实起诉的罪名？

张：李庄案发，一家大报先发了那篇“核心调查”，明指律师造假，隔日又发了七篇专项报道。综合八文论据，大致有三点：一、李庄面授龚某五招“翻身秘术”，内含“谎称被刑讯逼供，否认以前口供”。二、“到法院提出了一系列杜撰的问题”，包括被告人被刑讯逼供。三、李庄要龚某在开庭时“以伤情鉴定为由”，配合其扰乱庭审秩序。至于证据，除龚某检举外，被告人的“辩解”是注定不在其内的，有法律规定也不作数。于是另举了律师马晓军和吴家友二人的证言。谨对此说点浅见——

总体来看,论据、证据都指向“谎称”刑讯逼供。

在刑事诉讼中,刑讯逼供的“有、无”之争往往并不尖锐却都极其复杂。攻者说“有”,辩者说“拿证据来!”法庭态度尽人皆知,数不尽的裁判文书都堪作证,不讲也罢。

然而作为律师,对于如此重大的原则性问题,愚以为不可不争,即使是碰得头破血流,最终被判决驳斥。这应是律师执业的“底线”。

具体到李案,到底是不是“谎称”,有没有“杜撰”,必须对案情做具体分析。人们不会不注意,上述大报长文即那篇以“律师造假门”为题的“调查报告”中曾说:李庄让龚某“在开庭时以伤情鉴定为由配合其扰乱庭审秩序”。问题焦点显现了:既有“伤情”之议,必有伤痕在身。那么,“伤”在何处? 谁人所致? 程度如何? 怎样了结? 如果这不是另一场“躲猫猫”,该不该问? 律师知“伤”而生“情”,要求鉴定,应属尽职尽责,依法办事,何干“杜撰”? 不能称“谎”。无论鉴定结论怎样落笔,律师的做法都无可指责。试看那么多那么严重的刑讯逼供,连被押的在职警官(例如云南的杜培武,受刑惨重,死去活来,险遭冤杀)都难幸免,主管、主事、主要责任人,谁站出来认过错? 中央屡禁而不止,难道不该鼓励律师们在这方面尽忠职守多加把劲? 大家联手,齐心协力,刹住刑讯这种歪风,终止这般恶行,标明社会在进步,该有多好!

眼下争议的情况极易查明:一经法医查验,有、无之说自然会有是非之判。人们拭目以待。

两份律师的证言当然重要。

马证:李庄说过要搞“伤情鉴定”,而未涉及其他。证的是律师之间探讨诉讼技巧,包括应对审讯的手段与策略,非关“谎称”。

吴证:李庄曾要他找警察出具确有刑讯逼供的假证,被断然拒绝,此后再未提及。权且认定吴证属实(未经质证,不知李庄有无分辨),也只能推断李庄曾有“犯意”,并无行为,更不可能有损害结果:构不成已经付诸实现的“谎称”即“伪证”,扯不上罪。

应加着重说明:这里研究的是“犯罪构成”,不涉及主体的职业道德、思想品质、工作风格。后者事关重大，资讯太少，应另行专题讨论。

记者：想听听您对媒体在李庄事件中的报道有哪些意见或者建议？

张：您出了难题。

律师与媒体的关系，之前曾屡屡表达意见，无非是梦想两军合流，共谋“监督”大局，此外已无新意。联系实际，而今出现了复杂情势，一时还不便展开讨论，当下只说说围绕李案报道而生出的一些想法与看法。

重头文章是一家大报的那篇“核心调查”，题为《重庆打黑惊曝“律师造假门”》，仿佛是记者的采访结晶；但从风格、语气、文路直到观念、观点，官味颇浓，官话挺足：究竟是谁的调查，纵称“独家”，也不能排除疑问。

紧跟着，隔了一天，又连发七篇专项报道。与上文不同，时间、地点、主体、对象以及关涉的内容，无不是清清楚楚，真的是记者采访。唯在不经意中流露了一个令人惊诧的情况：她们的采访成果源于当地官员恩准的“特权”，实实在在是独家独有！“原来如此！……”

如此这般，还能畅所应言忠实履行舆论的监督职能么？

记者：报社记者实地采访，会有什么特权？

张：理论上没有，实际上享有。她们硬是开创了记者在“刑事侦查阶段”可以采访在押人员的先例。对比律师依法会见那么艰难，就能测出此例的分量，“特”在哪里！我担心设如各地今后群起效尤，要不热闹才怪。

记者：她们明说已经“办了法律手续”，难道还有问题？

张：什么“法律手续”？比方说批个白条算不算？记者与诉讼有什么法律关系需要她们在履行职责时办“法律手续”？北京律协的代表到重庆调查李案情况，竟然未见到李庄，难道是缺少“法律手续”？不过对此也没有必要苛责记者，要害在于某些手握重权的官员，执法时太过随意，如此而已。

记者：请继续说完您的看法？

张:大报为获得“独家”美誉,也许无妨承受些“委屈”,但得有底线,万不能有损报纸声誉。

人们记得,报纸公布李庄向犯罪嫌疑人“面授五招‘翻身秘术’”之后,顷刻之间,律师惨遭围剿。可是,请想想:既是“秘术”,外人如何得知?特别是,对“五招”的具体情节,在在语焉不详,不见证据。看来这只能是专案人员的主观归纳与总结,如无旁证,怎敢轻信?一家大报,如此误导读者,犯下这样低级的错误,看来记者工作一旦与官员需求连了体,效果不会美妙,为得“独家”,痛失“独立”,其中教训,何其深刻!遥念小川*,心有戚戚。

记者:您认为应当怎样估量律师在“打黑”中的作用?

张:“打黑”,重点就是惩治犯罪。三十年来,在罪与罚这个特定领域,我们从理论到实践,从观念到制度,从程序到实体,从人员到组织,已经在大体上制定了一套合乎实用的法律制度和相应的法律规范。就中律师的作用无非是挖掘与依靠事实真相,探讨并遵循相关法律规范,有效地制约、抵消或者防范公权的滥用,极力维护当事人的法定权利。站在全局的高度审视问题,每一成功的辩护,无不体现法律的魅力,反映法律的公正与权威,证明着律师作为天然的人权主义者,已是民主与法治的坚实支柱。诚然,可以也应该指责律师尚有多少严重的瑕疵与不足,更无妨辩论《律师法》是否超前(见上述“核心调查”);但中国律师从整体上看,毕竟常怀奋力前行的志趣,葆有勃勃生机,坚毅地克服着前路的艰难险阻,成长为推进民主、实现法治的一支无可替代的力量。他们,不,我们这个集体,无愧于小草民,无愧于大时代!

张思之

二〇〇九年冬至夜　于北京

---

* 陈小川,时任中青报社长兼总编。

就邓玉娇案一审判决答记者问

记者：您对邓案的一审判决怎么看？

张思之：未见全文，只能就结论谈点儿想法。

事先，我曾设想，会有两个方案供有司选择，其中之一，就是判邓玉娇有罪，但免予刑事处罚。我以为，在现行政治体制和司法环境的制约下，尊重事实，按《刑法》第20条第3款的规定，断定邓的行为属正当防卫，宣告她无罪，没有可能。而从一个无罪的弱女子毕竟没有沦为冤囚这个角度考虑，一审所下的结论，应当说是可能达到的“最佳”结果。这也不失为司法的一个进步。

一审能做出这样的选择，愚以为出于高手点拨，来自高官指挥，我从中感到一些人的政治智慧在增长，在提高；只是没有看到独立审判的影子，心有戚戚。审理过程，急急草草，从侧面反映了我这个判断合乎情理。

记者：可否谈谈您对审理的具体看法？

张思之：总的来说，法官只顾“结论”和结局，少顾细节和“过程”。轻程序的旧思维依然发挥着主导作用。高一飞教授指出程序上有三个问题，讲得有点意思：一是说在双方争吵的休息室有罗某等三名服务员正在看电视的事实没有被强调。我理解，他指的是没有实施性犯罪的环境，这一点应强调。二是网友带鲜花去医院探望邓玉娇，不符合拘留的规定，显然违法。三是在旁听人员如何选择上，我国缺乏明确的法律规定。这些是学者的识见，不管是否言之成理，都有权自由发布，不拟评说。只是从实务的角度考察，审理中的程序问题，似有这

样几个失误,值得一提:

一、辩方在侦查阶段提出的物证,为什么不交付鉴定?庭审中为什么全然予以回避?

二、现场证人,按在场的时间次序有三到五个人,为什么不传唤作证?他们都是“梦幻城”的工作人员,应无出庭的困难。

三、黄德智在本案中,既是侵害者,也是证人,事件又由他的不法劣行而起,为什么不传唤他作证并由辩方质证?

四、梦幻城水疗区是不是卖淫场所,关涉到黄与邓的案中行为的目的性,这一点对审案不是不重要,为什么不传唤业主到庭作证?

五、鉴定结论大有可议之处,为什么不传唤鉴定人出庭作证做学理上的解说,并由辩方质疑?

这些问题,无不涉及实体公正,不应忽略,不应回避。

另有两个问题需要着重说明:一是我没旁听审理,如果这些“考察”不切实际,我愿重作考量。二是如果有人认为有的情况属于侦查问题,那为什么不“退回补充”?

记者:有几位刑法学者,认为邓玉娇的防卫超过了合理限度,他们确认判决正确,您怎么看这个非常重要的问题?

张思之:正当防卫是否过当,没有也不会有同一尺度或统一标准。应就具体案情,对具体情节,作具体分析,才会得出合理结论。不知道学者的论证是否达到了这三点“具体”?说心里话,我不敢赞同他们的结论,但我支持他们能就这样的“个案”进行论证,发表见解。这会使讨论更加深入,更理性化。意见对立总是常情,我会对学者的意见作认真细致的探究。

记者:能否概括一下邓案涉及的具体情节?

张思之:对邓案中与防卫相关的情节,试作这样的概括:在一个广为人知的色情场所,三条男子汉,先是有人硬性要求孤单弱女提供“性服务”,不干就“留人”,不准离去;而后有两人连续运用体力,施加强力,辅之以与性相关的侮辱性詈语和侮慢性举动;被侵害者孤立失援,虽有抗争,终不能站起,人身安全已失去最起码的保障;情急之中,果刀护身,在“推搡”的情态下,刀刺的力度必然陡增,不幸正中要害。总之,侵害与反抗两种行为形成的这些情节表明侵害确已十分严重。我讲“十分”,是针对案件所涉两方的力量对比及侵害行为的性质而设的尺度,堪称适当。

记者:有学者说,“邓贵大的行为的侵害性不是很严重”,这与您的观点不大相同。

张思之:意见分歧不足为怪,再复杂的问题都要允许质疑或者讨论。

你引的学者观点中,那个“很”字很耐寻味。我以为他可能是针对侵者死亡、护者无伤而设定的标尺,但忽略了面对此情此景此境,“严重”已经足够,还要怎样呢?法条中也没有“很”的要求嘛?

一个弱女子,直面强势,以一对三,身受迫害,心遭凌辱,自由已失,人格被侮,退路尽绝,被迫自卫。在这种状态下,是否只有侵害者不死,才够得上防卫适度,“正当”成立?对此真是不敢苟同。

记者:学者还有个观点,认为“侵害的不是重大的人身权利”,从而认定邓的防卫应属“过当”。

张思之:人身权,在邓案中涉及人身权、自由权、生命权、健康权。这些都属于不得剥夺不能侵害的人格权,有绝对性。因此从法律视角来看,学者观点中设定的“重大”,其实是一个模糊概念。试想,有哪个人身权利不是重大的呢?至于侵害程度的重轻之分,那是另一类问题,应另行探讨。

记者:那么,邓案当中有哪些细节,或者说黄与邓贵大的哪些行为,属于《刑法》第 20 条第 3 款所说的“严重危及人身安全的暴力犯罪”?

张思之:这个问题至关重要。我觉得,湖北两位同行会有充分的说明,可惜至今得不到辩护词。

我说点浅见。我认为,黄与邓贵大的动作,有共同性和连续性,构成一个整体。据之判断情况作出结论都不宜割裂衡量。如果一定要用单列的举止考察或讨论,我举出以下五点,你看是否足可说明问题。

一、什么是暴力？所谓暴力主要表现为强制力。以力“留”人，不准离去；一留再留，力强达制。强制属“暴”，夫复何疑？

二、推坐、推倒，不同在于客体所处位置和推的角度，力度则一。结果或倒或坐，总之是让人不能站立。用力之强，由此可见。

三、推搡。什么是“搡”？猛烈使力谓之“搡”。在本案中，或推中有搡，或边推边搡，总之是产生了被侵害者受制的非正常状态。其力强劲，无疑属“暴”。

四、把弱女子推倒之后，施暴者是不是中止暴行在静观事态演变？不是，侵犯并未中止，而且有加“力”之势。从邓贵大被刺中的部位主要在颈部、胸部，可以看出他一定有前冲动作，而且从他被刺中第一刀之后，竟然不能夺刀断拼，又连中几刀，说明双方距离贴近。反映出持刀人位在被刺者之下处于低姿，乱刺之际并未受阻挡。由此可见，侦查阶段曾有邓贵大“扑上去”之说，符合实际。总之，推搡之后的后续动作，明显属暴，无可置辩。这一层至关紧要，万不可因为法庭不审就断为虚无！

五、辱骂邓女：“当婊子还要立牌坊”，“你不就是要钱吗？”跟着高擎钞票照脸掮去。这恰恰表明施辱者要求对方实施性服务的卑劣目的，为此而实施的暴行当然危及邓女的人身安全而且达到了严重程度。

记者：有位学者认为：“现场还有几人，甚至还在看电视，强奸如何可能发生？”此疑是否有说服力？能否由此证明邓玉娇的行为防卫过当？

张思之：你引的这个意见可没有一点学究气。这是典型的强词夺理，情属偏袒。案中分明有第一现场、第二现场，邓玉娇被逼入第二现场，仍然没有免除“危急”。侵害者倘能得逞，再把她拖回第一现场，有何困难？须知，水疗区所在的现场，正是买春之地啊！……

记者：有学者提出，“邓案律师夏霖违反职业道德和职业纪律”，表现“不符合”律师形象，好像同你们在《致夏霖》中的意见相左，你现在怎样评价夏律师的那段工作？

张思之：鉴于根本不发生这样的问题，所以我不做评论。只是考虑到涉及对律师形象的指责，我认为有必要澄清。说夏霖的表现与律师冷静、坚定、理性、客观的形象不符，出自他的学长高一飞教授，我能理解。因为不能要求每一个学人都对律师工作有深入的了解。更何况他对律师形象的四点描绘还有某些合理性。但请容我斗胆直言，问题出在他有片面性。律师执业，冷静不能排除激情，坚定不可忽略进退有度，理性不应压抑悲愤，注重客观的同时要坚持独立的判断。律师工作是一种综合性艺术，会体现出律师的学术修养、专业水准、道德情操，还反映着律师的法律智慧和世界观。总之，客观上的要求甚高，几乎难能达到完美的境界。因此，任何对于律师工作的批评都应该受到欢迎。夏霖在邓案中的工作，虽在个别环节上显出情绪化，有急躁表现，分寸感稍显不足。但从整体上看，他的工作不辱使命，相当到位。特别是能在第一时间就抓牢对死者足以“致命”，对邓玉娇可以“免责”的关键性证据，难能可贵，功不可没。

记者：能说说对湖北二位律师的评价吗？

张思之：异地同行，知之甚少，不敢说三道四。但想表达这样的心情，他们在法庭上的表现，做到了实事求是，仗义执言，维护了弱势委托人的基本权利。考虑到邓案上下关注舆论时时严密监督的复杂状态，考虑到中国律师的现实处境与地位，达到这个地步很不容易。他们为律师整体争了光。真心希望有朝一日能读到他们的法庭辩词，我相信会使我增智慧能让我长志气。

记者：获悉判决结果，您最初的热切感受是什么？能否透露？

张思之：一句话就可总代表，就是那句发自我内心的口号：“互联网”万岁！作为律师，法律工作者，我衷心感激媒体对中国律师制度特别是法治进程的密切关注和不懈推动。其他的，尽在不言中了。

二〇〇九年六月十九日

就聂树斌案申诉初答记者问

记者：聂案真凶漏网，距今6年，河北高院似乎一直没有回应。请问新近有无进展？

答：没有进展。听过那篇“我是从来不下罪己诏”的诏书么？你看肉食者承认错误何其困难何等痛苦！待到不认不行了，也还得羞羞答答、曲曲折折地来个长长的过程，令尔等在苦忍之中受着煎熬。说什么“人命关天”，那是弱民的观点，庙堂之上的“肉食者”有几人真的这样看？

记者：您作为代理申诉的律师，能从法律上考虑采取什么步骤？

答：申诉还没进入程序，卷没看，证未查，能有什么考虑！

我只是强烈地感到：我们“法律共同体”，对于这样一件“死刑申诉”案，居然一拖就是两千二百天，实感“无颜（也无言）以对江东父老”。这是“共同体”的集体缺陷乃至羞辱。律师尽管无责，但毕竟无能。总不好只怨哪一家。其实问题本身并不复杂。凭着几家的法律智慧，从不同角度，通过交流，互济互补，不信得不到正确结论。关键在于忠实贯彻法律至上，情系大众。法院以实际案例维护住司法的威权与公信力，律师也会感到脸上有光的。

记者：你与河北法院有没有联系？

答：写过信。寄去委托手续，问何时可以阅卷。

记者：真凶王书金案结了没有？

答：判了。未结。王坚持他是聂案中的“真凶”。王杀人多起，判了死刑，但最高未核复。

记者:最高人民法院对聂案有什么说法没有?

答:2007 年 11 月 5 日,最高立案庭正式函告聂母张焕枝女士,说已要求河北高院处理,请她与该院直接联系。

我此前还曾致函主管刑案的一级大法官陈述意见,不料竟如石沉大海,石出无日。照目前状况,走正门似已不可能得到他们的意见。国情如是,如之奈何!

记者:聂家没与河北高院联系么?

答:她们跑过几十趟,接待人员从来不给哪怕半句的正面答复,老是一个腔调:"再等等!"说是"情况复杂"。如此这般,一推二拖,几达极致。我们见到聂母的泪水已经很多了。

记者:难道无能为力了?

答:并未绝望。总应尽力而为。最近我们又给主办法官写了封信,要求见面,希望她定下开庭时间。一开庭质证,问题就能弄清楚。如有证据证明聂树斌当年确实犯下"强奸、杀人"的罪行,驳回申诉理所当然。你不审,聂家当然有理由要求"还我儿子!""还他清白!"

记者:有回信么?

答:至今没有。再等等吧。

记者:您这封信能公开发表么?

答:律师为案子给法官写的信,不涉机密,没有隐私,只要你们认可,当然可以发表。

记者:发出已三周了。

答:不算长,再增添点耐心;或者,让律师多经几分磨炼也好!不过,欠账总是要还的,这对谁恐怕都一样。而今我对聂母就是这般心情。

张思之

二〇一〇年十一月二十一日

就聂树斌案致《南方周末》记者函

赵凌、林战两位记者：

读“错案平反”问题采访记，对河北聂树斌案仍旧关注如初，颇为感佩！另想说点意见，意在得到支持，如下：

一、即使没有真凶落网，聂案也应依法重审。

2007年8月2日，我代聂母写的申诉状中说：聂案判决不顾主要证据严重缺失歪曲真相妄加罪名，不能接受。

从整体上看，终审判决在认定事实上只有一句话，加上标点总共40个字，即：“经审理查明，原判决认定上诉人聂树斌故意杀人、强奸妇女的事实、情节正确，证据充分。”

按所谓证据充分之说纯属空话，并无内容，试看一份死刑判决，既无论据，更无论证，斥为草率，谅不为过。

至于一审认定的事实，要为：聂骑车尾随某女工，至村路中段，故意将女工别倒，拖至玉米地内，用拳猛击其头部面部，以致昏迷，将某强奸。而后用随身携带的花上衣猛勒其颈部，致窒息死亡。

剖析上述判定，有以下质疑：.

第一，勒死人的花上衣，现场勘查为何没有交代？

第二，用车别倒实施奸杀，应有两辆车留在现场，被告人怎么处置的，为何无说明？

第三，现场勘查，让被告辨认了哪些“提取物”，为何既不列举，又无例举？

第四，判词曾说被告埋了被害人的衣物，用的什么工具，哪里来的工具,怎么处理的?

第五,判词曾说聂的供述与现场勘查吻合,哪些供述,与现场的什么吻合,何不一一明示?

第六,如未做DNA鉴定,为什么?何不说明理由。

我决不怀疑,律师在阅卷之后会有更多的质疑。

关键在于进入重审程序。河北方面也的确抓紧了关键。

二、真凶问题,目前的要害在于河北方面自2005年就做了专题调查,当时政法委负责官员与高院人士异口同声,说一有结论,一定向全社会公布,信誓旦旦言犹在耳,而今八年过去,结论匿于何处?

如果结论足以证明原判正确聂树斌杀人有据,能拖八天(八年)么?

我认为,不论审查聂案还是王案,上述的调查报告都应入卷作为证据,以利质疑。

三、我坚持这样的观点:法院会有冤案,法官难免出错,古今雷同,鲜有例外。翻检审判史,河北错杀的案例哪一件没有深刻的教训!不过,发现错误改了就是纠正就好。人民通情达理,决不会因此而失去公信力!如若遮遮盖盖,硬抗软拖反易失却信赖,公信力将随之尽丢。此言逆耳,幸能明察。

四、我受托代理申诉后多次与河北高院联系,迄未置理。聂母不辞辛苦屡屡登堂请示,终不得要领。归来涕泪交流,问计律师,我无言作答,实无颜以对!作为法律人,难道我们只能这样地在搪塞中、推脱中"以民为本"?

五、我作为律师,在聂案申诉上,也属"技穷"一类!求助舆论谅我助我,冤民幸甚,法制幸甚。我们只求进入再审程序而后由合议庭判定,别无他图。就这,也不行么?

二〇一三年六月二十日北京

第六部分

就律师被“整肃”
致北京律师协会会长函

大进：

知您被选为协会会长，立马想到那句凡夫俗语：“您又进步了！”进步，无论大小，总是朝前走的意思，我因此时时都盼闻您行进中的脚步声。踏步虽或有声，但因其未“进”，不可能更上层楼，不该作数。对吗？

写信言事，非关友情，另有主旨在。

司法局8日《通告》，以钢遵命转来。结合听证情况研读再三，觉得“局”中官员走了一步“矢棋”。事涉协会工作，作为会员，理当力陈管见，期能获致“悔棋”的效果。

高智晟律师与晟智律师所，是两个不同的主体，各有其不同的“责权利”，在概念上不容相混。下面为行文方便，拟将《通告》指陈的事件略称为“高案”，谅能明察。

高案，实质上不像是法律问题。冰冻三尺，自非一日；或者有“诽”在腹。眼下正值“秋后”，临到该一吐为快的时刻了。于是生出处罚的决策，对象是“所”，而矛头刺“高”，有点乱了章法。

我无意对事涉律师个人的执业活动、执业风格，乃至对于处理本案的方式、方法发表见解。律师实务不易纯熟掌握、自如运作，是艺术；其中能见操持者的素质、品格、态度、风度乃至他的职业观和世界观，加之“人”的状况又不断处于运动之中，不免千变万化，妄作评判，难中肯綮,更何况褒贬之间见仁见智,我浅薄孤陋,岂敢冒失!《通告》屡屡指向个人,我的主旨却不在此。

道路传闻,协会对“高案”不拟表态,一切听由局里处理。这反映出你们的无奈,也合乎官场的行事规则,但细想终非上策。事关一个“所”即一组人的“生命”,而且的的确确涉及罚则的对错,8 日《通告》又要求大家“明辨是非”,作为协会,律师的“娘家”,怎么可以连“是非”观念都丢弃了呢?

为了“明辨”,先作案例分析——

据《通告》,高案涉及两个行为、两项问题:第一,住所地址改变,“未在规定时间内办理变更登记”(此段引文均见《通告》);第二,“为非本所执业律师出具律师事务所空白介绍信”,为其“违法执业提供便利”。《通告》据此下了断语,上述两个行为,经调查核实,认定为“违法”,且属“情节严重的情形”。

关于第一条,局里的分析判断至少有三点并不到位,因而没有说服力:一、所谓“规定时间内办理”,是多久呢?谁、哪项规章,规定了时限,以及在什么时间内“办理”到哪种程度才算有效?没有具体的时限规定,该以什么标尺衡量其中的对错?二、“办理”与“办妥”有别。前者讲的是过程,后者指的是结果。申请变更受阻未获允准,是“办理”过程中的表现形态,不能因尚无结果(未妥)而否定过程,消掉“办理”。晟智所几度申报变更,其行为、其目的恰恰符合“办理”的要求,可见合乎规定,与“违法”之断决不搭界。三、因有“申请变更”的事实,市、区司法局才明知该“所”已变更地址,这证明当事者绝无隐瞒不报的主观恶念,更无“危害结果”可言,从而不涉及“违法”,遑论“情节严重”!怎么连法理都不要了呢?

关于第二条,似乎存在五个问题——

一、没有证据证明晟智所给非本所律师开了“空白”介绍信。按照听证会上的质证情况,也无非是有人在已经开出的介绍信上,在“本所”律师名字前面添加了一位“非本所律师”,这与“空白”何干?

二、介绍信上添加的广东唐律师,是该案的代理律师之一。合作办案，不属“非法执业”，何须北京信函“提供方便”？

三、介绍信上的唐律师姓名，究竟是谁添加的，说法分歧，涉嫌一方要求“笔迹鉴定”，有什么理由断然否决？

四、即使《通告》中的说法成立，且经“核实”，那也只是办案律师的个人行为，他在会见时为了合乎手续临时添加了一个人名，有什么理由祸延全“所”，让该“所”担责？能这样株连吗？

问到这里，意犹未尽，还得补充一句，即——

五、律师制度重建已有四分之一世纪，在长达二十六年的时间里，司法部都没有能力统一全国的“律师会见制度”和相关手续，任由各地自行其“事”，情况严重到甚至一个城市里的不同看守所执行着互不相同的做法（广州恰是适例）。异地办案，不带“空白”介绍信，极可能寸步难行。对于如此不规范的现状，该谁负责？哪位高官能坦然承认这是他们办事不力误我律师？

还有，大进，您办了那么多的“异地”讼案，哪次不带上几张“空白”？为此是整肃您呢，还是“惩罚”你们“所”？

办事欠“公”，区分亲疏，在这方面，协会与市局的不同不知是不是五十步与百步？今夏，一家颇有点名气的事务所，居然容纳没有律师资格的前法院工作人员，用该所的名义接案，在该所办公处所收取报酬，后因“不办事”被当事人投诉，东窗事发，你们（即令是上届，您也是领导成员）也并不视为“情节严重”，仅止于轻柔地“通报”一下了结。而对于“高所”，于捕风捉影之后，竟出重拳，意图一击致命，相比之下，难道不能悟出“案外”别有文章？不然《通告》为何着重提及其他“往事”？

可是，这到底为了什么？粗心度之，当不会是醉翁之意，别寄闲情，而只能是对异己作“釜底抽薪”，请你熄火，安分一年，看看后效再作道理。说不定还能兼收“以儆效尤”之利，又一番“一石二鸟”，不亦快哉！

咦！如此这般地“管理”律师，令人有下一次轮到谁的“狐悲”之叹，是非既明，怎能沉默？

以上辨析如果说得过去,算是愚者之一得,聊供参考,是故绝不反对您详告司法局。世事复杂,官衙之内又各有一本难念的经。本届局座新任,情况生疏,处理事务,难免偏差,此在情理之中。倘在发现问题之后,立即纠偏,不对就改,何其光明磊落!"悔棋"之说,视之为戏言可也。

案例说完,再讲些与之相关的一些观点与见解,如下——

一、有人对高案作"法律分析",认为市局是"用一个违法规定,处罚一个违法的行为"。对此我想换个角度思考问题,表达两点想法:

第一,任何行业的规章,其作用和意义无不在于:让成员时有创新,工作得更好;促行业不断发展,使公民受益。即使是罚则的规定,也不宜脱离这个目的。因此绝不允许在行业中搞"不教而诛"。反之,坚持利用规章整人,而且硬是往"死"里搞,这不是专制就是极左,或者是二者杂交的低劣产品。它们引来的教训实在不少,没有理由任其绵绵不绝。

第二,任何行业的规章都会有相关制度的规定。史学大师告诉我们:一部人类的历史,一部文明史,就是制度演进史。这说明,任何制度,大者如前苏联的"无产阶级专政",小的如上面所说的"律师会见被告",在一定条件下都会显出弊端产生毛病,只是性质各异或者程度不同而已。是故需要改革,需要创新。中国律师制度何能例外?请容我也提段往事。当年《律师法》出台,全国律协召集座谈会,一片"万岁"声贯彻始终。我最后被点名发言,曾以此为结:"诸位且慢高兴,咱们掉泪的日子还在后头!"根据在哪里呢?正在它的主要内容不见创新,极少改革!数以百计的同行此后身披囚服蒙冤受辱,证明我的见解不是异端邪说。眼下正在修改《律师法》,协会在这件大事上应该争到更多的发言权、建议权,您理应代表律师大声疾呼,千万不能把它改成捆绑律师手脚的绳索,草绳也不可以!我坚持这个观点:没有站在一线从事实务饱有经验的有识之士的直接加入,《律师法》不大可能满足律师们的合理愿望和正当要求,系统地建立一套合乎时代精神的良好制度。

这点想法出格吗？过分吗？大进教我！

二、《律师法》颁布以后的这些年，律师执业环境日艰，律师受压挨整情况凸显，自我维权意识随之增强势在必然。面对这种情况，协会对于会员在执业中受人恣意欺侮的异常情事，不宜沉默。在这些问题上沉默不是金，是渣。诚然，律师不免有毛病，会有"辫子"，但得分清性质，辨明是非，万不可任人"剥权"犹保持沉默。八年以前，湖南岳阳市律师协会发了个(06)号文件，紧急通知全市律师：该市刘正清律师在担任辩护人的办案过程中，被检方"以所谓妨害证据罪非法拘捕已28天……经多次交涉，要求释放，没有结果。为维护法律的尊严和律师的人身权利、依法执业权利，保护律师自己免受不法侵害，市律协召开了第五次常务理事扩大会议，一致认为：鉴于我市目前不具备律师办理刑事案件的基本条件，律师人身权利得不到保障，会议决定全市律师自即日起停办所有刑事案件。现将有关事项通知如下：(共三项，略)以上通知，各律师事务所须认真遵照执行"。今天读来，依旧热血沸腾，激增豪情。这个《通知》1997年12月2日发出，那时我告别北京市律协不久，没敢忘记责问自己：这样的文件我写得出吗？那样的"常务理事会"我组织得起来吗？我有没有岳阳同道的胆识与气魄？敢不敢高唱一阕我们的《正气歌》？大进，如您所知，没有一条我做得出正面的回答。多年以来，我反复自责，我在北京律协近八年，实实在在没有建树，愧对全市同行。我的教训，可否作为您的前车之鉴？

岳阳《通知》的价值在于突出地体现出律师协会应有的独立精神。这是协会有无公信力的"试金石"。别以为一讲独立精神就是官场所谓的"闹独立性"。不是。她只是引导我们学会独立思考，会说自己的话而不带"奴"腔，别变成传声的"八哥"。岳阳做法移植北京是否会有恶果？会有！但我们没有其他出路，该下地狱，也只可义无反顾。写下历史名篇《岳阳楼记》的范文正公，还写有一篇小赋——《灵乌赋》，与《岳阳楼记》不同，其中不见"阴风怒号，浊浪排空"，"上下天光，一碧万顷"，"日星隐曜，山岳潜形"，"长烟一空，皓月千里"那般诗意，也没有"宠辱皆忘"、"先忧后乐"这样的哲理，然而他写下了

“宁鸣而死，不默而生”八个大字，这在极权主义横行、专制制度霸道的时代，是足能振聋发聩的！岳阳协会的同道们，是雄踞岳阳楼上“宁鸣而死”的豪杰，他们的自主精神是否应成为您的、我们大家的楷模？

三、随之而来的一个声音必定是：“要顾大局。”市局8日《通告》就贯穿着这个精神。千万不可以一闻大局之“顾”就感到深不可测，吓得缩了回去。我们总该问清楚，在此时、做此事、对此人，“大局”指的是什么？也会以“讲政治”作答。那好！对于律师、法律人来说，对于政治家而言，“依法办事”，不就是最大的政治吗？律师处理事务，“大局”就是依法律，就是凭良知，二者集中到一点上恰恰是最好、最好的政治。难道不对吗？我的朋友！

说不定您会为“组织性”所困扰。客观地说，这是个难题。关键在于如何解析“组织性与良心”的矛盾。这个矛盾以及其中包含的命题是林昭提出来的。大进，您太忙，也许顾不上读林昭。然而一定得读。这是一位伟大的北大才女。她为了坚守自己纯正、超前的信念，甘愿以死抗争，于1968年被她“爱得无与伦比”的党虐杀了，年仅36岁。此前在北大被“恶攻”为“右派”，在狱中尝遍酷刑，饱受折磨。在这种状态下，她却能以血代墨，留下了二十多万字的血书、血诗，坚守自己的理念。她在解决上述“矛盾”的过程中选定了“良心”，给我们留下一笔多么巨大、多么辉煌的精神财富！如果我们在维护法制的行进中只知“唯上”，甘充“组织”的驯顺工具，放弃良知，我们还怎么能树立起中国律师的独立的价值，又何能立于不败之地！败于讼事，尚可挽救；败于失“格”，怕就难救了。所以，让我们下定决心，先按“良心”办事、靠“良知”做个“人”吧。

四、协会当然不能光“护”会员而缺少要求。大家都知道“严要求”的意义重大、作用非凡，但落实又难。此刻有两点想法急着想说——

（一）目前，有些律师，有的律师所，在“定位”上似有不足。近来常见“文化定位”之议，从整体上看，条件似乎尚未成熟。要点是“价值定位”有缺失，而在这方面，协会与市局乃至司法部似乎都没有起到正确的引导作用。长期以来，考察律师工作，会情难自禁地把年收入多少万作为一个惹人心动的指标，有时评“几佳”（此举的弊端人所共知，危害甚大，该休息了！）也难免把“经济效益”立为重要标尺，于是有人跑偏，于是让人生出困惑：中国的律师到底是干什么的？大进，着力引导“挣大钱”，会成为我们整个队伍的悲剧。作为会长，能不三思？

（二）隐约感到，队伍中有“三躁”情绪滋长。浮躁、焦躁或狂躁，都让人耐不住寂寞，忍不了孤独，沉不下心气，大都无助于整体素质的提高。什么知识老化，行为失范，“管它娘”！我没有对此细作剖析的学力和能力，只是要说：或戒或纠，大有用武之地，本届协会何不予以关注使一把力？

五、结尾还得落到 8 日《通告》中关于媒体一节发出的指令。律师与媒体，这个问题看似单纯，实则颇具复杂性。我个人多年来从实践中形成几个观点：

（一）从监督（公权力）角度出发，律师与“媒体”似宜形成合力，在“大众监督”的汪洋大海里形成一股令人心悸的旋涡，极大地发挥出淹没“邪恶”的力量。配合的形式应因“事”而异，不求一律。但涉及具体讼案，不宜在未判之前，先付媒体炒作。

（二）律师有与“媒体”联系、结合的自由权利，不受限制。

（三）律师对媒体陈述情况、发表见解，应体现“职业”特点，不可出格。

（四）利用“媒体”自我炒作，借以“发展”（不想说得过重）属低级趣味，应加引导。

（五）“洋记”一般不了解我国情，又大都急于抢新闻，并无“战略”考量，于是经常弄巧成拙，帮“我”倒忙。至于有的采访类如“诱供”，非常可恶，只能敬而远之。好记者当然多，我曾与“法广”的古莉通过话，商量联络的方法与时机，给我的印象挺好。我的态度与办法都笨，并不可取。为了解决问题，您看可否在协会内部成立一个机构，以“集体”的名义与境外“媒体”加强联系？独立地！这个环节不可丢弃。这与借助“外力”施压于政府无关。我们的目标是把“事”干好，不关“媚外”，非为“施压”。想说句不中听的话：为官的有几个对外不“媚”？芸芸众生有什么必要对“外”去“媚”他一下呢？

越聊越远，临“表”（权作《陈情表》吧！）依依，有点不知所云了。然而其中绝无谎言虚语，谬误难免，愿会长执行“三宽”。近日上下都在纪念耀邦，没有他，“三宽”方针也是出不来的。该戴上“口罩”了。

愿君常“进”。或大或小，善自为之。

张思之

二〇〇五年十一月二十四日　北京

就邓玉娇案致函夏霖律师

夏霖律师：

联系困难，沟通不便，师友同道，十分挂念。

目前巴东情况令人担忧，考察你们前段工作，就我们所见，完全合法，无懈可击。信赖你的职业操守，不担心你的业务能力，只是牵挂你们的人身安全。

经反复商量，建议重点取得家属配合，了解更多案件情况。这是《刑事诉讼法》第 96 条第 2 款赋予律师的职责，你不必顾虑。

如有不适，请设法电告，我们将随时前往。凡诉讼，终有水落石出之日，眼下不必过于着急。

关注着你们，相信你们，等你们归来。

浦志强　张思之

二〇〇九年五月二十三日

就聂树斌案致河北高院王琪法官信

河北省高院审监庭,

王琪法官:

聂树斌"杀人、强奸"案,1995年4月21日经贵院判聂死刑,并核准执行。2005年1月,真凶王书金案发,详陈作案经过及相关情节,指认现场。对照聂案,情属冤杀。聂母申诉,请求重审,至今已近六年。

我于2005年11月20日接受委托,代理聂母就聂案提出的申诉事宜,必备法律手续已由本人所属律师事务所寄请高院审查。

鉴于河北政法委及相关法院人士一再通过媒体公开表明:已组成"调查组"查明聂、王二案真相,一有结论,立即向全社会公布。信誓旦旦,言犹在耳。我们尊重这样的声明,耐心等待,未发一言。事过两年,却不见"调查结论"出台,任聂母焦急,网民质疑,各地报刊,追问不绝。河北当局从此一改初衷,三缄其口,再无信息。聂母请求最高法院干预,几经周折,终得于2007年11月收到最高立案庭"5日通知",告知已根据"分级负责处理申诉案件的规定,函转河北省高级人民法院处理,请你与该院联系"。聂母收到即于11月21日将最高上述指令递呈贵庭。后经几度催询,始告知"由王琪法官承办"。我得此重要情况,当即致函阁下,略为——

"我已接受委托,代理申诉事宜。谨呈上我所属的律师事务所致贵院的正式通知,连同(聂母)张焕枝签署的正式委托书(复印件),请入卷备查。并请明示:我们何时可到贵庭查阅案卷材料,以及如何与你们配合工作,以免误时误事。"

同时细列了联系的方式方法,郑重表明:"静待指示!"

不料阁下竟然不予置理。形势严峻,我们依然恳请聂母耐心等待,"多给法官一些调查研究、细细考量的时间。万不能采取过急举措,陷法院于被动!"律师的心,坦率真诚,没有杂念。孰知一拖又是两年。聂母不辞辛苦,登堂请示,始终不得要领,归来涕泪交流,问计律师,我无言作答,实无颜以对!我们作为法律人,难道只能这样地在搪塞中、推脱中"以民为本"?

无奈之余,乃于今年4月8日上书阁下,并告知聂母增聘北京李会更律师与我一道工作,法律手续由他寄呈。全信不长,抄录于下备忘——

"王琪律师并聂案合议庭:1月2日,上书贵庭,陈明已接受聂树斌母亲张焕枝女士委托,代理聂案申诉再审,请求明示何时可到贵庭查阅案卷材料,以及如何与你们配合工作,以免误时误事。并郑重要求给予指示。不意27个月过去迄未得到你们的旨意;于情于礼,于法于理,无不令人困惑。是故再次申明上述请求,至盼明示,以利遵行。"最后标明"本件恳请附卷"。

至今1200天过去,阁下依然故我,相应不理;然而本人毕竟是中国律师,职责在身,权利法定,几经斟酌,不得不略陈具体意见,恭请审查,不周不敬之处,请予指出,极愿改正。

一、我有资格代理聂案申诉,手续齐备,贵庭从未表示异议。据此,你们对我一再提出的何时又如何履行职责的问题置之不理,既违规定,又悖情理。不知你们怎样理解与处理法官与律师的关系问题?最高法院就此做出的决策是不是不符合河北的实际?

二、聂案死刑判决,粗疏专横,除口供几无可信之证,即令没有真凶王书金案发,也不足以定罪,除非卷中另隐证据可证!但我在阅卷与质证之先,不持成见,不作结论。冒昧提及,旨在引起重视,表明再审确实必要。

三、法院会有冤案,法官难免出错,古今雷同,鲜有例外。翻检审判史，河北错杀的案例哪一件没有深刻教训！不过，发现错误改了就是，纠正就好，人民通情达理，绝不会因此而失去司法公信力！如若遮遮盖盖，硬抗软拖，反易失却信赖，公信力将随之尽丢。此言逆耳，幸能明察。

有关聂案的是非对错，前此我们从未对外发表见解，但内心十分清楚，政法委组织的调查，历时几年，不会没有结论。由此我想，原判实在难以维持，不然早就“驳回”申诉了，怎能久拖至今？可是我们作为律师，又有责任要求贵院遵照最高立案庭指令开庭重审，以明真相，以维诉权。此情幸能理解。

四、关键在于进入程序，定期开庭。久压不办，一拖二千二百天，既不垂念老农丧子之痛，又不满足其享有的诉讼权利；对待律师的请求则是相应不理，滥用权力至此，不无专横之嫌，司法的民主性势将荡然无存！但愿其中病灶不生法官身上，我对法律人的良知未丧残存信心。

五、为及时进入程序审理聂案申诉，拟请接待律师当面交流情况、交换观点，此实为有利无弊、有益无害之举措，至盼考量，并祈复示！

上述各节，李会更律师均表赞同，是故联署，特此说明。顺致

敬意

张思之　李会更

二〇一〇年十一月二日　北京

就吴英集资诈骗案函致最高法院

最高人民法院张军一级大法官：

辞岁声中，闻吴英一案二审急急终结：维持原判，上报死刑复核。但细读判词，见案有不妥。静夜思之，心情沉重。冒昧陈词，幸勿鄙视。

吴英集资诈骗一案，事发于集资。而问题在于：对于民间金融、地下金融所起的市场作用，认识分歧，意见不一；对集资诈骗罪的罪状描述，也随着对市场经济认识的深化而有变化。至于集资诈骗与民间借贷的分野，法律界则已取得两点共识，明确载入法律和相关司法解释。结合吴英案，略予申明——

一是使用诈骗的方法。集资诈骗罪脱胎于诈骗罪，故有诈骗罪的一切特征。查识别与判定集资项目是否诈骗，以两种特征最为客观：其一是集资的对象，其二是投资的去向。浙江省 2008 年出台的《当前办理集资类刑事案件适用法律若干问题会议纪要》就此所做的阐释极具典型性，明确规定："为生产经营所需，以承诺还本分红或者付息的方法，向固定的人员（一定范围内的人员如职工、亲友等）筹集资金，主要用于合法的生产经营活动，因经营亏损或者资金周转困难未能及时兑付本息引发纠纷的，应作为民间借贷纠纷处理。"以此衡量吴英案，其集资对象都是本地亲友及放贷人，并非社会不确定公众。查其资金去向，也大多流入当地实业领域，属合法经营范畴。换句话说，吴英未利用信息不对称，虚构投资项目诈骗债权人。其投资眼光或可质疑批驳，其经营手段和目的不仅合情且未违法。参照上述规定，至为明显。

二是具备非法占有的目的。集资诈骗犯罪的客体是公私财物所有权；在吴案中体现为债权人本金。也就是说，判断吴英是否具有“非法占有的目的”，应根据她的行为是否具有侵占债权人本金的恶意。许诺高额利息不能支付，属于诚信有亏，而非刑法上的入罪理由。至于吴英是否确有此恶意，未见全部证据，不敢轻下断语；但以常理度之，如有心设局诈骗，早会仿效国中巨贪，变卖资产卷款逃逸，岂能在当地留下大量资产？对此不难明察。

概括以上两点，吴案犯罪构成的主客观要件于法似均有未合，加之诸多债权人牵连案中，且对吴英鲜有指控，又有重要举报线索尚未追查，如从重对吴执行死刑，恐难服众。

理性地站在改革开放的高度考量吴英案中反映的矛盾，纵观金融市场呈现的复杂现实，解决之道在于开放市场，建立自由、合理的金融制度，断无依恃死刑维系金融垄断的道理。更何况杀人宜少应慎已成国策！少杀，是政策指向；慎杀，乃法律要求。“两可”（可杀可不杀者不杀）方针正是二者的集中体现，因而是理应逐案遵行的圭臬，至上的标尺。吴案留人刀下，应属入情入理。

毋庸讳言，此案的最终结果，将对数以千亿计的民间金融产生示范效应。面对金融市场日趋复杂的情势，如何判处，可能需要高度的法律智慧。最高人民法院《2011 年人民法院工作要点》将死刑复核程序的改革列为重要改革任务，十分正确。盖因这是死刑执行前查阙补漏、守护正义与公正的最后一关，诸多环节，唯此为大。倘能明辨慎思，力避失误，则法制幸甚；受其益者当绝非吴英个案，国家甚幸！

愚者之虑，或有一得；是否有当，恳请细酌。

张思之

二〇一二年一月二十五日

接轨吧，让大家生活得更有尊严些

——刑诉法三修刍议

法因时变，律依势改。刑诉法面对艰难转型矛盾丛生的社会现实，早已不合时宜，及时修改，确属必要。但记取立法与修法中的教训，又只有依据事物本身的发展规律，顺应时代潮流，有针对性地规范具体事项，或能最终营造一种良好的刑事诉讼秩序即程序合法合理。为了达到这个目标，与普世公认的相关国际公约接轨前行是个捷径。那是人类共同积累的智慧体现，与刑事诉讼相关的非法侦查、强制措施、刑讯逼供、证据采用、交叉询问、无罪推定、律师执业乃至死刑复核等等问题，大都得到了解决。巨人之肩已屹立面前，这绝非“那一套”小路数，何不登攀？何乐不为？

诚然，有学者提出应考虑国情，说不可以那边接上轨，这边脱了轨。讲得挺生动。可是，此“情”如不符合客观规律性，因“情”而生的种种矛盾怎样解决？此“情”如不能顺应时代潮流，您将会被冲向何方？姑且假定会有“万一”，脱轨之论成立，人们也一定会问：这是“轨”的病呢，还是离轨别去惨遭埋尸的“动车”之弊？

正是从国情出发，此番修法才应以“限公权、扩私权”为原则。前者，要使“公仆”各司其职，善尽其责，并严禁权力滥用；后者，则应使诉讼参与人的权利有充分保障，各享其权，备受其益。这是接轨齐驱的双轮，如何驾驭驶向法律正义，是艺术。

正是国情表明：“维权”在社会生活中已被置于突出的地位，中国律师群体已被历史地推向公民维权的最前沿。由于官员们往往把作为国策的“维稳”视为公民维权的对立面,眼下维权极其艰难,其中包含着唯“我”才有的莫名的风险。这种状况昭示一个浅显的道理,维权必须扩权,首先是扩展律师在刑事诉讼中的执业权利,其次是明定司法机关不得超越程序对律师实施“限权”,同时严禁行政部门私定或者暗定规则妨碍与阻挠律师依法履行职责,以利其充分发挥公民“护法使者”的作用,实现其历史使命,终成法治的基石与支柱。这也就在实际上从一个侧面帮助执政当局维了稳。难道不是吗?

无须否认,维权与维稳在实际运用上会有分歧,乃生矛盾,如何解决?专家、学者们多有高论,不过想来想去都不如孟夫子的十个字说得深刻,讲得透彻,即“民为贵,社稷次之,君为轻。”他老人家把这对矛盾中产生的关系论述得何其精妙,多么到位。“次之”一说,讲绝了,虽然乍听有点刺耳。

概括所议涉及的问题,归根结底,通俗地说,无非是促使“公仆”们把工作做得好些更好些,同时让公民生活得更有尊严一些从而达到“贵”的标准,最终通过实践赋予法律以魅力,让人信服。这是修法的出发点,也是归宿。

修订法律,千秋大业,何其神圣!如何使之日臻成熟,终能达到完美境界,庙堂诸公宜超越小团体小部门的视线或者说利益,付出高超智慧,博采众议之长,善自为之。

我为什么要陪王蒙喝“稀粥”

——腊八答客问

王蒙先因小说《坚硬的稀粥》得奖，后因有人从这碗粥中拨出弦外之音受辱，为此诉之于法院，邀我代理讼事。诉状递出，一时沸沸扬扬。道路传闻，不免失真。腊八故人小聚，论粥人情之常。询长问短，兼有对答。记其要点，公诸世人。或可借此以正视听。

客：今日腊八，粥味可佳？

答：我并不爱粥。抗日军兴，时在中学读书，生活艰难，伙食很差，每餐分得一碗稀粥。有改良家应时而出，用脸盆代饭碗，喝得不亦乐乎，招来胃炎。我就因此而经常避之了。

客：看你陪王蒙喝“坚粥”倒挺有兴致。

答：他的那碗“粥”，得喝。这并非因其味佳质“坚”。

客：是因出自王蒙这位名家亲邀？

答：作为律师，专爱办名人讼事，以此图名谋利，或竟以此为荣，都属低级趣味。我与王蒙，素昧平生。前不久，即在受理他的讼案之后，才读了些他的作品。《王蒙集》的首篇《布礼》，才华外溢，人品内蕴。他在当代小说史中的地位，会有公论。问题是，作家无端受辱，愤而诉请法律保护，作为律师，如袖手旁观，忍看被损害者失助，那实际上是支持损人者造成任意摆弄作家的气候，在作家中再造出一个“西湖虽好莫吟诗”的心态，这无疑是失职。你说，能不喝下？

客：既然如此，你在代理王蒙的讼案之后为什么一再谢绝记者的采访？

答：王蒙因《文艺报》和署名慎平者侵犯了他的名誉权提起诉讼，一度成为新闻热点，国内域外，竞相传播。我们历来反对诉讼在案结之先就发动舆论媒体去造成一种局面，影响审判；我们主张“法庭上见”。庭上会有唇枪舌剑，但总是平等地你来我往，谁有理，谁占东风。因此之故，我不想也不应在开庭以前就案件发表意见。这点儿心思，相信能得到谅解。

客：今天可以展开聊聊吧？

答：此一时，彼一时，现在案子已经终审裁定“不予受理”，当然可以谈了。不过很多地方已有报道，要我从何谈起？

客：法庭裁定“不受理”，可否由此得出结论，王蒙的起诉根本就没有法律依据？

答：得不出那样的结论。很多人可能不清楚或者忘记了，最高人民法院 1970 年 7 月发布了《关于人民法院审理名誉权纠纷案件若干问题的意见（修改稿）》。其第 14 条第 1 款明定：“以书面、口头形式公然贬低他人人格的侮辱行为或者捏造、散布有损他人名誉事实的诽谤行为，均被认定为侵害他人名誉权。”同条第 3 款，还有第 15 条第 3 款，分别规定：广告、新闻报道失实，或者文章内容失实，从而“损害他人名誉，造成不良后果的，应认定为侵害他人名誉权。”这是具有法律效力的司法解释，也正是王蒙指控被告人侵犯其名誉权的主要依据。

客：实践中有先例可资借鉴吗？

答：在司法实践中，总得有人去创或总会有事被立为第一例。现实情况是：不少地方的法院已经有了各自的首例。不妨介绍一个轰动一时的案例：记者敬永祥，在新华社的内部刊物上发表了《对海灯法师武功提出不同看法》。海灯的养子、弟子范应莲认为敬的“看法”侵犯了法师的名誉权，向成都市中级人民法院提起诉讼，业经受理在案。范指控的内容共五点，都不及慎平“来信”中对王蒙的无端指责为严重。这两起诉讼有个共同点，即原告人认为被告人或是通过否定武功，或是通过否定作品，侵犯了当事者的名誉权。可你看，法院对同类案件的“立案标准”竟然完全不同,这有悖于法制统一原则大概无须多说。在我看来,没有任何根据、任何理由来断定成都中院的做法在程序上是不正确的。

客:不管怎么说,法院没受理王蒙的起诉,这是否意味着原告在这场官司中“败诉”了?

答:我没体验到您说的味道。

无妨谈谈我的看法。所谓“诉”即控告或者请求。王蒙作为原告,他请求的核心内容是:确认被告人的行为究竟是带有诽谤的故意因而侵犯了原告的名誉权,还是什么正常的批评或者争鸣?现在法院断了,“属正常的不同观点争鸣”。姑且不论是否断得在理,这一断,无疑是在实质上确认了原告的请求权,并在实体上进行了审查,难道不是吗?

客:你并没有从正面说明“败诉”问题。

答:两个要点:一个是,法院虽在实质上作了实体性的审查,但并未按照法定的程序进行审理;另一个是,法院裁定并没有从正面断定被告人的行为中不存在诽谤问题——用诽谤言辞进行所谓观点“争鸣”的实例还用多说吗?从这个意义上看问题,对原告人王蒙来说,又何败之有?

客:法院裁定明明讲的是“正常的不同观点争鸣”,这怎么理解?

答:如此穷追,只好直言:所谓“正常的”,在这里显然是个模糊概念,而用模糊的词语断案很难达到准确又不言而喻。

客:看来你对法院的裁定也有自己的见解,能不能发挥一下,深入谈谈?

答:依我之见,认定被告人的行为属于“不同观点争鸣”,怕是没断到点子上。不同观点争鸣,按照中央的方针和对这一方针的界定,是指就科学问题、文艺作品在学术观点上的自由讨论、互相争辩。可你看,《文艺报》编发的慎平“来信”,哪里有科学观点?哪容人自由讨论?他们用了那么吓人的政治绳索编织着文网,把一个作家往“法网”里送(请原谅我不作词义辨析),这怎么能说是“不同观点争鸣”呢?

再发挥一句会使问题更加清楚:学术争鸣与文艺批评或有联系,但毕竟是两个概念、两种方法,不可等同,不能混淆。

总而言之,法院摆出的“不予受理”王蒙起诉的理由,经不起推敲,加之于法无据,所以实在没有说服力。

客:可否认为慎平来信属于文艺批评?

答:文艺批评有自己的规律和规矩,这一层,应留待文艺批评家们讨论。在回答你的“可否”之前,我想先说一句:那些刻有辱人、害人烙印的封建主义沉渣,在一些迷人的、正确的口号声中不时泛起,曾经使我们知识界乃至整个民族经受了多么巨大的灾难,倒恰如慎平的断言——“记忆犹新”,现在哪能再上当!研究慎平那信,不难看出行文严密,在给人罗织罪状,而其方法则是:先凭空刮来一个“政治气候”,再从人家的作品中搜寻“寓意”,跟着就顺“意”制帽,铆上再说:罪名宣告成立。这一回据慎平考证,王蒙的《粥》文发表于1989年年初,“大家还记忆犹新”的、有人鼓吹“改变公有制秩序”、有人鼓噪“老当家可以退休了”的那个特写的“政治气候”中,据说这篇“也恰恰是写改革的”小说,“寓意”意在告诉人们“这种改革也根本不值得去关心”。果真如是,岂非“违宪”?岂非“反党”?于是罪名铁定,板上钉钉!这当然足以使大文豪、大哲人龚自珍“避席畏闻”,哪里是什么文艺批评!

王蒙毕竟不同于龚自珍,他们分属各自的时代。他未避,也不畏。他很清楚,上面说的慎平方法只不过是承袭了《评新编历史剧〈海瑞罢官〉》的手法,没什么新鲜的,技止此矣!请想想,现在有谁还把那篇为“文革”呼风唤雨、不惜变作家成冤魂之“评”视为文艺批评?

客:可是法院裁定已是终审,能补救吗?

答:王蒙决意依据审判监督程序提起申诉。我将陪他把这碗粥喝到底。他的决心下得正确。我以为,中国作家明确无误地运用法律维护自己的尊严、名誉及其他权益,是法律意识提高的表现。有人说这是“勇敢”,我看首先是大智。作家法律意识的提高,反映着民族的觉醒。我们伟大的人民，历经盛世、浩劫、复苏、振兴，正在学会选择合于时代、合乎国情的武器，去创造那生动活泼、朝气勃发的理想的政治局面，法律可是个宝，怎么能把它拒之千里以外呢？

答后附记

“答”未问世，吴祖光先生因写《高档次事业需要高素质职工》对国贸中心有所批评，被诉诸公堂。报载：受理法院的副院长明确答复记者：“确实已经立案，但是否构成侵权，目前法院尚在调查中。”这回是真的立了。好！此“立”不由人不生出联想，援此案例，王蒙状告《文艺报》被驳回不予立案，如依审判监督程序提出申诉，没准还有“戏”，说不定能沾点国贸的光！至于问题的是非曲直，也来番调查就清楚了。不过冷静一想，“要改也难”。可能还是吴祖光看得比较准，有人办事恰如北方老太吃冬柿，那得专找软的捏。你王蒙把稀粥弄成“坚硬的”，也无济于事。可是，作为律师，在法定的范围内，负有“扶软、济弱”的职责，谁说不是？

一九九三年“三八”节前夕　北京

第七部分

纯美的斗士，不朽的辩才

——序《世界上最伟大的律师丹诺辩护实录》

他走了。

芝加哥63街殡仪馆一连48小时敞开着大门，人群从四面八方涌进，向他们心目中永恒的斗士诀别。

葬礼在芝加哥大学的“庞德教堂”举行。大雨滂沱，天人同泣。全城人流，向教堂集中，“很多人无法挤进去，只好站在外面，在雨中聆听葬礼”，（引文见本书，以下未注明出处者，同此）同时用着各自的方式为驾鹤甫去的英灵祈祷。

律师们纷至沓来，奉献其永远的祝福，送别这位“赋予这个行业全新意义”的辩才。此时，整整172年之后的此刻，我也不禁神往心驰。

天下何人不识君？克劳伦斯·丹诺！

欧文·斯通先生通过二张①译笔再创出版的这本“辩护实录”，让我们读懂了丹诺，前无先贤的美国律师。

全书以丹诺律师力挺弱者维权为纲，写尽他的信念、理想，反映出当年的美国法制概况；又以其生活轨迹及其间的矛盾斗争为主线，刻画出传主的七情六欲、喜怒哀乐，传达出了那个时代的美利坚社会风貌。译笔流畅，平添趣味。

---

① 即本书二位译者略称，有亲近意，非不敬之称谓。

传主是位一生“把自己的一切，包括身体、思想、灵魂，都倾注于（个案的）审判之中”的人。您看：他可以全然不顾病重命危，力排医生忠告、家人劝阻，毅然长途跋涉，千里历险，（那年头可没有而今的便捷舒适条件！）坚持办理疑难重重的“史蒂夫·亚当斯谋杀”案。面请暂缓开庭被否，公权强横，如之奈何？于是坐上轮椅，发表至为精到的长篇辩词，庭上一派赞叹！[②] 事后他说，这种责任感只能律师有，只有他的“委托人可以理解”。不！请允许我对他说一次“不”，一个把生命投入事业的人，必然赢得人心，能无功成？

他的思想经常处于流动状态，宛如碧波奔海。即使是简单的事实，轻微的细节，他都会作深沉的怀疑，反复思考，充满智慧，让讼案化险为夷。

他长于“把乱糟糟的法律整理清楚”，“注入人性成分”，达到体现社会正义的目标，使法律于权威之外添加促人心悦诚服的魅力，人的行为由是可能自觉纳入法治轨道。

诚然，他作为实务大家思考问题必定会立足现实，但他自有与众不同处。他的思维不会受个案是非一例得失的局限，而是更多地着眼于未来，关注着全局——这个世界的将来！他不遗余力地去揭示那产生犯罪或者破坏人权的根源，追问人们的灵魂，启发大众互相宽容，学会仁慈；他“对生命和公正的呼唤是那样的激情四射”，“他在为全人类的命运呐喊”，矢志涤荡一切形式的暴力。他为“赫伍德杀人”案发表的长达十一小时的法庭辩词，得到了“无罪”裁决，“表现出了无与伦比的伟大”。

他的感情炽热，历经锤炼，终成“一片永不熄灭的火”，[③]温暖着冷酷现实。他对弱者的帮助大都基于一种神圣的感情：“出于爱。”而这，可不是一般律师能够轻易达到的境界：西方如此，东方亦如是！然而恰恰是由此出发，我们的大师终能把律师实务从技巧层面提升为艺

---

② 此处所写，参见《丹诺自传》，王炳译。

③ 语出剧作家曹禺。

术，一朵含露带刺的玫瑰！

他也有困惑。初创阶段的坎坷，执业之中的特工骚扰，全球一体，不必细说。问题在于主观条件。恰如作者所示，“他是一个清醒的矛盾统一体”：“多情善感的愤世嫉俗；轻信的怀疑主义；快乐的悲观主义；谦逊的自我中心主义；充满希望的失败主义”。令人赞赏庆幸的是：他最终总能把一时的软弱、烦忧与不变的理性、坚定交织一起，并使后者占据上风，驱散困惑。勤奋读书在这里发挥着重要作用。他有一句名言：“无情源于无知。”因此“凡是好书几乎都愿涉猎”；④只要需要，几乎无所不学：历史学，哲学，心理学，社会学，生物学，解剖学，宗教学，考古学……都在他的阅读范围之内。“所有这些学科对我在法庭上的辩护都有帮助。”⑤也曾一度不喜欢阅读政治学和经济学，一旦意识到这是重大的失误，就“很快弥补了这方面的缺陷”。他的演说滔滔不绝，动人心魄；源于博学，绝非偶然。

他作为极负盛名的律师，在繁忙中仍能事必躬亲，分身有术，这或许得力于讲究工作方法。实务与方法，宛如骨肉，浑然一体。在极其棘手的讼事面前，他善于恰当地分配时间，在不同的时间段里，周密地安排好相宜的工作，从容不迫，这大约是重要原因。

关键在于勤于调查，广搜证据。他认为材料比立论更重要。读到他在这方面所下的功夫和所持的功力，念及中国刑辩现实，能不兴叹！在律师调查这个环节上，我们居然落后将近二百年，不知何时能奋起直追？

他坚持真理，忠于真相；又敢于妥协，处事有“度”：行其所当行，言其所应言，止其所不得不止；⑥绝不事事都一泻千里，不留余地。

感谢译者命先睹全书，得到如上启示；倍觉亲切，尚有感悟：他不

---

④ 引自《丹诺自传》，第177页。

⑤ 引自《丹诺自传》，第176页。

⑥ 此处所引，抄自苏东坡：《文说》，原文是：“所可知者，常行于所当行，常止于不可不止。”

是哲学家,案案渗透哲思;不是诗人,处处流淌诗情;不是政治家,却事事都凸显着原则性立场。他不是一代完人,但始终屹立于时代前沿,倚仗正义,为弱者维权,呼唤真理,为生民立命:是一个真正的律师!时人献给他的桂冠是"劳工律师",与他们国家第16届总统林肯的"贫民律师"相仿,与所谓"富豪律师"相距应有十万八千里之遥!凡有劳工处,就有其身影。"为劳工辩护是他毕生最喜爱的事业。"

他没有离去,依旧呐喊着,抗争着:立言,立德,立功,于是永立而不朽!

张思之

二○一○年五月二十一日夜　北京

《新格斗》序

历史证明:强权一旦包庇邪恶,合污同流,轻则殃民,重必祸国。我们这方面的教训之深何尝不是史无前例。这本《新格斗》以它鲜活生动的实例,从一个新的角度反映了、阐发了这种教训的内涵,具有不可低估的价值。

作者戴煌,谊兼师友。每次读他的文章总会想到《灵鸟赋》中的警句:“宁鸣而死,不默而生。”千年以来,范文正公传给后人的鸣默之择鞭策与激励了多少仁人志士!然而尽人皆知,在当代中国,这种选择千真万确是会以死生为代价的。戴煌因常“鸣”饮誉四海,也为此一生九死。

生命的存在都有自己的格局与形式。纵观戴煌的生命轨迹,朝晖晚霞,“呐喊”一词应是较为精当的概括。他口诛神化,笔伐特权;为民请命,为冤辩诬;为党分忧,为国排难;几十年从不稍懈地涉水跋山,不平则鸣,满腔豪情,正气浑成:一尊民族脊梁光照当代的夺目形象。这些言之虽易,行之何难!四十二年前能在神龛之前挺胸道“不”,雄立唱“否”,需要何种胆识?又是何等气概?即在今日,几人能够?!他是记者,党的“喉舌”,发出不能搞“神化与特权”的雄鸡一唱,宛如惊蛰春雷。然而楼高独倚,谁与之共!偶有谏者,或流或斩,即或哀鸣,也网入另册。从此千里秋风,寒蝉沉响,百花凋零,万马不嘶。他本人饱尝非人煎熬,强忍无边凌辱,子散妻离,服刑投荒;坠入社会底层,常年在饥饿线上苦撑。正值壮年,已是华发苍颜,瘦骨临风,然而童心不泯,初衷不改。“不能只为一己活在世上,有话还是应该说”;

(引见《九死一生》,第187页)纵鸣声凄咽,胜于沉默。端的是一个铁骨铮铮的硬汉,一副“蒸不烂,捶不扁,炒不爆,响当当一粒铜豌豆”的傲岸形象。感激十一届三中全会,“派曾右”(启功先生句)终成陈迹,戴煌处境新变,却故态依旧:不趋炎附势,不投合时风,悲天悯人,一如既往,为维护弱者、冤者的自由权利,为伸张法律的尊严正义,进行了一次次艰苦卓绝的格斗;依然是一片丹心,满身风露。而这番新格斗实质上是对“两个凡是”思潮的一次短兵相接,体现出他“一生长为国家忧”的赤子情怀。

在这场新格斗中,河北王国藩扮演着奇特的角色,王国藩是个社会现象。以“王国藩”命名的农业合作社拉开了一个历史事件的序幕。同山西的那位“大叔”相仿,他也曾以“劳模”名世,生命中闪现过亮点。然而可悲的是,他们都没有力量消除或者哪怕是掩盖自己本性中的暗点,缺乏“譬如昨日死”的勇气,却抱着“实在昨日无”的谎言幻影,恃上赐特权,干出了比其历史劣迹更为卑鄙的恶行。诚然,人性的弱点、暗点有的无损于伟人人格的伟大,此种事例,不绝于书。可是,那些暗点、污点又万万不可越过道德良心的界限,不能触犯法律规范。须知每个人的历史都是社会群体历史的组成部分,因而决不允许对某一“个体”任意地乔装打扮。以《新格斗》涉及的王国藩而论,姑且勿论他在历史上有多少污点,他以合作社领路人的身份蜕化为腐化分子,那卑劣凶狠的可耻面貌,与人民心中崇高、伟大、优美的劳模精神,完全是格格不入的两类形象,谁都无力把它们合而为一。倘若当事者本人想借助诉讼手段达到这一点,必然会自取其辱。谓予不信,请看《新格斗》附录的件件铁证。

《新格斗》中的殷大龙是文学现象。我虽不谙文学创作,却也略微有点文学常识,姑斗胆浅陈拙见,以为作品行世,似无妨准许“对号入座”;试想如无人对号或竟都对不上号,是否说明作品远离现实尚不能发挥其干预生活的应有作用?至于对号以后产生何种联想,得出什么结论,那是“对号者”的事情,也允许见仁见智,却统统与创作典型形象的作家无关。历史剧《蔡文姬》的作者说:“蔡文姬就是我——

是照着我写的。”(引见作者的《蔡文姬》序)您看,号对得明白无误,欣然入了座。这充分说明:对号又绝不是画等号。有人硬要与小说人物殷大龙对号,我以为是他的自由,即使甘画等号也是一己之私,与创造殷大龙这一文学典型的古鉴兹无干!为繁荣创作计,不知可否将这一条立为规则定成规矩,也省得一些人寻隙兴讼无事生非。现实的情况是,一有人跳出来“对号”,就有人站起来断言作家有责,甚至不惜运用司法权力!长此以往,援引为例,谁还敢集生活原型,按文学创作的规律、规则与手法,去塑造发人深省震撼心灵的艺术典型?如不改弦易辙,势将把文学艺术作品扼杀在摇篮里。这显然于法理不通,于情理难容,多少正直的艺术大家为此发出了强烈呼声,是不宜充耳不闻的。

《新格斗》的意义还不止于阐述了诸如此类的文学常识,值得注意的是,作者运用大量的资料为我们展现出一幅现实社会生活的图景:一位当年经伟大领袖亲树的先进典型,居然把一部小说中的人物形象化为自己的身影,以此为契机,凭借司法权力掀起了一股“两个凡是”的复辟逆流,人民的法庭于是演成这场格斗的主战场。如此动魄惊心的画面,又令人惊诧莫名。

法律体现着或者包含了公正。治国需要公正的法律;人民需要法律的公正。司法机关的决定如果失去了公正,即令是终审判决,作用也不免等于零,有的甚至会产生负面作用。有些同志至今不理解,不公正的裁决,冤假错案,是社会不能稳定的一个极为重要的因素,这是让人不安的!

《新格斗》揭示了一场很不公正的审判。它突出地表现在:对创作典型形象的作家,实行“欲加之罪”;对“对号入座”的现实人物,却花样翻新,来了个“欲减之罪”。尽管二者都不正确,但在这一“加”一“减”之中,正好显露出“欲”中的不公正。查其缘由,盖出于合议庭外有力量支配诉讼的结局和判决的内容,执法人员不得不屈从于幕后压力,丧失了独立与自律,丢掉了公正。书后附录的判词之所以缺乏说服力,甚至不能自圆其说,根源在此。

这里不拟对附录的两份判词做出辨析。忍不住要说的是:即使认为王国藩提出的“对号入座”成立，即使认定殷大龙等于王国藩，又如何？这里借用鲁迅先生妙论作答——

“假如指着一个人，说是：这是婊子！如果她是良家，那就是谩骂；倘若她实实在在是作卖肉生涯的。就并不是谩骂，则是说了真实。”

既属真实，言之何辜?！我无意指谁是婊子，也绝不会去给什么人立牌坊，只是想表明：王国藩于得意不久迅即忘形，劣迹恶行，斑斑至于累累，情节严重，影响恶劣，给我们的党，给党选拔劳模的制度大大地抹了黑。殷大龙何能与之匹敌！古鉴兹的小说有哪一点哪一处败坏了他的名誉？金桂珠律师的法庭辩词相当精彩，直截了当：“如果一审判决书写的殷大龙那些劣迹，王国藩根本就没有，那（殷大龙）就根本与王国藩无关；根本谈不上是否侵犯王国藩的权；如果殷大龙干的那些丑事坏事，王国藩也沾边，那就更谈不上侵了他的权。”似乎还可以再加上一句：如果硬要认定败坏了他的名誉，这将置党的四级组织给他的严重问题所作的正式结论于何地？

归总来说，这场新格斗中包含的故事，关乎文学，涉及法律，涵盖众多人物，在一段时间里很有新闻性，更有其易被忽略的政治意义和史料价值。《新格斗》是作者对这场真理与强权激战的郑重思考和忠实记录。

作为实录，全书反映出戴煌作为记者的才识；稍感不足的是，这种体裁之作，难以透出他的文学功底与艺术才能，倘能据此编成影视作品，不仅会补上不足，而且一定更有哲思，更富诗意！

有人对戴煌的反思之作颇有微词，作“反思的反思”。言论有自由，褒贬自有春秋。统观戴煌文字，只求明道，不计其功，笔下有德，纸上含情，而且往往发挥得淋漓尽致，读之如闻海上涛声，心向往之，不能自已。读者诸君，幸有同感。是为序。

张思之

一九九九年二月二十二日　北京

分明非梦亦非烟

——序《黑夜与白天》

邓拓这句诗里,饱含他对二十年"笔走龙蛇"生涯的绵绵深情,我于其独特的苍凉、无奈中感到了真真切切的自信。似乎每个忠诚的记者、编辑、报人,都能从中吸取自己所需的养分。

这本集子的作者,是个带着地图昼夜兼程采访人生足迹的年轻旅人。他没有青年萧乾那样的机遇,能在旅途中睹满天火光,听动地炮声,嗅呛人硝烟,写出纷飞战火中的《矛盾交响曲》和战后的《南德的暮秋》。我也无意将邓拓的光辉一生,与之相比。他另有战地,也懂得所负使命,于是在不断的奋进中留下痕迹,片片段段,滴滴点点,组成自己的交响乐章。

他足涉大山名川,采访达官闻人。可贵之处却在常能眼睛向下,深入社会基层,关注芸芸众生。他在游程中不同那些"望天鱼"为伍,是值得称颂的品格,是一个优秀记者取得成功的先决条件。

请读读那篇"第一个殉职法庭的女律师"。作者以"心香一瓣吊忠贞"(邓拓挽黄敬)的虔诚,为我们留下了一个动人心魄的鲜活的形象,推动着中国律师跃上历史舞台。女律师黄惠莲的业绩也许不如往昔文艺作品中的施洋那般悲壮,而桂明却扎扎实实地向世人展示出了他的真诚与刚直。以济弱扶困为己任的当代中国律师,眼下不正需要这份真诚与刚直吗?黄惠莲不是天边的一抹彩虹,她宛如走出茫茫黑夜的漫天朝晖,霞光万丈,射出浩渺的希望。秋瑾有诗说:"吾侪得此添生色,始信英雄亦有雌。"我虽时感落日迟暮,也不禁生出几许豪情，相信她必能激励着那些因维护司法公正而暂蒙屈辱的狱中战友！“莫怨风尘多扰攘，死生继往即开来。”（邓拓祭司马军城）我们应无所怨尤。既然选定了这条护法的路，首肯了以法治国的方略，就只能冒险犯难，迈步疾行，义无反顾，死而后已。这是桂明笔下的黄惠莲给我们的教育和启示。

世无全才，桂明自不例外。可是他作为法制记者、编辑，直到作为总编主持《中国律师》的笔政，无论采编、策划，或是经营、发行，却的的确确无一不强。他在这些领域里创出的业绩，我自愧不如。书中编入的文字，也仅能体现他的心路历程，绝非他辛勤耕耘、艰苦创业的全部成果。

诚然，这里没有鸿篇巨制。但那字里行间跃动的闪光，却能映照出特定历史条件下中国律师这个群体的业务实践和社会生活，预示着前程的澄澈光明。他会抓“焦点”，又善于“透视”。看他通过诸如“中国的廉政风暴”这样的焦点问题，透过“发生在江西省人大会议上的怪事”之类的典型事例，让人触到肌体上鲜血淋淋的伤口，仅此一端已弥足珍贵。“一切文字，我爱血书者。”尼采此说，颇有深意。更何况桂明还要透视那血染事务的本质，进而说明即使有了较好的生存条件，也绝不等于自然会有健康丰富的高尚生活，由是呼吁积极疗救，要求对产生“伤口”的每个环节都实施有效的监督。舆论监督，众人爱之，有人厌之。厌之者多为染有帝王思想的七品芝麻，封建余孽。我们之所以甚爱不移，无非是因为它千真万确地起着保护众生、稳定大局、推动社会进步的无可替代的作用。桂明用实例说明了监督与稳定的这种关系，证明了那种实施监督会碍于稳定的观点不符合实际，极其有害。鄙以为这是书中精华，似不宜等闲视之。

请勿以“成熟”之论对作者求全责备。成熟，对谁都是个过程，本书作者以他永不懈怠的创造性劳作，记可传之人，叙感人之事，抒大众之情，一环一节，为自己“生命链”的圆满形成奠定了基础；目前犹在“过程”中运动，远未到达他生命辉煌的顶点。不过我又情难自抑地生出了一个想法：贝多芬在三十三岁时完成了他那不朽的“英雄交响曲”,恰为桂明今日的年龄段。我与桂明结交十五年,友归忘年,情属忘形,兼有同道之谊,更知道他笃行、勤读、多思,又能取人之长,常年一贯,我有理由期待,这位风华正茂的法制旅人,会在他深沉的忧思中,献给世人一曲维护法治清明、司法公正的“正气歌”。也许我们更有理由期待,这位《中国律师》的总编,将迎着新世纪的朝阳,穿过对命运的坚韧抗争,通过不懈的追求,为我们谱写出中国律师的“英雄交响曲”,即使是付出全部心血!

“黑夜—白天”,有幸先睹,桂明嘱序,谨以心感与心得报命。

张思之

一九九九年九月九日　北京

茅店外，星光灿烂，一片辉煌

——序陈惠忠律师《旧时茅店》

作者是一位业就功成的成熟律师。

他从东南小村苦难重重的茅店走来。少年牧鸭，群雏喧闹，鸣如白杨经风；无玉笛飞声，有书香飘溢：多少童心童梦萦怀？

他行进在艰辛的执业途中。件件讼案，篇篇辩词，察非明是，争权维利，感慨感悟，或得或失：多少可歌往事堪数？

他由穷困家园写起，记半生心路历程。仰望长空，俯视大地；铭记使命，伸张正义；敢为玉碎，宁鸣不默；事有所思，诗抒胸臆：多少可诉思绪缠绕？

他关怀人生，关注人权，理解人情，剖析人性；常年思考，心有伤痕：他想回家。茅店是他日日眷恋的故乡。

天涯游子，谁无家园之思，谁无故乡之恋？骤失家园，谁无痛彻五内的眷顾？谁无振作精神明朝重建的热盼？然而白居易说："心泰身宁是归处，故乡可独在长安？"可是，辛弃疾说："人间别有行路难。"探查作者心曲，似与两家的意念都通；他"切望为理念和良知寻找归宿"，他为求得心泰而在"寻找一种精神支柱"。（以下引文，凡未指明，都出自本书）为此而静夜仰望星空，默默叩问良知。

星空，无数世纪之上，"无限时间"；万千光年难至，"无际无涯"：无限的空间，永恒的年华。多么壮丽，何其圣洁！难怪康德宣称，星空是他"哲学思想的源泉"。难怪费尔巴哈说：天空"使人想起使命"。

信哉斯言！诚哉斯言！我以为，感到星空壮丽的人，能产生美好前进的思想；我相信，悟及星空圣洁的人，会常有奋斗抗争的激情，永葆崇高的使命。

作者仰望夜空，“扩张……想象”；叩问星辰，“启迪……遐思”，感悟长空星辰因有“群的理念，群的力量”，人类的“想象”、“遐思”始有源泉，于是“孕育了古往今来的至圣先贤”，让“自由、真理与正义”常留人间。他把家乡之思转化为精神家园之恋，触到了心有所托、情有所系的根本。于是能恒存童心，长葆精神。于是能从不忘本，绝不遗根。

精神家园的求索毕竟是长路漫漫：尊严、奴颜；胜诉、败诉；执法、腐朽；自由、专制；民主、极权；现状、危难；还有，人性中的正负两面，无不是作者求索中的困惑。他描述这些现象中的矛盾，常生焦虑，尤其是深知“谋食与谋道”的对立，更难免无奈。

谋食，属生理之需，应有食可谋。谋道，是精神追求，要先明其道。作者所说“时时有一种促使人格完善的感悟，就会有开阔的眼界”，是“明”的条件与过程。当前，有两点至关紧要，一是构建制度、设立机构，为年轻律师的“谋食”寻找正当路径，使其尽早“上道”，尽快成长；二是千方百计改善执业环境，为律师的整体“谋道”创造条件，提高素质。我绝不怀疑，上述问题大体解决之日，一定是食、道之谋的冲突基本化解之时。各级律协，首先是全国律协、各大市律协不知是否愿意或者肯于承担此类重责？至于二者的个人之“谋”，下文另议。

律师的执业环境在现行制度下脱不开司法环境的制约。作者对司法环境的改善时有严肃的思考。他曾于沉思中宣告：“别人不把法律当一回事（是我）最大的痛苦。”或问：那么胜诉以后又如何？请听他的回答：“那些经济上支撑着我，使我走过 21 年律师生涯的胜诉判例，于我如浮云。”因此，“无欣慰，无喜悦”。语意郑重，对司法环境不如人意的痛心，呼之欲出。他一再提到的“裁判权力过大”以及程序作用甚小，是律师从执业角度感受到的司法环境不断劣化的直接原因，忧心忡忡，溢于言表。凡此无不证明：作者沉思中产生的疑虑、困惑与无奈，是清醒的反映，是智慧的体现。

环境的构建与优劣，说到底，往往难控，一部人类社会发展的历史早已作了证明。日前突发的汶川大震是一个令人心碎的新证。然而人类既然自许为优等生物、万物之灵，也就应该能设法应对那即使是十分恶劣的环境，促进它的变化，影响它的发展。关键取决于应对的态度与方法，在于是否有费尔巴哈指出的使命感。

诚然，我们无能从根本上改善司法环境，但如何应对它的劣化，则是须加思考认真谋划付诸实施的历史性责任。作者的相关论述使人体会到，律师是最该自重的职业，律师工作是值得为之倾注心血的事业。作为职业，事关生活生命，自然需要“谋食”，但即使如此，职业伦理的责任又要求于谋中做到如庄子所说“析万物之理”，从而与唯利之图严加区别。作为事业，因事涉理念，应当“谋道”；此“谋”堪称天经地义，故宜达到“判天地之美”（庄子），从而与唯名之徒划清界限。由此出发，“通过每一个具体的案子来贯彻一种理念……推动司法改革”。概括地说，在推动司法环境改善的进程中，律师务必自重自爱；“出淤泥而不染，濯清涟而不妖”（周敦颐《爱莲说》）。至于具体应对之策，作者给人的启示是：因事而异，因案有别，唯一不变的是“依法”。中有技巧，反复实践，长期磨炼，能逐步成熟终达炉火纯青境界。反之，应对之策变成给恶劣司法环境的营造添砖加瓦，自居于作者所指的“别人”之列，果如此，即使一时得到了私心中意的生活家园，也会因失去了精神、丢掉了使命而变得丑陋不堪，沦为中国律师制度健康发展的千古罪人。

如何操作？书中案例提供了示范。湛江李深走私案，香港居民曾医生、刘女士离婚案，无不是针对案情涉及的事实和相关的法律法理，从程序到实体，条分缕析，把维护法律的权威与发挥法律的魅力融洽地结合起来，保障公平，伸张正义，从而有助于恢复与增长弱势群体对司法的信心。这是从事实务的正确途径，办理讼案的基本手段，是律师应有的可贵精神，改善执业环境理当不断追求的“香远溢清”（见上，《爱莲说》）的境界，是艺术。

政治立场又怎样体现？

立场不是空洞的概念。几句空洞口号无论怎样貌似惊人也决反映不出正确的政治立场。让我们学习汶川大震灾地前沿各路先锋、各界英雄吧！他们跋山涉水，舟渡空降，手搬肩扛，怀抱背驮，滴泪泣血，救死扶伤，声声呼唤，道道电波，在在关涉万千灾民生命，牵连亿万同胞亲情，他们的一呼一吸、举手投足，处处传达出人道与人性，那是正确政治立场的鲜明体现！

就日常的执业而论。在“每一个具体案件中”肩负使命，履行职责，维护权益，保障公平，竭力争得社会正义，收取公益的效果，正确的政治立场也就站稳了，律师的职业化与政治化之间的对立也就减弱了，化解了。反之，不切实际地空唱高调，把实务泛政治化，既贻误诉讼，又会将立场悬空，结果沦为政治小丑。殷鉴不远，实应记取。

作者诗文多从实践中来，善用各类体裁写各种心得，发人深省，令人欣羡。唯涉及我本人的文字，道听途说，出自谬爱，读者万勿轻信。我是一个在律师界不够争气的普通老兵。仰视长空，不过一粒尘埃；环顾自然，宛如一株小草；直面权势，蚁民而已；遥望震中学童那令人爱怜使人心碎的神情，我了不起算沧海一粟……逝者永离家园，他们去的地方可是天堂？但我想问天：他们惨埋废墟，灵魂将漂泊何处？我自始无能伸出援手，论什么资历，充什么“精英”？

但此刻必须压下哀伤，抹去泪痕，情系幸存，心飞四川。那边，一支名为“德阳律师志愿队”的同道作为中国律师的开路先锋已驰赴震区前沿。谢谢中央台传播了这条信息。我们的媒体，不朽的互联网，英雄的“战地”记者群，用话筒、相机、鼠标、卫星，用混着血泪的真情实感，把灾区与援兵联系起来，把汶川的地动与域外的心动沟通一起，把人民的心曲与国家的实力结合一气，把九百六十万平方公里内的四面八方、上上下下凝聚成为一体，发挥出桥梁难比的巨大作用：英雄呵，战地的记者！我们的媒体！什么主流、导向、控制、约束，早该化为烟云，随风飘去。多少事，“震”醒之后，该从头反思了。我想，中国人民不该也不会丢掉这个血洗的机遇。

现在，没再得到“德阳律师志愿队”的信息。但我又相信，他们已翻越崇山，渡过险滩，终达前沿，与救援大军合结同心，和经灾万众生死与共，散射着人性的光芒，把惠忠律师礼赞的“群力”凝聚为战胜灾害的伟力。他们为我们举起了旗帜，昭示中国律师树起坚定信念：家园可以碎为瓦砾，精神绝不能埋入废墟。

人道、人性的光芒四射，我们一定能重筑生存环境；长空星辰的光辉映照，我们也一定能复铸自己的精神家园。

“今夜星光灿烂”，这是惠忠的诗。

明朝一片辉煌，这是我的序语。

张思之

二〇〇八年五月十二日汶川大震后三日　草于苏州

五月十八日修定于北京寓所

律师辩词，宜作一枝白玫瑰

——《我的辩词与梦想》一九九九年版前言

律师，是最该自重的职业。律师工作是值得为之倾注心血的事业。

作为职业，它是谋生——服务的一种手段与社会分工；作为事业，又当另有其服务的目标和不懈的追求。就职业来说，律师首应致力于维护当事人的权利和利益，为此而去“析万物之理”（庄子）；就事业而论，律师的追求当是民主与法制的健全，社会合理秩序的确立，进而丰富人们的精神境界，提高人们的物质生活，为此而着力于“判天地之美”（庄子）。怎样通过实践把两者和谐完美地融合起来，使律师的工作达到真趋于善走向美，是艺术，也是一种境界。也许我最终也达不到那目的地，但这个“目的”绝不可少，为达到此目的而生死以之的执著精神也绝不可少。

这里编入的文字反映着我在实践中的种种表现，有些也许能以透出我那星星点点的追求。它不是总结；也够不上“里程碑”。它们仅止于显现出我在泥泞道路上艰难前行留下的断断续续的轨迹。选编这些文字的尺度除了尽量托出参与诉讼实务的主要侧面之外，还看它能否有助于使轨迹连成一线深印于大地。

我生在黄河边，长在长江畔，熟悉古岸纤夫动人心弦的号子：坚定，自信，有力。我的这些文字仿佛也传出了我行进中的声音，是“不平之鸣”。但相比之下，尽管有同舟者的和声助阵，毕竟微弱得可叹，比那响彻云霄的号子未免太逊色了。我无法不受情势的制约，以致虽有言终不及“畅”，或有辩却未能“雄”。这在那类政治性很强的讼案中尤为突出。律师离不开法律，自然脱不出政治。我因为长期工作在北京这个政治旋涡的中心，乃有机缘参与一些世人关注的政治性讼案。幸或不幸，难说清楚。在这里要交代明白的是：这类案件中的我的辩词，差不多都是紧靠客观要求乃至规定的极限，擦边而过。局外人焉能料到，我们律师就某案作某种（例如“无罪”）辩护，需要事先经过审查批准，倘不加小心，有所逾越，恶果随至是自不待言的。间或生出过非分之想，越出一回，身试一次，可又总不能忘却林老亨元先生那独特的慈爱告诫：“要善于自我保护！”说时每每执手凝视，有时还用低沉的语调加上一句：“我老了，不是胆小吧？”老人的呵护，不敢不铭心刻骨念念不忘，何况我对他的敬重胜过严师。他生前授我知识，教我做人；作为律师界的前辈，他的道德与才识，真正是光照后来者的巨星。我在垂暮之年仍不敢怠惰，如或有些许进步，大都得益于他，受恩于他！于是，我“到觉得有些危急之际……（便）故意隐约其词”，逃脱了鲁迅所讲的“覆灭”。诚然，在那“隐约”之中，也还闪烁着法律同权势的交锋，细细咀嚼，自有况味；不过对于当事人来说，又因此而不能充分地达到“护”的目标，毕竟是重大之“失”。我之所以把有的法庭演说称作“辩词”，非为简略，应属求实。当事人与读者诸公，幸能谅我！

然而我也有一条坚定不移、掉头不易的原则：绝不说假话。人们可以允许律师说错话，但不应认同律师说假话！对于律师来说，重要的是，事事都不可超越道德良心的界限。这里编入的各篇辩词，因其言真，或可称善；唯距美尚不可以道里计，对此，我有自知之明。它们与所谓“文学佳作，艺术杰作”（引自一篇律师著作的前言）沾不上边，这里可不是一个“精品”世界。

我的辩词，虽有议论却无哲理，能见激情而乏诗意，其主要特点不出“挑人之病”。律师在执业中乐于交流，不畏交锋，挑人毛病也算才能，细想应属本能。至于高低、优劣，全在挑的是不是地方，能否触动

“要害”。试想，如能挑出人家病灶，又会一语破“的”，意会言传，何其神妙！如不幸竟得其反，自不免大杀风景，由是授人以柄，该被人挑中了。总而言之，不管从哪个方面看，在诉讼的交锋中，提出歧见，持有异议，不仅是常规，而且有补于实际。这几十篇辩词以及与之相关的文字，包括那份“重新鉴定申请书”，正是想从不同的角度去反映在实务中该怎样地去挑出真正的毛病，透过这一层，去研究当代中国审判制度的一些特色。谓予不信，请看“王哲杀人案”的两件辩词，其中从头到尾、自始至终无一语涉及王哲是否杀人从而应否定罪，我们所“挑”的仅止于控方和法官断定王哲杀人的根据不足，严重的是在一系列重大问题上没能“审”清，焉能判明？你硬要说什么“铁证如山”，那好，请回答我们的疑问。倘若无以据实答疑，您所倚的怕只是冰山而已，靠不住的！律师之“挑”，既切中要害，由此出发，来研究、调整一下我们的审判制度、审判方法，岂不大有益于整个的法制建设？有人总喜欢把律师的“异议”化为“异端”，或呵斥，或打击，必欲除之而后快。那是人家愿入邪门，阻拦不住，由他去罢。

中国律师的艰难源于“先天不足，后天失调”。姑且不论“先天”，目前的执法环境使多年来立法上的进步为之减色，已使我们陷入“法将不法”的困境，律师如不自重，律师制度的作用必将令老百姓生疑。也有人爱以“花瓶”之说贬低律师的作用。好吧，你有作如是评价的权利；但是，我也有权利向世人宣告：我们会在这个特制的“花瓶”里插上一束白玫瑰：带着晶莹露珠，露出直挺尖刺。我们不允许让人随意地来上几根狗尾草。

我切望培育光彩夺目、映照万物的含露玫瑰。不过，假如不幸这束玫瑰既无高雅之姿又少芳香之味，已经变种，我也要留下那枝上的刺，权作“敝帚”，允我自珍，因为它不仅留有我的汗水、心血，而且得到了从南到北，自东而西许多友人的浇灌，这是一长串名字，我把他（她）们留在心的深处。若问花衰刺成的背景，篇末“后记”多有说明，请君留意。

一九九七年九月一日　于北京

《律师的传统》序

历史在曲折行进中总会有相似处，更难免重复，于是有传统形成，逐代流传。

各行各业、各个领域的优良传统，无一不是人类文明的结晶与延伸，同时受着民族文化的影响与支配。律师传统不会例外，美德传统尤其如此。传统在融通之中的代代传承，维系着、推动着人类社会的健康发展，故不应轻易舍弃。但又因其往往发生于、产生在特定历史阶段，有的不免局限，是故也不宜听任左右而应超越。说到底还是那几句老话：承先启后，继往开来；融会贯通，推陈出新。问题在于继承什么，怎样继承。这是应加思考的永恒命题，要力避盲目性。

中国律师制度是殖民主义催生的产儿。在民主宪政尚待建立的国民政府“训政时期”有所发展，不幸终未壮大。然而为了存活，也会在挣扎中锻炼出凝聚合力顽强抗争的传统：百年沧桑史，“典型在夙昔”。①

及至20世纪中叶，内战频仍，政权易帜；夺鹿初期，执政横扫法制，专制主义肆虐，脆弱的律师制度几度断层，终致夭折。

然而尽管历史进程常有曲折，不免停滞甚或倒退，保守的、腐朽的力量毕竟不能永远阻挡住它的前行，时代大潮则更是汹涌澎湃。试看中国律师现状，幸或不幸，已被推至维护人权的最前沿，承担着保障人的自由与尊严、实施民主宪政、构建公民社会的责无旁贷的重任。为

---

① 引见文天祥《正气歌》。

达到这些目标，自需从优良传统中吸取思想力量。

切莫认为律师从事个案维权纯属技艺范畴。须知维护个人权利，就是为全体公民维权，也正是为国家的光明前程维权，意义重大。1912年3月，共和肇始，江苏山阳县民政长姚荣泽被控告“残害志士”，“枉杀亲属”。姚被捕后，社会各界、政府上层对如何审判激辩数月，孙中山认为不宜听一面之词，同意专设“临时裁判所”由法庭公开审讯，允许两造各聘律师参与讼事。时任司法总长的法学家伍廷芳发表意见说：“民国初立，办理此等重大案件，不得不注意前时滥用法权之覆辙，凡此非为姚荣泽一人计，为民国之前途计也。”非为一人计，掷地有声语，至今发人深省。[②] 整整二十年后，章士钊律师为陈独秀“危害民国”案辩护，当庭宣示：“真理在是，不得不争。”更进一层地提升了这一传统观念的品格。浩然正气，“共三光而永光”。[③]

当代中国律师的现状，不论有多少缺点、多大缺陷，队伍怎样参差不齐，甚至杂有败类，全面来看，毕竟在继承传统中发展着、壮大着，且在不断超越。鄱阳湖畔，嘉陵江边，北海之滨，巴东西蜀，从首善之区、通商口岸到僻壤边陲、渤海中央，凡有侵权处，总能听到律师的回声乃至呐喊。“宁鸣而死，不默而生”，已构成为律师伦理。一批批盛年才俊，把平凡艰巨的诉讼个案与神圣的使命审慎地、踏踏实实地结合起来，直面那几乎是不受任何制约的公权，勇敢说“不！”他们为了明道，不计其功，直至为了殉道，不惜捐头。严守底线，义无反顾；凛然风骨，傲然屹立。他们以实践统领着二十万大军，追寻自由，企盼民主，为法治的实现鞠躬尽瘁。老传统，新血脉，支撑着中国律师的脊梁。

令人深以为憾的是，历史也会出现“误会”：集权主义的执政者一无例外地把律师视为异己，断为异端。或压或打，计谋常新。北洋军阀如此，国民政府如斯，今之当局亦复如是。他们在继承着“自己的”

---

② 姚案被称为“民国第一案”，详情可参阅《律师文摘》2011年第三辑刘永峰《姚荣泽案》。

③ 引见陈寅恪《王观堂先生纪念碑铭》。

传统,也会有所“超越”!

时至今日,尖锐的对立集中地表现为维权与维稳的碰撞。执政把维政权之稳视为第一生命,可以理解;而作为律师,则必须坚持一个光照百代的传统观点:人的自由权利、生命尊严是我们应予维护的至高利益。您说不是么?请温习孟老夫子两千多年前的阐述:“民为贵,社稷次之,君为轻。”寥寥十字,层次清晰,重轻分明;合乎实际,理中含情。谁敢唱反调道个“否”?我以为这里没有争论的余地。

诚然,眼下律师执业维艰。公权恣意滥施,政治干扰严重。队伍中常有绝望之叹,一些人情绪悲观,也不免有各种负面的表现。然而历史的发展昭示我们:社会一旦削弱或竟去掉律师的执业,必导致秩序丧失,混乱滋长,公权会失去信赖,法治将化为幌子,弱势群体的权益时被践踏却不能得到维护。为避免这种困境,与其在绝望中偷生苟活,何如在希望中挣扎奋进?绝望与希望,往往只是一步之遥。从现实状况出发,跨越的关键一步,在于养浩然正气,怀博大胸襟,发扬独立精神,坚持自由思想;真理系命,道义为根,直逼真善美:入斯境,一派光辉灿灿。我们也许不能成就为“燃灯者”,难道不能擎起前贤烛火,给暗境发来丝丝亮光,指引奔向明媚春绿的路?

会有风险。先贤也有。1930 年 8 月 2 日,上海张星垣律师为“政治嫌犯”辩护不就被一伙暴徒殴伤了吗?但细查百年史,似无统一的“传统模式”。实践证明:只要做得到自爱、自重、自强,区区“风险”算得了什么?“是气势磅礴……生死安足论?”文天祥之歌,何尝不是今日中国律师的心声!更何况上述“三自”正是实施自我保护的最佳方略。

自强至关重要。谋求之道重在勤勉读书。先贤所谓“学而后知不足”与苏格拉底“知己无知”④的伟大思想实在有双曲同功之妙!作为后学,应慎思之,应体察之。暮年方逐渐克服骄气,减少浮躁,觉悟自己无知,说句心里话,毕竟晚了一些。青年诸公,可否以愚翁为鉴?

---

④ 此句的译法不一。这里所引是赵越胜的《燃灯者》中的译文。

深深地感激国涌先生多年来不断给律师输鲜血、送给养，这本书又以翔实史料，展示律师发展源流眉清目楚，弘扬优良传统史中含情：多少陈迹，可歌可泣。实应认真阅读，不负傅公雅意。愿与同道共勉。

张思之

二〇一一年十二月二十四日　改定于北京

他扬起了风帆

——序《郭国汀辩护词代理词自选集》

律师作为专业人士，是一种职业化身份。

律师作为职业，总会也最宜在精确把握、周密描述身历亲经事物的基础上，"析万物之理"，从而传达他对客观世界（事物）的认识，表达自我。真理就在其表达中为人们所理解，所接受，从而体现出力量。律师的辩护词和代理词就是这种表达。因此，它必然地蕴含着律师的才能、水平、风骨、品格乃至气度，集中地反映着作者的世界观。

读《郭国汀辩护词代理词自选集》，会得到一种启示：律师的辩词不宜局限于或者侧重于论证执业的实践过程，仅止于表现为"我做了"；重要的是要能表现出作者的"我在想"。一个勤于析理时时在想、善于总结事事都想的律师，会给人以智慧的形象。在我看来，从"做了"到"在想"，不是量的增高，而是质的飞跃。它首先会表现为对律师制度在其实施中反映出的情况与问题的理性思考，随之将能由对于个别具体权益的维护，上升为更加崇高的追求，即沿着人权与法治的轨道，去关注"沉默的大多数"的基本权利，关注人的命运，让自己的脉搏与他们的共振，把篇篇辩词都化为一种对社会的进言。

律师制度重建以来的实践证明：在创建民主、法治国家的进程中，那烙有人治深印的权力，对众生权利的限制与剥夺是何等强劲；而权利对权力的制约或者削弱又是多么无力！与此相关，律师通过他的业务实践——诸如对于证据及其规则的把握，对于程序公正及其运用的执著——对当事者乃至大众的权利给予关注，谋得公正，从而能够在一定程度上起着以权利制约权力的制度平衡的作用，展现出律师的存在价值和律师制度的力量。我们当然明白律师的声音至今依然微弱，深知合理解决权利与权力之间矛盾的方法与渠道极其有限，但既然它的存在反映了人民的愿望，推动着社会的前进，故又有日益旺盛的生命力。

诚然，这本自选集没有震撼人心的宏论，不是一个“精品世界”。但各篇辩词中闪动的情思，尤其是其中蕴含着的精神力量，却会使那些丢掉忠诚、放弃真实，只知搞交易拉关系，取媚赃官勾结恶吏，弄虚作伪哄骗百姓之流的讼棍汗颜。须知律师与讼棍有着质的区别。我们在以法治国的长途跋涉中行进得的确艰难，执业中风险常随，一部《律师法》又未能提供有力有效的律师权利保障，因而时需自我保护；可是尽管如此也应有“度”，无论如何都不可为此而谄上媚俗超越正义良知的界限。“别有人间行路难”。律师的最大风险始于或源于“自毁、自误”。倘能保持浩然正气，不同邪恶合污，任何外来的风险都将因我们的“自爱、自重”而化为烟尘。“顾此耿耿在，仰视浮云白。”中国律师要有也会有自己的正气歌。我从郭国汀的律师实践历程中受到了鼓舞。

任何人的成就、成功无不付出各异的代价。郭国汀积十余年之功拼力去解决知识领域专与博的矛盾，书中各篇渗透出他的艰辛与成就。依我之见，“专—博”矛盾，实属中国律师界的“普遍存在”，是共性；从整体上加以解决，会成为律师大业得到升华的征象，更何况知识的及时更新是迫切、普遍、经常性的要求，实宜高度重视。郭国汀处理这对矛盾的态度、方法是一种类型中的典型。他那颗不事安宁时时躁动的心灵，又耐得住清苦寂寞，忍得下冷酷屈辱，唯其如此，乃能用一支不知停歇的笔，为他挚爱的事业谱写了篇篇乐章，为律师制度的发展奠下了块块基石，一步一步地趋向于实现他的梦想，令人歆羡。我绝不怀疑，当铺路者结队前行的时候，中国的律师制度就终能树起坚实的理论支柱，中国的律师将在这个新的基础上运作得更加自如，为中国民主与法治建设的大业树起丰碑。“律师兴,则国家兴”,信哉斯言,信哉斯言！让我们在“兴”的历程中,沿着前人开通的航道,扬起风帆,凌万顷碧波,“纵一苇之所如”,驶向民主高扬法制健全的目标!

张思之

二〇〇一年三月一日　北京

第八部分

曹海鑫“杀人案”申诉状

申诉人:姜玉春,女,冤魂曹海鑫之妻,住河南郑州金水区西韩寨村

代理律师:张思之、傅可心

通讯处:北京市吴栾赵阎律师事务所

电话:(010)68029777

事由:河南省高级人民法院(98)豫法刑二终字第249号裁定书,全部、充分地肯定一审就“曹海鑫杀人案”所作的歪曲事实,枉杀无辜的判决,包庇肇事者,加罪被告人,对被告人曹海鑫处以死刑。谨依法提起申诉,恳请纠正错误,为民昭雪,以彰国法。

主要理由如下:

一、本案的主要事实是:9月28日晚,曹新春一伙于酗酒之后,奔曹海鑫家闹事。开门的同时,拉出便打。曹海鑫逃向卧室,张月娥跟进,曹妻锁门报警,曹新春等人随即追至,破门而入,曹海鑫取出猎枪自卫,双方在夺抢中不幸走火,弹中曹新春,送医不治。凡此均有证可据。

二、本案的关键在于:案中的“被害人”曹新春生前有没有对本案被告人曹海鑫实施暴力进行非法侵害;与此相关,曹海鑫的取枪自卫是否合于法律规定的正当防卫。谨分别申明于下:

(一)一审判决对于案件的起始情节这样“认定”:“在曹海鑫家院内,曹新春及其妻张月娥与被告人曹海鑫及其妻姜玉春发生争执并撕打。”要言之,即双方有“争执”,同时(由“并”可知)发生了“撕打”行

为——至于是相互撕打,或是一方对另一方的撕打,并不明确。但从判词下文的“被告人(曹海鑫)见状,即从院内跑回”,应能说明被告本人仅止于“见状”,即仅“见”来者气势汹汹之“状”,而并未动手“撕打”。先析“互相争执”,对此除加害人一方的陈述外,别无证据。而在场的局外人姜雨清三次作证说明当时情景是:“(骂人的)声音没落,就听到打人的声音。”局外人王仁东的证言说的是:曹海鑫听见门外有人,一开门,问来者“干啥来?”话音未落,就被来人拉着领子往外拖,“三、四个人围着(便)打”。仅有“撕打”,哪有“争执”?辩护律师向法庭如实地说明了案发的近因与导火索,是由于曹新春一伙人的寻衅滋事,并举出证人证明:曹新春当天晚上在酒场上声言:“兄弟们今天喝得劲,今天晚上找海鑫弄事,不中就打。”当晚这一伙人一下子就灌了十三瓶“赊店牌”白酒。第十三瓶白酒入肚,曹新春发话:“走!去弄曹海鑫,不打海鑫不算人!……谁有种跟我去!”之后,聚五人之众,兵发曹海鑫住宅。事实是来者不善,而且是谋划在先。曹海鑫开门送客,适值寻衅者闹上门来,突然被袭,所谓“争执”,实属臆断!

至于二审裁定改一审判决中的“并撕打”为“欲厮打”,意在偏袒,至为明显,暂且不论。

(二)据一审判决的“认定”,“撕打”之后,事态有新的发展,即“曹新春追到二楼跺门而入(曹海鑫之室)”。“跺”非“敲”,属暴力,当然非法,何况还有“砍”!于是,高院裁定将“跺门而入”改为“跺门欲入”,止于“欲”,但未“入”;这一字之改,再次用“欲”,更是偏袒,意在加罪被告人。对“跺门”(且不说还有人用铁锨“砍”)这样的暴力行为在案中的意义与作用不加审理,不去查明,不予认定,足以说明。

(三)据起诉书,曹新春那时已“冲进二楼客厅”,不仅已入——即“进”,而且是“冲”,如实地反映出暴力实施者凶不可挡的气势。两级法院都对“冲进”加以回避,可是即使硬否“冲”的存在,又怎么解释法院裁决肯定的“当曹新春追到二楼”这个情节里的“追”的含义?人已逃,又是事出于一般“民间纠纷”,为什么非“追”不可,继之以“跺门”施暴?经勘查,门上还有硬器砍击的痕迹,裂纹长达30公分,证明有

“砍门”的暴烈行为。当时的现场正有铁锨一把,“勘查笔录”对此有明白无误的记载,并有现场照片与证言旁证,怎能抹杀?

总之,曹新春的暴力行为有证为据,无可否认。

退一步说,即使法官“认定”的“争执—撕打—‘欲入’”这些情节统统成立,在对方寡不敌众的情况下,“此时”夜深人寂,加害者又有什么理由非要聚众侵入人家的私宅居室?这种行为难道没有触犯《刑法》第245条的规定?对于这种暴力行为施以抵御,难道不是正当防卫?

(四)关键性的情节无疑是“开枪杀人”。一审判决的认定是:“曹新春追到二楼跺门而入,被告人曹海鑫即开枪照曹新春的腹部猛击一枪。”其中的“开枪照……腹部猛击”,词意含混,不合事理,“开枪”与“照”某部位之间似有难解之谜或难言之隐,特别是“猛击”的断定不知从何测得?于是高院又下笔改了。二审裁定说的是:“当曹新春……跺门欲入时,被告人曹海鑫即持枪照曹新春腹部开了一枪。”这一改,情节“明确”了,是被告人瞄准(“照”)人腹部开枪,故意杀人成立;根本不发生防卫问题,遑论正当!

然而二审犯了更大更重的错误!既然曹新春当时是“欲入”而未入,曹海鑫如果没有透视并能明察的特异功能,怎能做到瞄准目标,“照”人腹部开枪命中;更何况经勘查二楼客厅门上并无弹孔、弹痕,这颗子弹何能飞越大门钻入人体?

“持枪”之说,其实也是一审判词根本没有的情节。二审裁定着一“持”字,双方“夺”枪这一至关重要的情节自然地就化为乌有了。

可是,枪响于夺枪之中是有证可查的!

二审裁定断言:“现场目击人均证实枪响在前,众人夺枪在后。”弦外之音是:故意杀人成立。然而这又是一个武断的裁决!

第一,“枪响在前”,不能说明枪是怎么响的,更不能说明被告人有杀人的故意。

第二,“目击者均证实”之说,与实际不符。举例说,“目击者”曹海强的证词说:“我看见胡文霞……俺哥六个人在夺一把长枪。”他说:“我绝对是在枪响之前到的(现场)。”这份证词与他此前的证言和书面证词互相一致。即使因作证者与曹海鑫有亲情而不予采信,我们再来看看另一个“目击者”胡文霞在事发次日即9月29日上午8时20分至10时30分提供的证言,她说:“我也上楼了。我进屋后,看到曹海鑫站在大厅门口三四米的地方,手里端着枪,新建、新伟、贾勇(胡文霞之子)、月娥几个人在和海鑫夺枪。”公安人员问她:“曹海鑫是怎样拿着枪的?”她作证说:“曹海鑫用两手端着枪。我看见月娥(曹新春之妻)他们几个人抓住枪管和中间部分,具体什么部位,我看的不十分清楚。”这些证言与曹海鑫的多次供述互相一致,极为可信。不料就在同一天的晚上10时至10时50分她又第二次作证,全盘推翻前证,换了个说法,她说:“我回忆我在楼下给一个男的说话,我以为他是小春(即曹新春),其实他不是。因为他当时都没理我。我上楼时见他们4人夺枪。”她说:“我想起来,枪响时我没有在楼上。”公安人员问她上午的证言算不算数,她回答说:“我早上时脑子可乱,我当时都吓迷了,也不知是咋说的。我今天睡了一天,我好好想了想,我想起来,枪响时我没有在楼上。”

证人可以修正证言,关键在于哪一项证言符合事理,合于实际。胡文霞的头一个证言说的都是看、看到或者看见,名副其实的“目击”;而后一个证言说的却是“想”,是“忆”。何者可信,人们自会分析判断;但至关重要的却是其他证据的参照。我们不得不辩的是:被告人的供述作为证据的一种,既然与曹海强、胡文霞的首次证词相互一致,应认为这些证据可信难道不是合理合法的吗?

三、两级法院对于案中证据的审查严重违法,或者失实。分述如下:

(一)关于案中的重要物证的审核。

物证应当庭出示“原物”,经过辨认查证属实。一审法庭未准被告人“辨认猎枪、弹壳原物”,本不合法;二审裁定承认“属实”,但又以“让其辨认了原物的照片”搪塞,甚至说“且其当庭也未提出异议”为一审的非法做法打掩护。当事人未提异议,就可以不执法,真不知这是谁家逻辑!!

(二)关于鉴定结论的审核。

首要关键无疑是附于“猎枪”之上的“指纹鉴定”,两级法院对此都未审查。据侦查机关出具的证明:“猎枪扳机上未发现有鉴定价值的指纹”。有指纹,但没有“鉴定价值”!这是什么意思呢?据常理,看来只能是扳机上的指纹紊乱,不属于一人。果如此,那又怎么能证明是曹海鑫扣动了扳机“照(人)腹部开枪”致人于死呢?也就是说,子弹究竟由谁又怎样使它出的膛,根本没有审清理明!既如此,怎么可以断言曹海鑫杀人?

其次是“尸检报告”。这在“杀人案”中当然也是重要证据,不应不查。尽管尸体上的弹孔很难测得是否“猛击”所致,但应能测知枪击的距离与角度,这在本案中有其重大的意义。申请核查,冀得补救。

(三)关于案中证言的审核。

高院裁定说“原审对卷中能证明案件真实情况的证人证言,均在法庭上进行了宣读、质证”,但是,有些证言未在庭上宣读、质证,又凭什么就断定不能证明真实情况?如果审理之先就已确定了证言虚假可不当庭质证,那要《刑事诉讼法》何用?尤为严重的是,曹海鑫的一楼房客陈玉霞,因距事发现场最近,目睹耳闻,至为清晰。当晚也曾被公安人员询问,但她的证言笔录卷中不见。跟着又突然仓皇迁居,审理中竟然也不找寻查证。这是本案证据上的一大疏漏,因其重要,至盼补救,以利于更进一步地说明与核实真相。

四、以上,从事实和证据上申明了我们的论点,以下再从法律上提出申辩——

(一)《刑法》第 20 条对正当防卫、防卫过当和无限防卫分三款作了规定。与本案密切相关值得认真考虑的是该条第 3 款。该款规定:“对正在进行行凶、杀人、抢劫、强奸、绑架以及其他严重危及人身安全的暴力犯罪,采取防卫行为,造成不法侵害人伤亡和其他后果的,不属于防卫过当,不负刑事责任。”这是新刑法对原刑法的重要补正。旨在鼓励人们与不法的暴力侵害进行斗争。本案不法侵害人纠聚数人之众，深夜侵入私宅，实施暴力，严重危及被侵害者的人身安全，在此情况下，取枪自卫，夺枪走火，弹中不法侵害人，显然不应承担刑事责任。

（二）再研究一个与曹案发生于同一时期的杀人案例：

梁随生与人口角。对方聚集六七人来梁家“算账”，未及进门，梁即用猎枪对着民警李喜文开了一枪，命中死亡。来者逃散，梁追出，又开枪打死一人。跟着再发一枪，击中杨某肾脏，急送医院得救。事后，梁伪造现场，企图嫁祸于死者，未得逞。故意杀人，二死一伤，郑州中院于1997年4月判处梁随生死刑缓期二年执行。一个月后，该院却宣判曹海鑫死刑立即执行。两相比较，对于曹案的判决确属错误不是由此可见了吗？

杀人宜慎，是党的一贯政策，是我国《刑法》贯彻的基本原则，河南法院没有理由不认真贯彻执行。恳请复查，依法纠正。

一九九九年一月十二日

陈峰“玩忽职守案”申诉状

申诉人:包小鹃,深圳陈峰“玩忽职守”案被冤人陈峰之妻,住深圳市龙岗区中心城欧景花园 6 栋 1208 室

代理人:张思之,北京市吴栾赵阎律师事务所律师

李　磊,广东卫权律师事务所律师

事由:陈峰“玩忽职守”一案,申诉人不服深圳中院(2009)深中法刑二终字第 495 号裁定书,依法申请再审改判。

理由:

一、二审未开庭,又不听取意见,也不宣示裁判,甚至不与上诉人见面,自始至终“暗箱操作”,没有进入审理程序。宪法赋予的辩护权利惨遭剥夺,“法院有义务保证被告人获得辩护”的规定,连同刑诉法关于二审程序的其他条款,统统未予实施。如此败坏法制,未闻前有先例。民主法治,严重受损;深圳作为国家窗口的光辉形象,蒙受玷污。所发裁定,自应断为无效,予以撤销。诉请再审,于法有据;要求改判,在情在理。

二、二审裁定断言,陈案问题的关键在于“对舞王俱乐部进行消防监督检查(是)陈的职责”,借此配合检方指控,两家联手,做出了迎合“上意”的结论。然而事实是——

依照《公安部第 30 号令》、《公安部公通字(1997)19 号》文件,以及公安局龙岗消防大队颁行的《十大工作职责》,二审裁定所说的“职责”根本与陈峰无关;恰恰是由于这些规章与规则证明陈峰无罪,二审竟然拒不援用:裁定有失准绳。

不仅如此，裁定还用“择要”方法以代“摘要”，援引《龙岗分局消防大队管理暂行规定》，却回避了其中一系列足以说明陈峰无责无罪的重要规定。玩弄规则，形同枉法——

（一）“（大队）建审科是全区……建筑内部装修的消防设计审核和竣工验收工作的主要责任部门。”（4－1－1 第1条）

（二）“工程主体验收后的室内装修由（大队）防火科审核，报分管防火的大队领导审批。”（1－3 第7条）

（三）消防不合格的单位应“提交整改情况报告，申请复验。复验前，消防安全监督工作由出具不合格意见的民警跟踪整改，不合格擅自投入使用的应发出停产停业法律文书，直至验收合格，方可投入使用”。（4－3－3 第3条）

（四）“谁审批，谁负责，权力与责任相一致。”（5－1－3 第1条）

（五）“防火科……检查、处罚经报批未经验收投入使用的装修工程”；“验收时要汇同辖区中队民警参加验收，并办理移交签字手续。”（5－1－3 第2条）

上述这些规定，进一步地证明对舞王俱乐部“消防监督检查”的职责属于消防大队，与陈峰及其消防一中队无关。深圳广大消防人员对此无不熟知，二审企图一手遮天，怎么可能！

三、消防大队对舞王俱乐部的建筑装修三次验收，最后仍不合格，未予通过，“舞王”却能继续营业，谁在渎职，极易查明。下列各项问题，二审不仅不查，而且公然回避——

（一）批准舞王俱乐部装修的，正是消防大队，应查批文。

（二）装修不合格，三次验收通不过，症结在哪里？

（三）证据表明：消防大队防火科验收中提出过六条“整改措施”，为什么不落实？谁的责任？

（四）“舞王”天花板严重不合要求，是“九·二〇”大火的直接原因，六项整改措施中遗漏此项为什么？“舞王”申报整改，“天花板”填为“石膏板”，验收人予以认同，其中明明有舞弊行为，谁有罪责，为何不查？

（五）验收未过，“舞王”长期继续营业，防火科清清楚楚，为什么不采取“停业”措施？

（六）“舞王”大火成灾，事发于“整改”期间，有权监督落实“整改”的官员为什么不承担失职之责？

（七）依据规定，大队防火科“验收”项目，应“会同辖区内的消防中队”，为什么抛开中队，独自验收？其中有鬼，为何不查？

（八）三次验收却只提供第一次的相关资料。后两次验收资料，宛如“黑匣子”，一旦出现，责任自明，责任在谁，不言而喻。为什么不依法要求检方交出？

以上种种情况，证明二审对案中重要事实，根本没有查清：裁定有失根据。

四、二审既不依法，又不顾事实，却敢强词夺理，断言陈峰玩忽职守，故意制造冤案。

（一）二审裁定虽然否定了一审判决陈峰“没有完全履行职责”的错误观点，但又以“不正确履行职责”取代，断言“陈峰存在玩忽职守问题”，论据荒谬：

“舞王俱乐部重大火灾事故的发生……消防监督工作的不到位、不落实也是重要因素。”而“发生重大火灾事故本身就足以表明（陈峰）工作的失职，或者说不到位、不落实”，故应承担刑事责任。

这是什么逻辑？

姑且不论“本身就表明失职”与裁定“本身”认定的“火灾的发生系非法经营者、表演者、装修公司等单位、个人的多重因素的综合结果”，互不一致，其“本身”恰恰表明：指责陈峰“工作失职”没有根据，不合情理，而用“不到位、不落实”这样的空泛言辞加罪。可是，陈峰投身消防拼命干了二十余年，有口皆碑，谁敢站出来指斥陈峰“玩忽职守”？于是裁定乃有“或者说”之断，可是“工作失职”与“或者说”之后的“不到位、不落实”能画等号吗？作为法院裁决，能用“或此或彼”的“理由”判人以罪吗？

还是用事实说话。陈峰干消防屡建功绩，一贯兢兢业业，扑火救人，重伤致残，表现突出，这算不算“到位”？够不够“落实”？本案二审裁结，消防战士于7月13日晚聚集百余人，十人一组，分批入“监”慰问，这“本身”正是回答。二十年来，除伤残卧床，他基本上没休过假。作为家属，他的亲人，我们从无怨尤，以为骄傲。而今居然被诬为“玩忽职守”，真不知害人者的良心哪里去了？

诚然，裁定的关键词语在于“不正确履行职责”。然而，令人惊异的是，对于如此重要的判断，裁定只有一句与是否正确无关的话：“（陈作为）辖区内防火监督管理的第一责任人”应当履行职责。那么陈的职责是什么呢？二审除从一审判决书上抄了一段话塞责之外，根本举不出他有哪些“不正确履行职责”的行为。反之，律师向法院递交的一系列证据表明：陈峰召集会议，批示文件，组织培训，对上级的防火部署无不及时落实到了实处，到了位。面对事实，二审万般无奈，只好强词夺理，下了个极其武断的结论：“（大火）事故本身就足以表明其工作的失误。”这是法院在依法裁决讼事么？舞王大火，已有“经营中的责任事故”的结论，陈峰与“舞王”经营毫无牵连，它“本身”怎么就能说明陈峰负有罪责？重要的是，依此逻辑，消防局、消防大队不是更该被“表明其工作的失误”吗？怎么无人追责？

如此裁定，如不推倒，司法还有什么公信力！

（二）消防大队正式文件具体规定，陈峰所在的一中队，防火“直接责任人”是陈捷，但二审为加罪陈峰对此视而不见，硬是以陈峰乃“第一责任人”为口实，而断定他对防火事宜负有全责。这也是欲加之罪的典型表现，不难明辨。试看大火之后，被实施“双规”的是大队分管防火的直接责任人副大队长，而不是大队“第一责任人”，即可说明。

五、二审在证据问题上的问题同样相当严重，故意枉法，同样明显。

（一）书证，被检方严重涂抹，已达“面目全非”程度，法官不仅不遵照《刑事诉讼法》第45条第3项的规定予以追究，竟依然作为合法证据加罪陈峰，古今中外，恐无先例。

(二)证言,以"一直很稳定"为理由采信,但案卷材料表明:四次证言,情节互异,次次不同,而且与同一人写的书证严重冲突,根本不具有证明力,"稳定"之说,属于法官胡编,理应推倒,更何况属于孤证,无由采信!

其他细节,当在"立案"再审之时,详予说明。

综合以上五点申述,陈峰一案从程序到实体无不存在重大问题,原审枉法情节严重,性质相当恶劣,倘不纠正,司法的权威根本无从谈起,司法的公正,必然徒具空言,失信于民。我们申诉的理由充足、有据,恳请采纳。申诉人对司法的公正性仍具信心。

包小鹃(签字)

二○○九年八月一日

附:1. 深圳市中级人民法院(2009)深中法刑二终字第495号裁定书一份。

2. 律师二审辩护词一份。

陈星“反革命、投机倒把案”申诉状

申诉人:陈星,78岁,陕西省蓝田县人。现住甘肃省兰州市靖远路226号,电话:(0931)8365664

代理人:张思之,北京市吴栾赵阎律师事务所律师

事由:甘肃省高院(2002)甘刑监字第02号《驳回申请再审通知书》所维护的该院(1978)刑监字第102号判决书及(1992)甘南藏族自治州革命委员会保卫部和公安机关军管会“州革保刑字第03号判决书”连同前此生效执行的临潭法院“发刑字第1031号判决书”,歪曲事实真相,违背法治原则。谨依法提起申诉,恳请调阅全卷,予以复查,指令有关撤销原判,依法再审。

理由:

一、有关执法部门败坏诉讼制度,程序严重违法。

申诉人于1959年被诬为“反革命”,经由临潭法院以上述第1031号判决处刑10年。1972年,甘南自治州的执法部门指控申诉人犯“投机倒把罪”,发出上述的第03号判决,处刑20年;1978年,甘肃省高院以上述第102号判决改判为处刑5年。凡此三次“审判”,历经20年。申诉人作为刑事被告却从未出席法庭,自始至终没见过一个法官或者书记员,更没有进行举证、质证,当然也谈不上辩护,即从未经过常规程序的司法审理。尽管当年尚无诉讼法可依,但如此违反常理、破坏常规,完全背离司法实践的案例,古今罕见。临潭法院判词中的经“公开审理”,实乃公开撒谎,证明他们明知应当“公开审理”,但却为了一个极不光彩的政治目的并不实行,做法恶劣,骇人听闻!据

此，上述判决统应无效全然合乎法理，自在情理之中：理应撤销，以彰国法，以昭公正。

二、原“审”非法取证，判决事实不清，定罪无据。

依据前述甘南自治州(72)第03号和甘肃省高院(78)第102号刑事判决书，申诉人的主要“罪行”在于1969年12月“勾结丁朵哥从郎木寺往陕西咸阳贩马七匹，计牟利4290元。被发现后，没收马款7110元，旧怀表一只”。两“判”所下断语，严重失实。

事实是：申诉人自1957年反右派开始屡遭政治迫害，家人同受株连，生活极度困苦，生存几无保障，“文革”中的处境尤为恶劣，不难想见。原籍咸阳陈马村村长提出：“把甘南马拉一车(来)代替人拉犁”，能回乡落户，不再流离。友人丁朵哥为我垫款得马七匹，于是翻山越岭，历经艰辛，赶回原籍。村民见马大喜，申诉人满以为由是得以落叶归根，安心生产。不料事为邻村的造反派所嫉，企图夺取，诬指申诉人“右派盗马”，从而“没收”马款7110元。这些基本情况，当年处理过此事的自治州保卫部侦破组马登海副组长，于2002年2月15日出具证词予以证实：“(申诉人)因落户给原籍生产队买马一事，经调查，马款全部没收，与本人交代相付(符)。”从而充分证明：赶马回籍落户，实质上是“给原籍生产队买马”，目的在于改良生产手段，支持农业生产，“而不是以营利为目的”(引自上述马登海“证词”)与“所谓长途贩运、牟取暴利”实属风马牛，毫不相干。退一步说，即使造反派的意见有理，做法有据(“造反有理”的最高指示就是)，申诉人不能从甘南赶马回籍，那时的有权者已经做了处理，即马登海证词中所指的“且马款全部被没收”，并且附带“罚没”了“旧怀表一只”。不知究竟为什么还要借口申诉人“乘我党整风之机大肆攻击我党和社会主义制度”，于是“结合历史罪行”(此处所引，均见判决书)重复处理，而且重判长达20年！

尤有甚者，当年“保卫部”的造反派暴徒，为扩大他们“一打三反”的战绩，连续指供、诱供，直至烧红铁锥，顺裆火烫，逼供刑讯，法西斯匪徒堪比！当年留下的累累伤痕，至今残存，目测足以鉴别。严刑之下，申诉人交代过“贩卖布票”等问题，但正如马登海的证词所说，那不过是“作废布票”，“不存在买卖关系，难以定罪”。然而申诉人居然由此获罪，而且判了重刑。

特别应当陈明的是，甘南自治州判词中的“计牟利4290元”一节，不知出自何处何人的捏造。果如是，何以未予“没收”？这真是“欲加之罪”了！须知那些“造反派”是连“旧怀表一只”也不会轻易放过的暴敛之徒。他们是“无法无天”论的坚决执行者，在他们那里有什么法制可讲，但在政治逐日清明的今天，不是正应彻底地予以纠正吗？

至于所谓“贩卖茶叶、当归”一节，是在甘南大饥荒之后，中央已在各地决定开放“自由市场”的背景下，即在政策许可的条件下，不得已而采取的求生方式，也是申诉人当年逃生的唯一手段。这与投机倒把、获取暴利的行为完全不同。申诉人的生活困境在那些年月从未得到丝毫的改善，全家始终在死亡的边缘挣扎，即使不对此视为铁证，至少应能从一个侧面得到真切的证明。这些事实，知情者甚多，是极易查清的。

三、定性不清，援引的法规不当。

前述的事实表明，申诉人的案中行为与所谓“投机倒把”绝无关联。还应指出：申诉人既不具有“私商身份”，又无“长途贩运”和“走私”的行为，省高院的(02)号《驳回申请再审通知书》断言申诉人的“行为破坏了当时的国家市场计划”，也属无的放矢，不知所云。姑且不论“国家市场计划”是一个很不精确的概念，使人难以确定含义，必须重复陈明的是：甘南大饥荒之后，农村凋敝，群众生活极度困顿，只是在中央实行新的政策措施，开放自由市场之后，个体经济与市场状况出现了新的活跃局面，为人民大众保存实力、休养生息创造了一定的条件，凡此并不与“计划”背道。那时申诉人被划入“另册”属“化外之人”，为求生而参与自由市场，并不违背中央政策，又何罪之有？省高院援引《关于打击投机倒把和取缔私商长途贩运的几个政策界限的暂行规定》及《关于加强市场管理打击投机倒把和走私活动的指示》以“破坏计划”的抽象概念加罪申诉人,那么,请问:申诉人何时、何地、用何手段、又怎样地破坏了国家的哪项计划?又有何证据证实?空言主张,证明着甘肃高院无意彻底纠正申诉人的错案,坚持“文革”中的恶劣政策与种种非人道的做法,其为错误,应无疑义。

申诉人吁请纠正身受的错案,申诉二十余年。间或有转机,终未澄清。之所以敢于不屈不挠,坚持申诉,固然是由于得到了当年主要知情人马登海的新证,更是出于坚信我最高人民法院必能实行执法必严、有错必纠的正确方针,对任何一个当事者都会做到司法公正,最终彰明国法。

综上所述,恳请采纳所请,立案再审。一切讼事都依法委托律师代理,亦请核准。附件三种共五份,一并呈上。

谨呈

最高人民法院

附件:1. 原判词三份

2. 甘肃高院《通知书》一份

3. 马登海 2002 年 2 月 15 日证词一份

申诉人:陈星

二○○二年四月十五日

李清章“流氓案”申诉状

申诉人:郭桂荣,女,被告人李清章亲属,住河南省原阳县陡门乡仁村堤村

代理律师:张思之,北京律师,通讯处:北京西城月坛大厦 A506

肖公明,郑州律师,通讯处:郑州民新街北街 4 号院 3 号楼

事由:河南省高院审理的李清章“流氓”一案,严重失实,前曾申诉有案,至今不予置理,不予纠正,谨郑重委托律师依法提出申诉,恳请审查,撤销原判,作出公正判决。

理由:

一、河南省高级人民法院以(94)豫法刑一终字第 314 号裁定判决被告人李清章犯“流氓罪”,处死刑立即执行,二审合议庭“经审理查明”的全部依据是:“被告人李清章‘4·5’后曾与村民李××(原文如此)预谋往清真寺扔猪肉,主观上有挂大肉的动机和思想,被传讯后即对挂大肉的犯罪事实作了交代,且所供买肉地点、卖肉人的年龄及特征,挂肉地点等与现场勘验笔录和有关证人证言的情节相一致……”这段“认定”涉及的情节,统统没有可信的证据予以证实,根本不能成立。谨根据案件的审理实况和部分案卷材料,先就其中的证据问题申述如下——

1. 据当地刑警队“眼线”,本案知情人李晓虎证:刑警队在上级严令迅速破案,但又毫无证据的情况下,迫于无奈,主观臆断,硬性派定李清章为向清真寺挂猪肉、挑起事端的罪犯,予以拘捕。刑警队要求

李晓虎对此保密。李晓虎鉴于情况严重,在对李清章的律师作证后藏匿,他的证词录音带原件当时已送最高人民检察院,最高人民法院刑庭存有复制件,并报二审合议庭备查。

律师曾坚持要求二审向李晓虎调查取证,省高院刑一庭庭长(李案审判长)和李案主审法官 1994 年 9 月 15 日在最高人民法院会议室,面对最高的法官,郑重表示:要与李晓虎当面“核实”,不料根本未经核查,就在回到郑州一周之后立即作出了“核准死刑”的上述裁定。对死刑案中如此重要的证据公然漠视,加以回避,实属枉法,应无疑义!

2. 李案侦查机关采用“以捕代侦”的错误做法,先以“破坏生产”的罪名拘押李清章,而后凭借想象与推论收集所谓证据,逼李供认,变为“交代”,情属违法,也无疑义。

3. 侦查机关为了说明所得“证据”的可靠性,在他们的导演下,录制了一套李清章推车从家中到延津县城买肉作案经过的录像,其中台词全由公安人员亲授,再经李清章复述,其为虚假,不难想见,更易查明。河南法官不仅轻信,而且容忍于二审期间的该年 7 月 4 日又在仁村堤村公开播放,组织收看,意图统一口径,掩饰真相。

4. 二审裁定所说的“(被告人的交代)与有关证人证言的情节相一致”,也属虚构,举其中最为紧要的一例说明:侦查机关于 1993 年 2 月 10 日到延津县找到一个卖肉售货员李聚贤“取证”,卷载当时的“讯问笔录”,如下:

“问:在去年 4 月 12 日这天上午,是不是有一个上年纪的、皮肤较黑、较粗糙,不讲价钱,不挑肉,不看秤,买肉后装上编织袋就走的这么一个人?”

“答:(想……)好像有这么个事,好像有这么个人,但具体情况记不清了。”

值得注意的是,在另一处的笔录中,这位售货员的回答则又进了一步,他说:“去年 4 月 12 日到现在快一年了,得好好想想,我一天卖肉好多,见的人也多,各种各样的人都有,有些情况一时想不起来。”

这里姑且不论上述“问”话中明显地包含着指供、诱供的错误内容和不正常方法，证人之“答”，在“记不清了”“想不起来”的前提下，陈述了两个“好像”，作为证据，这样的证言有什么证明力？更何况证人明确地说明了“快一年了”这样的时间概念和他那“见的人也多”这个职业特点，从而根本不能证实讯问人所提的问题！

证言本身已不可靠，“证言的情节”不能证实案中的任何问题，还说是与被告人的交代相一致，岂不成了虚假一片？可是省高院居然用这样的证据定下了死刑裁决！

5. 尤为严重的是，一审律师提供了三份证言，证明李清章 4 月 12 日从上午到下午一直待在村里，没有去百余里之外的延津买肉的“作案时间”，但两审法院竟然对这些极为重要的证据置之不理，不加审查，不予质证，采取了若无其事的蛮横态度，专断如此，实在骇人听闻，这些证言是：

(1)据村民陈国富证：他在 4 月 12 日的早晨八九点钟，在村里见到李清章，两个人在一块待了有抽支烟的时间，他还证明李没有骑车。

(2)据村民马庆邦证：他 4 月 12 日吃午饭的时辰，在村里见到李清章，两人还说了话，约有 10 分钟时间。

(3)据村民李书文证：他 4 月 12 日下午四五点钟在村里见到了李清章，他证明李“手里没拿东西”。

对上述证言如不能否定，竟还敢判人有“作案时间”，处以死刑，这样的裁判，还有什么司法公正！

6. 李清章年高体弱，自行车早已破旧，长期不用，原阳延津相距百余里，路面坎坷不平，能否在当天下午买肉返回？实地勘验，极易判明，两级法院都疏漏不作。特别是，作案用“肉”，经侦查机关保存五个月之久，竟不做指纹鉴定，法官对此也不补救，如此判案，就只能凭借主观臆断了。

7. 据法官认定，作案用肉共分三块，合为 2.84 斤，另据公安机关调查，当年的肉价最高值为 2.5 元一斤，即肉的最高价格不过 7.1 元。但公安机关认定李清章买肉给了 10 块钱，剩余的近 3 元钱，却不让

“找回”;可是,当年达 3 元的差价,对农民来说,实无由舍弃,硬行断定,不近情理,作为法官,如无偏见、成见,怎能如此轻信?

8. 被告人的陈述与辩解,作为法定证据,省高院的裁定作了很不寻常的认定。鉴于案中被告人不止李清章一人提出侦查阶段的刑讯逼供情况严重存在,当时的供述都出之于公安人员的逼迫、引诱,因而失真,二审裁定于是作出判断:“另据查,公安人员讯问时没有刑讯逼供行为,李清章供述的录像中也清楚地显示了这一点。”至于“清楚地显示”表现在哪里,二审裁定避不说明,而一审判决的表述是:“法庭播放了公安人员讯问李清章时的录像,录像中清楚地显示:李没有在任何刑讯逼供的情况下,自如地交代了犯罪事实。”把两审的断语结合起来,可知二审“据查”中的所据,就是一审播放的“录像”,至于当事者身上的累累伤痕都因刑讯而起,法官们是并不“据查”的。我们要问:该“录像”能否证实刑讯逼供并不存在呢? 回答是:不能!

先不论“录像”是否讯问当时的实录,后补的“录像”当然没有证明力,试问:既然是公安机关提供的“录像”,它有没有可能实录刑讯的恶行? 公安机关所谓“自如地交代”罪行,说得十分轻松,但不知这是一种怎样的情态? 从被告人的哪些动作、哪些行为的表现中可以侦知? 如不能回答这些问题,这种说法在断案中毫无价值,无可置辩!

事实上公安机关已查知单凭他们提供的那个“录像”并不能说明没有刑讯的问题,于是竟又出具一份“证明”,请看全文:

“按上级的部署,我局于 1992 年 5 月 6 日采取行动,抓获了十名‘4·17’案件的犯罪分子,随即交付预审。在审理过程中,又陆续抓获了一批犯罪分子。在整个的刑侦和预审部门的工作过程中,始终坚持对人犯进行政策法律教育,以事实为根据,以法律为准绳,依法办案,文明办案,从未对人犯采取过刑讯逼供现象。”签署日期为 1994 年 3 月 10 日。

公安人员没有料到,这份证明不仅没有达到制造者的目的,却产生了弄巧成拙、欲盖弥彰的效果。

第一,李案于 1994 年 4 月 12 日开庭审理,在此之前的 3 月 10 日,没有人向法院提出刑讯逼供这类非法取证的问题,公安机关居然先予“证明”,岂不成了“此地无银”?

第二,既是提交法庭的“证明”,依法只能作为一种证据加以审查,应经质证。合议庭没有进行这一法定程序,依照最高人民法院的相关的司法解释,它当然没有证据的效力,刑讯问题并不能因这份“证明”而被抹去。李清章等人身上受刑的伤痕,虽然法庭不予检验,不予鉴定,都是无法掩盖的。

概括以上八点内容,可以达到一个结论:省高院裁定认定的证据无一可信,因而其结论必然错误,申诉人请求纠正合法合理,应请支持。

二、省高院严重违反刑诉法规定,剥夺了被告人李清章的辩护权。其集中表现是,不准家属依法聘请的律师介入诉讼,甚至不准律师会见被告人。与此同时,又不依法为李清章指定辩护律师,法庭诉讼活动形成一面倒,一切都由控方说了算,彻底破坏了司法的公正,最终形成错判。在这种情况下作出的裁定,理所当然地应予撤销,重新裁判。

三、河南两级法院都认为,“4·17”惨案之所以发生,起自有人在清真寺挂猪肉。这个结论带有片面性,没有客观地反映问题的关键所在。

实际情况是:4月13日挂猪肉事发,回民除积极向政府反映意见要求解决外,无人闹事。4月17日,回民代表应邀到乡政府座谈,不料部分汉民实施突袭,聚众枪击回民,引发械斗,造成恶果。问题很清楚,挂肉之后长达四天,并没有械斗伤人的恶性事件发生,如果没有“4·17”开枪袭击的情况,正在谈判中的回民绝不可能与汉民互相械斗。因此,铁的事实证明:“4·17”聚众枪击回民是引发回汉械斗致人死亡的导火索。一句话:无人开枪,不会死人。审理李案,对于这一特别重大的情节没有理由不予审查并得出相应的结论。作为案件的申诉人,我们对此有理由提出以下问题:

第一,“4·17”事件中的枪是从哪里来的?谁组织的?村民持枪,严重违法,为何无人被追究?为何不彻查?

第二，持枪袭击回民的汉民是谁召集的？策划于何时？目的何在？姑且不论枪击人的刑责，寻衅滋事，制造民族矛盾，为何不予追究？

第三，鸣枪，是谁下的令？都是谁开了枪？总共用了多少子弹？为何不查清？

第四，这分明是一次有组织、有计划地挑起民族械斗的罪恶行径，制造事端的汉人，为什么竟无一人被追究？

第五，回民手中无枪。械斗中有鸣枪者死亡，从法律的角度细加分析，也不应由无枪的一方承担全部刑责，对此为何不能实事求是地予以审查，而后作出正确的结论？

还应指出：二审开庭以前，就有律师对“4·17”开枪引发械斗致人死亡的问题，向合议庭提出了应予重视的意见，令人难以理解的是：二审合议庭竟然置若罔闻，未予理睬，于是在审理中形成了向鸣枪汉民一面倒的非分倾斜，失去了司法公正，使李清章成为整个事件的替罪羊。二审的错误如此明显，恳请纠正，于法有据。

尽管如此，申诉人愿意郑重申明：我们无意追究错案的责任，无意从中得到赔偿，我们只是希望得到公正的判决，使无辜者得到无罪的宣告，最终达到民族的团结。

申诉人：郭桂荣

二〇〇一年十二月五日

附件：1. 省高院终审裁定

2. 河南郑州市中院一审判决

3. 陈国富证言

4. 马庆邦证言

5. 李书文证言

聂树斌“杀人案”申诉状

申诉人:张焕枝,女,63 岁,农民,住河北鹿泉市鹿泉镇下聂庄村,“已决犯”聂树斌之母。

代理人:张思之,北京市吴栾赵阎律师事务所律师

事由:河北省高级人民法院(1995)冀刑一终字第 129 号刑事附带民事判决书,全部、充分地肯定石家庄市中级法院(1995)石刑初字第 53 号刑事附带民事判决书就聂树斌“强奸杀人案”所作的事实认定,不顾主要证据的严重缺失,歪曲真相,妄加罪名,滥杀无辜,不能接受。所幸案结十一年之后,该案真凶王书金落网,主动地如实交代了他的作案过程和基本情节,复经现场指认,情况与供述完全一致。据此聂案实属错判冤杀,谨依法以聂树斌家长资格提起申诉,恳请立案再审,纠正错误,为民雪冤,以彰国法。

主要理由如下——

一、聂案二审援引一审判决认定的事实

据判决,聂树斌于 1994 年 8 月 5 日 17 时许,骑自行车尾随女工康菊花,至孔寨村的石粉路中段,故意将骑车前行的康菊花别倒,拖至路东玉米地内,用拳猛击康的头、面部,致康昏迷后,将康强奸。而后用随身携带的花上衣猛勒康的颈部,致康窒息死亡。

以上认定,除被告人供述外,没有证据证明。当时的现场勘查,除说明被害人尸体严重腐败外,也没有提供任何物证或其他旁证。

这样的事实认定,瑕疵明显,依法不能成立,下文专项说明。

二、杀人真凶王书金的落网及其供述的真实可信性

1. 王书金杀人多起,通缉在案,2005 年 1 月在河南落网。其过程媒体已广为报道,人所共知,于此不赘述。

2. 2005 年 1 月 18 日,王书金在河南荥阳公安局索河路派出所侦讯中,主动交代出奸杀康菊花的基本事实。他回忆道:

那女的骑车过来时,我就从玉米地里跳出来,猛推(她)一把,她连人带车倒在壕沟里了。我趴在她身上,两手掐着她脖子,掐了一会儿,她不吭声了。我就把她拖到玉米地里,又赶紧把她骑的车掂到玉米地里……(然后)把她的裙子和裤头脱掉,进行了强奸。强奸时,她清醒着,我掐着她脖子,她动不了,也喊不出声。强奸后,没起身,直接就把她掐死了。我把她扔在那儿就走了。

侦查员特别问他:“那女的自行车呢?”

王书金答道:“当时也扔在玉米地里了。”

这个细节对于甄别王供是否真实至关重要。诚如参加王书金现场指认的一位警方负责人所说:“如果不是亲临现场,亲自作案,他就不可能对现场情况作出如此精确的指认。”须知,被害人的自行车当时确实扔在现场,业经勘查证实。因此,组织现场指认的广平县公安局刘朝彬才能对记者宣称:“王书金已到现场指认,与案情相符。”经侦查确认:王说的“那女的”,即聂案中的被害人康菊花。

就我们所知,截至目前,没有人对王书金的供述本身提出质疑。王书金本人则始终坚持他的交代完全如实。

王供属实,他是奸杀康菊花的真凶,自无疑义。

我们注意到,在法庭审讯王书金的过程中,检察机关认为王的供述“查无实据”。对此,王的辩护律师作出了有理有据的批驳。他对合议庭申明:“本辩护人认为,(公诉人的)这种认定是错误的。”这位律师说:王书金于 2005 年 1 月 18 日供述强奸杀害康菊花的经过,公安卷第 2 卷第 12 页至第 13 页有详细记载;同年 1 月 25 日河北广平县公安局刑警大队提讯时,“他做了同样的供述”,详见公安卷第 2 卷第 48 页至第 52 页,“他的供述是在没有任何外界信息来源的情况下

作出的,对此广平县公安局进行了确认,详见公安卷第2卷第60页至第62页,而这些供述都是被法庭当庭质证后采信的。”朱爱民律师还着重指出:他“作为王书金的辩护律师,无权指控被告人王书金的罪行,但通过他的供述和犯罪现场的指认,足以说明王书金的认罪态度”“非常诚恳,而且是积极的”。(此段引文,见朱爱民律师的《辩护词》,刊发于“首都刑事辩护网”。)

总括以上各点,足以说明王书金供述他是奸杀康菊花的凶手,情况真实,无可置辩。

三、终审判决在认定事实上的问题

(一)申诉人目前没有可能查阅案卷,这里仅就两级法院的判决书进行剖析,作以下质疑——

1. 勒死被害人的“花上衣”,现场勘查为何没有交代?

2. 让被告人辨认的“现场提取物”,都是什么?为何既不列举,也不例举?

3. 被告人“埋藏被害人的衣物”的具体情节,诸如:用的什么工具?哪里来的这件工具?用后怎么处置的?埋藏在玉米地里的什么位置?埋了多深?取出时腐烂没有?凡此种种,现场勘查为何没有结论?

4. 一审判词说:“聂树斌多次供述,与现场勘查吻合。”哪些供述,与现场的什么“什么吻合”?为何不作明示?

5. 判词肯定被告人“用车别倒”被害人实施的奸杀,无疑应有两辆自行车留在现场,那么,被告人对两辆车都是怎样处置的?为何不能说明?

6. 看不到尸检报告,不敢断定是否作了至关重要的DNA鉴定?如没作,敢问为什么不作?判词为何不说明理由?

(二)从整体上看,终审判决在认定事实上只有一句话,加上标点总共40个字,即“经审理查明,原判决认定上诉人聂树斌故意杀人、强奸妇女的事实、情节正确,证据充分。”

“证据充分”之说,纯属空话,前已说明,姑且不论。试看一份死刑判决文书，居然没有论据，当然也就作不出论证，却竟敢如此不负责任地贸然维持原判的不实结论，斥为草率，谅不为过。即使仍然不见真凶落网，也是站不住的！如何纠正，人民寄希望于诸位大法官执法的严肃性。

四、艰难的申诉历程，我们的请求

我们从2005年春初开始申诉，反复求告相关法院，均遭设词拒绝，或婉或坚，其中唯一说得出的“理由”是我们提供不出终审判决书。我们无意探究当初法院不发判决书的失误和现时的托词，我们只是希望贵院贯彻执行“以民为本”的建国理念，在我们今日遵命终能呈上判词之后，尽快按审判监督程序提起再审。我们对河北政法系统的某些执法人士心存疑虑。前此他们信誓旦旦，公开声明，已组成联合调查组核实王书金的交代，一有结论，立即公布。贵院宣传处处长也曾对媒体宣告：“高院肯定会对聂树斌被判处死刑一事作出详细回复，一有结果马上公布。”（见2005年4月15日《信息时报》）至今800天过去，他们都食言了。我们的疑虑而今主要在于：王书金一案已经审结，一旦执行死刑，聂案就可能变成了“死无对证”，沦为“死案”。可是，河北政法委不敢公布他们的“调查结果”，又分明说明原判绝非“铁案”！尊敬的高院大法官，任何一家法院都会出现错案，甚至错杀，我们能够理解。问题是，发现重大疑点之后，特别是发现真相之后，恣意抹杀，设计掩盖，这就有枉法渎职之嫌了。令人欣慰的是，时代在前进，事物都会发生合乎潮流的发展与变化，因此我们对高院终能贯彻执行最高人民法院近年来关于处理申诉案件的一系列规定和指示，寄予厚望。我们请求您们尽快立案，提起再审，别无奢望，更无苛求。

此致

河北省高级人民法院

申诉人：张焕枝

二〇〇七年八月二日

附件:1.(1995)冀刑一终字第129号河北省高级人民法院刑事附带民事判决书复印件一份

2.2006年4月11日朱爱民律师《王书金涉嫌强奸杀人一案的辩护意见》复印件一份

邵宁等“毁林案”申诉状

申诉人:邵宁,住电白县龙山镇港口村门前坡片7号

邵碧,住电白县龙山镇港口村井头园片77号

代理律师:张思之,北京市吴栾赵阎律师事务所

傅可心,北京市吴栾赵阎律师事务所

事由:茂名市中院支持电白县人民法院(97)电法刑初字第199号错误判决,不顾事实,颠倒是非,打击护林有功村民,保护毁我“基干林带”的违法户,当然枉法,应请纠正。

理由如下:

一、茂名、电白两级法院“查明(的)事实”,据判决书说,是申诉人邵宁集结村民敲鼓,煽动村民“带锄头、工具”,“带队将推土机毁掉赶走他们”;申诉人邵碧“以及百多名村民涌向邓益中(按即本案中的毁林户,附带民事诉讼的当事人)虾场开发工地……拆毁工棚二间,毁坏推土机三台,挖土机一台及生产、生活用具、原料一批”。茂名中院“经审理”,维持了原审的上述说法。

然而与实际情况不符,已被申诉人及其律师当庭提出的证据所推倒,原审不查,武断地肯定了侦查机关的指控,但却回避了以下的重要问题:(一)村民近千人(哪里是“上百”)为什么涌向“虾厂开发工地”?(二)村民又为什么要“毁机赶人”?不仅如此,原审甚至根本没有审清楚谁打鼓,谁赶人,谁毁坏了什么机器,凡此无不涉及问题的是非曲直,涉及案中问题的实质,不予查明,怎能公断?茂名中院对省高院(98)审监刑字第26号函采取敷衍立场,先以“审理查明”搪塞,后

又用“审查认为”的断语支持了原审的错误，所作的“驳回”申诉的决定必然枉法，无可置辩。

二、两级法院在其司法文书叙述案中涉及的“4·16”事件时，全然回避事件发生、发展终至矛盾激化的全过程及其实质，这就不可避免地造成枉法裁决的恶果。经查本案涉及的“4·16”事件的发生，源于龙山镇港口管区沿海基干林带被强行摧毁，建塘养虾，村民坚决抵制，终无效果，矛盾激化。

港口人民以木麻黄为主营造防护林带，始于20世纪50年代。历经十年，终能在原来的茫茫沙滩造就了南海“绿色长城”，有效地改善了生态环境，被命名为“三八防护林”而享誉全国，至90年代被确定为“国家特种防护林带”，人民赖以生存生活的家室田园由是得到了有力的保障。

1996年15号台风起处，“三八防护林”受到巨大损害。天灾不足畏。村民奋起，含泪补救，林带一片生机。然而人祸实可畏。龙山镇上的几个污吏（劣迹斑斑，村民多有举报，至今未被查处）不顾村民死活，管你什么生态环境的优劣，一下子砍了1300亩林带，把林地承包（租）给只知赚钱而不顾子孙后代长远利益的个体户，挖塘养虾，从而对基干林带进行了毁灭性的砍伐破坏。尤其令人气愤的是，1994年新种未被15号台风摧毁的幼林40亩，已高达4米至6米，长势极好，竟然也被砍光。村民在多次请求有关单位制止而无效的情况下，趁1997年春季的造林有利时机，于2月14日聚千人之众，重在被毁林带上补种幼苗数万株，不料于开根生长之后，竟然也被个体户邓益中等人开上推土机连根铲除。对此地地道道的毁林罪行，村民们采取了正当的紧急措施，使毁林者用于毁林的推土机不能转动，即使在方法上有可以商榷之处，其行为符合《民法通则》第129条和《森林法》第9条的规定，符合《森林法》第19条的精神和国务院的明令，实属义举，无可置疑。

由此可见，本案起自有人砍树毁林，村民采取合法行动，要求还我“绿色长城”，茂名电白两级法院都以“毁坏公私财物”为口实保护不法的“毁林者”，打击护法保林的“建设者”，这怎么审得清？怎能不判错案？扼要地说，原审法院对申诉人作出的有罪判处，实属黑白颠倒之作，应从根本上推翻。茂名中院"审理"失察，竟予维持，实属荒谬！

三、原审判决印发于1997年9月23日，前此四十多天，广东省林业厅、茂名市林业局同时分别就电白县龙山镇砍伐基干林带推塘养虾事件发出指令，要求纠正，"并采取有力措施迅速恢复沿海基干林带"；明确指出"龙山镇在沿海基干林带推塘养虾违反了有关林业法规"，要求"采取有效措施，制止在基干林带的推塘养虾作业，防止事态扩大"。不意电白县的审判机关对此统统置若罔闻，甚至不顾《森林法》对防护林"只准进行抚育和更新性质的采伐"的规定（第27条第2项），不顾该法"禁止毁林开垦……以及其他毁林行为"（第19条第1款）的规定，以及该法第28条、第31条等禁止性或限制性的条款，无所顾忌地作出了枉法判决。这是我们申诉的重要依据。然而尽管事理昭昭，有法可依，茂名中院居然断为"申诉理由不充分"而予"驳回"，他们究竟在维护谁家利益已是无可置疑。我们既是出于申冤，更是为了维护国家民族子孙万代的长远利益，不得不再请高院予以考虑。

四、电白县的错误绝不是偶然的。林业部1994年"关于将沿海基干林带划为国家特殊保护林带"给国务院的请示中，在说明一些地方"乱批、乱征、乱占沿海防护林林地"的严重情况时，特别指出了电白县在这方面的严重问题，即全县63.6公里的宜林海岸线的沿海基干林带"因建开发区、上新项目等而出现了7个缺口，其中一个缺口的宽度超过100米；兴建……开发区因毁林修路而造成土地沙化，风沙再起"［林业部林造字（94）63号文件］。电白县并不接受批评，吸取教训，反倒变本加厉，肆无忌惮地干出了上述遗祸万代的大面积摧毁林带的罪行。国务院在批准林业部的前述请示时，特别明示：对于不按法定权限和程序征用、占用林带的，被征用、占用者"有权抵制"。对于这条中央的决策，电白县法院没有理由更没有权力拒不执行。值得重视的是：今年的南北水患再次给我们敲了警钟，有关专家和中央领导反复指出，一些地方毁林垦荒，使防洪、泄洪能力降低，加剧了或者是引发了洪涝灾害。正因如此，国务院又在日前发布了《制止毁林开垦乱占林地》的紧急通知,其基本精神再次说明龙山镇村民为了护林而采取的所谓“敲鼓赶人”,阻止推土机毁林的行为是正义的,因而只宜引导,不应打击,尤其是不该运用专政工具加以镇压!其基本精神同时说明,再不严惩那些摧毁林带、破坏生态环境的恶行,我们将不能维护亿万人民的生存权利,将无以对子孙后代!

综上所述,本案是非界限极其鲜明,电白、茂名两极法院是抹杀不掉也回避不了的。

五、如上所陈,尽管村民抵制毁林的行为是正确的、正义的,本案申诉人虽然也随自发的村民大军涌向护林现场,但申诉人并没有实施判决书中所断定为“罪”的那些具体行为。广大村民一再上报材料,说明真相,居然未被采信。主观臆断,应请纠正,至盼遵照审判监督程序重予判决。

此呈

广东省高级法院

申诉人:邵宁　邵碧

一九九八年九月十五日

湖南作协诉金振林“合同纠纷案”申诉状

申诉人:湖南省作家协会

法定代表人:孙健忠

代理人:张思之　北京市吴栾赵阎律师事务所律师

事由:申诉人与《小溪流》杂志社原主编金振林“承包合同纠纷”一案,在有关部门的干预下,省高级法院直接指导,历时近千日,经两级法院四次审理、三次调解,最后作出了无比荒谬、严重违法的终审判决。特依法提起申诉,请依审判监督程序予以纠正。

事实与理由:

一、本案讼争要点如下:申诉人与作协主管的《小溪流》杂志社于1992年10月签订“承包经营合同”;不久,主编金振林就采用手段变更承包的性质,违反办刊的正确方针,以刊谋私,独断专行,违约违法。申诉人依据国家新闻出版署1993年8月发布的801号文件,接受承包集体多数人的请求,经过调查研究,于1994年12月提出终止合同之议,对金的工作另作了妥善安排;金无理拒绝,跟着采取了对抗措施,直至挪走巨额公款,积欠30万元印刷费不付,图谋从根本上破坏杂志社的工作。省委宣传部于1995年1月12日通知免去其主编职务。省作协于15日聘任了新主编。但金振林仍继续侵占公章、印鉴、证照,藏匿财务原始凭证,严重地影响了杂志的出版。申诉人为职责所系,迫于无奈,于1995年3月25日起诉请求解除合同。长沙市北区法院的一审判决大体上肯定了上述事实,认定申诉人的请求合理有据。金振林上诉后,被二审发回重审。出乎预料,区区小案,竟引来省领导干预,于书面批示后,搞了个“三院会审”,使情况突变,黑白为之颠倒,终于产生了长沙中院的极端荒谬的终审判决。

二、长沙中院经终字第436号民事判决书的基本论点和主要证据是:“省作协以杂志社的内部问题为由,与杂志社法人代表协商解除合同,在未协商一致的情况下,也未经法定的程序,便以行政手段的方式,单方面解除合同,属违约行为。”

这个判决,使用“顾左右”的手法,回避案中焦点,即依据国家行政机关颁发的规章——前述的801号文件——向合同的一方提出终止合同,是不是“违约”?回答这个问题,必然涉及以下两点:第一,作协“终止合同”的根据是不是实事求是绝无虚假内容?第二,终审判决既不能否定北区法院一审判决审定的事实,可又大做翻案文章,颠倒是非,置法于不顾,难道其中无鬼?这些问题尽管长沙中院不敢触及,噤若寒蝉,但是,能够就这样悄无声息地马虎过去吗?

考虑到上引判词中的几点论据无一符合实际,不得不略加申述,如下:

(一)什么叫“以行政手段的方式单方面解除合同”?姑且不论“行政手段的方式”语意不明,难以准确把握,试问:省作协何时、何地用“行政手段”解除合同?如果合同在行政干预下已经解除,省作协为什么还要提起诉讼?“三院”还有什么必要对此案“会审”,两级法院竟然审了四次?

我们无意排斥“行政手段”。省作协的缺点恰恰在于:在有人运用特权包庇、袒护金振林时,没有运用行政权力,采取断然措施,去纠正金的一系列错误。

那么,终审判决为什么要公然提出这个问题?一查就明白了,这是金振林反复坚持的歪理。原来如此!

(二)所谓“未经法定的程序”,给人以不知所云的印象。长沙中院指的是哪个法律中规定的什么程序呢?我们有必要说说事实。

1994年2月、11月,《小溪流》杂志的副主编与另一编辑联名上书作协,揭露金振林的恶行劣迹,认为构成“毁约”,要求立即解除合同;跟着,同年11月9日,省作协就“承包”问题请示省新闻出版局,据期刊处批示:“禁止……承包给个人。”12月4日,省作协党组为说明金振林在“承包”中的问题,向省委领导发出“关于《小溪流》杂志社情况的汇报”;12月10日,向金振林提出“终止合同”,被拒绝,承包合同仍在金振林的把持下继续运作。1995年1月1日,省作协党组再次向省委领导作出书面汇报;1月12日,省委宣传部通知免去金振林《小溪流》主编职务。省作协于三日后聘任了新主编。又十日省作协发出“《小溪流》杂志社移交工作的几条决定”,再次被金拒绝执行。3月底,省作协诉请判决“解除合同”。从上列的粗略时间表,不难看出,在长达一年的时间里,为了解决“承包合同”的问题,申诉人不仅履行了应当履行的一切“程序”,而且达到了仁至义尽的地步。长沙中院的判词用一个虚无的“法定的程序”唬人,除充分暴露出执法不公的面目外,还有什么作用?

(三)所谓“以内部问题为由……协商解除合同”,且不说既是“协商”以什么为由都无可厚非,这里的要害是这个“内部问题”。请问:判词指的是内部的什么问题?包含哪些内容?长沙中院不敢明指无能明示,显然是自创了一个模糊概念,目的在于掩盖问题的实质,袒护坏人坏事。

至于决意解除合同的“由”,我们将在下面陈述。

综上所陈,二审判决中的主要论据既属虚假,其论点当然不能成立。

三、长沙中院为了说明省作协“违约”,在他的终审判决之始就来了一段“认为”,其原文是:

“尽管(当事人间的)合同内容在文字表述上有不完全、不准确之处,但双方意思表示是真实的,权利义务关系明确,其性质是……集体承包经营。该合同的内容,没有违反国家的有关法律法规。”

这段“认为”不仅主观而且带有很大的随意性,既不郑重,更不严肃。申诉如下：

（一）既然文字的表述“不全面、不准确”，“双方的意思表示”又怎么会“真实”呢？这个“真实”的含义是什么呢？举例说，金振林用不同的方式，从不同的角度，向各方面——从省委领导，法、检官员到报纸刊物，一再说明他是“个人承包”《小溪流》杂志社，这一意思表示当然真实，也许只是由于不符合终审判决主文的需要，也就划入“不全面、不准确”之内滑过去了。有必要进一步指出，该合同的文字表述“不全面、不准确”，这是用抽象的方法作出的概括，而作为终审判词，则应具体说明“不全面”表现在哪里？又为什么说它“不准确”？长沙中院不能指明说出，其结果必然是胡判！

（二）既然文字的表述“不完全、不准确”，合同中的双方权利义务关系就注定不会全面不会准确，实际情况正是这样。仅就作协的权利条款而论，除了收点儿管理费，有句“监督检查办刊方针”的空泛权利，还莫名其妙地把维护合同对方即杂志社人员的合法权益，乃至“分担应承担的责任”也归为“权利”列成一条，这怎么可能履行801号文件要求“出版单位的主办和主管单位”应担的职责和应有的权限呢？难道这三个条款就是申诉人对于“作协权利”的真实的意思表示？

必须指出，作为合同基本内容的“权利义务”的规定有了重大的瑕疵，这种合同难道还不应该修订或解除吗？

（三）判词中还有一个至关重要的“认为”，即“该合同的内容，没有违反国家的有关法律法规”。长沙中院特别搬出“国家的”一词作为文中的一个定语，意有所指。可惜这是搞文字游戏！诚然，国家新闻出版署颁发的801号文件不属于“国家的法律法规”，但是我们要问：它是不是有权单位发布的行政规章？具不具有必须遵行的效力？违反了它的规定的“合同”该不该撤销、终止即解除？

那么，讼争的“承包合同”是否在重要内容上违反了规章呢？新闻出版署的负责官员曾于1995年4月17日明确指出“其中部分条款是违背801号文件的”，并特别指出合同第10条“杂志社主编为承包人,不论作协机构及法人代表如何变动,承包期间不得更换杂志社承包人”的规定,违反了801号文件。问题不止于此。该合同关于“杂志社权利”一节的几条规定,大都直接违反了801号文件,其错误在于严重混淆了、模糊了或者暗换了承包的性质,抹杀了承包单位同主办单位之间的“领导与被领导的关系”(801号文件第6条),危害极大,理应立即采取有效措施予以纠正,按规章办事。

长沙中院的终审判决居然对801号文件不予考虑,不屑执行,漫说“执法必严”,就连“有法必依”也没做到。

现在可以正面回答省作协是否“违约”的问题了。湖南的三级法院慑于权势,听不进我们的正确意见,请看看新闻出版署于1995年6月15日发出的“新出建议案(95)12号文件”,答复全国人大代表的“建议案”中明确地说:“主管、主办单位须严格执行《暂行规定》(即801号文件),有权根据规章之规定提出对合同进行修订、调整或终止,对此,不应视为违约。”

难道还有比这更清楚、更明确的合法的结论吗?

法院不执法,其对政权的腐蚀作用还用解说吗?

四、有据可查的是:恰恰是金振林违了约,违了法。构成了省作协提议终止合同之“由”,列举如下:

(一)杂志社承包不久,金振林就将五人共交的“承包风险抵押金”共计5万元,改由他个人承担,制造了“个人承包”的既成事实;而后与社内同仁分别签订“劳动合同”,形成雇佣关系;取消副主编的版权页署名,并私自任命了编辑部主任。湖南省作协主办的一份知名杂志由此沦为“金家小店”,既违反合同的约定,更违反了801号文件。

(二)在编务中排斥省作协的领导、管理与监督,不仅大量塞进他个人的作品,极力自我吹捧,而且发表低级下流的文字,毒害少儿心灵,改变了杂志的正确办刊方针。

(三)经审计核实,金振林挪用公款达14万元,漏税高达31万元,采用各种非法手段,多占公款,直至由自己老婆出面截留现金;严重违反财经制度,有的问题已构成犯罪。

上述各点，都已向法庭一再陈明。我们在长沙中院今年9月9日的法庭上郑重请求：案中公款，已有14万元去向不明，“宜依据‘两高一部’在经济诉讼中发现经济犯罪应即移送其他司法机关处理的规定处置”。不幸的是，长沙中院对此自始不能从来不敢也“认为”一下，终于，采取了庇护的立场，干出了颠倒黑白的蠢事！

事实已经证明金振林违了约，犯了法，就不能再让他滑过去了。新账旧债一起算太有必要了。关于他搞非法出版物的旧债，拟在申诉立案后面陈。

五、事实上，金振林违了约也犯了法，这在湖南的法院看来，不算数；行政规章明定，本案讼争合同可据以终止，长沙中院“认为”这不算数；至于“以骆晓戈为代表（请看长沙中院多会玩弄概念！）的现《小溪流》杂志社……所作的同意解除合同的意思表示”，据判词“认为”，“不能认为是以金振林为代表的杂志社内部承包集体的意思表示”，也不算数；至于这个“内部承包集体”中的其他三位“承包分子”尽管属于多数，因均非“代表”，当然也不算数。这样算来数去，就只有金振林一个人的意思表示才能被判词“认为”有效了。研究一下判词内容，金振林的无理主张无一不被支持，便是明证。然而这真是咄咄怪事！堂堂三级法院“会审”的结果，竟是屈从一串非分、无理、违法的“意思表示”！

人们会问：长沙中院判决本案还有没有“准绳”呢？他们的依据是什么呢？

终审判决认为：一审判决“基本事实清楚……处理于法有据”。这实际上是说，一审援引的《全民所有制工业企业承包经营责任制暂行条例》正是处理本案的主要依据。对此我们在上诉状中作了详尽的批驳。长沙中院之所以不敢公开援引这个《条例》，正是由于我们的批驳有理。然而他们为了把水搅浑，以便庇护坏人，也只好把“准绳”视为“绳索”，那最后被勒住的恐怕还是搅浑水者！难道不是吗？

六、另两条具体的错判：

（一）终审判决认定：“以骆晓戈为代表的现《小溪流》杂志社不是

本案的当事人”,因此,它的“行为无效”。我们弄不清楚这是胡话还是呓语?“现《小溪流》杂志社”作为案中第一被告人被审了,被判了,怎么到了长沙中院竟又把“当事人”的资格明白无误地取消了?查一审法院的重审判决,其主文第一项就是:“原告……与第一被告《小溪流》杂志社签订的承包经营合同书终止履行”,该项判决又被长沙中院的终审判决的第一项予以维持。既然如此,所谓“不是本案当事人(其)行为无效”的说法,显然别具用心,不合实际,正应无效,而无疑义。

(二)据长沙中院的“查明”:“1995 年 1 月 12 日免去金振林杂志社主编职务,15 日聘任骆晓戈为杂志社主编,并主持工作,但未办理企业法定代表人变更登记手续。”这段叙述意在说明:金虽被免职,但依然是“法定代表人”;然而很可惜,叙述中涉及的问题虽有“查”却未“明”,似是而实非。实际情况是:金被明令免职后,走了长沙市副市长陈元松的“后门”,凭着陈写给工商局的一张条子,竟然取代了法规文件的要求与法定的登记程序,抢在新任主编之先,进行了不合法的工商年检。这是陈元松公然滥用职权,庇护金振林,在企业登记中实施的违法行为。我们曾当庭要求长沙中院作出司法建议,追究陈元松的问题,宣布非法登记为“无效”,长沙中院有什么理由可以置之不理呢?区区市长竟然凌驾于国法之上,执法机关又不敢触动,“严肃执法”又从何说起?

七、两个程序上的错误:

(一)湖南省司法厅办公室副主任秦希燕,本是政府公务员,却以执业律师身份出席法庭代理诉讼,严重违反了《律师法》、《国家公务员法》的相关规定。他在法庭上声明:“我是全国十佳律师,有律师资格,当然有资格出庭!”经驳斥,他补充说:“我正在申请辞去办公室副主任公职。”正在申请,无疑是承认目前“仍是”,且明知不可以即没资格参加诉讼。长沙中院的审判长在庭下对我们的律师解释说:专门就此事问了司法厅律师处,说是他“可以参加诉讼”,“因为他不是以副主任身份出庭”。我们的律师在其最后陈述意见时,严词要求追究这种公然违法的行径,并说明:秦希燕在法庭上尽管没有说出一点像样的道理，言辞举止与“佳”相去甚远，尤因其违法，其代理诉讼自始无效。终审判决却公然列秦为“代理律师”，再次表现出坚持错误的顽固立场。对此恳请纠正，以护国法！

（二）本案省委大员曾有批示，发展到要求“三院会审”，公然对抗《民事诉讼法》关于程序问题的明确规定，剥夺了当事人——首先是省作协的诉讼权利。本案判决之所以一错再错，直至演变到终审谬判的地步，其源盖出于此。“任何组织或者个人都不得有……超越宪法和法律的特权”，这是一条重要的宪法原则。省委要员何能例外，不予遵循？上述这一特殊现象又启示人们：独立办案，严肃执法，谈何容易！然而倘不扭转，民何以堪！

我们之所以反复陈明真相，据理申诉，正是不忍看见出现“法将不法”的局面，正是为了竭力维护我人民法院的权威与尊严，维护我神圣国法的正确实施！

请予审查，并请核准！

致

最高人民法院审监庭

一九九七年十二月二日

附：我的最后陈述。

附录：我的“最后陈述”

审判长、合议庭：

根据诉讼中出现的情况，深切体会到严肃执法是多么艰难不易，因此我必须要求自己自爱自重，严格地依照法律的要求行事，谨就以下三个问题向合议庭提出请求，或向有关部门提出“司法建议”，或作出“移送（其他机关）处理”的裁决——

一、前长沙市副市长陈元松，利用职权，违反工商企业登记条例的规定，用一张“条子”就取代了法规文件与法定程序，包庇、掩护了金振林在企业登记中的严重违法行为，应建议他所属的机关依法追究其责任。

二、司法厅的现职工作人员秦希燕，无论持什么借口（当庭表明“我是全国‘十佳’，著名律师”），作什么解释（当庭声明“我正在申请辞职”！），都不可以违反现行法律“不得兼任执业律师”（《律师法》第13条）这一禁止性规定。一个持有“律师资格”证书的人连自己的《律师法》都不执行，还怎么可能依法办事，怎么可能“教育”别的人守法？

我们的律师制度不容任何人取蔑视态度！请求合议庭建议省司法厅纠正错误，倘另有官员负有不可推诿的袒护的责任，也应依法办事，不可稀里糊涂，马虎了之。

三、案中涉及的27万8千元“公”款，已有14万多元去向不明，一审仅仅说这是案外人发行部的财产，以此打了埋伏。现在好，金振林用“答辩”形式把发行部这个“案外人”拉入案内了，而且大家都认为从“所有权”角度审查它是“公款”，那自然应弄清楚去向，找出“责任者”。主编“支出”，如果副主编签了字，那得审查用途是否正当；如无副主编签署，按法庭审明的会计制度，则根本无效。与此相适应，宜依据“两高一部”在经济诉讼中发现经济犯罪应即移送其他司法机关处理的规定处置。事关重大，请予审议。

最后，我受权代表湖南省作家协会申明：鉴于金振林不仅利用书面答辩，而且当庭使用恶言毒语对上诉人进行人身攻击，直至侮辱作协“要钱不要脸”，显然已构成《刑法》第145条规定的“公开侮辱罪”，我们保留提出“告诉”的权利，并视事态的发展采取相应的步骤。

请予审议。

上诉方代理律师：张思之

一九九七年九月十日

杨子立“颠覆国家政权案”申诉状

尊敬的李萍法官阁下：

我们受杨子立之妻路坤的委托，就杨案的继续申诉，提出以下意见，作为本人申诉的补充，恳请采纳：

一、杨子立等人“颠覆国家政权案”，一、二审的辩护律师对控方证据的有力辩驳以及要求关键证人质证的合理、合法要求，均未获法庭采纳，导致原审裁决对本案基本事实的认定存在重大错误，以致在定性上失去“准绳”——

（一）“新青年学会”只是一个青年学生、学者就共同感兴趣的理论问题和社会问题进行探讨研究的松散的“聚会”，并不是一个有核心、有外围、有纲领、有章程、有经费、有场所、有行动的“组织”。这些年轻人的全部活动就是几次不定期的、没有固定主题的漫谈式聚会。

本次申诉人提交的“新青年学会”重要成员张彦华、何忠州、范二军、黄海霞的最新证言客观地阐述了他们所了解的“新青年学会”自始至终的基本情况，足以证明原审认定杨子立等人以颠覆国家政权为目的，“策划、实施了非法成立组织，秘密聚会”是根本错误的。

（二）“新青年学会”的成员包括杨子立，自始即没有所谓“妄图推翻中国共产党和社会主义制度，颠覆人民民主专政政权的”主观故意。原审判决和裁定认定杨子立等人具有“颠覆国家政权”的主观故意，完全是对“新青年学会”宗旨的歪曲，并没有证据支持，这一点，原审审理中杨子立等人的多位律师对证据的分析、论述，合情合理合法，应予采纳。

本次申诉人提交的张彦华、何忠州、范二军的最新证言，充分证明“新青年学会”的聚会绝无“颠覆国家政权”的任何商讨与决议。范二军、黄海霞的证言对原审审理期间曾做的不实证词的说明，合理可信，更值得关注，以利于由此得出正确的判断。

（三）原审裁判杨子立等“秘密集会”根本不是事实，他们的“聚会”历来都是公开的，至于所谓“使用暗语”，则出之于年轻人对于公安人员的恐惧心理而产生的闪念，实际上没有事实，对此，杨子立在自辩词中有详尽充分的说明，总之以此定为“颠覆”重罪，近于荒唐。

（四）至于在互联网上发表文章，有的文章中的观点不能被“控方”同意，这都属个人的言论，既不违法，更不违宪，又根本不是“新青年学会”的“颠覆”理论、“反动”纲领，根本构不成犯罪。天津市公安局对“学会”主要成员张彦华的相同情况作了审查之后，即宣告无罪释放，是严肃执法的表现，正可以说明各被告人和其律师的辩护合理合法，是正确的。

（五）“新青年学会”几个年轻人的思想大体上属于两种思潮，其一是坚持马列主义，其二是坚持自由主义，凡此都有他们的文章可证。诸位法官当然十分清楚，这两种思潮尽管各有侧重，并不相同，但都不违法违宪则是铁的事实。从实际出发，我们认为，无论坚持马列主义或坚持自由主义，都是应当鼓励、支持他们深入“探索”的。怎么可以把这类思想倾向上的“问题”视为犯罪、判处重刑呢？

二、所谓“新青年学会”颠覆国家政权案，是安全机关及其工作人员人引导、设陷、夸大、歪曲，蓄意制造的冤案。

本次申诉人提交的张彦华等人证言均证实，安全机关的工作人员李宇宙，在“新青年学会”参与人员感觉“聚会”的意义不大，已有解散之意的情形下，复积极主动召集聚会，设立陷阱，为安全机关“侦破大案”以便立功制造机会。在原审审理中杨子立等人和他们的辩护律师提出传李宇宙到庭质证的请求被拒绝，导致对本案的定性错误。李宇宙逃亡域外后，在互联网上公开了他受命制造冤案的经过，似也应引起诸位法官的关注。

我们恳请法官阁下充分重视这一情节在本案中的重要性，采纳原审律师在本案定性问题上的正确意见。

三、尊敬的法官阁下，通观本案的全部卷宗，我们认为，杨子立等被告人，是关心中国社会民生，敢于思考、勤于研究，勤奋有为的好青年。可以不夸张地说，我们为之申诉的杨子立是英才，政治品质极佳。建议法官花点时间了解一下他的狱中表现，就可以明白我们诉说的是真情，是实话。这样的无辜青年，长期关押牢狱，这不仅是个人的灾难，而且是社会的损失。不满，是进步现象，有不满才会有不断的革新，才有所谓“与时俱进”。正是由于他们以及更多人的“对社会现实不满”，才有可能推动我们的社会不断改革和进步。法官阁下，年轻人“探索改造中国社会之道”难道真的大逆不道吗？请想一想，中国社会从“‘以阶级斗争为纲’的无产阶级专政”到“建立和谐社会”，难道不是对中国社会基本政治观念的改造吗？从“全民所有制的计划经济”到“国退民进”的国企改制以及市场经济的建立，难道不是对我国经济体制的改造吗？

我们认为申诉人的申诉理由充分，我们的这份补充更有新的证据证明原审认定事实和定性错误。恳请法官阁下认真审查，立案再审。

此致

北京市高级法院审判监督庭

杨子立的辩护人：

北京市吴栾赵阎律师事务所

张思之律师　傅可心律师

二〇〇六年四月十七日

才下眉头，却上心头*

——代后记

欲望，与生俱来，多基于本能；或者发自幽思，有些源于梦境。

生活欲望与工作欲望（连同求知）分属两个领域，各有其不同的内涵与形态。就内涵而论，会因人而异，常因事有别。

物质生命延续，生活欲望相随，我不能免；精神生命健康，工作与求知欲望难减，我也还有。然而纵观平生，私欲与理念常齐生共长，我无能时时都会正确处理二者之间的矛盾关系；幻想与实践交错运行，又不能事事准确把握二者之间的正常发展：于是少缺宏志，壮无大略，雄心干才，遥想罢了，平平庸庸，忽已九秩在望。粗躯尚健，毕竟来日无多，浮云晚霞，怎挽夕阳欲坠？回顾漫漫人生工程，难免自问："究竟营造了些什么？"

重编的这个集子，也许能表明一腔工作热情残存。同前此印行的学林版相比，增添了近作。遗憾的是，有些篇章目前依旧不宜编入；抱愧的是，近作亦无佳篇，奇缺新的理念。我只是有个习惯，案无论大小，事不分巨细，都不想舍弃。试看刑事诉讼，几乎案案不同，总是各异其趣，在不同的诉讼阶段，都可能有关键性的细节待你突破、容你辨析，辩词的侧重点于是会互有不同。我之所以敢在同一罪名之下选编若干案例，其故在此。一个处方包医百病，用于刑辩注定误事。案案

---

* 借李清照《一剪梅》词句。

都需用心,实乃客观使然。

从律师实务的角度考虑,要紧的是,案情无论繁简,任务则一:或为民争权,或代民维权,使之由此获得自由与尊严,从而提高其精神境界,进而推动社会的进步与变革。我们的当事人大多是明日公民社会的根基,故须以高尚情操、人格力量、崇高信念与之交流互动,从那些即使是不公正的审判中吸取有益的元素,激励前行。我的当事人,前广州日报社社长黎元江先生,在狱中忍耐申诉受阻的煎熬,完成了近三十万字的博士论文,质量得到他人民大学导师的高度评价,我有幸读到初稿与定稿,很受感动。这类事例,给人启示:律师实务如何求真,怎样析理,的的确确事关重大;轻视,低估,无论源于何人出自谁家,都不免自食恶果。

然而空有热情、徒具理念也不见得就能解决好律师实务中涉及的一系列实际问题,这个集子里所涉案件的失误与不足,恰是最好的说明。突出之点是注重交锋,疏于交流,因此往往不能发挥出各方法律人的合力,与其他参与诉讼的主体一道,通过剖析个案,运用法律智慧,"析万物之理",抒人间之善,"判天地之美";①达到互补互济,用各自的语言,传达法律的魅力,从根本上维护住当事人的权益,从而树立起法律的权威与公正司法的尊严。律师就其诉讼角色而论作用不可或缺,对此岂可放弃。

应加着重补充说明的是,集子里的内容并未能从整体上反映我的法庭活动全貌,违规情况就未予编入。值得一提的是:2006 年 10 月,我与浦志强律师代理王天成先生诉周叶中教授等人抄袭侵权案,二审法庭辩论临近终了,我不经法庭允许擅自插话反问对方代理人,审判长虽未制止,但毕竟违了规。事后上书合议庭补上了自我批评:"我未经许可,抢着反问,当时估计马上要宣布辩论结束,(如不对对方的辩解作答)恐有人借此炒作,曲解双方的意思表述,于是抢了'先',因此违了规。我没有理由为自己的错误辩解。在我的执业生涯中,这是

---

① 此处两句引自《庄子·天下篇》。

又一次重大失误：但我相信，就同类错误而言，这是最后一次。尽管如此，依然希望你们对我严格要求。我赞同将此件附卷备考。”

近两年我们群体的实践中出现的问题，更使我深感对规则的遵从和对法庭的尊重，是律师职业伦理的重要内容，万不可掉以轻心，草率从事，否则会铸成重大失误。

细审书中辩词，粗通而已。既无文采，更乏哲思；有的或能服众，却鲜有“真善美”的动人陈述。唯一可取之处，也许在于对案中细节的如实把握。确曾办过几件至关重要的案子，同样未能写出足以传世的精品，尽管对此已是“心向往之”。我不想抱怨法庭从来不肯给予从容思考细心琢磨着意推敲的时间，这个问题主要应从立法上解决。我自始明白，主要毛病在于自身功底很差，不从主观上加以“十全大补”，这个带有根本性的缺陷很难弥平。不过我又热切期待着我们的青年才俊终能发出传世之作，丰富中国大陆的律师实务，我将因此感到无比的自豪与骄傲。

或者会发出疑问：政治呢？律师实务难道没有或者可以不讲政治？

当代大陆律师当然得有政治头脑，应具政治素质，但我绝不主张也从来不会把讼案泛政治化，事事都朝政治上靠，利用讼案寻求政治目标。

律师实务的核心一面是事实，一面是权利，二者的特点是持久性，具有永恒不变的特质；而政治现象则会因条件的不同随机变化，其特点是“暂时性”，一切以时间、地点、条件为转移，因此即使是政治性很强的案子，也应首先把它纳入法制轨道，而不稍有偏离，之后再及其他。我之所以把那封就邓玉娇案与浦志强律师联署的《致夏霖（律师）函》编入集子，正是由于它反映了上面所说的主题。总而言之，我体会，依法办案就是唯一正确的原则立场，始终坚持就不会走歪道，就体现着高超的政治素质，就能最终立于不败之地。

“你不是以屡败而广为业内所知吗？”

一时败于讼事，不是病，不足畏；因案败于失“格”，属大患，实可怖。就个人而言，如联系实践结合案例估量胜败，则该由讼事的最终结局确定，岂能仅以一纸裁判文书的粗断为准？试看书中大兴安岭火案庄学义讼事之辩，于败诉17年之后获得平反，陈星反革命案申诉近30年终于成功，便是例证，应能说明我那些“败”中之辩绝对不是“豆渣工程”中的破砖碎瓦，尽管它们都不是精美之作，我依然心存自信，立得住，不会被永久推倒。我没有理由也从不妄自菲薄。前不久读到脸谱（Facebook）总裁扎克伯格先生的公开信，向全世界宣告他的公司的理念，说“完成优于完美”。这个总结好实在！针对创业，近乎真理。引以量体，我觉得我在律师领域营造的“人生工程”，就个案而论几达“完成”，至少是做到了言其所应言，辩其所当辩，止其所不得不止。这里的“止”，主要讲“节”，或者论“度”，要点是绝不在任何情况下都一泻千里，不留余地，或者豪情万丈，不存余韵；这样才有可能较好地实现职责完成使命。

眼下大陆律师受体制的制约与大环境的污染，失“格”之处颇多，其表现形态又不一而足。我自省，在“完成”职业任务的过程中，未在名利场上烙下丝丝印记，或者留下匆匆足迹，因此纵然没能达到“完美”，尚能稍安。

其实，当下在中国大陆执律师业侈谈“完美”，说不定会遭“天方夜谭”之讥，抛开主观条件不论，中国律师谁能脱开从政治、法制、人权、经济、伦理诸种因素的借口中产生的制约和束缚？权势滥施，污吏肆虐，视律师为“异己”，断维权乃“异端”，更有大法官花样翻新，阳谋阴谋，硬软兼施，甚至敢于公然阻律师于其“衙门”之外，让你从根子上无法履职，无“美”可完！书中编入的《受理阿安扎西活佛“爆炸”案被阻始末》《李显斌“叛国案”二审辩词》，例证而已，远非问题全貌。我们的对策也只有在行动上脚踏实地越卡闯关，同时在思想上不惧不媚、自爱自重，关键是时时、处处都牢记“我是律师”而绝不由此后退半步。任他诡计千重，恶情万种，没什么了不起的，“技止此矣”！② 究

② 引见柳宗元《黔之驴》。

其实，黑暗与光明，不过旦夕之隔，绝望与希望，往往一步之遥。我们欲求“完成——完美”的期待之光终将灿灿，“真善美”的境界入驻有期，绝不要在中途“轻轻地招手，作别西天的云彩”。③

积累了多年的经验教训，我也不大相信咱们律师的日子会总是那么难过。形势的发展变化也真的无情。社会矛盾的发展，“维稳”已由思潮演变为执政方针。与此相对应，广大“草民”的维权意识正逐浪高涨，群体维权行动已步步扩展，律师于是被悄然推向人民维权的最前沿，成为他的一个方面军，并且同一批富有良知的学界人士融为一体，起着先锋或者智囊的作用。近几年发生的江西“拆迁案”、四川“煽动案”、重庆“打黑案”、北京“艺术家偷税案”、北海“律师伪证案”、渤海“泄油案”，等等，行业中的年轻才俊已经挑起这桩桩重担，而且勇于承担由此而起的风险。尤其去年之末在贵阳发生的苛待执业律师的事件，散处各地的一批律师凝聚起自生的“非组织”力量，打掉奴性，粉碎媚骨，发出了群体性的呐喊，为自身执业权利，为司法公正，为民主宪政，开展了可歌的抗争，于一片萧瑟之中萌发出一芽新绿，显示着自主自重、自立自强带来的春光有多少巨大的力量，是多么的明媚！这都不是孤例，试看天涯何处无芳草！

我心在他们之中。希望来日实践，能有“新集”问世。

关于现在这个集子，法律出版社朱宁分社长、易明群编辑考虑到应当设法减轻读者首先是在校学子读者群的经济负担，以及阅读上的方便，决定改变原先的编排，分为两册出版，书名乃有所调整。《我们律师》，命名出自明群编辑，大度得体、明快有力：人见人喜。我曾自作聪明，提出做点“微调”，经明群从出版业务予以解释，方知大谬。“处处有（留）心皆学问”，我又长了一次识见。

印书不为营利，于今少见，令人钦敬。朱、易二位女士基于对律师工作的关怀而为出版这个集子付出的心血与辛苦，尤令人感动。

许多年轻朋友，包括《律师文摘》编辑部和我所属的“吴栾赵阎律

③ 引见徐志摩《再别康桥》。

师事务所”在审编及校对过程中给了我巨大的帮助，一句谢辞，不能尽表心意，恕未一一致谢。

重版新“序”，承蒙国栋灯下赐稿，勉励有加，启我深省；诸多谬赞，令我汗颜；心存感激，又实不敢当！忆我当初乍入社会，倚仗年轻也曾自负，待到暮年阅历较多，体会渐深，始坚信苏格拉底“知己无知”的断语实乃灼见，极富哲思。然而徒有后悔于事无补。年轮不是标杆，一息尚存就该坚持工作，以不负弱势大众的殷殷哺育，各地师友的拳拳呵护；不违新时代厚赐，不负大自然照顾。是生命，就该发光，哪怕只有一个“光子”，有欲望，自当传热，即使仅有一个“焦耳”：此为心声，兼充后记之补。

二〇一二年五月三十日　稿成

二〇一三年二月十五日　改定